es 1546

edition suhrkamp

Neue Folge Band 546

W0326082

*Neue Historische Bibliothek*
*Herausgegeben von Hans-Ulrich Wehler*

Das Deutsche Reich von 1871 wurzelte noch tief in der Welt des 19. Jahrhunderts und öffnete sich zugleich der heraufziehenden Moderne. Es stand zwischen Altem und Neuem, war ein Gebilde »zwischen den Zeiten«. Davon handelt das Buch. Es nimmt einmal in den Blick, wie sich das Kaiserreich über die fast fünfzig Jahre seiner Existenz verändert hat. So spreizt sich die Geschichte des kaiserlichen Deutschland: zwischen den siebziger und achtziger Jahren, die in vielem weniger modern gewesen sind, als sie erscheinen, sowie den beiden Jahrzehnten um 1900, in denen der soziale Wandel an Dynamik gewann, aber auch zwischen Vorkriegs- und Kriegszeit, in der sich alte Konflikte verschärften und neue aufbrachen. Das Buch beschreibt zum anderen den Weg Deutschlands in die Moderne mit allen seinen Verzögerungen und Widersprüchen. Diese fanden sich nicht allein zwischen industrieller Dynamik und gesellschaftlicher Bewegung hier, den obrigkeitsstaatlichen Strukturen dort. Auch auf vielen anderen Feldern standen Elemente von Tradition und Modernität entweder nebeneinander, oft unverbunden, teils widersprüchlich, oder ergaben mitunter brisante Verschnitte. Schließlich fragt das Buch nach der Wandlungsfähigkeit des monarchischen Obrigkeitsstaates, darüber hinaus aber, allgemeiner, nach den Chancen von Politik in Zeiten rascher Veränderung.

Hans-Peter Ullmann, geb. 1949 in Berlin, war Professor für Neuere Geschichte an der Universität Gießen sowie der Freien Universität Berlin und lehrt seit 1990 Wirtschafts- und Sozialgeschichte an der Eberhard-Karls-Universität Tübingen; 1994/95 forschte er als Fellow am Wissenschaftskolleg zu Berlin.

Hans-Peter Ullmann

# Das Deutsche Kaiserreich 1871-1918

Suhrkamp

edition suhrkamp 1546
Neue Folge Band 546
Erste Auflage 1995
© Suhrkamp Verlag Frankfurt am Main 1995
Erstausgabe
Alle Rechte vorbehalten, inbesondere das der Übersetzung,
des öffentlichen Vortrags
sowie der Übertragung durch Rundfunk und Fernsehen,
auch einzelner Teile.
Satz: Hümmer GmbH, Waldbüttelbrunn
Druck: Nomos Verlagsgesellschaft, Baden-Baden
Umschlagentwurf: Willy Fleckhaus
Printed in Germany

5 6 – 00 99

# *Inhalt*

Einleitung 7

*I. Die Anfänge des kaiserlichen Deutschland*

1. Nationsbildung und Reichsgründung 14
2. Das Kaiserreich als Nationalstaat 22
3. Reichsverfassung und Herrschaftssystem 31
4. Zwischen Agrar- und Industriestaat 41

*II. Barrieren gegen eine Liberalisierung*

1. Liberale Ära 51
2. Wirtschaftliche Depression und politische Krise 60
3. »Konservative Wende« 68
4. Außenpolitik und Imperialismus 76
5. Die Auflösung des »Systems Bismarck« 85

*III. Industrielle Dynamik und gesellschaftliche Bewegung*

1. Durchbruch der Industriewirtschaft 95
2. Auf dem Weg in die Industriegesellschaft 105
3. Familien, Frauen und Generationen im Wandel 117
4. Die Fundamentalpolitisierung 126

*IV. Reaktionen des Obrigkeitsstaates*

1. Der »Neue Kurs« 138
2. »Sammlungspolitik« und Stabilisierungserfolge 147
3. Von der Kontinentalpolitik zur Weltpolitik 154
4. »Bülow-Block« und Staatskrise 163

*V. Das Heraufziehen der Moderne*

1. Der Aufstieg des Interventions- und Sozialstaates 173
2. Bildung und Wissenschaft im Aufschwung 181
3. Säkularisierungsprozesse, Zeitkrise, Reformbewegungen 192

## *VI. Von der Krise in den Krieg*

1. Reform und Blockade 203
2. Internationale Spannungen und Ausgleichsversuche 212
3. Der Weg in den Krieg 219

## *VII. Das Ende des kaiserlichen Deutschland*

1. Verlauf und Wandel des Krieges 228
2. Die Mobilisierung der Wirtschaft 236
3. Kriegsgesellschaft 244
4. Der Legitimitätsverfall des monarchischen Staates 252

*Abkürzungen* 264
*Anmerkungen* 265
*Auswahlbibliographie* 300

# Einleitung

Als Gebilde »zwischen den Zeiten« beschreibt dieses Buch das Deutsche Reich von 1871. Eine solche Deutung erfolgt vor dem Hintergrund der langen, fortdauernden Diskussion um die Interpretation des Kaiserreiches. Daß diese Kontroverse nach wie vor aktuell ist, hat vor allem einen Grund: Mit dem Kaiserreich stehen Einordnung und Bewertung des deutschen Nationalstaates zur Debatte – seine Gründung, sein Aufbau und sein weiterer Weg, nicht zuletzt zwischen 1933 und 1945. Einfluß darauf, wie das Reich von 1871 gesehen wird, nehmen keineswegs nur Historiker. Allein um die von ihnen geführte Diskussion geht es jedoch hier.[1]

Der Streit um die Deutung des Deutschen Reiches begann, lange bevor dieses gegründet wurde. Er gehörte zu jener breiten Debatte, in der die liberale und nationale Bewegung ihre verschiedenen Vorstellungen von einem künftigen Nationalstaat entwarf und über Wege diskutierte, wie er zu erreichen sei. Dabei gewannen die »borussischen« Historiker seit den fünfziger Jahren des 19. Jahrhunderts immer mehr Deutungsmacht. Sie sahen es als Aufgabe Preußens an, die deutsche Einheit mit den Mitteln des Machtstaates herzustellen. Diese Mission wollten sie in historistischer Gewißheit der identitätsstiftenden und handlungsleitenden Funktion von Geschichte historisch begründen und rechtfertigen und damit Preußens »deutscher Aufgabe« eine Tradition schaffen. Doch stieß diese Borussifizierung des deutschen Geschichtsbildes einstweilen noch auf Widerspruch. Die Entwürfe des zu gründenden Nationalstaates blieben vielgestaltig.[2]

Das änderte sich nach 1871. Jetzt setzte sich die national-liberale Interpretation der Reichsgründung und des kleindeutschen Reiches, also eines deutschen Nationalstaats ohne Österreich, immer mehr durch. Lieferten doch Preußens Erfolge bei der nationalen Einigung Stoff für jene Geschichtslegende, in der nun die ganze »Weltgeschichte von Adam an siegesdeutsch« (Jacob Burckhardt) angestrichen wurde. Für Gegendeutungen blieb da wenig Raum: weder für die katholisch-großdeutschen noch für die konservativen, und schon gar nicht für die marxistischen, zumal deren Interpreten bei aller Skepsis gegenüber dem kleindeutschen Reich durchaus Vorzüge an ihm entdeckten. Doch war das positive Bild, das national-liberale Historiker vom Kaiserreich zeichneten, so einheitlich nicht. Es formte sich noch gemäßigt liberal, aber auch schon entschieden machtbejahend aus und wandelte sich nicht zuletzt um 1900. Denn eine neue Historikergeneration, für welche das Reich nicht »zwanzig Jahre der Inhalt allen Wünschens und Strebens« (Heinrich von Sybel) gewesen war, sondern bereits zum Besitzstand zählte, setzte sich jetzt von den nationalpädagogischen Absichten der »borussischen« Historiker ab, forderte eine objektivere, universalhistorische Geschichtsschreibung. Damit kamen vor dem Hintergrund der imperialistischen Expansion des Reiches die preußisch-machtstaatlichen und mit ihnen die außenpolitischen Aspekte seiner Geschichte noch stärker in den Blick. Außerdem richtete sich gegen heftig umstrittene Versuche, die Geschichtswissenschaft zu den Sozialwissenschaften hin zu öffnen, das Interesse der meisten Historiker auf die Taten großer Männer, nicht allein, aber vornehmlich Bismarcks. Bei allen Übereinstimmungen blieben jedoch Unterschiede, etwa in der Frage nach Alternativen zur kleindeutschen Nationalstaatsgründung oder der Betrachtung ihrer inneren Probleme.[3]

In der Weimarer Republik wurde die Deutung des Kaiserreiches strittiger, sein Bild vielgestaltiger. Da gab es eine Mehrheit national-konservativer Historiker, die gerade vor dem Hintergrund von Kriegsniederlage und Ende des monarchischen Systems, Versailler Vertrag und ungeliebter Republik an der bisherigen Interpretation des Reiches von 1871 im großen und ganzen festhielten. Dem diente nicht zuletzt die Ideologie vom deutschen Sonderweg. Sie gehörte, mit wechselndem Inhalt, schon im 19. Jahrhundert zum Kernbestand nationalen Selbstverständnisses, hatte sich bereits vor, besonders aber im Krieg zugespitzt und stand in der Weimarer Zeit als deutungsmächtiges Geschichtsbild bereit. Dieses behauptete in vielerlei Varianten, daß die deutsche von der westeuropäischen Entwicklung abweiche, ihr nicht etwa nur ebenbürtig sei, sondern sie in den Schatten stelle. Solche Überlegenheit entdeckte man auf vielen Feldern, zumal dem der Kultur. Aber auch Deutschlands Weg in die Moderne, der industrielle Dynamik im Gehäuse eines Obrigkeitsstaates entfesselte, galt als vorbildhaft. Diese Sicht mochte die Gegenwart mit der Vergangenheit versöhnen helfen, eine kritische Auseinandersetzung mit beiden förderte sie nicht, wie die Behandlung der Kriegsschuldfrage zeigte. Doch setzten die Interpreten des Reiches von 1871 trotz solcher Gemeinsamkeiten die Akzente unterschiedlich. Sie schwankten zwischen Verklärung auf der einen und Überprüfung auf der anderen Seite, welche die inneren Konflikte ebenso bloßzulegen begann wie die Schwächen des obrigkeitsstaatlichen Systems. Neben der Mehrheit stand eine Minderheit liberal-demokratischer, pro-republikanischer Historiker. Diese entwarfen, bei allen Unterschieden zwischen ihnen, ein anderes, sehr viel dunkleres Bild des Kaiserreiches, indem sie ihm entweder die Ziele der Revolution von 1848/49 gegenüberstellten oder es an der Entwicklung der westlichen Demokratien maßen und seine Defizite entsprechend hervorhoben, schließlich fragten, welche Weichenstellungen vor 1871, aber auch welche inneren Strukturdefekte und außenpolitischen Fehlentscheidungen das kleindeutsche Reich in Krieg und Revolution hatten enden lassen und welche Personen und sozialen Gruppen dafür verantwortlich gewesen waren.[4]

Für eine solche Deutung war im »Dritten Reich« kein Raum. Die meisten Historiker interpretierten das Kaiserreich weiterhin in der Tradition national-konservativer Geschichtsschreibung. Allerdings verschoben sich nicht erst seit 1933 die Akzente: entweder weil die autoritären Strukturen des kleindeutschen Nationalstaates herausgehoben und teilweise zum »Führerprinzip« stilisiert wurden; oder aber indem sich eine »gesamtdeutsche« Geschichtskonzeption nach vorn schob, welche das ganze deutsche Volk in allen seinen staatlich-politischen Gebilden betrachten wollte und sich damit der Volksgeschichte öffnete. Dies alles zeigte, wie anfällig national-konservative Historiker für die NS-Ideologie waren. Die fragwürdigen Umdeutungen des Kaiserreiches gingen einher mit methodischen Neuansätzen und inhaltlichen Erweiterungen, die sich von historistischen Konzepten ebenso entfernten wie von der noch immer vorherrschenden Diplomatiegeschichte. Bei durchaus fließenden Übergängen, die jeweils genau zu bestimmen wären, wurde das Kaiserreich von nationalsozialistischen Historikern noch weitergehend um-, ja, fehlgedeutet. Nur außerhalb Deutschlands, in der Emigration, lebte eine hauptsächlich von liberalen Historikern verschiedener Richtung gepflegte kritische Sicht des Kaiserreiches fort, blieb die Frage nach den Schwächen des kleindeutschen Nationalstaates, die ihm in die Wiege gelegt waren, in der Diskussion.[5]

Diktatur, Völkermord und Weltkrieg ließen den deutschen Nationalstaat und mit ihm auch das Kaiserreich zu einer fragwürdigen Größe werden. Die Diskussion um die Ursachen der »deutschen Katastrophe« (Friedrich Meinecke) unmittelbar nach 1945, die nach »Irrwegen« deutscher Geschichte fragte, führte jedoch nicht zu einer Revision des Geschichtsbildes, wie sie allenthalben gefordert wurde. Denn der »starken moralischen Besinnungsphase« (Winfried Schulze) und einer Absetzung von nationalsozialistischen Fehlinterpretationen folgte kein methodischer und inhaltlicher Bruch mit einer nach wie vor überwiegend politischen Historiographie. So bewegten sich die Kontroversen um das Deutsche Reich von 1871 in den fünfziger Jahren weitgehend im Rahmen überkommener Problemfelder, bündelten sich die verschiedenen Sehweisen des Kaiserreiches noch einmal in einer Debatte um die Bewertung Bismarcks. Auch die »Fischer-Kontroverse«, bei der seit Anfang der sechziger Jahre um die deutsche Schuld am Ausbruch des Ersten Weltkrieges gestritten wurde, stand einerseits noch in dieser Tradition. Doch bereitete sie andererseits einer Umorientierung der Kaiserreich-Forschung den Weg.[6]

Unterschiedliche Entwicklungslinien liefen jetzt zusammen: Akzentverschiebungen in der bisherigen Forschung zum Kaiserreich, die nicht gering zu bewerten sind; wachsendes Interesse an einer sozialhistorischen Betrachtung von Geschichte, die verschiedene, teils angelsächsische, teils aus der Emigration zurückgekehrte oder entnazifizierte deutsche Väter hatte; schließlich die lange Tradition kritischer Deutungen des Kaiserreiches, die in der Bundesrepublik der sechziger Jahre wieder an Attraktivität gewannen. Das alles verband sich zu einer Interpretation des Reiches, die inhaltlich auf seine Schattenseiten abhob und sich methodisch einer politischen Sozialgeschichte verpflichtet wußte. Auch wenn die neue Sehweise alles andere als einheitlich war, gab es doch manche Grundanschauungen, die eine Reihe von Interpreten teilten. Als Hauptmerkmal des Kaiserreiches galt ihnen der Widerspruch zwischen rascher wirtschaftlich-sozialer und ausgebliebener politischer Modernisierung. Er gehe, meinten sie, auf die Entstehung des kleindeutschen Reiches zurück, vor allem die gescheiterte Revolution von 1848/49. Diese sei für die Schwäche des Bürgertums ebenso verantwortlich wie für die Stärke der alten Eliten, die ihre Machtpositionen zudem mit manipulativen Herrschaftstechniken behaupteten. So sei eine eigentümliche, gleichermaßen lähmende wie hochbrisante Mischung von Altem und Neuem entstanden, an der das Kaiserreich schließlich zugrunde gegangen sei. Was bleibe, sei ein schweres Erbe, denn die Belastungen aus der Zeit vor 1918 wirkten fort und trügen zum Aufstieg des Nationalsozialismus bei.[7]

Daß diese Interpretation des deutschen Nationalstaates lediglich von außen als »new orthodoxy« (James J. Sheehan) wahrgenommen werden konnte, zeigte der Widerspruch, den sie hervorrief. Kritisiert wurden vor allem drei Punkte. Da waren erstens die Einseitigkeiten des neuen Kaiserreich-Bildes. Kontinuitätsthese, kritische Perspektive und funktionaler Ansatz hätten dazu verleitet, so das Argument, die Einheit der Eliten überzubewerten, die Leistungen des Kaiserreiches und seine Entwicklung zu unterschätzen. Bemängelt wurde zweitens die Perspektive »von oben«: die Konzentration auf den Staat und Preußen sowie auf die Eliten, ihre Herrschaftstechniken und den Aspekt der Manipulation. Auf Bedenken stieß drittens, daß das Kaiserreich im Rahmen eines nunmehr kritisch gewendeten Bildes vom deutschen Sonderweg gedeutet wurde. Wenn Industrialisierung und Parlamentarisierung, ja, Demokratisierung als synchrone Prozesse begriffen würden, lautete der Einwand, messe man das Reich von 1871 an einem idealisierten und darum unzutreffenden anglo-amerikanischen Modell. Zudem verstelle die These vom Scheitern von 1848/49, dem ein verfehlter Begriff von »bürgerlicher Revolution« zugrunde liege, den Blick auf die Erfolge des Bürgertums in anderen Feldern als dem der Politik, übersehe insoweit die fortschreitende »Verbürgerlichung« des Kaiserreiches. Über alledem stelle sich dann auch das Problem der Kontinuität anders, dürfe die Geschichte des Reiches von 1871 nicht allein als Vorgeschichte von »1933« geschrieben werden.[8]

Wenn sich eine Zwischenbilanz der andauernden Diskussion um die Deutung des Kaiserreiches ziehen läßt, dann diese: Das Bild des Reiches von 1871 wird nach wie vor sehr unterschiedlich gezeichnet. Doch finden die Deutungen ihren Bezug durchweg in der Kaiserreich-Debatte der siebziger und frühen achtziger Jahre. Unübersehbar ist aber auch eine starke Auffächerung der historischen Forschung zu den Jahren zwischen 1871 und 1918. Die Forderung, das Kaiserreich nicht vom Zentrum, sondern von der Peripherie, nicht »von oben«, sondern »von unten« zu untersuchen, hat dazu ebenso beigetragen wie die Verlagerung der Forschungsinteressen zur Sozial- und Kultur- oder zur Geschlechter-, Alltags- und Mentalitätengeschichte.

Vor dem Hintergrund des langes Streites um die Deutung des Kaiserreiches macht dieses Buch erstens die Veränderungen deutlich, die das Reich zwischen 1871 und 1918 erlebt hat. Denn es sah in den siebziger und achtziger Jahren anders aus als in den beiden Jahrzehnten um 1900 und erst recht in der Zeit des Krieges. Deshalb läßt sich weder die Bismarckzeit mit dem Argument »hochrechnen«, die Gründungskonstellation habe die weitere Entwicklung des Reiches bestimmt, noch die wilhelminische Zeit »rückrechnen« oder gar der Krieg aus dem Gesamtbild »herausrechnen«. Nimmt man statt dessen die Wandlungen des Kaiserreiches über die fast fünfzig Jahre seiner Existenz in den Blick, spreizt sich gewissermaßen seine Geschichte: zwischen den Siebzigern und Achtzigern, die in vielem weniger modern gewesen sind, als sie oft erscheinen, und den beiden Jahrzehnten um 1900, in denen der gesellschaftliche Wandel an Dynamik gewann, aber auch zwischen der Vorkriegs- und der Kriegszeit, in der sich vor dem Hintergrund eines gesellschaftlichen Verarmungsprozesses viele Konflikte zuspitzten, Entwicklungen beschleunigten sowie neue Probleme auftraten.

Zweitens geht es in diesem Buch darum, den widersprüchlichen Weg Deutschlands in die Moderne darzustellen. Dazu reicht es nicht aus, allein die Diskrepanzen zwischen Politik und Wirtschaft, Gesellschaft und Kultur aufzuzeigen. Sie müssen vielmehr auch innerhalb dieser Felder aufgesucht werden. Allenthalben nämlich schoben sich Altes und Neues auf sehr verschiedene Weise ineinander, veränderten sich obendrein die Mischungsverhältnisse im Zeitverlauf. Das gilt freilich für alle Übergangsphasen. In die Jahre des Kaiserreiches fiel aber der Umbruch zur Moderne. Doch werden hier nicht allein die Jahre zwischen 1871 und 1918 als entscheidende Etappe auf Deutschlands widersprüchlichem Weg in die moderne Welt eingeordnet. Dies ließe ein zwar überaus vielfältiges, aber konturenarmes Bild entstehen.

Das Buch betrachtet deshalb drittens die Entwicklung des Kaiserreichs unter der leitenden Frage, wie politische Systeme sozialen Wandel bewältigen. Damit steht zwar auch die Anpassungs- oder Wandlungsunfähigkeit des monarchischen Obrigkeitsstaates auf dem Prüfstand. Doch sollten ihm nicht ausnahmslos alle Schwierigkeiten der Politik in den Jahren des Kaiserreiches zugerechnet werden. Deshalb müssen darüber hinaus die Probleme politischer Steuerung oder, allgemeiner, die Chancen von Politik in Zeiten raschen Wandels berücksichtigt werden.[9]

Alle drei Gesichtspunkte – Veränderungen in den Jahren des Kaiserreiches, entscheidende Etappe auf dem Weg Deutschlands in die Moderne und Politikfähigkeit in Phasen raschen sozialen Wandels – bündeln sich im leitenden Gedanken vom Kaiserreich als einem Gebilde »zwischen den Zeiten«.

Für ein solches Vorhaben dürften die Voraussetzungen günstiger geworden sein. Denn die Forschung zum Kaiserreich ist in den letzten Jahren rasch expandiert, wenn auch in ganz unterschiedliche Richtungen gegangen. In dieser Situation erscheint eine knappe Synthese sinnvoll. Sie kann freilich nur die Momentaufnahme eines sich immer mehr differenzierenden und ständig wandelnden Kaiserreichbildes sein, versuchen, aus den verschiedenen Deutungsangeboten eine Gesamtinterpretation zu gewinnen. In diese gehen wissenschaftliche Prägungen und Vorlieben für bestimmte Themen ein. Nicht minder wird sie von der Entscheidung bestimmt, Bewährtes festzuhalten und Neues zu integrieren. Von daher liegt es ebenfalls nahe, das Kaiserreich als ein Gebilde »zwischen den Zeiten« zu präsentieren.

Das Buch wurde Ende der achtziger Jahre konzipiert. Daß es jetzt erscheint, ist vielen zu danken: den Studenten in Saarbrücken und Gießen, Heidelberg, Berlin und Tübingen, die mit mir über Deutungen des Kaiserreiches stritten; Helmut Berding, Hartmut Berghoff, Anselm Doering-Manteuffel, Heidrun Edelmann, Dieter Langewiesche und Winfried Speitkamp, die verschiedene Fassungen des Manuskripts lasen und kritisch kommentierten, ohne mir die Verantwortung für den Inhalt abnehmen zu können; Hans-Ulrich Wehler, der auf die Fertigstellung des Bandes drängte, aber auch mit Geduld wartete; und nicht zuletzt Wolf Lepenies für das Wissenschaftskolleg zu Berlin, das mir als Fellow im akademischen Jahr 1994/95 Muße wie Anstoß gab, das Buch abzuschließen. Über alle diese Jahre hinweg hat sich meine Deutung des Kaiserreiches gewandelt. Auch deshalb ist es ein Gebilde »zwischen den Zeiten«.

# I. Die Anfänge des kaiserlichen Deutschland

Das kaiserliche Deutschland wurzelte bei seiner Gründung noch tief in der Welt des 19. Jahrhunderts, auch wenn sich die Moderne schon ankündigte. Es reicht jedoch nicht aus, dies festzustellen, kennzeichnet doch die Mischung von Altem und Neuem jede Zeit des Übergangs. Darum muß das Mischungsverhältnis genauer bestimmt werden. Dazu ist einmal dem Zusammenhang von Nationsbildung und Reichsgründung nachzugehen; sodann das Kaiserreich als Nationalstaat zu betrachten; außerdem das politische System zu untersuchen; und schließlich zu fragen, wie weit das Reich in den siebziger Jahren auf dem Weg von der Agrar- zur Industriewirtschaft, von der ländlichen zur industriellen Gesellschaft fortgeschritten gewesen ist. So läßt sich der historische Ort des frühen Kaiserreiches präziser angeben.[1]

## 1. Nationsbildung und Reichsgründung

An der Jahreswende 1870/71 wurde das Kaiserreich gegründet. Entstanden ist es in einem lange währenden Prozeß, bei dem »innere« und »äußere« Reichsgründung, »innere Nationsbildung« und »Revolution von oben« ineinandergriffen. Das gab dem kleindeutschen Nationalstaat von Anfang an ein Doppelgesicht.[2]

Die innere Nationsbildung war vor 1870/71 weder kontinuierlich noch gleichmäßig auf drei Ebenen vorangeschritten. Da gab es erstens die wirtschaftliche Ebene. Obwohl die Industrialisierung einem regionalen Entwicklungsmuster folgte, wuchsen die Regionen um so stärker zusammen, je mehr sich eine kapitalistische Marktwirtschaft ausbildete. Dazu trug schon die Verbesserung des Verkehrs- und Nachrichtenwesens bei. Kanäle und Flüsse wurden ausgebaut; Dampfschiffe steigerten die Transportleistung; die Länge befestigter Straßen nahm zu. So konnten Personen und Waren schneller von einem Ort zum anderen gelangen. Eine wirkliche »Verkehrsrevolution« löste jedoch erst die Eisenbahn aus. Ihr Streckennetz dehnte sich seit 1835, als die ersten Züge zwischen Nürnberg und Fürth verkehrten, rasch aus und umfaßte bei der Reichsgründung bereits mehr als 20000 Kilometer. Die »Verkehrswertigkeit« (Fritz Voigt) der Eisenbahn war hoch. Denn sie senkte die Kosten, steigerte die Geschwindigkeit und erlaubte eine Beförderung streng nach Fahrplan. So erleichterte die Eisenbahn, besonders als die Tarife sanken, den Austausch von Massengütern und die Mobilität von Personen. Auch Post und Telegraf verbesserten die Kommunikation zwischen Staaten und Regionen, verklammerten Wirtschaftsräume miteinander.[3]

Außer dem Verkehrs- und Nachrichtenwesen trug der Deutsche Zollverein, 1834 gegründet, zur wirtschaftlichen Integration bei, selbst wenn man heute seine fiskalische Bedeutung höher und seine Impulse für die Industrialisierung niedriger bewertet. Dem Zollverein traten nach und nach alle Staaten des Deutschen Bundes mit Ausnahme der norddeutschen Küstenstaaten und Österreichs bei. Er schuf durch ein Geflecht von bi- und multilateralen Verträgen einen nationalen Markt mit freiem Binnenverkehr und einheitlichen Außenzöllen. Zugleich setzte der Zollverein institutionelle Integrationsprozesse in Gang, etwa auf den Gebieten von Währung oder Recht, und verflocht die Wirtschaften der Mitgliedsstaaten enger miteinander. So nahm wohl nicht nur das Volumen wirtschaftlicher Transaktionen zu, sondern es entstanden auch größere, bei manchen Waren bereits nationale Märkte. Diese verdrängten die lokalen und regionalen Märkte nicht, übergriffen sie aber, wie etwa der Wertpapiermarkt. Freilich kam die wirtschaftliche Integration bis zur Reichsgründung nur schrittweise voran und lief auch nicht notwendig auf einen Nationalstaat zu, erst recht nicht auf das kleindeutsche Reich von 1870/71. Allenfalls läßt sich sagen, daß ökonomische Prozesse die Reichsgründung begünstigt und andere Lösungen der nationalen Frage, etwa die großdeutsche mit Österreich, unwahrscheinlicher gemacht haben.[4]

Nicht allein auf der wirtschaftlichen, auch auf einer zweiten Ebene, der soziokulturellen, hatte die innere Nationsbildung vor 1870/71 Fortschritte gemacht. Daß lokale Lebenswelten aufbrachen, sich menschliche Erfahrungsräume und Handlungsfelder ausweiteten, damit Verbindungen über die Grenzen von Kommunen oder Staaten hinweg denkbar sowie in einem nationalen Rahmen möglich wurden, hatte viele Ursachen. Zu nennen sind hier einmal die politischen Veränderungen um 1800, ausgelöst durch die Französische Revolution und die Herrschaft Napoleons. Sie zerstörten das Alte Reich, zerrissen historisch gewachsene Bindungen, lösten jene »territoriale Revolution« (Ernst Rudolf Huber) aus, welche die Landkarte Mitteleuropas umgestaltete. Zugleich begann der entstehende moderne Staat auf vielfältige Weise in lokale Bezüge einzugreifen und überkommene Beziehungen aufzulösen: indem er mit Kirche, Adel und Städten intermediäre Herrschaftsträger entmachtete und eine Gesellschaft rechtsgleicher Staatsbürger schuf; den Zugriff des Fiskus verstärkte und dadurch die Geldwirtschaft durchsetzen half; das Schulwesen stärker reglementierte und die Wehrpflicht ausdehnte; Landwirtschaft und Handel, Gewerbe und Industrie liberalisierte. Doch trugen nicht allein staatliche Reformen dazu bei, die kleinräumige Gesellschaft des Ancien Régime aufzubrechen. Dafür sorgte auch das Bevölkerungswachstum, das in der Mitte des 18. Jahrhunderts einsetzte und sich im frühen 19. Jahrhundert beschleunigte. Lebten um 1800 etwa 23 Mio. Menschen auf dem Gebiet des späteren Kaiserreiches, zählte man 1870/71 mit knapp 41 Mio. schon fast doppelt so viele. Hinzu traten schließlich, zunehmend wichtiger, die Umwälzungen in der Landwirtschaft und besonders im Gewerbe. Hier setzten sich mit der beginnenden Industrialisierung nicht nur technisch-betriebsorganisatorische Neuerungen durch, die den Produktionsprozeß von Grund auf umgestalteten; diese hatten auch einschneidende ökonomische, soziale und mentale Veränderungen zur Folge. Wie sehr diese Entwicklungen die Gesellschaft schon in Bewegung brachten, zeigten sowohl die Auswanderung, die wellenförmig seit den zwanziger Jahren des 19. Jahrhunderts anwuchs, als auch die Binnenwanderung, die sich seit den vierziger Jahren verstärkte.[5]

Nicht nur die soziale Mobilität nahm zu, die öffentliche Kommunikation und kulturellen Kontakte verdichteten sich ebenfalls. Eine wesentliche Voraussetzung schuf die »Leserevolution«. Diese ging, wie die steigende Buchproduktion oder die wachsende Zahl von Lesegesellschaften zeigt, vom gebildeten Bürgertum der Städte aus. Dann griff sie, da die Alphabetisierung dank besserer Schulbildung wuchs, auf das Land über und erfaßte auch die städtischen Unterschichten. So entstand eine immer breitere und einflußreichere öffentliche Meinung, geformt und repräsentiert von der Presse. Sie veränderte grundlegend das Leben der Menschen, holte die »große« in die »kleine« Welt und band beide zusammen. Parallel dazu nahm die kulturelle Integration zu. Die bürgerliche Kultur, die seit dem ausgehenden 18. Jahrhundert an Geltung gewann und deren Leitbilder durch ein Netz meist lokaler Vereine, aber auch auf Gymnasien und Universitäten vermittelt wurden, stand von Anfang an in Verbindung mit der nationalen Idee. Dies galt für die bildende Kunst ebenso wie für Literatur und Musik. Sie schufen über alle staatlichen Grenzen hinweg kulturelle Gemeinsamkeiten. In Museen wie dem Germanischen Nationalmuseum, 1851 gegründet, in nationalen Kunstausstellungen, Dichter- oder Musikfesten traten diese hervor und festigten sich zugleich.[6]

Zur wirtschaftlichen und soziokulturellen kam auf einer dritten Ebene die politische Nationsbildung. In Deutschland entstand der moderne Nationalismus, wie allenthalben in Europa so auch hier an ältere Traditionen anknüpfend, im späten 18. Jahrhundert. Als das Ancien Régime niederzugehen und die moderne Welt aufzusteigen begann, gerieten Werte und Normen in Bewegung. Loyalitäten verlagerten sich, neue Identitäten bildeten sich heraus. So traten, zunächst bei den Gebildeten in den größeren und kleineren Städten, die überkommenen Bindungen an Stadt oder Region zurück, wurde die Nation als Objekt der Identifikation wichtiger. Wer damals von Nation sprach, entwarf eine Gegenwelt zum Ancien Régime, verschrieb sich dem Entwurf einer Gesellschaft rechtsgleicher Bürger. Solange das Heilige Römische Reich noch bestand, dachte man dabei zunächst nur an eine Kulturnation, wurzelnd in gemeinsamer Sprache und Geschichte. Erst unter dem Eindruck von Französischer Revolution und napoleonischer Expansion formte sich aus diesem kulturellen Nationalbewußtsein allmählich ein vielgestaltiger politischer Nationalismus. Dieser sah sein Ziel noch nicht in einem einheitlichen Nationalstaat, den 1815, als der Deutsche Bund gegründet wurde, vor allem entschiedene Demokraten und Republikaner wollten. Er bewahrte vielmehr starke föderative Traditionen und wies zunächst auch noch keine Spitze gegen die deutschen Einzelstaaten auf. Erst in den dreißiger Jahren, als auf die Reformbereitschaft von Fürsten und Regierungen immer weniger zu hoffen war, verknüpften sich die nationalstaatlichen Forderungen mit dem Drängen auf politische Reformen. Von nun an ging es um Einheit und Freiheit, um Nationalstaat und Partizipation.[7]

Inzwischen war die Nationalbewegung über ihre lokalen Wurzeln, denen sie gleichwohl verhaftet blieb, längst hinausgewachsen. Ganz am Anfang hatten sich vor allem Studenten in den

Freiwilligenkorps der Befreiungskriege, in Burschen- und Turnerschaften organisieren lassen. Eine breitere soziale Basis, zumal in den konstitutionellen Staaten Süd-, Südwest- und Mitteldeutschlands, gewann die Nationalbewegung seit den zwanziger Jahren im aufblühenden Vereinswesen, bei Sängern und Turnern, im Preß- und Vaterlandsverein, durch Polenkomitees und Griechenvereine. Auch Nationalfeste, aufsehenerregende wie das Hambacher Fest und weniger spektakuläre, verbreiteten die nationale Idee über das gebildete und besitzende Bürgertum hinaus. Die Rheinkrise von 1840 machte die nationale zu einer wirklichen Massenbewegung. In den vierziger Jahren gewann sie schließlich in den Vereinen weiter an Tiefe und, indem sich diese zunehmend miteinander verbanden, auch an Breite. Sänger und Turner, Akademiker und Wissenschaftler, Landwirte und Industrielle trafen sich immer häufiger im nationalen Rahmen. So knüpfte sich über alle Einzelstaaten hinweg ein immer dichteres Netz von Personen und Organisationen.[8]

Wie weit die politische Nationsbildung bereits fortgeschritten war, offenbarte die Revolution von 1848/49. Zu ihren Hauptzielen zählte ein parlamentarisch-demokratischer Nationalstaat. Hierbei rückten drei Probleme in den Mittelpunkt: Da war zunächst die Frage nach den Grenzen des Nationalstaates. Imperiale Begehrlichkeit schoß bei den Debatten der Frankfurter Nationalversammlung ins Kraut. Erst die Reaktion der Großmächte führte ihr den begrenzten Spielraum für eine deutsche Nationalstaatsgründung in Europa vor Augen. Sodann stellte sich das Problem, Österreich und Preußen in den Nationalstaat einzubauen. Das konnte entweder in Form einer großdeutschen Lösung unter habsburgischer Führung und mit den österreichischen Teilen des Deutschen Bundes geschehen, wie es die Mehrheit der nationalen Bewegung und auch der Nationalversammlung wollte. Oder man setzte auf eine kleindeutsche Lösung ohne Österreich und dafür unter preußischer Hegemonie, ein Weg, den die Paulskirche nach dem Scheitern der großdeutschen Variante wählen mußte. Schließlich bündelten sich im Streit um die Staatsform unterschiedliche Vorstellungen darüber, wie der Nationalstaat im Inneren ausgestaltet und die Soziale Frage bewältigt werden sollte. Die Liberalen wollten eine konstitutionelle Monarchie und mit ihr einen »bürgerlichen Klassenstaat auf Zeit«, der die unterbürgerlichen Schichten vom vollen Wahlrecht ausschloß, bis diese Bildung oder Besitz erworben hätten und so in die Bürgergesellschaft aufgestiegen wären. Demgegenüber setzten die Demokraten auf eine Republik, die gleiches Wahlrecht gewährte und damit »eine evolutionäre Modernisierung der Gesellschaft auf gewaltlosem parlamentarischen Wege ermöglichte«. An keinem dieser drei Konflikte ist die Revolution am Ende gescheitert, wohl aber an der Verquickung von nationalen, konstitutionellen und sozialen Problemen sowie an der Stärke des gegenrevolutionären Lagers. Obwohl die Revolution den parlamentarisch-demokratischen Nationalstaat nicht schuf, wäre sie falsch bewertet, sähe man allein auf das Scheitern und nicht auch auf ihre bleibenden Erfolge.[9]

Dank des Schubes, den die Jahre 1848/49 gebracht hatten, stagnierte die politische Nationsbildung nur in der Reaktionszeit und schritt seit den späten fünfziger Jahren wieder zügig voran. Zahlreiche Gründe gab es dafür: die Einigung Italiens, bei der, viele sahen es als Modell, Fürstenstaat und Volksbewegung zusammenwirkten; eine veränderte europäische Mächtekonstellation, hervorgerufen durch Rußlands Niederlage im Krimkrieg, Österreichs Schwächung im italienischen Krieg und die Politik Napoleons III.; ein wachsendes bürgerliches Selbstbewußtsein, beflügelt nicht zuletzt von der günstigen wirtschaftlichen Entwicklung; und endlich die Hoffnung auf eine Neue Ära, die sich an den Herrscherwechsel in Preußen knüpfte, aber auch andere deutsche Staaten erfaßte. So kam, greifbar etwa in den Feiern zum hundertsten Geburtstag von Friedrich Schiller im Jahre 1859, die nationale Frage wieder in Fluß. Auch die Nationalbewegung knüpfte an bewährte Organisationsformen an und entwickelte diese weiter. 1859 entstand der Deutsche Nationalverein. Er organisierte, staatenübergreifend, wenngleich mit nachlassender Anziehungskraft gen Süden, Liberale wie Demokraten aus dem besitzenden und gebildeten Bürgertum, agitierte mit neuen Methoden für Einheit und Freiheit, berief sich dabei auf die Verfassung von 1849 und setzte im übrigen, wiewohl nicht offiziell, seine Hoffnungen auf ein liberalisiertes Preußen. Dabei handelte es sich freilich nur um einen Flügel der Nationalbewegung. Ein anderer gruppierte sich seit 1862 um den Gegenspieler des Nationalvereins, den Deutschen Reformverein, auch er ein Agitationsverband, doch großdeutsch-föderalistisch ausgerichtet, vor allem in den Mittelstaaten verankert und sozial recht heterogen zusammengesetzt. Die wiedererwachte, mobilisierende Kraft der nationalen Idee zeigte sich aber nicht nur in

National- und Reformverein, sondern auch in anderen Zusammenschlüssen, von den wirtschaftlichen Interessenverbänden über die Massenorganisationen der Sänger und Turner bis hin zu den Arbeiterbildungsvereinen.[10]

Ohne die wirtschaftliche, soziokulturelle und politische Nationsbildung, die Rahmen und Spielraum vorgab, wäre eine »Reichsgründung von oben« kaum möglich gewesen. Die Entwicklung, die zu ihr führte, nahm ihren Ausgang vom Dualismus der beiden deutschen Vormächte, der sich in den sechziger Jahren nationalpolitisch auflud. Preußen wie Österreich entwarfen, um ihre eigenen machtpolitischen Ziele zu verwirklichen, Pläne für eine Reform des Deutschen Bundes und warben für sie um öffentliche Unterstützung. Dabei fiel es dem Habsburgerreich schwerer, trotz seiner Wende vom Neoabsolutismus zum Verfassungsstaat im Jahre 1861, »moralische Eroberungen« zu machen, weil es auf allen drei Ebenen der Nationsbildung zurückgeblieben war. Doch auch Preußen, das leichter mit der Nationalbewegung zusammenarbeiten konnte, befand sich keineswegs auf einer Einbahnstraße, die zum kleindeutschen Reich führte. Denn die Annäherung zwischen seiner Regierung und dem kleindeutschen Flügel der Nationalbewegung, von beiden Seiten aus unterschiedlichen Motiven betrieben, geriet in eine Krise, als die Auseinandersetzungen um Heeresreform und Budgetrecht 1862 zu einem Verfassungskonflikt über die Macht im Staate eskalierten. Auf dem Höhepunkt dieses Streites, bei dem sich monarchisch-bürokratische Exekutive und Militär auf der einen, die liberale Mehrheit im Abgeordnetenhaus um die Deutsche Fortschrittspartei auf der anderen Seite gegenüberstanden, wurde Otto von Bismarck zum preußischen Ministerpräsidenten ernannt. Er nahm, weil die Verfassung angeblich eine »Lücke« enthielt, eine Art von Notstandsrecht für die Krone in Anspruch und war entschlossen, diese Linie gegen jeden Widerstand durchzuhalten. Trotzdem wuchs bei ihm die Einsicht, »daß er zu einem Modus vivendi, zu einer Kooperation zumindest mit Teilen des Bürgertums gelangen müsse«, um die Position des Königs und der traditionellen Führungsschichten zu erhalten sowie Preußens Machtstellung auszubauen.[11]

Chancen für eine solche Zusammenarbeit, die aus der Sackgasse des Verfassungskonflikts herausführte, bot nicht zuletzt die nationale Frage. Indem Bismarck sich verschiedene deutschlandpolitische Optionen offenhielt und zugleich die europäische Mächtekonstellation zu nutzen wußte, konnte er zwischen 1864 und 1866 wichtige Weichen stellen. Der deutsch-dänische Krieg um Schleswig-Holstein sowie der preußisch-österreichische Krieg entschieden den Dualismus der deutschen Vormächte zugunsten Preußens. Sie sprengten den Deutschen Bund und drängten Österreich aus Deutschland heraus, erlaubten Preußen umfangreiche Annexionen und sicherten ihm eine hegemoniale Stellung im Norddeutschen Bund, der seit 1867 die Staaten nördlich des Mains umfaßte. Diese Erfolge brachen den »Zusammenhang von liberaler Verfassungs- und Nationalpolitik« (Elisabeth Fehrenbach) auf. Eine Mehrheit der preußischen Liberalen war jetzt bereit, im Verfassungskonflikt einzulenken und einer Vorlage zuzustimmen, die der Regierung Indemnität für ihre budgetlose Verwaltung gewährte. Das war kein fauler, aber ein »schiefer« Kompromiß. Denn er schrieb, vorerst jedenfalls, das Übergewicht der monarchisch-bürokratischen Exekutive fest. Doch akzeptierten dies die Liberalen, weil sie den Gang der Geschichte auf ihrer Seite wähnten. Insofern kapitulierten sie weder vor Bismarck, gaben auch ihre liberalen Ziele nicht preis, wie man lange gemeint hat, sondern entschieden sich bei gegebenem Handlungsspielraum für die einzig realistische Politik. Sie bestand darin, die Einheit jetzt, durch Bismarck und zu dessen Bedingungen, die Freiheit dagegen später in einem deutschen Nationalstaat zu erreichen.[12]

Der Weg vom Norddeutschen Bund zum Deutschen Reich verlief gleichfalls über einen Krieg und eine »Revolution von oben«. Vorgezeichnet war dies nicht. Weder schien ein Krieg mit Frankreich unausweichlich, noch zwangen innere Notwendigkeiten dazu, die nationale Einigung rasch zu vollenden; und wenn sich auch die Optionen verringert hatten, gab es doch nach wie vor verschiedene Möglichkeiten, die deutsche Frage zu lösen. So war die Ordnung von 1866 aufs Ganze gesehen unfertig und auf Dauer wohl kaum zu stabilisieren. Denn ein Zusammenschluß der süddeutschen Staaten, ein Südbund, war seit 1868 nicht mehr realisierbar. Der kleindeutsche Flügel der Nationalbewegung sah im Norddeutschen Bund nur ein Provisorium und drängte darauf, die nationale Einigung zum Abschluß zu bringen. Schutz- und Trutzbündnisse verknüpften die süddeutschen Staaten militärisch mit Preußen, und die Reorganisation des Zollvereins verstärkte die wirtschaftlichen Bindungen, auch wenn vom neu geschaffenen, 1868 gewählten Zollparlament die erhofften nationalpolitischen Wirkungen nicht ausgingen. Obwohl die 1866 gefundene Ordnung instabil schien, blieb vorerst offen, wann, wie und mit welchem Ergebnis sie zu verändern wäre. In dieser Situation boten die Hohenzollern-Kandidatur für den spanischen Thron sowie der deutsch-französische Krieg von 1870/71, in den sie mündete, Bismarck eine willkommene Chance, die Nationalstaatsbildung durch einen erfolgreichen Krieg voranzubringen, durch Eingliederung der süddeutschen Staaten als »Reichsgründung von oben« abzuschließen und dabei die Strukturen des Norddeutschen Bundes auf das kleindeutsche Reich zu übertragen.[13]

Indem Nationsbildung und »Revolution von oben« ineinandergriffen, entstand das Deutsche Kaiserreich, und dieses »Doppelgesicht der deutschen Nationalstaatsgründung« (Dieter Langewiesche) drückte dem neuen Staat seinen Stempel auf. Er war kein freiheitlich-parlamentarischer Nationalstaat, hervorgegangen aus einem Prozeß erfolgreicher Nationsbildung; insofern blieb das kleindeutsche Reich hinter jenem Anlauf zurück, den die Revolution 1848/49 unternommen hatte. Ebensowenig verdankte das Kaiserreich seine Entstehung aber allein einer erfolgreichen »Revolution von oben«; insoweit tat es einen wichtigen Schritt auf dem Weg zu einem nationalen, konstitutionellen Staat und verwirklichte damit wesentliche Ziele der nationalen Bewegung.

## 2. Das Kaiserreich als Nationalstaat

Mit dem Kaiserreich war ein deutscher Nationalstaat entstanden. Dadurch änderte sich die Machtverteilung im europäischen Staatensystem, in dem das Reich seinen Platz zu suchen hatte. Neben diesem äußeren Aspekt muß man auch den inneren sehen. Denn der Nationalstaat warf die Frage auf, welche Rechte und Entfaltungsmöglichkeiten nationale, politische und soziale Minderheiten in ihm finden würden, stellte, allgemeiner noch und nicht nur für sie, das Problem der Integration.

Die europäischen Mächte, allen voran Großbritannien und Rußland, Österreich-Ungarn und Frankreich, reagierten unterschiedlich auf die Reichsgründung, zumal es in jedem dieser Länder verschiedene Meinungen darüber gab, wie sich der kleindeutsche Nationalstaat mit den jeweiligen nationalen Interessen vertragen würde.[14] Großbritannien hatte die deutsche Einigung mit einem »oft wohlwollenden, oft auch gleichgültigen Gewährenlassen« (Klaus Hildebrand) verfolgt. Denn die Innenpolitik beanspruchte in den sechziger und siebziger Jahren die ganze Aufmerksamkeit der Regierung, und für die Außenpolitik stand weniger der Kontinent, mehr dagegen das Empire im Mittelpunkt. So hielt sich die Regierung von jenen europäischen Konflikten fern, die keine vitalen britischen Interessen berührten, und dazu zählte auch die Frage der deutschen Einigung. Zudem meinten führende Politiker, ein deutscher Nationalstaat werde anstelle des handlungsunfähigen Deutschen Bundes wieder für eine stabile Ordnung in Mitteleuropa sorgen, sich gegenüber Englands Rivalen auf dem Kontinent, Frankreich und Rußland, besser behaupten können und englischen Waren einen größeren Markt bieten. Die britische Öffentlichkeit nahm die Reichsgründung weit skeptischer auf. Nur wenige begrüßten sie; die meisten hegten Argwohn gegenüber einem deutschen Nationalstaat, der die Machtverhältnisse in Europa verschob. Obwohl in der öffentlichen Meinung die Sympathien für Frankreich wuchsen, beeinflußte dies die außenpolitische Linie der britischen Regierung noch nicht.[15]

Rußland verhielt sich in der deutschen Frage ebenfalls passiv. Die Niederlage im Krimkrieg hatte seine inneren Schwächen offengelegt und Reformen erzwungen. Ausbau der Verwaltung, Sanierung der Staatsfinanzen, Modernisierung der Wirtschaft standen seither im Mittelpunkt. Besonders nachhaltig wurde der Eisenbahnbau vorangetrieben. Da das nicht ohne ausländisches Kapital ging, bemühte sich Rußland, politisch und wirtschaftlich mit Frankreich, seit den frühen sechziger Jahren verstärkt mit Preußen zu kooperieren. Der Krimkrieg löste aber nicht nur Reformen im Inneren aus; er änderte auch den außenpolitischen Kurs des Zarenreiches. Sein Interesse richtete sich künftig weniger nach Westen, mehr dagegen nach Osten, vor allem aber auf den Balkan und die Meerengen. Obwohl Rußland also die Reichsgründung erleichterte, war sie der Regierung alles andere als willkommen, zerschlug doch der rasche deutsche Sieg über Frankreich alle Hoffnungen auf Kompensationen und veränderte die Machtverhältnisse in Europa zu Rußlands Nachteil. Der Zar und sein Außenminister, die noch immer, wenn auch unter dem Druck wachsender Kritik, die Außenpolitik bestimmten, fanden sich bald in die neue Realität, große Teile der Öffentlichkeit, Presse und Verwaltung jedoch nicht. So wuchs die Kluft zwischen der offiziell propagierten deutsch-russischen Freundschaft auf der einen und der deutschfeindlichen Stimmung auf der anderen Seite, die weitere Kreise der Gesellschaft erfaßte, sich nationalistisch auflud und gegen das Reich wie gegen die russische Autokratie richtete.[16]

Im Unterschied zu den beiden Flügelmächten des europäischen Systems betraf die Reichsgründung Österreich-Ungarn ganz unmittelbar. Die deutsche Frage war nicht irgendein, sondern das zentrale außenpolitische Problem der Donaumonarchie und wirkte wegen der labilen Balance im Vielvölkerstaat direkt auf seine Innenpolitik ein. So zog die Niederlage von 1866 nicht nur tiefgreifende Veränderungen im Inneren nach sich, etwa den Ausgleich von 1867, der die deutsch-ungarische Doppelherrschaft begründete, sondern die österreichische Deutschlandpolitik mußte auch neu bestimmt werden. Zwar gab es politische und militärische Kräfte, die gemeinsam mit Frankreich gegen Preußen Krieg führen wollten. Die offizielle Politik bemühte sich aber, den Einfluß Österreichs in und über Süddeutschland hinaus zu vergrößern sowie seine Stellung in Mitteleuropa durch Allianzen zu festigen. Da Preußen nicht mitzog, suchte Wien eine Verständigung mit Frankreich. Diese scheiterte jedoch an außenpolitischen Gegensätzen und inneren Widerständen. So mußte das Habsburgerreich gelähmt und resigniert zusehen, wie es endgültig aus »Deutschland« herausgedrängt wurde. Doch paßte sich die österreichische Politik rasch der neuen Situation an. Sie strebte nach einer engen Kooperation mit dem Kaiserreich, schon um einer Anschlußbewegung der Deutschösterreicher vorzubeugen, welche der neu gegründete Nationalstaat stark für sich einnahm, aber auch um die deutsch-ungarische Vorherrschaft gegenüber den anderen Nationalitäten abzusichern und Unterstützung für ihre Balkaninteressen zu gewinnen.[17]

Frankreich war es unter Napoleon III. vor allem darum gegangen, das Gleichgewichtssystem, das der Wiener Kongreß geschaffen hatte, durch ein »moderneres, den Nationalstaatsgedanken begünstigendes Ordnungssystem« zu ersetzen, in dem sich der französische Einfluß bis zu einer hegemonialen Stellung auf dem Kontinent ausbauen ließ. Um seine »Vision von einem bonapartistischen Europa« zu verwirklichen, hatte Napoleon III. auf die nationalen und liberalen Bewegungen gesetzt, Preußens Aufstieg gefördert, die Rivalität zwischen den deutschen Vormächten geschürt, auch dem Krieg von 1866 Vorschub geleistet. So hatte er gehofft, die Rolle eines Schiedsrichters einnehmen und dadurch sein Deutschlandprogramm verwirklichen zu können: zunächst den Deutschen Bund zu sprengen und die Mittelstaaten zu stärken, dann Frankreichs Vormacht über ein dreigeteiltes, locker gefügtes Mitteleuropa zu errichten. Diesen Zielen lief jedoch der Ausgang des Krieges ebenso zuwider wie die politisch-territoriale Neuordnung von 1866/67. Napoleon nahm beides nur widerstrebend hin, aus innenpolitischen Gründen, aber auch aus militärischer Schwäche. Doch dürfte das Gefühl »eines fehlerhaften deutschlandpolitischen Kalküls im Jahre 1866 und die Perspektive einer großpreußisch-obrigkeitsstaatlichen Lösung der deutschen Frage« die französische Politik 1870 zu ihrer Konfliktstrategie hart am Rande eines Krieges veranlaßt haben. Der deutsch-französische Krieg und die Reichsgründung, besonders aber die Annexion Elsaß-Lothringens, welche die deutsche Öffentlichkeit, die Militärs und Bismarck selbst im Laufe und mit dem Wandel des Krieges zu einem Eroberungskrieg immer nachdrücklicher forderten, stellten einen Einschnitt in den Beziehungen zwischen den beiden Staaten dar. Frankreichs Hauptziel wurde die Revision des Frankfurter Friedens vom Mai 1871.[18]

Wie sich der deutsche Nationalstaat in das europäische Mächtesystem einfügen könnte, war jedoch nur die eine, äußere Seite der Nationalstaatsgründung. Auf der anderen Seite, im Inneren, stellte sich die Integration als entscheidendes Problem. Denn die Einstellung der Bevölkerung zum neuen Reich war alles andere als einheitlich. Bei vielen Übergängen und Zwischentönen gab es jene, die den Nationalstaat begrüßten, solche, die ihn im großen und ganzen ablehnten, viele endlich, die seine Existenz noch kaum zur Kenntnis genommen hatten.[19]

Für die Anhänger der Nationalbewegung lagen die Dinge klar, wenigstens auf den ersten Blick. Denn sie hatten das lange verfolgte Ziel erreicht, einen Nationalstaat zu schaffen. Allerdings war dieser Erfolg, was ihre nationale Euphorie dämpfte, nur im Bündnis mit Preußen möglich gewesen, mithin um den Preis erheblicher Abstriche an liberalen Prinzipien und des Verzichts auf großdeutsche Träume. So fiel die Zustimmung zum Nationalstaat, man mag sie fürs erste an den Ergebnissen der Reichstagswahlen vom März 1871 ablesen, in den Hochburgen der Nationalliberalen in Südwest- sowie in Norddeutschland und hier vor allem außerhalb Preußens oder in den von ihm 1866 annektierten Gebieten breit aus. Zu den entschiedenen Befürwortern des Nationalstaates zählten auch die Freikonservativen, während Teile der Linksliberalen ihm gegenüber Vorbehalte hatten. Das galt auch für nicht wenige Katholiken, denen der preußisch-protestantische Charakter des Reiches Sorgen bereitete, sowie für die meisten Konservativen in Preußen, denen die Einigung als Sieg der bürgerlich-liberalen Nationalbewegung erschien.[20]

Jene Teile der Bevölkerung, die dem Kaiserreich ablehnend gegenüberstanden, lassen sich in zwei große Gruppen einteilen. Da waren zunächst politische Minderheiten deutscher Nationalität: Großdeutsche, sogenannte Partikularisten und Sozialdemokraten. Zu den Großdeutschen, die bald resignierten, zählten Teile der süddeutschen Liberalen, zwar national, aber nicht preußisch eingestellt, sowie süddeutsche Konservative, die in alter Loyalität noch an Kaiser und Reich hingen. Auch die Partikularisten, etwa die Welfen in Hannover oder die bayerischen Patrioten, die einen dynastischen, einzelstaatlichen Patriotismus pflegten, verloren rasch an Bedeutung oder lehnten sich an den politischen Katholizismus an. Die sozialdemokratische Arbeiterbewegung schließlich war nicht gegen einen deutschen Nationalstaat, insofern keineswegs antinational, wohl aber, teils in demokratischer, teils in großdeutscher Tradition, gegen dessen kleindeutsch-preußische Variante. Zudem lehnten es die Sozialdemokraten ab, Elsaß-Lothringen zu annektieren und dafür den deutsch-französischen Krieg zu verlängern. Das trug ihnen den Vorwurf ein, »vaterlandslos« zu sein, und brachte ihre führenden Köpfe nach Hochverratsprozessen ins Gefängnis.[21]

Nichtdeutsche ethnische Minderheiten, etwa 4 Mio. oder 10% der Reichsbevölkerung, zählten zur zweiten Gruppe derer, die als Gegner des Nationalstaates galten. Zu ihnen gehörten zunächst jene, die polnisch sprachen und von denen sich immer mehr zur polnischen Nation rechneten. Die meisten Polen, zur Zeit der Reichsgründung vielleicht 2,4 Mio., lebten in den preußischen Ostprovinzen. Hinzu kamen etwa 1,5 Mio. Elsaß-Lothringer und 80000 Dänen im 1866 annektierten Nordschleswig. Die nationalen Minderheiten wollten dem Kaiserreich nicht angehören, weil er ein deutscher Nationalstaat war, und beriefen sich dabei auf jene Idee, die diesem selbst zugrunde lag, nämlich das Nationalitätsprinzip.

Während die Elsaß-Lothringer mehr mit dem Gedanken der Staatsnation argumentierten, die aus dem freien Willen und der Entscheidung eines jeden einzelnen für die Nation hervorging, griffen die anderen nationalen Minderheiten, vor allem die Polen, auf den Gedanken der Kulturnation zurück, der die Zugehörigkeit zu einer Nation an gemeinsame Herkunft und Sprache, an Religion oder Geschichte band. Die einzelnen Minderheiten waren weder sozial oder politisch homogen, noch nahmen sie eine einheitliche Haltung zum deutschen Nationalstaat ein. Auch steuerte die preußisch-deutsche Nationalitätenpolitik zwischen Integration und Assimilation, zwischen Nachsicht und Repression keinen gleichbleibenden Kurs. Denn die an ihr beteiligten Institutionen zogen keineswegs an einem Strang, der Einfluß gesellschaftlicher Kräfte wuchs, und die Rahmenbedingungen wandelten sich. Das betraf in unterschiedlicher Weise die Nationalitätenprobleme im Westen sowie im Norden und Osten des Reiches.

In Elsaß-Lothringen, das den deutschen Bundesstaaten nicht gleichstand, sondern als Reichsland staatsrechtlich eine Sonderstellung einnahm, folgte der Annexion ein knapp zwei Jahrzehnte währendes Wechselspiel von Repression der deutschen Verwaltung und Protest der Bevölkerung. Solcher Protest war nicht allein national, sondern ebenso konfessionell motiviert, wurde sowohl von den katholischen Landbewohnern als auch vom städtischen Bürgertum getragen. Er äußerte sich bei Wahlen und im Reichstag, in Optionen für Frankreich und Verweigerung von Militärdienst, in Auswanderung oder sozialer Absonderung. Seit den neunziger Jahren entspannte sich die Lage, kam es zu einer gewissen Normalisierung. Die fortschreitende wirtschaftliche Integration begünstigte diese ebenso wie die wachsende Zahl deutscher Zuwanderer, der Generationenwechsel sowie Frankreichs nachlassende Anziehungskraft. So mündete der anfängliche Protest gegen Annexion und Kaiserreich in die Forderung nach politischer Autonomie und einer Verfassung für Elsaß-Lothringen. Obwohl die Verfassung von 1911 enttäuschte, da sie keine volle Autonomie brachte, obwohl auch die »Zabern-Affäre« zwei Jahre später die Gräben zwischen Militär und Bevölkerung vertiefte, überwog inzwischen, obwohl manche Distanz blieb, die Loyalität zum Reich.[22]

Ganz anders entwickelten sich die Nationalitätenprobleme im Norden und Osten. In Nordschleswig, das seit 1866 preußisch war, eskalierte der Konflikt nach einer Zeit eher gemäßigter Integrationsversuche in den späten siebziger Jahren, als die Regierung ihre Sprachenpolitik verschärfte und gegen die Optanten, die sich für eine dänische Staatsbürgerschaft entschieden hatten, strenger vorging. Dagegen opponierten die Dänen. Die preußische Verwaltung antwortete darauf mit einer vorübergehenden Milderung, dann mit einer erneuten Verschärfung ihrer Politik, was die Spannung noch anheizte. Zwar wurde nach der Jahrhundertwende die Optanten-, nicht aber die Sprachenfrage großzügiger gehandhabt. Doch kam eine Annäherung nicht zustande.[23]

Ähnlich, aber weit dramatischer verlief der Nationalitätenkonflikt in den Ostprovinzen Preußens. Hier setzten Regierung und Verwaltung nach der Reichsgründung zunächst den Kampf gegen den polnischen Adel und Klerus fort, die Exponenten nationalpolnischer Bestrebungen. Sie suchten beide von der übrigen Bevölkerung zu trennen und diese vornehmlich durch sprachpolitische Maßnahmen zu integrieren. Schon der Kulturkampf verschärfte die Situation, da er nationale und konfessionelle Fragen ineinanderfließen ließ und die polnische Bevölkerung stärker mobilisierte. Ende der achtziger Jahre begann dann eine neue Etappe in den Auseinandersetzungen, setzte eine offensive Germanisierungspolitik ein. Sie wollte den polnischen Einfluß nicht nur politisch und kulturell schwächen, sondern ihn darüber hinaus im sogenannten »Bodenkampf«, der sich zu einem »Wirtschaftskampf« (Rudolf Jaworski) ausweitete, auch ökonomisch zurückdrängen. Diese Politik wurde in den neunziger Jahren zeitweilig gemildert, radikalisierte sich aber an der Jahrhundertwende, gegen Kritik von Zentrum und Freisinnigen zwar, doch unterstützt von Nationalliberalen und Konservativen, beeinflußt auch vom Ostmarkenverein, der für eine kompromißlose nationalistische Linie agitierte. Die Germanisierungspolitik, die ihre Ziele nicht erreichte, und die Reaktion der Polen auf Diskriminierung und Unterdrückung, die den polnischen Nationalismus ebenso dynamisierten wie weiter ausbreiteten, verhärteten die Fronten. Ein friedliches Zusammenleben der beiden Nationalitäten erwies sich als zunehmend schwieriger, Ausgleichsversuche bekamen keine Chance, und die Spannungen griffen auch auf die wachsende Zahl von Polen im Ruhrgebiet über, die sich unter Wahrung ihrer kulturellen Eigenarten ein Stück weit integriert hatten.[24]

Der deutsche Nationalstaat besaß nicht nur Anhänger und Gegner. Es gab auch, jedenfalls zur Zeit der Reichsgründung, große

Teile der Bevölkerung, für die er noch gar nicht zu existieren schien. Sie lebten nach wie vor in ihren begrenzten Welten und lokalen Erfahrungsräumen, weitgehend unberührt vom Prozeß der inneren Nationsbildung, der auf wirtschaftlicher, soziokultureller und politischer Ebene bis zur Reichsgründung zwar Fortschritte gemacht, die Bevölkerung aber je nach sozialer Schicht, Region oder Konfession unterschiedlich stark erfaßt hatte. Auch deshalb gilt das Kaiserreich, um einen treffenden, obwohl nicht unproblematischen Begriff aufzugreifen, als ein »unvollendeter Nationalstaat« (Theodor Schieder). Denn die Entstehung des Reiches war eines, seine nationalstaatliche Integration etwas anderes. Mochte die »äußere« Reichsgründung abgeschlossen sein, die »innere« stand noch aus. So setzten sich, jetzt im Rahmen des Nationalstaates, die Prozesse innerer Nationsbildung auf verschiedenen Ebenen fort.[25]

Bei der inneren Nationsbildung spielte der Nationalismus eine wichtige Rolle. Er wurde erstens, obwohl viele Millionen Menschen deutscher Sprache außerhalb des Nationalstaates lebten, zu einem Reichsnationalismus. Dieser setzte Nation und Reich in eins, nahm es vorerst hin, daß sich die Sprach- und Kulturnation nicht mit der Staatsnation deckte. Zweitens änderte der Nationalismus Inhalt und Funktion. Er wurde von einer »linken« zu einer »rechten« Angelegenheit, auch wenn beides in ihm angelegt war und dieser Wandel sich schon länger abgezeichnet hatte. Bis 1871 hatte »Nation« noch mehr für eine Staats- und Gesellschaftsordnung der Zukunft gestanden, ebenso für Veränderung und Reform, ja, für »Fortschritt« schlechthin. Nach der Reichsgründung ging diese Perspektive immer mehr verloren. Viele begannen »Nation« mit dem Bestehenden, der im Kaiserreich herrschenden politischen und sozialen Ordnung, gleichzusetzen. Auch die meisten Konservativen freundeten sich jetzt mit dem Nationalstaat an, machten die nationale Sache zu der ihrigen. Drittens trat der Nationalismus jetzt sowohl im Inneren als auch nach außen fordernder auf. Zwar hatte er sich im Wechselspiel von Integration und Abgrenzung formiert. Doch verlangte er nach der Reichsgründung im Inneren kompromißloser die Loyalität zur Nation und die Einpassung in den Nationalstaat, machte schärfer Front sowohl gegen die nationalen Minderheiten als auch gegen die sogenannten »Reichsfeinde«, vor allem Sozialdemokraten und Katholiken, und bestritt nicht zuletzt den deutschen Juden ihre Zugehörigkeit zur Nation. Zugleich drängte der Nationalismus – nach der nationalstaatlichen Einigung und den militärischen Erfolgen, die sie möglich gemacht hatten – noch stärker auf eine Machtentfaltung der Nation nach außen. Er wollte also den Nationalstaat als entschiedenen Machtstaat.[26]

Nach der Reichsgründung traten nicht nur andere Facetten des Nationalismus stärker hervor; er erfaßte auch weitere Kreise der Bevölkerung, wohl rascher in der Stadt und langsamer auf dem Land, integrierte sie zunehmend in die Nation. Diese »Nationalisierung der Massen« (George L. Mosse) geschah auf vielerlei Weise. Dabei spielten neben Schule und Heer, später Kolonien und Flotte oder auch der Währung nicht zuletzt nationale Symbole, Feste und Denkmäler eine wichtige Rolle. Sie knüpften teils an die einzelstaatlichen dynastischen Symbolisierungen von Herrschaft an, zumeist jene der preußischen Monarchie; teils nahmen sie Symbole der nationalen Bewegung auf und verbanden beide zu einer spannungsvollen, unsicheren, gleichwohl populären Staatssymbolik, die unterschiedliche Deutungen zuließ und gerade deshalb Menschen zu mobilisieren vermochte. Dies zeigte schon die Reichskriegsflagge, eine Trikolore wohl, aber nicht in schwarz-rot-gold, sondern in schwarz-weiß-rot. Statt einer offiziellen Nationalhymne, die fehlte, erklang entweder die »Wacht am Rhein« oder »Heil Kaiser dir«, die preußische Monarchenhymne in neuer Fassung, nach der Jahrhundertwende zunehmend auch das »Deutschlandlied«. Nicht die Reichsverfassung, wohl aber einzelne Reichsinstitutionen gewannen ebenfalls symbolischen Wert: der Reichstag dank des demokratischen Wahlrechtes, weit stärker aber der Kaiser, der zu einem Reichsmonarchen von hoher Autorität und Integrationskraft aufstieg. Jedes Jahr zelebrierte sich die Nation, in monarchisch-dynastischer oder militärischer Tradition, am Kaisergeburtstag und am 2. September, dem Tag der Schlacht von Sedan. Politische Feiern, die große Menschenmengen anzogen, fanden auch bei Kaiserbegräbnissen oder Regierungsjubiläen statt. Tausende von Denkmälern wurden errichtet: Kriegerdenkmäler praktisch in jedem Ort, später Kaiser-Wilhelm- und Bismarck-Denkmäler, daneben Monumente wie das Niederwald- oder Hermannsdenkmal. In diesen stellte sich die Nation, verschieden in sich, wie sie war und sich sah, selbst dar und vergewisserte sich ihrer Identität. Viele Symbolisierungen des Nationalstaates gingen auf monarchische oder staatliche Initiativen zurück.

Doch wurden nationale Symbole nicht nur propagiert, sondern auch angenommen, politische Feste ebenso inszeniert wie gefeiert, Denkmäler sowohl vom Staat als auch von der Gesellschaft, von verschiedenen, meist bürgerlichen Kreisen, initiiert und finanziert. Neben dem offiziellen, staatlich veranstalteten gab es einen in der Bevölkerung zunehmend tiefer verankerten Nationalismus. Das war jedoch nur die eine Seite; auf der anderen blieb die Symbolisierung des Nationalstaats ebenso umstritten wie dieser selbst. In scharfen Auseinandersetzungen, die sich an den Sedansfeiern entzündeten, aber nicht nur an ihnen, brachen die konfessionelle Spaltung, das fortdauernde Eigengewicht der Regionen sowie nicht zuletzt die soziokulturelle Segmentierung der Gesellschaft auf. Obwohl allmählich eine nationale Gesellschaft entstand, blieb sie von Rissen durchzogen, die nur langsam verschwanden. Weil die »innere Reichsgründung« nur schleppend voranging, kam dem Staat für die Integration des neu gegründeten Reiches eine zentrale Bedeutung zu.[27]

## 3. Reichsverfassung und Herrschaftssystem

Das Kaiserreich war nicht allein ein Nationalstaat, sondern auch ein Verfassungsstaat, dessen Grundstrukturen die Reichsverfassung festlegte. Darüber hinaus handelte es sich bei ihm um einen Verwaltungs- und Rechtsstaat, außerdem, und dies nicht zuletzt, um einen Militärstaat sowie in Ansätzen schließlich um einen Parteienstaat. Alle diese verschiedenen Seiten, die oft unverbunden nebeneinanderstanden, gehörten zu seiner Verfassungswirklichkeit, machten zusammen sein Herrschaftssystem aus.[28]

Die Verfassung des Deutschen Reiches fußte auf jener des Norddeutschen Bundes. Diese hatte einen Kompromiß gefunden zwischen der Forderung nach einem einheitlichen Nationalstaat und den Interessen der Einzelstaaten, allen voran Preußens, zwischen den Rechten der monarchisch-bürokratischen Exekutive und des Parlaments, aber auch, sozial gesehen, zwischen Adel und Bürgertum. Nur wenige wollten diese Übereinkunft unmittelbar nach der Reichsgründung in Frage stellen. Darum blieb es bei kleineren Änderungen, die der Beitritt der süddeutschen Staaten erfordert hatte.[29]

Das Reich als Bundesstaat verband unitarische mit föderalen

Elementen. Es umfaßte 22 Flächen-, drei Stadt-Staaten und das Reichsland Elsaß-Lothringen. Die Gliedstaaten wirkten an der Politik des Reiches mit und bewahrten sich eine Reihe von Hoheitsrechten, die süddeutschen Staaten darüber hinaus noch besondere Reservatsrechte, und damit eine Teilautonomie: Verfassung und Wahlrecht blieben Sache der Bundesstaaten, durchweg auch Justiz und Verwaltung, ebenso Finanzen, Bildung und Kultur. Diesen Rechten der Einzelstaaten standen jene des Reiches gegenüber. Es war zuständig für die auswärtigen Beziehungen und das Militär, für Wirtschaft, Recht und Soziales, für Verkehr, Handel und Kommunikation, mithin für die zukunftsträchtigen, expandierenden Politikfelder. Wie die Aufgaben verteilten sich öffentliche Ausgaben und Einnahmen. Dem Reich, in dessen Haushalt die Militärausgaben den größten Posten bildeten, standen Einnahmen aus öffentlichen Unternehmen, Zölle und Verbrauchsteuern zu. Reichten diese nicht, mußten die Einzelstaaten einspringen. Sie finanzierten die Matrikularbeiträge zum Reichshaushalt sowie ihre eigenen Ausgaben für Verwaltung und Justiz, Bildung und Kultur aus Erwerbseinkünften und Steuern, im Unterschied zum Reich vor allem aus den direkten.[30]

Das Kaiserreich war kein gleichgewichtiger, sondern ein hegemonial geordneter Bundesstaat. Neben vielen Klein- und einigen Mittelstaaten stand Preußen. Es umfaßte zwei Drittel der Fläche und Bevölkerung des Reiches, hatte die stärkste Wirtschaftskraft und das größte politische Gewicht. Die Verfassung sicherte und verschleierte zugleich dieses preußische Übergewicht. Denn es stützte sich nur auf wenige Hegemonialrechte wie etwa die Personalunion zwischen dem preußischen König und dem Amt des deutschen Kaisers. Weit mehr profitierte Preußen als größter Bundesstaat vom föderalen Aufbau des Reiches. Vor allem aber entfaltete sich seine Hegemonie in der Verfassungswirklichkeit. Obwohl Preußen mit 17 von 58, später 61 Stimmen keine Mehrheit im Bundesrat besaß, fanden sich stets genügend Staaten, die mit ihm stimmten. In aller Regel amtierte der Reichskanzler zugleich als preußischer Ministerpräsident. Preußische Ministerien hatten großes Gewicht, zunächst anstelle, dann neben der Reichsbürokratie. Das Heer wurde durchweg nach preußischen Grundsätzen organisiert und kommandiert. Bei alledem war das Kaiserreich aber weder ein vergrößertes Preußen, noch ging dieses über kurz oder lang in jenem auf. Gesamt- und größter Gliedstaat blieben vielmehr, kompliziert und zunehmend spannungsvoll, miteinander verklammert.[31]

Die Verfassung gab dem Reich mit Kaiser und Kanzler, Reichstag und Bundesrat vier Organe. An die Spitze des Staates stellte sie einen Kaiser. Gedacht nur als Inhaber der Bundespräsidialgewalt, entwickelte er sich, je mehr das Reich zusammenwuchs, zu einem Reichsmonarchen, der den Staat symbolisierte und die Nation integrierte. Die Befugnisse des Kaisers waren begrenzter als die eines konstitutionellen Monarchen klassischen Typs. Zwar vertrat er das Reich völkerrechtlich und verfügte über Krieg und Frieden, hatte auch das Recht, Bundesrat und Reichstag einzuberufen und zu eröffnen, zu vertagen und zu schließen, konnte schließlich gemeinsam mit dem Bundesrat das Parlament auflösen. Doch vereinigte der Kaiser weder die gesamte Staatsgewalt in seiner Hand, noch wirkte er direkt an der Gesetzgebung mit. Kaiserliche Regierungsakte mußte der Kanzler gegenzeichnen und damit die Verantwortlichkeit übernehmen. Ihn zu ernennen und zu entlassen zählte deshalb zu des Kaisers wichtigsten Rechten. Nach wie vor gab es aber auch Bereiche, in denen er, vorbereitet durch Zivil-, Militär- oder Marinekabinett, allein entschied: in Personaldingen, vor allem aber in Sachen von Heer und Marine, soweit sie unter die Kommandogewalt fielen. Auf diese überkommenen Vorrechte gestützt, deren Reichweite nicht exakt begrenzt war, konnte der Kaiser außerhalb der Verfassung eigenständig Macht entfalten.

Als Mittler zwischen Kaiser, Bundesrat und Reichstag stellte die Verfassung den Reichskanzler. Sie gewährte ihm großen Handlungsspielraum, zumal das Reich keine kollegiale Regierung kannte, sondern nur einen Minister hatte, eben den Kanzler. Dieser führte sein Amt gestützt allein auf das Vertrauen des Kaisers, bestimmte im Einvernehmen mit ihm die Grundlinien der Reichspolitik und vertrat diese gegenüber Parlament und Öffentlichkeit. Das konstitutionelle System band Kanzler und Monarch aneinander, in wechselseitiger Abhängigkeit zwar, doch im Konfliktfall mit einem Übergewicht des Kaisers. Daß der Kanzler dem Bundesrat vorsaß und diesen mittels des Hegemonialstaats Preußen weitgehend in der Hand hatte, stärkte seine Stellung gegenüber dem Reichstag. Dort mußte er die Reichspolitik verantworten und Mehrheiten für Gesetzesvorlagen suchen. So stand der Kanzler im Zentrum der Macht, sorgte dafür, daß politische Entscheidungen im Dreieck von Kaiser, Bundesrat und Reichstag zustande kamen, und koordinierte die Politik von Reich und Preußen.

Der monarchisch-bürokratischen Exekutive um Kaiser und Kanzler stand der Reichstag gegenüber. Er repräsentierte die Nation und war eine höchst moderne Institution. Denn seine 382, seit 1873 dann 397 Abgeordneten wurden in allgemeiner und gleicher, direkter und geheimer Mehrheitswahl in Einmannwahlkreisen durch alle männlichen Deutschen über 25 Jahre auf drei, seit 1888 auf fünf Jahre bestimmt. Dieses demokratische Wahlrecht, Erbe der Frankfurter Nationalversammlung, hob sich vom Wahlrecht der Einzelstaaten ab, besonders vom Dreiklassenwahlrecht in Preußen, und brachte zugleich Spannungen in die Reichsverfassung. Doch wirkte es auch integrierend, machte den Reichstag neben dem Kaiser zu Symbol und Forum der Nation. Drei wichtige Kompetenzen hatte das Parlament. Es beteiligte sich einmal an der Gesetzgebung. Ohne seine Zustimmung kam kein Reichsgesetz zustande. Dann mußte der Reichstag jährlich den Haushalt bewilligen, ohne dabei freilich über alle Einnahmen und Ausgaben, hier besonders den Militäretat, frei entscheiden zu können. Schließlich verfügte das Parlament über Kontrollrechte. Sie gaben ihm die Möglichkeit, durch Debatten Öffentlichkeit herzustellen. Obwohl der Reichstag kein schwaches Parlament war, hatte die monarchisch-bürokratische Exekutive ein Übergewicht. Sie konnte den Reichstag auflösen, mithin unter Druck setzen. Auch stand ihm keine Regierung, sondern nur ein Kanzler gegenüber, der nicht an Mehrheiten gebunden und dessen Verantwortlichkeit gegenüber dem Parlament wohl gegeben, aber nie klar bestimmt worden war. Schließlich blieben Amt und Mandat unvereinbar, Exekutive und Parlament dadurch scharf getrennt.[32]

Dem Bundesrat, aus den Bevollmächtigten der Bundesstaaten zusammengesetzt, war als alleinigem Träger der Souveränität des Reiches eine zentrale Position im Verfassungsgefüge zugedacht. Nach der Verfassung vereinigte der Bundesrat legislative und exekutive Befugnisse. Er stand einerseits gleichberechtigt neben dem Reichstag und mußte allen Gesetzen, auch dem Haushalt, zustimmen, beschloß andererseits über Einrichtungen und Verordnungen zur Ausführung von Reichsgesetzen sowie gemeinsam mit dem Kaiser über Reichstagsauflösung und Kriegserklärung. Diese merkwürdige Zwitterstellung des Bundesrates hing mit den Aufgaben zusammen, die ihm zugedacht waren. Er sollte die preußische Hegemonie im Reich möglichst unauffällig ausüben helfen, da Preußen nie allein, sondern stets zusammen mit den anderen Bundesstaaten in Erscheinung trat. Zudem war der Bundesrat als eigentlicher Widerpart zum Reichstag gedacht, konnte allen Versuchen entgegentreten, die Zuständigkeiten des Reiches zu Lasten der Einzelstaaten auszudehnen oder die Macht des Parlaments zu vergrößern. Über den Bundesrat wurde mithin der Föderalismus eingespannt, um den Status quo zu zementieren, eine Parlamentarisierung abzublocken. Das geriet, da der Bundesrat die ihm zugedachte Stellung unter den Reichsorganen nie errang, zu seiner folgenschwersten Aufgabe.[33]

Die Reichsverfassung zählt nicht zum klassischen Typ der konstitutionellen Monarchie, selbst wenn sie wichtige Funktionselemente übernahm. Auch mag man mit Fug und Recht bezweifeln, ob die Verfassung mit ihrem spannungsvollen Gegeneinander von monarchisch-bürokratischer Exekutive und Parlament eine »eigenständige Form der Staats- und Verfassungsgestaltung« (Ernst Rudolf Huber) darstellte. Ob sie deshalb aber ein »Übergangs- und Zwischenzustand« (Ernst-Wolfgang Böckenförde) war, der sich zwangsläufig in Richtung auf eine parlamentarische Demokratie fortentwickelte, oder ob das Gegeneinander der beiden Verfassungsprinzipien auf längere Sicht notwendig zu einer Blokkade und damit das System in die »Agonie« (Wolfgang J. Mommsen) führen mußte, ist ebensowenig sicher. Eher sollte man davon ausgehen, daß die Reichsverfassung den rechtlichen Rahmen für ein labiles Mit- und Gegeneinander unterschiedlicher politischer Kräfte schuf und deren Machtverteilung abbildete, wie sie im Reich bei dessen Gründung bestand. So stellte die Verfassung einen Kompromiß dar, der einiges festlegte, anderes offenließ, über alledem aber Entwicklungsmöglichkeiten in durchaus verschiedene Richtungen bot.[34]

Das Kaiserreich war nicht nur ein Verfassungsstaat, sondern auch ein Verwaltungsstaat. Verwaltet wurde auf mehreren Ebenen. Zwar entstand 1871 aus Behörden des Norddeutschen Bundes eine eigenständige Reichsverwaltung, die rasch expandierte und sich bald ausdifferenzierte. Überall dort aber, wo das Reich keine unmittelbare Zuständigkeit besaß, blieb die Verwaltung Sache der Bundesstaaten, zumal diese nicht nur Landes-, sondern auch in eigener Verantwortung Reichsgesetze ausführten. Die einzelstaatliche Administration war unterschiedlich organisiert, seit den Reformen an der Wende vom 18. zum 19. Jahrhundert aber durchweg in allgemeine und besondere innere Verwaltung sowie verschiedene Sonderverwaltungen unterteilt, hierarchisch strukturiert und dreistufig aufgebaut: oben die Zentralbehörden, meist mehrere Fachministerien, denen ein Minister vorstand; dann Bezirke oder Provinzen als Mittelbehörden, die von Präsidenten geleitet wurden; unten die Kreise durchweg mit einem Landrat an der Spitze. Außer der staatlichen Verwaltung und mit ihr vielfach verschränkt gab es die Selbstverwaltung der Kreise, vor allem jedoch der Landgemeinden und Städte. Im Rahmen der kommunalen hatte sich die städtische Selbstverwaltung am weitesten entwickelt und dabei je nach Land anders entfaltet. Allenthalben mußten die Städte Aufgaben für den Staat erledigen, konnten darüber hinaus aber unter staatlicher Kommunalaufsicht einen eigenen, nach dem Prinzip der Allzuständigkeit sich laufend erweiternden Kreis von Selbstverwaltungsangelegenheiten wahrnehmen. Der Verwaltung oblagen sich wandelnde Aufgaben. Sie war einerseits überkommene Hoheits-, wurde andererseits zunehmend Leistungsverwaltung. Mit ihr verband sich ein Regulierungsanspruch des Staates, der teils noch traditionell, teils schon von neueren Herausforderungen geprägt, aufs Ganze gesehen aber nach wie vor stark obrigkeitlich bestimmt war. Er trat den Bürgern in vielfältigem Verwaltungshandeln, am spürbarsten in Gestalt der Polizei entgegen. Sie sollte als Gewaltapparat Gefahren abwehren und Kriminalität bekämpfen und diente zugleich, nicht allein, aber besonders gegenüber der Arbeiterbewegung, der sozialen Disziplinierung und politischen Repression.[35]

Das Kaiserreich war nicht nur ein stark obrigkeitlich geprägter Verwaltungsstaat, sondern auch ein Rechtsstaat. Er band, dem Anspruch nach und zunehmend in der Praxis, Bürger wie Staatsgewalt gleichermaßen an Recht und Gesetz, ließ Konflikte nur in rechtlich normierten Formen austragen. Zwar behaupteten die Einzelstaaten Teile ihrer Justizgewalt, da besondere Landesrechte fortgalten, Justizorganisation wie Personalpolitik weitgehend Ländersache blieben und die allgemeine Verwaltungsgerichtsbarkeit sich auf einzelstaatlicher Ebene entfaltete. Doch drängte die Justizhoheit des Reiches jene der Länder zurück, entstand eine nationale Rechtsverfassung mit einem einheitlichen Rechtssystem und einer reichsrechtlich normierten Justiz. Diese Rechts- und Justizreformen schufen einerseits mehr Rechtseinheit und Rechtssicherheit, damit Rechtsstaatlichkeit, setzten andererseits aber die bürgerlich-liberale Rechtsordnung nicht vollständig durch. Schließlich rief die Praxis der Rechtsprechung immer wieder scharfe Kritik hervor, bis hin zum Vorwurf der »Klassenjustiz«.[36]

Das Kaiserreich war auch und nicht zuletzt ein Militärstaat. Denn das Militär, Droh- und Kampfinstrument für äußere Konflikte wie für innere Unruhen, stand als ein eigenständiger Machtfaktor weitgehend außerhalb von Verfassung, Verwaltung und Recht. Diese Sonderstellung, Erbe aus vorkonstitutioneller Zeit und verteidigt im preußischen Verfassungskonflikt, beruhte auf der Kommandogewalt des Kaisers über Heer und Marine. Sie machte das Reichsheer, obwohl aus Kontingenten der Einzelstaaten mit zum Teil noch selbständiger Heeresverwaltung zusammengesetzt, zu einer einheitlichen, preußisch geprägten Armee, während sich die Marine weit mehr zu einer Institution des Reiches entwickelte. Den Oberbefehl über beide Waffengattungen übte der Kaiser durch zahlreiche, ihm unmittelbar unterstehende, oft miteinander rivalisierende militärische Kommando- und Verwaltungsstellen aus. Welche besondere Rolle das Militär im Kaiserreich spielte, zeigte sich nicht zuletzt in Politik und Gesellschaft. Das Militär war der zivilen Gewalt nicht unter-, sondern nebengeordnet. Dies führte immer wieder dazu, daß sich politische und militärische Führung in heftige Auseinandersetzungen verstrickten, die allein der Kaiser schlichten konnte, daß Militärs in politische Entscheidungen eingriffen oder diese militärischen Erwägungen untergeordnet wurden. Nicht minder spannungsvoll standen Kommandogewalt und Parlamentsrechte einander gegenüber. Denn kaiserliche Entschließungen in Kommandosachen mußten im Unterschied zu solchen in Militärverwaltungsdingen vom preußischen Kriegsminister nicht gegengezeichnet und von ihm, da es keine entsprechende Reichsinstitution gab, auch nicht vor dem Reichstag verantwortet werden. Während der Kaiser also über Personal oder Gliederung der Verbände allein entschied, konnte das Parlament lediglich bei der Finanzierung sowie wenigen anderen Fragen mitreden, und selbst dies nur begrenzt. Weite Bereiche der Militärpolitik entzogen sich damit der parlamentarischen Kontrolle. Doch nicht nur im politischen System, in dem das Militär einen überstarken Einfluß hatte, auch in der Gesellschaft nahm es eine Sonderstellung ein. Sie wurde von staatlicher

Seite etwa durch die Schulerziehung massiv gefördert, zugleich aber von größeren Teilen der Bevölkerung akzeptiert. Das galt weniger für die Arbeiterschaft mit ihrem ambivalenten Verhältnis zum Militär, mehr dagegen für bürgerliche und kleinbürgerliche Kreise. Bei ihnen stand das Militär, besonders sein Offizierskorps, nach dem Krieg von 1870/71 in hohem Ansehen, war Teil des Reichsgründungsmythos, ein Symbol der Nation. Allgemeine Wehrpflicht und Einjährigenprivileg, Duell und Reserveoffizierswesen, Militärfeiern sowie die zahlreichen mitgliederstarken Kriegervereine banden nicht nur Militär und Gesellschaft zusammen, sondern trugen auch dazu bei, daß sich militärische Denkmuster und Verhaltensweisen dem zivilen Leben in vielfacher Form einprägten. Diese Militarisierung von Politik und Gesellschaft trat in ganz unterschiedlichen Formen in Erscheinung, etwa als »konservativer«, später auch als »bürgerlicher Militarismus« (Stig Förster) oder als »Gesinnungsmilitarismus« der »kleinen Leute« (Thomas Rohkrämer), wandelte sich auch während des Kaiserreiches, blieb aber eines seiner am stärksten hervorstechenden Merkmale.[37]

Das Kaiserreich war, wenn auch in Grenzen, schon ein Parteienstaat. Parteien mobilisierten die Wähler, vermittelten zwischen ihren lokalen und regionalen Lebenswelten auf der einen sowie den politischen Institutionen auf der anderen Seite, wirkten über die Parlamente am politischen Entscheidungsprozeß mit. Im Kaiserreich gab es ein Fünfparteiensystem, das sich zu drei »Großlagern« (Karl Rohe), einem katholischen, einem sozialistischen und, unter ganz bestimmten Voraussetzungen, einem »nationalen« gruppieren konnte. Das Parteiensystem umfaßte zunächst die Rechte in der Deutschkonservativen und der Deutschen Reichspartei (den Freikonservativen), dann den im Zentrum organisierten politischen Katholizismus, ferner mit der Nationalliberalen Partei den rechten Flügel und außerdem mit der Deutschen Fortschritts- sowie der Deutschen Volkspartei und ihren Nachfolgeorganisationen den linken Flügel des Liberalismus, endlich die Sozialistische Arbeiterpartei (seit 1890: Sozialdemokratische Partei) Deutschlands. Dieses Fünfparteiensystem, das aus den politischen Bewegungen der ersten Jahrhunderthälfte herausgewachsen war und in den beiden Jahrzehnten um die Reichsgründung feste Gestalt angenommen hatte, blieb das ganze Kaiserreich über erstaunlich stabil. Das lag nicht zuletzt daran, daß sich die Parteien mehr oder minder stark mit bestimmten »sozialmoralischen Milieus« (M. Rainer Lepsius) verbanden. Was die Milieus zusammenhielt und zugleich nach außen abgrenzte, war eine je eigene Lebensweise, geprägt durch eine spezifische Kombination regionaler und religiöser, wirtschaftlicher, sozialer und kultureller Faktoren.[38]

Am tiefsten ankerten Zentrum und Sozialdemokratie in einem solchen sozialmoralischen Milieu. Das Zentrum als konfessionell-katholische Partei entstand zwar erst Ende 1870, doch gab es schon vorher einen politischen Katholizismus und ein katholisches Milieu. Deshalb konnte die Partei bereits vor dem Kulturkampf und nicht erst durch ihn einen großen Teil der katholischen Wähler mobilisieren sowie dauerhaft an sich binden. Von nun an blieben Zentrum und »katholisches Deutschland« mit seinen Gemeinden, Pfarrern und lokalen Honoratioren, seinen Vereinen und Presseorganen eng verflochten. Dabei übergriff die gemeinsame Konfession regionale wie soziale Unterschiede. So öffnete sich das Zentrum nicht nur verschiedenen regionalen Traditionen. Seine Anhänger- und Wählerschaft war auch sozial heterogen, umfaßte Adelige und Bauern auf dem Land ebenso wie Bürger, Handwerker und Arbeiter in den Städten. Trotzdem hatte die Partei insgesamt, der spezifischen Sozialstruktur des katholischen Bevölkerungsteiles entsprechend, einen eher ländlich-kleinstädtischen und bäuerlich-handwerklichen Zuschnitt.[39]

Wie das Zentrum mit dem katholischen verband sich die Sozialdemokratie mit dem sozialistischen Milieu, das sich seit den siebziger Jahren herausbildete. Selbständige Arbeiterparteien kamen in Deutschland mit dem Lassalleanischen Allgemeinen Deutschen Arbeiterverein und der Eisenacher Sozialdemokratischen Arbeiterpartei, die 1875 zur Sozialistischen Arbeiterpartei Deutschlands fusionierten, vergleichsweise früh auf. Daß sich immer mehr Arbeiter ihnen zu- und von den liberalen Parteien abwandten, hatte viele Gründe, darunter die Forderung nach staatlicher Sozialreform, welche die Liberalen ablehnten, Differenzen in der Wahlrechtsfrage oder die parteipolitische Auffächerung der liberalen Bewegung. Frühe Arbeiterparteien und sozialistisches Milieu wuchsen freilich nur langsam zusammen. Erst nach 1878 setzte das »Sozialistengesetz« Milieubildungsprozesse in Gang, die die Sozialdemokratie nach 1890 zu einer Klassenpartei vor allem der gewerblichen protestantischen Arbeiter in den Städten werden ließ. Doch erfaßte die SPD bei weitem nicht alle Arbeiter. Ein Teil von ihnen, vor allem die katholische Arbeiterschaft, wählte das Zentrum, ein anderer nach wie vor die liberalen Parteien.[40]

Die Liberalen waren im Unterschied zu Zentrum und Sozialdemokratie weniger fest an ein bestimmtes sozialmoralisches Milieu gebunden. Das galt gleichermaßen für Rechts- wie Linksliberale. Ihre Spaltung reichte in die Zeit vor der Revolution von 1848/49 zurück, war im Verfassungskonflikt vorübergehend in den Hintergrund, dafür aber 1866 um so deutlicher, wenngleich in anderer Form wieder hervorgetreten, als sich mit der Nationalliberalen Partei der rechte Flügel von der Deutschen Fortschrittspartei trennte, der Indemnitätsvorlage zustimmte und von da an eng mit der Regierung Bismarck kooperierte. Dennoch löste sich das liberale Lager nicht auf, blieben gesamtliberale Vorstellungen, Abgrenzungen und Gemeinsamkeiten. Auch stützten sich linke wie rechte Liberale bei regionalen Unterschieden nach wie vor auf ähnliche, durchweg protestantische Bevölkerungsgruppen: auf das gebildete und besitzende Bürgertum, den »alten« Mittelstand der Handwerker und Kleinhändler, aber auch auf Arbeiter und Bauern. Wenn bei den Rechtsliberalen beamtetes Bildungs- und Besitzbürgertum mehr in Erscheinung trat, für die Linksliberalen dagegen Freiberufler sowie Teile des »alten« Mittelstandes wichtiger waren, standen doch beide gleichermaßen vor dem Problem, ihre Wähler dauerhaft an sich zu binden und so zu verhindern, daß diese zwischen ihnen hin- und her- oder gar zu anderen Parteien abwanderten.[41]

Die Deutschkonservativen verfügten als ländlich-agrarische Partei nur über eine schmale soziale Basis. Ihre Hochburgen lagen im ostelbischen Preußen und in Mecklenburg. Hier waren sie mit dem adeligen Großgrundbesitz eng verflochten, wurden von protestantischen Pfarrern sowie der unteren und mittleren Verwaltung unterstützt. Versuche der Konservativen, ihre Wählerbasis regional und sozial zu verbreitern, blieben zeitweise nicht ohne Erfolg. Noch schwächer als die soziale Basis der Deutschkonservativen war jene der Freikonservativen. Sie hatten praktisch keinen sozialen Unterbau, stützten sich deshalb auf führende Vertreter von Schwerindustrie und Großgrundbesitz, die aufgrund persönlicher Autorität sowie hohen Sozialprestiges gewählt wurden, anfangs noch in den außer- und westpreußischen, später dann fast ausschließlich, nur Sachsen ausgenommen, in den ostpreußischen Provinzen.[42]

Über ihre je unterschiedliche Bindung an bestimmte sozialmoralische Milieus hinaus wiesen die Parteien einige gemeinsame Merkmale auf. Einmal prägte sie alle das Verfassungssystem. Es räumte den Parteien zwar Mitspracherechte ein, hielt sie aber von der Regierungsverantwortung fern. Das machte aus ihnen zwar keine reinen Weltanschauungsparteien, zwang sie jedoch auch nicht, ihre Ziele am politisch Machbaren auszurichten, Interessengegensätze durch Kompromisse zu überbrücken und Koalitionen zu erproben. Sodann beeinflußte der Föderalismus die Parteien. Denn sie mußten nicht nur auf ihre je nach Region unterschiedliche Anhänger- und Wählerschaft Rücksicht nehmen, sondern zugleich auf die oft stark abweichende Zusammensetzung von preußischer Landtags- und Reichstagsfraktion. Schließlich waren die bürgerlichen Parteien – die Sozialdemokratie nahm eine Sonderstellung ein – vergleichbar aufgebaut. Als sogenannte Honoratiorenparteien stützten sie sich nicht auf eine feste Organisation, sondern auf einflußreiche und bekannte Personen, die sich in Wahlkomitees, Vertrauensmännerversammlungen oder Wahlvereinen zusammenfanden und meist nur vor Wahlen tätig wurden. Daneben bestanden zur Koordinierung der Wahlkampfaktivität sogenannte Zentralwahlkomitees, personell eng mit den Parlamentsfraktionen verflochten, aus denen sich erst allmählich zentrale Parteileitungen entwickelten.[43]

## 4. Zwischen Agrar- und Industriestaat

Auf dem Weg von der Agrar- zur Industriewirtschaft, von der ländlichen zur industriellen Gesellschaft war Deutschland in den siebziger Jahren erst ein Stück vorangekommen. Noch wies das Kaiserreich deutliche Züge eines Agrarstaates auf. Man mag das, wiewohl nur sehr grob, an der Verteilung der Beschäftigten ablesen. Denn wenn auch seit dem frühen 19. Jahrhundert der Anteil von Erwerbstätigen in der Landwirtschaft gesunken, im Dienstleistungsbereich sowie in Gewerbe und Industrie gestiegen war, arbeiteten doch zur Zeit der Reichsgründung noch immer rund 49% aller Beschäftigten im primären, 22% im tertiären und 29% im sekundären Sektor.[44]

Die Landwirtschaft verlor zwar an Bedeutung; gleichwohl stand es bis in die siebziger Jahre hinein gut um sie. Seit dem späten

18. Jahrhundert war die Agrarproduktion gewachsen. Dazu trug schon die »Bauernbefreiung« bei, die um 1800 einsetzte und nicht vor den sechziger Jahren endete. Sie löste die Bauern aus jahrhundertealter persönlicher, grundherrlicher und hoheitlicher Abhängigkeit sowie genossenschaftlicher Bindung. Das mobilisierte, unterschiedlich je nach Agrarverfassung, ökonomische Ressourcen. So schichteten die Reformen in den gutsherrschaftlichen Gebieten des preußischen Ostens die Besitzverhältnisse um, leiteten eine Zeit des Landesausbaus ein und ließen modernere Agrarbetriebe entstehen. In den grundherrschaftlichen Gebieten Mittel- und Süddeutschlands blieb es dagegen meist bei der überkommenen Landverteilung, wuchsen Ackerfläche wie Agrarproduktion langsamer als im Osten, modernisierten sich die Höfe zögernder. Stärker als die Reformen war die Intensivierung der Landwirtschaft, verschieden je nach Region sowie abhängig von Marktintegration und Nachfrage, für den Produktionsanstieg verantwortlich. Bis in die sechziger Jahre wuchs die Nutz-, vor allem aber die Ackerfläche. Mehr Kartoffeln und Zuckerrüben wurden angepflanzt, da sie höhere Erträge brachten. Auch die Anbaumethoden machten Fortschritte. Viele Bauern gingen zur verbesserten Dreifelderwirtschaft über, düngten stärker, seit den sechziger Jahren auch mit Mineraldünger, setzten leistungsfähigere Geräte ein und steigerten den Arbeitseinsatz. Dadurch verdreifachte sich zwischen 1800 und 1870 die Agrarproduktion. Zugleich stiegen seit den späten zwanziger Jahren bei erheblichen, ernteabhängigen Schwankungen nicht nur die Produkt- und Bodenpreise, sondern auch die Erlöse.[45]

Von den »goldenen Jahrzehnten« (Wilhelm Abel) der deutschen Landwirtschaft zwischen 1825 und 1875 profitierten nicht alle Betriebe in gleichem Umfang. Mehr als drei Viertel aller Höfe im Kaiserreich waren Klein- oder Zwergbetriebe mit weniger als 5 ha Nutzfläche; sie bewirtschafteten ein knappes Siebtel des Bodens. Auf die mittelgroßen Betriebe mit 5-20 ha, ein Fünftel der Höfe, entfiel ein Drittel der Anbaufläche. Die Großbetriebe mit über 20 ha verfügten dagegen über ein knappes Drittel des gesamten Bodens, obwohl sie nur ein Zwanzigstel der Höfe ausmachten. Der Großgrundbesitz mit über 100 ha schließlich, gerade ein halbes Prozent der Betriebe, bewirtschaftete ein Viertel der Fläche. Vor allem die vielen Zwerg- und zahlreiche Kleinbetriebe, zumal in den Realteilungsgebieten Mittel- und Süddeutschlands, dürften selbst bei günstiger Agrarkonjunktur unrentabel, nur mit gewerblichen Nebeneinkünften lebensfähig gewesen sein. Besser sah es für mittelgroße Betriebe aus, besonders wenn sie in der Nähe wachsender Städte lagen und hier Veredelungsprodukte wie Milch oder Fleisch absetzen konnten. Günstig dürfte auch die Ertragslage der großen Güter gewesen sein, die in den Anerbengebieten des Nordwestens sowie im Osten des Reiches lagen und Getreide zu hohen Weltmarktpreisen exportierten.[46]

Im Unterschied zum primären konnte der tertiäre Sektor seine gesamtwirtschaftliche Position ausbauen. Das 19. Jahrhundert war nicht nur das der Industrialisierung, sondern auch der Kommunikationsrevolution. Drei Bereiche expandierten besonders stark. Zum einen nahm der Verkehr zu. Das galt für die Binnen- und Seeschiffahrt, den Straßen- und nicht zuletzt den Eisenbahntransport. Auch Binnen- und Außenhandel wuchsen mit fortschreitender Industrialisierung. Schließlich entstand ein leistungsfähiges Bankensystem. Neben die privaten traten seit den fünfziger Jahren und vor allem nach der Liberalisierung des Aktienrechtes in den frühen Siebzigern die Aktienbanken. Sie pflegten als Universalbanken alle Geschäftssparten, zumal das industrielle Finanzierungs-, Beteiligungs- und Gründungsgeschäft. Einige von ihnen, die Darmstädter, die Deutsche und die Dresdner Bank sowie die Disconto-Gesellschaft, stiegen zu kapitalstarken, einflußreichen Großbanken auf.[47]

Der sekundäre Sektor, dessen Gewicht in der Volkswirtschaft zunahm, wies in sich beträchtliche Entwicklungsunterschiede auf. Noch war das Heimgewerbe wichtig. Zwar schrumpften die »alten«, oft ländlichen und meist textilen Hausindustrien seit der Jahrhundertmitte, unter ihnen vor allem die Spinnerei. Doch gewannen dafür die »neuen«, städtischen Hausindustrien mit dem Bekleidungsgewerbe als Kern an Gewicht. Auch das Handwerk zeigte Widerstands- und Anpassungsfähigkeit, obwohl die Industrie manche Zweige an den Rand schob und andere ganz verdrängte. Überhaupt blieb die Grenze zwischen Gewerbe und Industrie fließend, gab es zahlreiche Misch- und Übergangsformen. Noch 1882, als die erste reichsweite Gewerbezählung stattfand, beschäftigten 95,9% aller Betriebe weniger als sechs Personen. Nur 3,7% der Unternehmen zählten 6 bis 50 und gerade 0,4% mehr als 50 Arbeitskräfte. Obwohl in diesen »Mittel«- und »Großbetrieben« schon ein gutes Drittel aller Beschäftigten tätig war, arbeiteten noch fast zwei Drittel in »Kleinbetrieben«. Weniger beim Gewerbe, mehr dagegen bei der Industrie lag jedoch die eigentliche Dynamik. Im späten 18. Jahrhundert hatte in Deutschland die Industrialisierung eingesetzt. Mit Dampf- und Werkzeugmaschine, Kohle und Stahl als neuen Rohstoffen sowie der Fabrik als Ort zentralisierter, maschineller und arbeitsteiliger Fertigung brachte sie eine Reihe technisch-organisatorischer Neuerungen, die nicht nur den Produktionsprozeß umgestalteten. Seit den vierziger Jahren gewann die Industrialisierung an Tempo. Doch verlief die Industrielle Revolution, die nun einsetzte, alles andere als gleichmäßig.[48]

Zum einen gab es regionale Unterschiede. Manche Gebiete industrialisierten sich früher, rascher und stärker als andere. So bildete sich jenes für das Kaiserreich typische Raummuster heraus. Dieses wurde einerseits noch von der Verteilung vor- und frühindustrieller Gewerbelandschaften bestimmt. Andererseits stiegen neben gewerblich bereits verdichteten Regionen mit Ruhrgebiet, Oberschlesien und Saarrevier die neuen Zentren der Montanindustrie auf und begannen, das Raummuster zu verändern. Bei alledem blieben die Unterschiede zwischen den Regionen ausgeprägt, mischten sich auf je besondere Weise moderne industrielle und überkommene gewerbliche Strukturen, wurden nicht zuletzt verschiedene Industrialisierungswege erkennbar. Sehr vereinfachend lassen sich darum für die siebziger Jahre drei Typen von Wirtschaftsregionen unterscheiden: jene, in denen die Industrialisierung bereits größere Fortschritte gemacht hatte wie im Königreich Sachsen, in den Rheinlanden, Elsaß-Lothringen oder im Rhein-Main-Raum; andere, etwa Württemberg, Baden, Schlesien, Westfalen, die preußische Provinz Sachsen und Nassau, in denen die Industrialisierung angelaufen war oder sich auf einzelne Branchen beschränkte, die Region aber noch nicht prägte; solche schließlich, die nach wie vor agrarisch und, wenn gewerblich, dann stark handwerklich bestimmt waren.[49]

Ferner gab es ein ungleichmäßiges Wachstum. Alle Industriebranchen expandierten, einige jedoch schneller als andere. Die größte Dynamik zeigten die Führungssektoren, Steinkohlenbergbau sowie Eisen- und Stahlindustrie. Da sie vom Eisenbahnbau entscheidende Anstöße erhielten, bildeten Schwerindustrie und Eisenbahnbau zusammen den »Führungssektorkomplex« der Industriellen Revolution. Einige Industriebranchen profitierten durch Kopplungseffekte unmittelbar von seiner Dynamik. Zu diesen sekundären Wachstumssektoren, die rasch, aber nicht so schnell wuchsen wie Kohle, Eisen und Stahl, zählte insbesondere die Maschinenindustrie. Vergleichsweise langsam entwickelten sich dagegen die meisten Konsumgüterindustrien. Sie wurden, zumal die Textilbranche, vom Wachstum der Führungssektoren nicht direkt erfaßt. Dieses sektoral ungleichmäßige Wachstum setzte sich im Kaiserreich fort.[50]

Schließlich gab es konjunkturelle Schwankungen. Dabei wurden die alten, von der Landwirtschaft ausgelösten, weil ernteabhängigen Wechsellagen durch moderne industrielle Zyklen zunächst verformt, dann überlagert, schließlich immer mehr zurückgedrängt. In den späten sechziger Jahren geriet die Volkswirtschaft endgültig ins Schlepptau der Industriekonjunkturen, die vor allem von Schwankungen der wirtschaftlichen Aktivität herrührten und sich der Konjunktur anderer europäischer Staaten annäherten. Dabei wiesen die Zyklen von 1844-1848, 1848-1859, 1859-1866 mehr konjunkturell günstige als schlechte Jahre auf, und in den späten Sechzigern setzte ein wirtschaftlicher Aufschwung ein, der sich zwischen 1871 und 1873 zum Boom der »Gründerjahre« steigerte.[51]

War das frühe Kaiserreich auf dem Weg von der Agrar- zur Industriewirtschaft erst ein Stück weit vorangekommen, galt das auch für seinen Weg von einer ländlichen zu einer industriellen Gesellschaft. Gewiß hatten Bevölkerungswachstum, Industrialisierung und Binnenwanderung die sozialen Verhältnisse schon in Fluß gebracht; doch standen die größten Veränderungen noch bevor. So wohnte von den 41 Mio. Menschen, die man zur Zeit der Reichsgründung in Deutschland zählte, erst ein Achtel in den 75 Mittelstädten sowie acht Großstädten mit mehr als 100000 Einwohnern; sieben Achtel dagegen lebten auf dem Land oder in Kleinstädten bis 20000 Einwohnern.[52]

Verglichen mit der städtischen, war die ländliche Gesellschaft bis in die siebziger Jahre weniger in Bewegung geraten. Hier stand der Adel, in sich vielfach gegliedert, doch geeint durch adeliges Standesbewußtsein, an der Spitze der sozialen Pyramide. Es gab eine scharfe Trennung zwischen dem hohen Adel der regierenden, auch standesherrlichen Häuser auf der einen und dem niederen Adel auf der anderen Seite. Dieser gliederte sich in einzelne Gruppen, den landsässigen Adel, die früheren Reichsritter, den alten

Stiftsadel, außerdem nach Rängen wie Graf, Freiherr oder Träger eines einfachen »von«. Weitere Unterschiede traten hinzu: zwischen Altadeligen und der wachsenden Zahl nobilitierter Neuadliger; begütertem, landarmem und landlosem Adel; den Adelsgruppen einzelner Regionen mit ihren je besonderen Traditionen. Es gab also nicht den Adel, gleichwohl über alle Unterschiede hinweg ähnliche Entwicklungen. Zwar hatte der Adel in den Reformen des frühen 19. Jahrhunderts und durch die Revolution von 1848/49 Einfluß verloren, im Süden mehr, in Preußen weniger; auch waren viele seiner traditionellen Privilegien aufgehoben, lokale Herrschaftsrechte und damit das, was Adel ausmachte, nämlich die Herrschaft über Land und Leute, angegriffen worden. Dennoch behauptete sich der Adel in den Veränderungen des 19. Jahrhunderts erstaunlich gut, indem er ihnen teils widerstand, teils das aufnahm, was seinen Traditionen entsprach, und sich darüber vom »Herrschaftsstand zur regionalen Elite« (Heinz Reif) wandelte. So verfügte der Adel im frühen Kaiserreich nach wie vor über großes Gewicht. Dies lag schon am Ansehen, das er genoß. Geburt und Herkunft grenzten den Adel vom Nichtadel ab, und er setzte mit seinen weitreichenden familiären und persönlichen Beziehungen sowie seinen Lebensformen noch immer Maßstäbe. Die einflußreiche Stellung des Adels beruhte sodann auf seinem ausgedehnten Grundbesitz. Zwar erwarben Bürgerliche in größerem Umfang adelige Güter, entstand im preußischen Osten eine adelig-bürgerliche Rittergutsbesitzerklasse. Doch bauten nicht wenige Adelige ihre Gutswirtschaft aus oder nutzten die Ablösungszahlungen, um Schulden zu tilgen und zu investieren, selten freilich in industrielle Projekte. Schließlich verfügte der Adel über politische Macht. Er war an den Höfen weitgehend unter sich und prägte die Hofgesellschaft, hatte Anspruch auf Vertretung in den einzelstaatlichen Kammern und besetzte, in den süd- und mitteldeutschen Staaten weniger, in Preußen mehr, die Spitzenpositionen in Regierung, Verwaltung, Diplomatie und nicht zuletzt im Militär.[53]

Unterhalb des Adels war die ländliche Gesellschaft zuerst, aber nicht allein entlang der Besitzverhältnisse gegliedert. Dabei traten die sozialen Unterschiede im Dorf um so stärker hervor, je mehr sich die ständisch bedingte Frontstellung gegenüber den Herren abbaute und so Raum für andere Differenzierungen entstand. Doch blieben diese vielfach eingebunden in die Dorfgemeinschaft, wurden durch sie ein Stück weit gemildert. Trotzdem trennte ein weiter, oft schwer überbrückbarer Abstand die Vollbauern, große wie mittlere, von den Kleinbauern. Dagegen waren die Übergänge zwischen diesen und den wiederum sehr heterogenen ländlichen Unterschichten fließender. Manche arbeiteten im Neben- oder Hauptberuf als Heimgewerbetreibende, andere als Landarbeiter. Unter ihnen gab es, je nach Agrarlandschaft in unterschiedlichen Erscheinungsformen und Mischungsverhältnissen, neben dem Gesinde vertraglich gebundene Arbeiter, Klein- und Kleinstbauern, die auf größeren Höfen und Gütern arbeiteten, sowie besitzlose Tagelöhner. So heterogen die Landarbeiterschaft blieb, das Moment der Lohnarbeit trat bei ihr doch mehr hervor und führte dazu, daß sich die Arbeits- und Lebensbedingungen allmählich anglichen.[54]

Im Unterschied zur ländlichen war die städtische Gesellschaft zur Zeit der Reichsgründung bereits stärker in Bewegung geraten. Zu ihren dynamischen Kräften zählte zuerst das Bürgertum. Dieses war ungemein heterogen: sozial, regional und konfessionell, aber auch nach Ausbildung und Beruf. Deshalb ist schon strittig, ob es das Bürgertum als soziale Formation überhaupt gegeben und, wenn ja, was sie zusammengehalten und gegenüber anderen sozialen Gruppen abgegrenzt hat: Einte das Bürgertum die Frontstellung gegenüber privilegiertem Adel und monarchischem Staat, die sich im Lauf des 19. Jahrhunderts abbaute, sowie gegenüber den unteren Schichten, den Industriearbeitern zumal, die zunahm; oder schloß eine eigene »Kultur« das Bürgertum zusammen, seine besondere Lebensführung und Weltdeutung, Einstellung und Mentalität, kurz: seine »Bürgerlichkeit«? Auch wer zum Bürgertum zu rechnen ist, steht keineswegs eindeutig fest. Sicher zählten zu ihm die Angehörigen der freien Berufe, Rechtsanwälte und Ärzte etwa, später Ingenieure und Chemiker, außerdem, wenngleich man über die Einordnung der hohen Beamten streiten mag, Richter, Bürokraten, Professoren, Gymnasiallehrer und protestantische, nicht jedoch katholische Geistliche. Sie alle verfügten über eine höhere, durchweg akademische Ausbildung und werden deshalb zumeist als »Bildungsbürgertum« bezeichnet, ein Begriff, der eine Einheit suggeriert, wo die Vielfalt zunahm. Neben dem Bildungsbürgertum wurde mit fortschreitender Industrialisierung das Wirtschaftsbürgertum wichtiger. Bis weit ins Kaiserreich blieben sich beide bürgerlichen Gruppen sozial wie kulturell fern, rangierte Bildung vor Besitz. Das Wirtschaftsbürgertum war in sich vielfach differenziert, vor allem sektoral, funktional und sozial. Es umfaßte Kaufleute, Bankiers und Industrielle; zu ihm zählten Unternehmer, Kapitalbesitzer und leitende Angestellte; es reichte, wobei der Abstand zunahm, vom Großbürgertum, das sich im frühen Kaiserreich auf dem Weg an die Spitze der Gesellschaft befand, bis hinunter zu jenen Selbständigen, bei denen die Grenze zum Kleinbürgertum kaum noch zu ziehen war.[55]

Das Kleinbürgertum stand am Rand des Bürgertums. Es ging aus dem altständischen Stadtbürgertum hervor, das sich im Laufe der Industrialisierung sowie als Folge staatlicher Kommunal- und Gewerbepolitik im 19. Jahrhundert, zumal seit 1850, immer mehr auflöste und von dem manche ins Wirtschaftsbürgertum aufstiegen, die meisten aber, nicht zuletzt Handwerker, Kleinhändler und Gastwirte, wirtschaftlich und sozial oft an Bedeutung verloren. Sie blieben, obwohl vielfältig differenziert, einerseits Selbständige und Besitzende, konnten sich insofern zum Bürgertum rechnen. Andererseits war ihre Selbständigkeit oft eingeschränkt oder bedroht, ihre Position in der Gesellschaft auf einem unteren, höchstens mittleren Niveau angesiedelt und ihre Furcht abzusteigen groß. Lebenszuschnitt und Lebensführung schieden »kleine und große Bürger« (Heinz-Gerhard Haupt) voneinander, ohne daß eine unüberbrückbare Kluft sie trennte. Neben dem »alten« kann man auch den »neuen« Mittelstand der kleinen oder mittleren Beamten und Angestellten zum Kleinbürgertum rechnen. Sie standen gleichfalls, obwohl nicht selbständig, dem Bürgertum nahe, gehörten ihm jedoch nicht vollständig an. Das galt für die verschiedenen Gruppen von Beamten, die staatsnah und meist verwaltend tätig, materiell nicht gut, aber lebenslang versorgt, aufstiegsorientiert und um einen bürgerlichen Lebenszuschnitt bemüht waren. Es traf zugleich für die Angestellten zu, bei allen Unterschieden zwischen ihnen. Sie hoben sich von den Arbeitern nicht nur durch bessere Arbeitsbedingungen, mancherlei Vergünstigungen sowie insgesamt gesichertere Lebensumstände ab, sondern hielten auch auf Distanz zur Arbeiterschaft, wollten dem Bürgertum angehören oder zumindest in dieses aufsteigen und suchten deshalb ihrem Leben einen bürgerlichen Anstrich zu geben.[56]

Die Arbeiterschaft war vielfach gegliedert, nach Herkunft, Arbeitsbedingungen, Lebensverhältnissen. Zu ihr gehörten zunächst die Dienstboten. Ihre Zahl wuchs bis ins frühe Kaiserreich, da bürgerliche Familien in den Städten verstärkt häusliche Dienstleistungen nachfragten und sich immer mehr junge, weibliche Personen für die Zeit bis zur Heirat in einem Haushalt verdingten. Sie unterstanden dann im Rahmen überholter Gesindeordnungen der Hausgewalt ihrer Herrschaft, mußten zu Bedingungen, die erheblich variierten, meist aber für einen knapp bemessenen Lohn, Kost und Logis sowie ohne geregelte Arbeitszeit, alle anstehenden Arbeiten im Haushalt verrichten.[57]

Zur Arbeiterschaft zählten ferner die Heimgewerbetreibenden. Von ihnen lebten zunehmend weniger, aber immer noch die meisten auf dem Land, arbeiteten dort in den »alten«, häufig textilen Hausindustrien. Dann gab es die Gruppe der ehemals selbständigen, nun verlegten Handwerker, die noch langsam wuchs. Rascher expandierte dagegen seit den siebziger Jahren die Zahl der Heimarbeiter in den »neuen«, überwiegend städtischen Hausindustrien. Dabei änderte sich das Grundmuster der Heimarbeit nicht: einerseits die häusliche oder hausnahe Tätigkeit, meist mit eigenen Werkzeugen, oft unter Mithilfe von Familienangehörigen und Hilfskräften; andererseits die Abhängigkeit von einem Verleger, der Vorprodukte lieferte (»vorlegte«), die fertigen Erzeugnisse zu einem festen Preis abnahm und diese auf überlokalen Märkten vertrieb. Beides zusammen bestimmte die Lebenssituation der Heimgewerbetreibenden, ihre Existenz oft an der Armutsgrenze, stark abhängig vom Auf und Ab der Nachfrage.

Zur Arbeiterschaft gehörten außerdem die Gesellen. Ihre Situation änderte sich im Laufe des 19. Jahrhunderts. Sie lösten sich mehr oder weniger stark aus dem Meisterhaushalt mit seinen hausherrschaftlichen Strukturen. Zünftige Regelungen der Lehre oder Wanderschaft wurden durch die Gewerbereformen ein Stück weit gelockert. Auch die berufsständische Identität der Gesellen, die sich als künftige Meister sahen und aufgrund ihrer Fertigkeiten, ähnlichen Lebensführung sowie gemeinsamen Ehrvorstellungen von anderen Arbeitern abgrenzten, schwand allmählich, da staatliche Maßnahmen die Autonomie der Gesellen einschränkten und die Arbeit in Fabriken für sie attraktiver wurde. So waren viele Gesellen, unterschiedlich je nach Handwerk, Betriebsgröße und Region, auf dem Weg, Lohnarbeiter zu werden, ohne freilich ihre handwerklichen Traditionen abzulegen.

Die Fabrikarbeiter schließlich stellten im frühen Kaiserreich bereits die größte Gruppe der Arbeiterschaft. Sie war alles andere als einheitlich. So gab es Unterschiede nach Herkunft, Tradition und Konfession, zwischen Männern und Frauen, Jungen und Alten, nach Branche und Betriebsgröße, zwischen hochqualifizierten Arbeitern auf der einen und Ungelernten auf der anderen Seite, jenen, die in Betriebshierarchie, Lohnskala und Ansehen oben, und solchen, die unten standen. Diese Vielfalt prägte auch das Leben außerhalb des Betriebes, bestimmte Lebensweise und Wohnverhältnisse, Heirats- und Verkehrskreise. Doch wurden bei allen Unterschieden die Gemeinsamkeiten zwischen den Arbeitern wichtiger. Das galt vor allem für die Lohnarbeit in der Fabrik. Sie trennte Haushalt und Erwerbstätigkeit, brachte lange, seit den sechziger Jahren sinkende Arbeitszeiten und eine wenn auch noch lückenhafte, so doch ungewohnte Fabrikdisziplin mit sich, intensivierte die Arbeit, ließ innerbetriebliche Hierarchien wie Herrschaftsverhältnisse hervortreten und machte so die Abhängigkeit von Arbeitsmarkt und Unternehmer erfahrbar. Damit verbanden sich Unsicherheit und Knappheit, die typischen Merkmale der Lohnarbeiterexistenz.

War das Kaiserreich auf dem Weg von der ländlichen zur industriellen Gesellschaft ein Stück weit vorangekommen, galt dies auch für seine Entwicklung hin zu einer bürgerlichen Gesellschaft, wenn man darunter eine solche rechtsgleicher Staatsbürger versteht, die wirtschaftliche und soziale Chancen nach individueller Leistungsfähigkeit zumißt, einen liberalen Rechts- und Verfassungsstaat als Rahmen hat sowie durch bürgerliche Werte und Normen geprägt ist. Einerseits nämlich bildete das Bürgertum das »Dynamisierungszentrum im Modernisierungsprozeß der reichsdeutschen Gesellschaft« (Hans-Ulrich Wehler), wirtschaftlich, politisch und kulturell. Andererseits stand einer bürgerlichen Gesellschaft nach wie vor die Beharrungskraft der ländlichen Welt entgegen, die erst allmählich in Bewegung kam, sowie die sich formierende Gegenwelt der Arbeiterschaft. Daß die Entwicklung in Richtung auf eine bürgerliche Gesellschaft wies, war erkennbar, nicht dagegen, wie rasch sie verlaufen würde. Viel hing davon ab, wie sich die politischen Verhältnisse im neu gegründeten Reich entwickeln würden.[58]

# II. Barrieren gegen eine Liberalisierung

Welchen Weg das Kaiserreich nach seiner Gründung einschlagen würde, stand nicht von Anfang an fest. So gab es durchaus Chancen, den Nationalstaat in liberalem Sinn auszugestalten. Doch bestand ebensogut die Möglichkeit, daß eine solche Liberalisierung auf Hindernisse stieß und dann entweder ganz zum Stillstand kam oder nur noch partiell voranschritt. Mehrere Jahre blieb diese Richtungsentscheidung in der Schwebe. Anfangs, in der Liberalen Ära der siebziger Jahre, gewannen Parteien und Parlament maßgeblichen Einfluß auf die Reichspolitik, drückten dem Ausbau des Nationalstaates ihren Stempel auf. Die Kooperation mit der Regierung Bismarck wurde jedoch immer schwieriger, auch deshalb, weil die wirtschaftliche Depression nach 1873 das neugegründete Reich in eine erste tiefe Krise stürzte. Diese verschob die politischen Gewichte mehr nach rechts, machte die »Konservative Wende« von 1878/79 möglich, die Barrieren gegen eine weitere Liberalisierung errichtete. Zwar gelang dies nur zum Teil. Doch war ein wachsender Immobilismus im Inneren die Folge, der ebensowenig Perspektiven bot wie die Außenpolitik des Reichskanzlers. Das »System Bismarck« verfiel zusehends.[1]

## 1. Liberale Ära

Kooperation wie Konflikt bestimmten die Liberale Ära. Einerseits arbeiteten Regierung und Liberale in den siebziger Jahren eng zusammen, brachten im Reich und in Preußen ein bedeutendes Reformwerk auf den Weg und führten auch den Kulturkampf gemeinsam. Andererseits stieß diese Kooperation immer wieder an Grenzen, da zentrale Fragen wie die Fortentwicklung des konstitutionellen Systems strittig blieben und sich hier keine oder bestenfalls dilatorische Kompromisse fanden.[2]

Die Kooperation zwischen Regierung und Reichstagsmehrheit hatte bereits in der Zeit des Norddeutschen Bundes eingesetzt und verstärkte sich nach der Reichsgründung. Ein Grund waren die Mehrheitsverhältnisse im Reichstag. Hier besaß die Nationalliberale Partei nach den ersten Wahlen im Jahre 1871 mit 125 von 382

Mandaten für sich allein schon eine solide Position. Wurde sie von den 30 Abgeordneten der kurzlebigen, im deutschen Süden beheimateten Liberalen Reichspartei und den 46 Parlamentariern der Deutschen Fortschrittspartei unterstützt, kam eine starke Mehrheit zusammen, der sich auch die Freikonservativen anschlossen. Zu ihr gab es keine politische Alternative. Denn die meisten Konservativen opponierten gegen Bismarcks Reichspolitik sowie seine Zusammenarbeit mit den Liberalen; und mit dem Zentrum war, solange der Kulturkampf währte, ebenfalls nicht zu rechnen. So mußte sich die Regierung bei allen Gesetzen, die dem Ausbau des Reiches dienten und oft nur gegen den Widerstand der Einzelstaaten durchzusetzen waren, auf die liberale Reichstagsmehrheit verlassen. Davon profitierte zuerst die Nationalliberale Partei, die ihre Regierungsfähigkeit beweisen und die Reichspolitik mitgestalten wollte. Selbstbewußt, kompromißbereit und reformwillig zugleich, kooperierte sie mit der Regierung Bismarck, stieg darüber freilich nicht zu einer Regierungspartei auf, sank aber auch nicht zur bloßen Beschafferin parlamentarischer Mehrheiten herab. Vielmehr ging die Initiative zu vielen Gesetzen vom Parlament aus, beschränkten sich Reichskanzleramt und preußische Ministerien darauf, die notwendigen Vorlagen auszuarbeiten. Auch wurden die meisten Gesetzentwürfe, bevor sie im Reichstag zur Beratung kamen, mit einflußreichen Parlamentariern abgestimmt, nicht zuletzt mit Rudolf von Bennigsen, dem Führer der Nationalliberalen Partei. Es erleichterte diese Vorverständigung, daß Liberale und Freikonservative im preußischen Abgeordnetenhaus gleichfalls über die Mehrheit verfügten, daß im Reich wie in Preußen liberal eingestellte Beamte Spitzenpositionen besetzten wie Rudolf Delbrück, der Präsident des Reichskanzleramts, oder Otto Camphausen, seit 1869 preußischer Finanzminister.[3]

Auf mehreren Gebieten arbeiteten Regierung und Reichstagsmehrheit besonders eng zusammen. In der Wirtschafts- und Rechtspolitik kam binnen kurzer Zeit ein umfangreiches Reformwerk zustande. Es knüpfte an jenes des Norddeutschen Bundes an, ging aber über dieses hinaus. Ein Schwerpunkt der Reformen war die wirtschaftliche Liberalisierung. So wurde die Gewerbeordnung von 1869 auf das ganze Reich ausgedehnt und damit, wo sie noch nicht bestand, die Gewerbefreiheit eingeführt. Freizügigkeits- und Unterstützungswohnsitzgesetz erlaubten es jedem Deutschen, zu wohnen, zu arbeiten und Grund zu erwerben, wo er wollte, und in der Armenfürsorge galt künftig nicht mehr das Heimat-, sondern das Wohnsitzprinzip. Auch die staatliche Genehmigungspflicht für Aktiengesellschaften entfiel. Diese und andere Maßnahmen halfen, die liberale Marktwirtschaft weiter zu entwickeln. Damit sie gut funktionierte, mußte man Maße, Gewichte und Währung vereinheitlichen. Auf Drängen Ludwig Bambergers wurde die Mark deutsche Währungseinheit, die Goldwährung eingeführt, die Ausgabe von Papiergeld und Banknoten geregelt sowie mit der Reichsbank 1875 eine zentrale Notenbank gegründet.[4]

Einen weiteren Reformschwerpunkt bildeten die Vereinheitlichung des Rechts und der Ausbau des Rechtsstaates, obwohl die obrigkeitsstaatlichen Vorstellungen der Regierung und die Rechtsauffassungen der Liberalen mitunter hart aufeinanderprallten. Am schnellsten kam man beim Strafrecht voran. 1871 trat das Strafgesetzbuch, 1877 die Strafprozeßordnung für das Deutsche Reich in Kraft. Auch beim Presserecht fanden Regierung und Reichstag bereits 1874 einen Kompromiß. Er brachte gegenüber den meisten Pressegesetzen der Einzelstaaten zwar manche Verbesserung, blieb in wesentlichen Punkten aber hinter den Forderungen der Liberalen zurück. Länger dauerte es beim Zivilrecht. Die Zuständigkeit dafür zog der Reichsgesetzgeber 1873 an sich, indem er die Verfassung änderte. Weil die Vorarbeiten aber langwierig, mehrere Juristenkommissionen damit befaßt und ihre Vorstellungen recht unterschiedlich waren, konnte das gesamte Zivilrecht erst im Bürgerlichen Gesetzbuch einheitlich und neu kodifiziert werden. Bis es im Jahre 1900 in Kraft trat, regelten die Reichsjustizgesetze von 1877 wenigstens das Prozeßverfahren reichseinheitlich. Doch wurde nicht nur das materielle Recht angeglichen; das Reich normierte auch das Gerichtswesen. So ließ das Gerichtsverfassungsgesetz von 1877, durch Eduard Lasker mitgestaltet, nur noch staatliche Gerichte zu. Dabei hatte der Rechtsweg in den Einzelstaaten von den Amts- über die Land- zu den Oberlandesgerichten zu laufen und von diesen, soweit für Revisionen zuständig, zum Reichsgericht. Festgeschrieben wurden außerdem die Unabhängigkeit der Justiz, Ausbildung und Stellung der Richter, Zuständigkeit der Gerichte und in Form von Schwur- und Schöffengerichten eine Beteiligung von Laien an der Rechtspflege. Mit der Rechtseinheit wuchs die Rechtssicherheit, dehnten sich rechtsstaatliche Grundsätze aus. Als Garantie dafür, daß das Reich bei allen Zugeständnissen, welche die Liberalen bei der Rechtsvereinheitlichung hatten machen müssen, ein bürgerlicher Rechtsstaat geworden war, galt ihnen das Reichsgericht in Leipzig, das 1879 als oberster Gerichtshof seine Arbeit aufnahm.[5]

Regierung und Reichstagsmehrheit arbeiteten nicht nur auf dem Feld der Wirtschafts- und Rechtspolitik zusammen; sie bauten auch eine eigenständige Reichsverwaltung auf. Anfangs wurden nur die obersten Behörden des Norddeutschen Bundes ausgestaltet, neben dem Auswärtigen Amt vor allem das Bundes-, seit 1871 das Reichskanzleramt. In ihm faßte Delbrück, der auf eine einheitliche, zentral organisierte Reichsbürokratie setzte, alle neuen Aufgaben zusammen. Das machte die Behörde freilich zusehends unbeweglicher. Deshalb wurde das Reichskanzleramt nach dem Rücktritt Delbrücks in einzelne Reichsämter zerlegt. So verselbständigte sich 1876 mit dem späteren Reichspostamt das Post- und Telegraphenwesen. 1877 folgte das Reichsjustizamt, 1879 das Reichsschatzamt. Im selben Jahr gingen alle Zuständigkeiten, die dem Reichskanzleramt noch verblieben waren, an ein neugeschaffenes Reichsamt des Innern über. Parallel dazu entstanden weitere oberste Reichsbehörden, unter ihnen das Gesundheits-, das Patent- und das Statistische Amt. 1889 kamen noch ein Reichsmarine- und 1907 ein Reichskolonialamt dazu. Damit konnte die Reichsverwaltung von der preußischen Bürokratie immer unabhängiger werden.[6]

Neben die Kooperation im Reich trat die Zusammenarbeit in Preußen. Hier betrieben Regierung und Liberale aus unterschiedlichen Motiven heraus eine Reform der Verwaltung. Wollte die Regierung mehr staatliche Effizienz, ging es den Liberalen darum, den Bürgern größere Mitwirkungsmöglichkeiten in den Kreisen und Provinzen zu verschaffen und die Reste patrimonialer Herrschaft zu beseitigen. Nach längeren Auseinandersetzungen kam 1872 die Preußische Kreisordnung zustande. Sie hob unter anderem die gutsherrliche Polizeigewalt auf, verstaatlichte das Amt des Landrates und verknüpfte so Staats- und Selbstverwaltung auf besondere Weise miteinander. Dadurch wurde die Selbst-, vor allem aber die Staatsverwaltung gestärkt, ohne den Einfluß des Großgrundbesitzes entscheidend zurückzudrängen. Trotzdem stieß die Kreisordnung auf heftigen Widerstand der preußischen Konservativen, die in ihr einen Anschlag auf angestammte Machtpositionen sahen. Weniger Streit gab es um die Provinzialordnung von 1875.

Sie schuf ein der Kreisordnung vergleichbares Nebeneinander von provinzieller Selbst- und staatlicher Provinzialverwaltung. Alles in allem stellten Kreis- wie Provinzialordnung, zunächst nur für die östlichen Provinzen gedacht, dann aber auch auf andere ausgedehnt, einen Kompromiß obrigkeitsstaatlicher und liberaler Vorstellungen dar. Sie erfüllten einige Wünsche der Liberalen, ließen andere dafür offen, zumal ihre Versuche scheiterten, die verschiedenartigen Städteordnungen in Preußen zu vereinheitlichen und sie dabei zu reformieren.[7]

Die Zusammenarbeit in Preußen ergänzte der von Regierung und Liberalen vor allem dort, aber auch im Reich gemeinsam geführte Kampf gegen die katholische Kirche und das Zentrum als Partei des politischen Katholizismus. Dieser »Kulturkampf« (Rudolf Virchow) wurzelte in den Gegensätzen zwischen dem säkularen Staat einerseits, der immer weiter vordrang und in seinem Bereich die alleinige Zuständigkeit beanspruchte, und der katholischen Amtskirche andererseits, die sich im Zeichen des Ultramontanismus der modernen Welt entgegenstellte. Geprägt durch die besondere Beziehung zwischen Staat und Kirche sowie die Trennung der Konfessionen in Deutschland, verschärft durch Aktion und Reaktion von Kurie und Zentrum, Regierung und Liberalen, eskalierte der Konflikt. In einer ersten Phase nach 1871 ging es darum, staatliche und kirchliche Sphäre zugunsten des Staates neu abzugrenzen. Dem dienten im Reich die Ergänzung des Strafgesetzbuches durch den »Kanzelparagraphen« sowie das Verbot des Jesuitenordens. In Preußen weitete der neue Kultusminister Adalbert Falk die staatliche Schulaufsicht aus. Seit 1873, in einem zweiten Schritt, griff der Staat in innerkirchliche Belange ein, vor allem durch die preußischen »Maigesetze«, die Priesterausbildung, Ämterbesetzung und Disziplinargewalt staatlicher Kontrolle unterstellten. Sie stießen nicht nur auf massive Widerstände von katholischer Seite; auch die staatliche Verwaltung tat sich schwer, sie überhaupt und einheitlich durchzusetzen. In einem dritten Schritt folgte deshalb seit 1874 ein ganzes Bündel von Maßnahmen, unter ihnen Zivilehen-, Expatriierungs- und Sperrgesetz. Sie brachten administrative, politische und finanzielle Vorschriften, die den Druck auf Klerus und Laien, katholische Presse, Vereine und Beamte in der Hoffnung erhöhten, den Kulturkampf doch noch erfolgreich beenden zu können.[8]

Im Kulturkampf ging es um das Verhältnis von Staat und Kirche, darüber hinaus aber um die Grundsätze staatlicher, gesellschaftlicher und wirtschaftlicher Ordnung. Denn die Liberalen als eigentliche Träger des Konflikts machten in der Öffentlichkeit und in den Parlamenten zwar gegen ein, wie sie es sahen, überholtes, geistig-religiöses Welt- und Menschenbild Front; und sie forderten nicht zuletzt ein entkirchlichtes Schul- und Bildungssystem in einem konfessionell neutralen Staat, um ihr Ideal eines freien, vernunftgeleiteten Individuums durchsetzen zu können. Doch erschöpften sich die Kulturkampfmotive der Liberalen nicht in weltanschaulichen Gegensätzen. Auch die Staatsvorstellung des politischen Liberalismus spielte eine Rolle. Gerade die Nationalliberalen wollten in ihrer Reichsbegeisterung dem Nationalstaat außer der vollen Loyalität aller Bürger auch die uneingeschränkte Gewalt im Inneren sichern, zumal diese an die Mitwirkung einer im Parlament repräsentierten Gesellschaft gebunden werden sollte. Hinzu kam ein partei- und machtpolitisch gefärbtes Motiv. Schon der badische Kulturkampf seit den sechziger Jahren hatte die Liberalen gelehrt, daß der politische Katholizismus jene Bevölkerungskreise zu mobilisieren vermochte, welche die ökonomischen und sozialen Strukturen erhalten oder allenfalls langsam fortentwickelt wissen wollten. Mit dem Zentrum formierte sich nun auch auf Reichsebene eine nichtliberale Volksbewegung, die unter anderem gegen eine auf Dynamisierung zielende Wirtschafts- und Gesellschaftspolitik Front machte. Das untergrub den Anspruch des Liberalismus im allgemeinen und der liberalen Honoratioren im besonderen, das gesamte Volk zu vertreten. Schließlich, ein weiteres Motiv, diente der Kulturkampf den Liberalen dazu, Bismarck an sich zu binden, ihn von Zentrum und Konservativen zu isolieren, die Liberale Ära abzusichern.[9]

Politisch-strategische Überlegungen spielten auch beim Kanzler eine Rolle. Er wollte sich mit dem Kulturkampf die Liberalen verpflichten, sie von anderen Forderungen, etwa einer Ausgestaltung der Reichsverfassung, ablenken, ihren linken und rechten Flügel zusammenführen. Doch ist damit die Frage, warum der Reichskanzler den Kulturkampf führte, noch nicht erschöpfend beantwortet. Neben außenpolitischen Überlegungen, die früher stark betont wurden, dürften zwei weitere innenpolitische Gründe den Ausschlag gegeben haben. Bismarck ging es einmal darum, auch mit Blick auf die Rolle des Klerus in den preußischen Ostprovinzen, die nach wie vor enge Verbindung von Staat und

Kirche, katholischer wie evangelischer, aufzulösen und insbesondere die konfessionsfreie Schule sowie die Zivilehe einzuführen. Sodann und vor allem machte der Reichskanzler ähnlich wie die Liberalen, aber aus anderen Gründen mit dem Kulturkampf gegen das Zentrum Front. Es stand dem neuen Reich und seiner Verfassung kritisch gegenüber, betrieb im Parlament eine wirkungsvolle Oppositionspolitik, arbeitete dabei mit den nationalen Minderheiten zusammen und mobilisierte große Teile der katholischen Bevölkerung gegen die Regierung und die lokalen protestantischen Honoratioren, so daß ein von der Regierung »unabhängiges konservatives Machtzentrum« (Lothar Gall) zu entstehen drohte.[10]

Die Liberale Ära war in erster Linie eine Zeit der Kooperation von Regierung und Reichstagsmehrheit, in zweiter Linie aber auch eine des Konflikts. Denn neben jenen Feldern, auf denen die Interessen beider Seiten entweder übereinstimmten oder zumindest in eine ähnliche Richtung wiesen, gab es solche, auf denen ihre Vorstellungen weit auseinanderklafften. Das galt nicht zuletzt für die Frage, ob die Zuständigkeiten des Parlamentes, sei es offen durch eine formelle Änderung der Verfassung, sei es verdeckt durch deren materielle Fortbildung, ausgedehnt und schrittweise in Richtung auf eine Parlamentarisierung des politischen Systems erweitert werden sollten. Die Kontroversen, geführt um verantwortliche Reichsminister und das Budgetrecht des Reichstages, zeigten das deutlich.

Wie sehr sich die Ansichten von Regierung und liberaler Parlamentsmehrheit unterschieden, trat schon in der Frage einer verantwortlichen Reichsexekutive zutage. Die Liberalen wollten parallel zum Ausbau der Reichsverwaltung neben den Reichskanzler weitere, dem Parlament verantwortliche Reichsminister setzen. Mit dieser Forderung drangen sie aber nicht durch. Denn Minister hätten das Parlament gestärkt, das Reich gegenüber den Einzelstaaten, zumal Preußen, aufgewertet und Bismarck in ein kollegial organisiertes Ministerium eingebunden. Dafür waren weder er noch der Bundesrat zu haben. So blieben die Staatssekretäre, welche an die Spitze der neu entstehenden Reichsämter traten, dem Kanzler unterstellt. Auch das sogenannte Stellvertretergesetz von 1878 änderte daran nichts. Es erlaubte dem Kanzler, Aufgaben zu delegieren, beschnitt aber seine Kompetenzen nicht und führte auch kein verantwortliches Reichsministerium ein.[11]

Im Konflikt um das Budgetrecht wurden die unterschiedlichen Vorstellungen von Regierung und Reichstagsmehrheit ebenfalls deutlich. So scheiterten bereits alle Versuche, die Finanzkontrolle einem von der Preußischen Oberrechenkammer unabhängigen Reichsrechnungshof zu übertragen und das Rechnungswesen des Reiches gesetzlich zu regeln. Mehr Reibungsfläche bot seit dem preußischen Verfassungskonflikt der Militäretat. Der konstituierende Reichstag des Norddeutschen Bundes hatte die Frage einer jährlichen Bewilligung der Militärausgaben ausgeklammert und 1867 für vier Jahre einen Normaletat festgestellt, das sogenannte Pauschquantum. Als diese Regelung 1871 auslief, wurde sie nicht ohne Mühen noch einmal für drei Jahre verlängert. 1874 aber mußten sich die Liberalen endgültig entscheiden, ob sie um das volle Budgetrecht kämpfen wollten oder nicht. Da der Militäretat mehr als vier Fünftel der Reichsausgaben umfaßte, ging es um entscheidende Kompetenzen des Parlaments. Nach den Reichstagswahlen von 1874, die den liberalen Parteien mit 204 von 397 Abgeordneten eine absolute Mehrheit beschert hatten, sahen sowohl die Fortschrittspartei als auch der linke Flügel der Nationalliberalen den Moment gekommen, eine jährliche Bewilligung des Militäretats durchzusetzen. Dagegen forderten die Militärs, von Bismarck halbherzig unterstützt, ein Äternat, wollten also die Ausgaben für das Heer auf »ewig« fixieren. Angesichts dieser gegensätzlichen Positionen suchten führende Nationalliberale nach einem Kompromiß, um die Gegensätze innerhalb der Partei, aber auch zwischen ihr und der Regierung zu überbrücken. Sie fanden ihn in einer siebenjährigen Festschreibung der Militärausgaben. Ein solches Septennat, damit mochten sich die Nationalliberalen beruhigen, wahrte nach außen hin das Budgetrecht, wenn auch nicht jedes, sondern nur jedes zweiten Reichstages, erhielt die Einheit der Partei und vermied den großen Konflikt mit Bismarck. Dafür gab die Parlamentsmehrheit jedoch endgültig ihren Anspruch auf, den Militäretat jährlich zu bewilligen, und akzeptierte damit nicht nur auf Dauer eine finanzielle Sonderstellung der Armee, sondern auch eine wesentliche Beschneidung parlamentarischer Rechte.[12]

In der Spannung zwischen Kooperation und Konflikt sah die Bilanz der Liberalen Ära sowohl für die Liberalen als auch für die Regierung Bismarck zwiespältig aus. Den Liberalen gelang es auf der einen Seite, den Nationalstaat ein gutes Stück in ihrem Sinn auszugestalten, Seite an Seite mit der Regierung gegen das Zentrum zu kämpfen und die Rechte des Parlaments in der Verfassungswirklichkeit auszuweiten. Das wog schwer. Doch ließen sich diese Erfolge auf der anderen Seite nur um den Preis von Kompromissen erzielen, welche die Spannungen innerhalb der Nationalliberalen Partei, aber auch zwischen ihr und der Fortschrittspartei verschärften, dabei nicht wenige Anhänger und Wähler verprellten. Auch blieb, gerade in den Kulturkampfgesetzen, manches liberale Prinzip auf der Strecke. Schließlich kam die konstitutionelle Weiterentwicklung des Reiches nicht vom Fleck. Obwohl die liberalen Parteien im Reichstag über eine solide Mehrheit verfügten, konnten sie die verfassungsmäßigen Kompetenzen des Parlaments nicht ausdehnen. Das lag an internen Differenzen und den begrenzten Handlungsspielräumen, zumal bei einem Konflikt um das Militär. Auch wurden wohl nicht alle Chancen für eine konsequent liberale Politik ausgeschöpft. Denn viele Nationalliberale wollten die gute Zusammenarbeit mit der Regierung, nicht zuletzt wegen des Kulturkampfes und des Einflusses auf die Reichspolitik, unter keinen Umständen aufgeben. Sie meinten, mit Bismarck mehr zu erreichen als gegen ihn. Das und die Vorstellung, liberale Grundsätze würden sich letztlich doch durchsetzen, hinderten viele Liberale daran, erfolgversprechende und politisch realisierbare Strategien zu entwerfen, um weitergehende Reformen zu erzwingen. Kaum eindeutiger fiel die Bilanz der Liberalen Ära für die Regierung Bismarck aus. Diese konnte wohl einerseits den Ausbau des Reiches, zum Teil gegen den Widerstand der Bundesstaaten, voranbringen und die Staatsgewalt insgesamt stärken. So schlugen die Reformen der siebziger Jahre ebenso wie der Kulturkampf nicht nur als ein Triumph der Liberalen, sondern auch als einer der Staatsmacht zu Buche, weil sie diese nach innen und außen stärkten. Andererseits wurde die Regierung, ohne eine wirkliche Alternative zu haben, von der liberalen Reichstagsmehrheit und damit vom Parlament immer abhängiger. Sie sah sich zu Reformen genötigt, welche die traditionellen Bastionen unterminierten, der wirtschaftlichen und gesellschaftlichen Modernisierung Vorschub leisteten und damit auf längere Sicht, schien es, das Geschäft der Liberalen besorgten. So blieb in der Liberalen Ära offen, wer aus der Kooperation am Ende wohl den größeren Nutzen ziehen würde. In dieser Situation gewann die konjunkturelle Entwicklung für die innenpolitische Machtverteilung erhebliche Bedeutung.[13]

## 2. Wirtschaftliche Depression und politische Krise

Der wirtschaftlichen Depression, die 1873 einsetzte und eine politische Krise nach sich zog, war mit den sogenannten Gründerjahren eine boomartige Hochkonjunktur vorausgegangen. Etliche Faktoren hatten sie ausgelöst; drei dürften entscheidend gewesen sein. Bei den Gründerjahren handelte es sich zuerst um einen normalen, wenn auch ungewöhnlich langen zyklischen Aufschwung. Dieser begann 1867, wurde durch den Krieg von 1870/71 zurückgestaut, kam danach aber um so rascher in Fahrt. Investitionen im Eisenbahn- und Wohnungsbau sowie in der Montanindustrie trugen ihn und zogen andere Branchen mit. Auch der private Verbrauch wuchs. Die zunehmende Nachfrage nach Investitions- und Verbrauchsgütern ließ erst die Produktion, dann die Preise steigen. Doch gab es sektorale und regionale Unterschiede. Schwer- und Maschinenindustrie sowie das Baugewerbe profitierten stärker von der Konjunktur als die Konsumgüterbranchen, und das zeigte sich je nach Struktur in den einzelnen Wirtschaftsregionen. Daß sich der Aufschwung zu einem Boom steigerte, hing sodann mit einigen Besonderheiten zusammen. Militärische Erfolge und Reichsgründung zählten ebenso dazu wie das neue Aktiengesetz und die Bankgründungen der frühen siebziger Jahre, die den Spielraum für Investitionen erweiterten. Schließlich wurde der Boom durch eine breite Spekulationswelle angeheizt. Diese spiegelte anfangs noch die allgemeine Aufbruchstimmung wider, verselbständigte sich aber bald.[14]

Das Ende der Gründerjahre wie auch der Beginn der sogenannten Gründerkrise fielen nicht aus heiterem Himmel. Die Berliner Börsenpanik im Oktober 1873 war nur spektakuläres Zeichen für den konjunkturellen Umschwung. Obwohl Zeitgenossen die Gründerkrise als Börsen- und Kreditkrise erlebten, war sie doch eher eine Krise der gewerblichen Wirtschaft, ausgelöst durch Überkapazitäten und sinkende Nachfrage. Sie erfaßte die einzelnen Branchen zu verschiedenen Zeitpunkten, manche schon 1873, andere 1874, einige erst 1875, und traf Montanindustrie, Maschinenbau und Baugewerbe härter als die Konsumgüterindustrien. Sechs Jahre, bis 1879, währte die Depression. In dieser Zeit sank die Industrieproduktion zuerst leicht, dann stagnierte sie in einigen Sektoren zeitweilig. Die Großhandelspreise fielen um ein Drittel, die Preise für Investitionsgüter um die Hälfte. Umsätze und Gewinne, Dividenden und Aktienkurse gingen zurück; die Löhne folgten. Indessen stieg die Zahl der Arbeitslosen. Doch war dies nur die eine Seite der Krise. Auf der anderen Seite nutzten viele Industrielle den Abschwung, um zu rationalisieren und die Produktivität durch technische Verbesserungen zu steigern.[15]

Trug die Landwirtschaft am Anfang dazu bei, die gewerblich-industrielle Krise zu mildern, geriet sie Mitte der siebziger Jahre ebenfalls in Schwierigkeiten. Eine strukturelle Agrarkrise setzte ein. Ihre Ursachen sind in den zunehmenden weltwirtschaftlichen Verflechtungen, vor allem in der Entstehung eines Weltgetreidemarkts zu suchen. In Südrußland, besonders aber im Mittleren und Fernen Westen der Vereinigten Staaten wurden kostengünstig produzierende Agrargebiete erschlossen, deren Erzeugnisse Eisenbahnen und Schiffe billig nach Europa brachten. Zunächst büßten die deutschen Getreideproduzenten nur Anteile auf dem großen englischen Markt ein. Dann drückten Getreideimporte auch die Preise auf dem deutschen Markt. Zwar konnte von einem Preisverfall noch keine Rede sein. Doch kamen steigende Produktionskosten sowie schlechte Ernten hinzu, und beides zusammen schmälerte je nach Produktions- und Absatzverhältnissen die Erlöse der Landwirte.[16]

Die Folgen der Wirtschaftskrise für das frühe Kaiserreich wurden eine Zeitlang mit dem Konzept der Großen Depression zu fassen versucht. Es ging davon aus, daß die wirtschaftliche Aktivität nicht nur kurz- und mittel-, sondern auch langfristigen Zyklen folgt. So galt die Zeit der Industriellen Revolution von 1850 bis 1873 als Aufschwungphase einer langen Welle, die Große Depression als ihre Abschwungphase. Sie umfaßte also nicht allein die Gründerkrise zwischen 1873 und 1879, sondern darüber hinaus auch die Jahre bis 1896. Die gesamte Zeitspanne war durch verlangsamtes Wirtschaftswachstum, anhaltende Preisdeflation und niedriges Zinsniveau gekennzeichnet. Das hatte weitreichende Folgen. Denn der schwachen Konjunktur entsprach eine »pessimistische und unzufriedene Grundstimmung« (Hans Rosenberg). So war die Zeit der Großen Depression »eine Epoche der allgemeinen Unzufriedenheit« (Rudolf Gneist), und das wirkte sich in vielerlei Hinsicht auf Politik und Gesellschaft des frühen Kaiserreichs aus. Die These von der Großen Depression gewann als Periodisierungs- und Interpretationsansatz großen Einfluß auf die historische Forschung. Sie stieß aber auch auf Kritik: Die Annahme langer Konjunkturwellen stehe theoretisch und methodisch auf unsicherem Boden; die Große Depression stelle keine sinnvolle, weil einheitliche wirtschaftshistorische Epoche dar; wie sich die ökonomische Krise politisch umgesetzt habe, sei unklar, so daß der Depression Effekte zugeschrieben würden, die gar nicht von ihr ausgegangen seien. Obwohl sich das Konzept der Großen Depression vor allem gegen den ersten Einwand kaum halten läßt, bleiben doch zwei Dinge wichtig: einmal die Gründerkrise, die einschneidend war und deren Erfahrung über die siebziger Jahre hinauswirkte; und dann ihre politischen Folgen, die weit reichten und besonders bei den Interessenverbänden, den Parteien und der Regierung hervortraten.[17]

Die Interessenverbände reagierten umgehend auf die Gründerkrise. Süddeutsche Textil- sowie Eisen- und Stahlindustrielle an der Ruhr, denen die Krise besonders hart zusetzte, machten den Anfang. Sie hatten sich unmittelbar nach der Reichsgründung im Verein Süddeutscher Baumwollindustrieller, im Verein Deutscher Eisen- und Stahlindustrieller sowie im »Langnamverein« organisiert, dem Verein zur Wahrung der gemeinsamen wirtschaftlichen Interessen in Rheinland und Westfalen. Diese Verbände verlangten vom Staat, er solle der Wirtschaft mit höheren Zöllen aus ihren Schwierigkeiten helfen, und riefen, um dieser Forderung Nachdruck zu verleihen, 1876 den Centralverband Deutscher Industrieller ins Leben. Er legte seine Mitglieder auf eine einheitliche, gemäßigt schutzzöllnerische Linie fest, propagierte den »Schutz der nationalen Arbeit« als besten Weg, der Wirtschaftskrise Herr zu werden. Erfolge blieben zwar nicht aus. Doch war ein Kurswechsel in der Wirtschaftspolitik gegen die dominierenden Freihändler nur zu erreichen, wenn es gelang, wenigstens Teile der Landwirtschaft für Schutzzölle zu gewinnen.[18]

Eine erste Welle der Mobilisierung und Politisierung erlebte in den siebziger Jahren auch die Landwirtschaft. Sie ging nicht nur von den Großbetrieben östlich der Elbe aus, die 1876 die Vereinigung der Steuer- und Wirtschaftsreformer gründeten, sondern erfaßte auch die landwirtschaftlichen Vereine sowie die katholischen Bauernvereine im Westen des Reiches und über sie den Deutschen Landwirtschaftsrat. Anfangs verlangten die Bauern nur, weniger Grundsteuer zahlen zu müssen. Erst zum Ende der siebziger Jahre kamen Schutzzollforderungen auf, vor allem in den west- und mittel-, zum Teil auch in den süddeutschen Agrargebieten. Sie setzten ihre Produkte in den Industrieregionen ab und hatten deshalb ein vitales Interesse daran, daß es der Industrie wieder besser ging. Der exportorientierte Nordosten blieb dagegen eher freihändlerisch eingestellt.[19]

Der handelspolitische Kurswechsel von Teilen der Landwirtschaft ließ Agrar- und Industrievertreter seit 1877 enger zusammenarbeiten, besonders im Jahre 1879. Dabei liefen die Kontakte auf der einen Seite über den Centralverband, auf der anderen über die Vereinigung der Steuer- und Wirtschaftsreformer, die sich, mehr aus politischen als wirtschaftlichen Gründen, für Schutzzölle einsetzte. Ob diese Zusammenarbeit als ein »Bündnis von Eisen und Roggen«, von Schwerindustrie und ostelbischem Großgrundbesitz, interpretiert werden kann, wird in der Forschung ebenso unterschiedlich beurteilt wie Tragweite und Dauerhaftigkeit dieser Kooperation. Doch hat die Interpretation in den letzten Jahren an Überzeugungskraft eingebüßt, damals sei der Grundstein für eine »Sammlungspolitik« gelegt worden, die trotz mancher Gegensätze bis in den Weltkrieg hinein, ja, noch über ihn hinaus die deutsche Innenpolitik entscheidend bestimmt und jenen Elitenkonsens hervorgebracht habe, auf dem das Kaiserreich letztlich ruhte. Denn die Zusammenarbeit von 1879 trug eher Züge eines Zweckbündnisses, geschlossen mit dem Ziel, zu beiderseitigem Nutzen einen handelspolitischen Kurswechsel durchzusetzen. Auch blieb die Kooperation keineswegs auf »Eisen und Roggen« beschränkt, schloß vielmehr weitere, nicht allein an Getreidezöllen interessierte Teile der Landwirtschaft ein.[20]

Die Gründerkrise wirkte sich auch, wenngleich vermittelter, auf die politischen Parteien aus. Mit ihr standen die Krise der Liberalen wie die Gewinne von Zentrum und Konservativen in Verbindung. Die liberalen Parteien gerieten Mitte der siebziger Jahre in eine Krise, kamen für sie doch mehrere Probleme zusammen. Einmal verloren die politischen und wirtschaftlichen Ziele der Liberalen an Attraktivität. Hatte der Liberalismus als breite Oppositionsbewegung gegen den monarchisch-bürokratischen Obrigkeitsstaat sowie als Vorkämpfer nationaler Einheit und freiheitlicher Verfassung weite Kreise der politisch interessierten Bevölkerung hinter sich scharen können, erfüllten sich mit der Reichsgründung Teile dieser Zukunftsvision. Damit büßten die Liberalen ihre »Ausnahmeposition« (Dieter Langewiesche) ein, für sie ein leidvoller Prozeß politischer Normalisierung. Mehr noch: Da die Liberalen eng mit der Regierung zusammenarbeiteten, wurden ihnen die Schwächen des Reiches, alle politischen Versäumnisse und die Folgen der Liberalen Ära angelastet. So entstand eine antiliberale Stimmung, die sich rasch ausbreitete. Die Gründerkrise verstärkte sie, schien diese doch allen Recht zu geben, welche die liberale Wirtschafts- und Gesellschaftspolitik schon immer kritisiert hatten.[21]

Die Vertrauenskrise, in die der Liberalismus geriet, traf die liberalen Parteien besonders hart. Einerseits bröckelte ihre traditionelle Wählerschaft ab. Andererseits ließen sich, was stärker zu Buche schlug, in den siebziger Jahren neue Wähler leichter gegen als für den Liberalismus mobilisieren. Das lag auch daran, daß die liberalen Parteien zu wenig taten, um neue Wähler zu gewinnen und dauerhaft an sich zu binden. Vielmehr blieb ihre Politik in Form wie Inhalt jener bürgerlichen Welt verhaftet, der die liberalen Führer entstammten. Lokale Honoratioren kümmerten sich nach wie vor um die Wahlarbeit im Lande, und es gab auch, etwa in der Wahlrechtsfrage, Anzeichen dafür, daß der liberale Reformwille erlahmte. Dies alles traf zusammen und ließ zunächst den Stimmenanteil der Nationalliberalen bei den Reichstagswahlen von 30,1% (1871), 29,7% (1874) und 27,2% (1877) über 23,1% (1878) auf 14,7% (1881) sinken. Seit der Mitte der siebziger Jahre gingen deshalb auch die Mandatszahlen von 155 (1874) über 128 und 99 auf 47 zurück. Ähnlich entwickelten sich Mandate und Stimmen bei den Linksliberalen, insbesondere der Fortschrittspartei.[22]

Zu den äußeren Schwierigkeiten traten innere Konflikte. Strittig waren schon das Verhältnis zu Bismarck und die Frage politischer Reformen. Die rechten Nationalliberalen sahen wesentliche Ziele durch die Reichsgründung erreicht, wollten darum die Zusammenarbeit mit dem Reichskanzler nicht durch Forderungen nach Weiterentwicklung des konstitutionellen Systems gefährden und neigten angesichts der Wirtschaftskrise dazu, sich enger an die Regierung anzulehnen. Dagegen folgte der linke Flügel einer Doppelstrategie: Kooperation mit Bismarck auf der einen, Fortsetzung der politischen Reformen, vor allem Stärkung des Reichstages, auf der anderen Seite. Je mehr aber das Gewicht der Linken um Eduard Lasker in den siebziger Jahren zunahm und diese sich dem Oppositionskurs der Fortschrittspartei unter Eugen Richter näherten, desto größer wurde ihre Neigung, auf Distanz zur Regierungspolitik zu gehen. Zwischen den beiden Flügeln und um

Ausgleich bemüht, stand eine breite Mittelgruppe um Rudolf von Bennigsen. Ihre Position wurde zusehends schwieriger. Denn nicht nur in politischen, sondern auch in wirtschaftlichen Fragen wuchsen die Gegensätze, die der Vorrang politischer Ziele sowie der breite Konsens in Sachen National- und Verfassungsstaat lange Zeit überbrückt hatten. Doch ging dieser Vorrat an Gemeinsamkeiten zur Neige; die Interessenunterschiede nahmen zu, je mehr die Industrialisierung voranschritt, und sie wollten, zumal unter dem Druck der Verbände, politisch artikuliert werden. Dabei verliefen gerade in der Handels- und Zollpolitik die Bruchlinien quer durch die liberalen Fraktionen.[23]

Im Unterschied zu den liberalen Parteien konnten Zentrum und Konservative von der Gründerkrise profitieren. Sie stützten sich stärker auf die ländliche Bevölkerung, die von der Krise zunächst weniger betroffen war, nutzten die antiliberale Stimmung ebenso wie die Neigung vieler Wähler, in schwierigen Zeiten keine Experimente zu wagen, und konnten so die wachsende Politisierung auf ihre Mühlen lenken. Die Krise des Liberalismus nützte zunächst dem Zentrum. Es steigerte seinen Stimmenanteil von 18,6% (1871) auf 27,9% (1874). Danach sank er zwar wieder auf 24,8% (1877), 23,1% (1878) und 23,2% (1881). Doch nahm die Zahl der Zentrumsabgeordneten im Reichstag von 63 über 91, 93 und 94 auf 100 zu. Für die Wahlerfolge des Zentrums spielte der Kulturkampf eine wesentliche Rolle. Zugleich bot sich das Zentrum jenen als eine antiliberale Protestpartei an, die befürchteten, daß sie durch eine Liberalisierung von Wirtschaft und Gesellschaft mehr verlören als gewönnen. Obwohl die Kritik an der liberalen Politik älter war als die Gründerkrise, trug diese doch wesentlich dazu bei, ihr Glaubwürdigkeit zu verschaffen.

Neben dem Zentrum zogen die Konservativen Nutzen aus der Krise. Schon die freikonservative Reichspartei steigerte ihren Stimmenanteil von 8,9% (1871) auf 13,6% (1878) und die Mandatszahl von 37 auf 57, konnte beides freilich nicht auf Dauer behaupten. Als ungleich wichtiger für die Gewichtsverschiebungen im Parteiensystem erwiesen sich darum Gründung und Erfolge der Deutschkonservativen Partei. Sie wurde 1876 von einer Gruppe preußischer Konservativer ins Leben gerufen, die sich im Abgeordnetenhaus zur »neuen konservativen Fraktion« zusammengefunden hatten und im Gegensatz zu den »Altkonservativen« wieder Anschluß an die Regierung suchten. Ein Grund dafür war ihr schlechtes Abschneiden bei den Wahlen zum Reichstag. Hatten die Konservativen 1871 noch 14,1% der Stimmen und 57 Mandate gewinnen können, mußten sie sich 1874 mit 6,9% und 22 Sitzen zufriedengeben. Das zeigte, mit welchen Schwierigkeiten eine konservative Partei zu kämpfen hatte, wenn sie nicht von der Regierung unterstützt wurde. Für eine Neuorientierung sprach auch, daß die Konservativen im Vorfeld der nächsten Reichstagswahlen ein Gegengewicht gegen die Liberalen schaffen und die Interessen der Landwirtschaft stärker zur Geltung bringen wollten. So entstand mit den Deutschkonservativen eine Partei, die manche konservativen Prinzipien einer pragmatischen Politik opferte, sich dem Nationalismus öffnete und Bismarcks Kurs unterstützte, über Preußen hinauswirken und sich dabei besonders agrarischer, aber auch mittelständischer Interessen annehmen wollte. 1877 erreichte die neue Partei 9,7% der Stimmen, 1878 bereits 13%, 1881 sogar 16,3% und zog mit 40, 59 bzw. 50 Abgeordneten in den Reichstag ein.[24]

Folgen zeigte die Gründerkrise nicht nur bei Interessenverbänden und Parteien, sondern auch bei der Regierung. Bei ihr häuften sich die Probleme, da die Exekutive mit immer neuen Anforderungen konfrontiert wurde. Hatten weite Teile von Wirtschaft und Gesellschaft in der Hochkonjunktur, wie es liberalen Vorstellungen entsprach, auf die Selbstregulierungskräfte vertraut, erwarteten sie nun von Regierung und Bürokratie, ihnen einen Weg aus der Krise zu weisen. Das stärkte die Exekutive und erweiterte ihren Handlungsspielraum. Doch war sie auf diesen Zuwachs an Macht und Kompetenz nicht vorbereitet, zögerte auch, die ihr angetragene Rolle zu übernehmen. Darüber drohte die Regierung Bismarck selbst in eine Krise zu geraten, zumal sie sich einigen schwer lösbaren Problemen gegenübersah. Da waren zum einen jene Instabilitäten, die unmittelbar von der Gründerkrise ausgingen. Diese führte nicht nur zu wirtschaftlichen Schwierigkeiten, sondern verschärfte auch die sozialen Konflikte im frühen Kaiserreich. Beides konnte der Regierung nicht gleichgültig sein, zumal die gesellschaftlichen Kräfte sich zu organisieren und Forderungen an den Staat zu stellen begannen: hier die Interessenverbände, die im Rahmen der bestehenden Staats-, Gesellschafts- und Wirtschaftsordnung auf einen politischen Kurswechsel drängten; dort die Sozialdemokratie, die dem ganzen System den Kampf ansagte und auf seine Veränderung hinarbeitete.[25]

Zu den wirtschaftlich-sozialen Schwierigkeiten traten die Finanzprobleme des Reiches. Dessen Etat stand von Anfang an auf wenig soliden Füßen, da die eigenen Einnahmen nicht ausreichten und die Matrikularbeiträge nur schwachen Ersatz boten. Doch verschärften sich diese strukturellen Probleme noch mit der Gründerkrise. Während die Ausgaben von 304 Mio. (1871) auf 406 Mio. Mark (1878/79) stiegen, nahmen die Einnahmen nur von 266 auf 294 Mio. zu, nicht allein, aber auch infolge des Konjunktureinbruchs. Ließen sich die Defizite anfangs noch durch außerordentliche Mittel decken, mußten die Bundesstaaten bald mit immer höheren Matrikularbeiträgen einspringen. Dies fiel ihnen um so schwerer, je mehr auch ihre Haushalte unter den Folgen der Wirtschaftskrise litten. So steuerten die Reichsfinanzen in eine Krise. Die Möglichkeiten, sie zu bewältigen, waren begrenzt. Wollte Bismarck nicht die Verfassung ändern und sich in langwierige Auseinandersetzungen mit den Einzelstaaten über eine Verteilung der direkten Steuern einlassen, blieb ihm nur der Weg, die Reichseinnahmen zu erhöhen.[26]

Eine solche Finanzreform ließ sich ohne die liberale Reichstagsmehrheit nicht durchführen, und hier lag ein weiteres Problem für die Regierung. Denn die Liberalen versagten sich ihr zwar nicht grundsätzlich. Sie wollten aber keine höheren Zölle, da das auf einen Kurswechsel in der Handelspolitik hinausgelaufen wäre, und forderten überdies konstitutionelle Zugeständnisse. So sollte zum einen das Budgetrecht des Reichstages unangetastet bleiben, wenn an die Stelle jährlich festzusetzender Matrikularbeiträge Reichssteuern traten, die nur einmal bewilligt und dann forterhoben wurden. Zum anderen galt es, eine Lösung für Preußen zu finden. Fielen nämlich die Matrikularbeiträge fort, entstanden Spielräume in den einzelstaatlichen Haushalten, besonders im preußischen Etat, und das ließ die Liberalen um das Budgetrecht des Abgeordnetenhauses fürchten. So verflochten sich Reichsfinanzreform und Verfassungsfrage auf vielerlei Weise, zumal die Liberalen in den Finanzschwierigkeiten einen willkommenen Hebel sahen, um ihre verfassungspolitischen Forderungen durchzusetzen. Mit der liberalen Mehrheit konnte die Regierung also allenfalls zu einer Lösung der Finanzkrise gelangen, die die Stellung des Reichstages gestärkt hätte.

Zu den wirtschaftlich-sozialen, fiskalischen und politischen Problemen der Regierung kamen schließlich die Sorgen Bismarcks um seine eigene Machtposition. Diese war ohne Zweifel stark. Besonders seit der Gründung des Reiches besaß der Kanzler und preußische Ministerpräsident eine Autorität, die ihn unangreifbar erscheinen ließ. Doch drohten auch Bismarck politische Gefahren. Sie gingen weniger von den preußischen Altkonservativen aus, die gegen seine Politik Front machten, ihn und die Zusammenarbeit mit den Liberalen in den sogenannten Ära-Artikeln scharf angriffen. Bedrohlicher konnte schon ein Herrscherwechsel werden, ging doch Wilhelm I., geboren 1797, auf die Achtzig zu. Sein Sohn, Kronprinz Friedrich Wilhelm, und dessen englische Frau Viktoria galten seit dem Verfassungskonflikt als Gegner Bismarcks. Sie standen für eine liberale Politik und hielten enge Verbindung zu linken Liberalen. Gefahr drohte Bismarck nicht zuletzt von politischen Fehlschlägen, verdankte er doch seine außergewöhnliche Machtstellung einer Kette von Erfolgen. Gelänge es ihm nicht, jene Probleme zu lösen, welche die Gründerkrise für das Reich heraufbeschwor, drohte sich seine Autorität aufzuzehren.[27]

## 3. »Konservative Wende«

Mit einer »Konservativen Wende« wollte Bismarck jene vier Probleme lösen, die sich seiner Regierung in den späteren siebziger Jahren stellten. Die Frage, wie gezielt er auf einen innenpolitischen Kurswechsel hinarbeitete, wird von der Forschung unterschiedlich beantwortet. Lange hob man, zunächst bewundernd, dann immer kritischer, die Planmäßigkeit seiner Politik hervor. In letzter Zeit freilich ist die Skepsis gegenüber einer Interpretation gewachsen, die vom bekannten Ergebnis auf eine Planhaftigkeit des Handelns schließt, über die der Kanzler kaum verfügt haben kann. Darum rücken neuere Arbeiten sein situationsabhängiges Agieren stärker in den Mittelpunkt. Doch scheint Bismarck in allen wechselnden politischen Konstellationen zumindest zwei Ziele nicht aus dem Auge verloren zu haben: erstens eine trag- und im Reichstag mehrheitsfähige Lösung der wirtschaftlich-sozialen, fiskalischen und politischen Probleme des Reiches zu finden sowie die eigene Machtstellung dabei zu behaupten; zweitens die dafür erforderliche Mehrheit, möglichst mit den Nationalliberalen, aber ohne ihren linken Flügel, weiter rechts im parteipolitischen Spektrum zu suchen als in der Liberalen Ära und so der Regierung zugleich eine Stellung über den Parteien zu sichern. An beiden Zielen hielt der Kanzler durch alle drei Etappen hindurch fest, die keineswegs zwangsläufig zur »Konservativen Wende« führten.[28]

Die erste Etappe begann Ende 1875. Als dem Reichstag die sogenannte kleine Steuerreform vorgelegt wurde, kündigte Bismarck eine große Finanzreform an. Sie sollte durch höhere indirekte Steuern und Zölle die Reichsfinanzen sanieren. Über Einzelheiten schwieg sich der Kanzler aus. Doch deuteten seine Pläne auf einen möglichen Kurswechsel hin und stießen darum von Anfang an auf Widerstand. Zuerst legte sich Delbrück im Reichskanzleramt quer. Zollerhöhungen waren mit der freihändlerischen Handelspolitik unvereinbar, die er bisher verfolgt hatte. Delbrücks Widerstand währte jedoch nicht lange, mußte er doch bereits im April 1876 aus dem Amt scheiden. Nun erhob die liberale Mehrheit im Reichstag Einspruch gegen die Pläne des Kanzlers. Um die Nationalliberalen für die geplante Finanz- und Zollreform zu gewinnen, verhandelte Bismarck 1877 mehrfach mit Bennigsen. Er bot ihm an, preußischer Innenminister und Vizekanzler zu werden. Dabei ging es Bismarck allem Anschein nach um eine engere Zusammenarbeit mit den Nationalliberalen, allerdings zu seinen Bedingungen. Aber Bennigsen hielt die Chance für gering, als einzelner liberale Vorstellungen im preußischen Staatsministerium durchsetzen zu können. Auch stand er unter dem Druck des linken Parteiflügels und riskierte eine Spaltung der Partei, wenn er Bismarcks Angebot annahm. Da die Nationalliberalen glaubten, wegen der Finanzkrise am längeren Hebel zu sitzen, verlangte Bennigsen, daß außer ihm noch zwei weitere Abgeordnete vom linken Flügel, Max von Forckenbeck und Franz von Stauffenberg, in die Regierung eintreten müßten. Diese Forderung konnte Bismarck nicht annehmen. Sie hätte ihn, wäre der Kaiser dafür zu gewinnen gewesen, endgültig an die Nationalliberale Partei gebunden. Nachdem die »Ministerkandidatur« Bennigsens gescheitert war, ging der Kanzler Anfang 1878 schließlich gegen jene preußischen Minister vor, die sich seinen Finanz- und Zollplänen widersetzten. Über der Frage des Tabakmonopols zwang er Finanzminister Camphausen und Handelsminister Achenbach zum Rücktritt. Insgesamt war es Bismarck seit 1875 gelungen, seinen Handlungsspielraum zu erweitern, indem er Umrisse einer neuen Finanz- und Zollpolitik in die Diskussion gebracht und ihre wichtigsten Gegner aus der Regierung gedrängt hatte. Dafür aber lief der Kanzler Gefahr, sich immer mehr zu isolieren und mit seiner Politik in einer Sackgasse zu landen. Denn er hatte die Zusammenarbeit mit der Nationalliberalen Partei aufs Spiel gesetzt, ohne über eine alternative parlamentarische Mehrheit zu verfügen.[29]

Erst in einer zweiten Etappe fand die Regierung den Ausweg aus diesen Schwierigkeiten. Dabei halfen ihr nicht zuletzt die beiden Attentate, die auf Kaiser Wilhelm I. verübt wurden. Bereits den Anschlag vom Mai 1878 nutzte Bismarck, um zwei innenpolitischen Zielen näherzukommen. Da war zum einen der Kampf gegen die Sozialdemokraten, die dem Kanzler als Agitatoren und politische Terroristen, vor allem aber als Feinde des Staates galten. Zu diesem Urteil mögen der Aufstand der Pariser Kommune 1871 und die Kommune-Rede von August Bebel beigetragen haben. Weder die Zahl der Mitglieder und Wähler noch die Ziele der Sozialdemokratie lassen jedoch aus heutiger Sicht jenen »cauchemar des révolutions« (Theodor Schieder) verständlich erscheinen, der große Teile des Bürgertums ängstigte und den Bismarck sowohl teilte als auch bewußt hochspielte. Sorgen konnte allenfalls bereiten, daß die Sozialdemokraten politisch langsam an Bedeutung gewannen. Sie profitierten von den Streiks der frühen siebziger Jahre, der Fusion von Eisenachern und Lassalleanern zur Sozialistischen Arbeiterpartei Deutschlands und erhielten bei den Reichstagswahlen von 1877 bereits 9,1% der Stimmen. Dieser kaum realen, eher potentiellen Gefahr suchte der Reichskanzler teils mit Sozialreformen, teils durch Repressionen zu begegnen. Obschon die bestehenden Gesetze hierfür mancherlei Handhabe boten und vor allem in Preußen entsprechend genutzt wurden, reichten sie nach Meinung der Regierung nicht aus, fehlte es der Polizei im Kampf gegen die Sozialdemokratie an einer weitergehenden, besonders reichsgesetzlichen Ermächtigung. Da solche bisher am Widerstand der liberalen Mehrheit gescheitert war, legte Bismarck dem Reichstag kurz nach dem Kaiserattentat den Entwurf eines Gesetzes zur Abwehr sozialdemokratischer Ausschreitungen vor. Damit steuerte er zugleich ein zweites innenpolitisches Ziel an, nämlich die Liberalen zu einer Entscheidung für oder gegen seine Politik zu zwingen. Ein »Sozialistengesetz« eignete sich dazu gut. Denn es stellte die Liberalen vor die Alternative, entweder entschiedene Schritte gegen die Sozialdemokratie abzulehnen oder einem Ausnahmegesetz liberale Rechtsgrundsätze zu opfern. Die eine wie die andere Entscheidung bedrohte die Einheit der Fraktion und ihren Rückhalt bei den Wählern.[30]

Doch nicht das Attentat vom Mai, sondern erst jenes vom Juni brachte die Innenpolitik in Bewegung. Es gab Bismarck, der sein »Sozialistengesetz« nicht hatte durchbringen können, die Möglichkeit, den Reichstag auflösen und Neuwahlen ausschreiben zu lassen. Im Wahlkampf bemühten sich Regierung und Verwaltung durch Meinungs- und Wahlbeeinflussung, die öffentliche Erregung über die Attentate sowie die in bürgerlichen Kreisen verbreitete Revolutionsfurcht in ein Votum der Wähler für ihre Politik umzumünzen. Dagegen hatten die Liberalen einen schweren Stand. Viele mußten sich, um überhaupt wiedergewählt zu werden, darauf festlegen, für ein Ausnahmegesetz gegen die Sozialdemokratie zu stimmen. Auch die Zollfrage machte den Liberalen zu schaffen. Denn zum ersten Mal griffen die Interessenverbände mit dem Ziel in den Wahlkampf ein, die freihändlerische Mehrheit im Parlament durch eine schutzzöllnerische zu ersetzen. So brachten die Reichstagswahlen vom Juli 1878 den Nationalliberalen, vor allem ihrem linken Flügel, sowie der Fortschrittspartei Verluste, den Frei- und Deutschkonservativen dagegen Gewinne. Dadurch verschoben sich nicht nur die Mehrheitsverhältnisse nach rechts. Die Nationalliberalen verloren auch, was noch wichtiger war, ihre bisherige parlamentarische Schlüsselstellung an das Zentrum.[31]

Für die Verabschiedung eines »Sozialistengesetzes« brauchte Bismarck, da sich das Zentrum wegen des Kulturkampfes einem Ausnahmegesetz verweigerte, die Mitarbeit der Liberalen. Ihre Lage war nach den beiden Attentaten und den Erfahrungen des Wahlkampfes noch prekärer geworden, da sie auf keinen Fall den Vorwurf auf sich nehmen wollten, Staat und Bürgertum den Schutz vor der Sozialdemokratie versagt zu haben. Auch hofften die Nationalliberalen nach wie vor, sich mit Bismarck verständigen zu können. Deshalb versuchte Bennigsen, die Regierungsvorlage durch rechtsstaatliche Zusätze wenigstens soweit zu entschärfen, daß ihr die Fraktion, einschließlich des linken Flügels, geschlossen zustimmen konnte. Zwar gelang dies ein letztes Mal, aber nur zu einem hohen Preis. Die Nationalliberalen gaben nämlich, und das wirkte als schwere Belastung fort, frühere Positionen auf und mit ihnen wesentliche liberale Rechtsgrundsätze preis. Denn wie man es auch drehen und wenden mochte, das »Gesetz gegen die gemeingefährlichen Bestrebungen der Sozialdemokratie« vom Oktober 1878 war ein Ausnahmegesetz. Jenseits allgemeiner Rechtsnormen richtete es sich, wie Artikel 1 formulierte, gegen »sozialdemokratische, sozialistische oder kommunistische Bestrebungen«, soweit sie auf »den Umsturz der bestehenden Staats- und Gesellschaftsordnung« abzielten, ermächtigte die Behörden, nicht nur Vereine und Versammlungen, sondern auch Druckschriften und Geldsammlungen zu verbieten, entzog diese Maßnahmen weitgehend der Nachprüfung durch die Verwaltungsgerichte und bedrohte Verstöße mit Geld- oder Freiheitsstrafen bis zu einem Jahr, Aufenthaltsbeschränkungen sowie Gewerbeverboten. Verhängte die Exekutive über einzelne Orte oder ganze Bezirke den »kleinen Belagerungszustand«, traten weitere Verschärfungen ein, die der polizeilichen Willkür noch größeren Raum boten. Doch wies das Gesetz auch Lücken auf. Es war befristet, mußte deshalb immer wieder verlängert werden, und berührte weder das aktive noch passive Wahlrecht. So konnten Sozialdemokraten weiterhin in Parlamenten sowie bei Wahlen tätig sein. Außerdem wurde das Gesetz ebenso von Bundesstaat zu Bundesstaat unterschiedlich gehandhabt wie im Laufe der zwölf Jahre, die es in Kraft blieb.[32]

Nach der Verabschiedung des Sozialistengesetzes rückte die Finanz- und Zollpolitik wieder in den Mittelpunkt. Im Frühjahr 1878 hatte Bismarck das Reichskanzleramt und die zuständigen preußischen Ministerien beauftragt, ein Finanzreformprojekt auszuarbeiten. Es sollte der Linie folgen, die der Kanzler 1875 vorgezeichnet hatte. Zugleich legte sich Bismarck nun auf Schutzzölle und damit nach langem Zögern auf einen Kurswechsel in der Handelspolitik fest. Doch warf gerade die Verbindung von Finanz- und Zollreform beträchtliche Probleme auf. Denn weder entsprach die Vorlage der Minister den Vorstellungen Bismarcks, noch folgte ihm das preußische Staatsministerium, und auch die Finanzminister der Einzelstaaten mochten sich wohl mit seinen Finanzreform-, nicht aber seinen Zollplänen anfreunden. In dieser Situation halfen die Interessenverbände weiter, denen die Regierung auf dem Höhepunkt des Wahlkampfes eine amtliche Enquete zugestanden hatte. Nachhaltig vom Centralverband Deutscher Industrieller beeinflußt, zeichnete diese die wirtschaftliche Lage der untersuchten Industriezweige in den düstersten Farben und erblickte wirksame Hilfe allein im Protektionismus. Bismarck führte diese Enquete gegen Ministerialbürokratie und Einzelstaaten ins Feld, warb mit ihr aber auch bei den Parteien. Schließlich meldete sich Anfang Oktober im Reichstag eine Freie Volkswirtschaftliche Vereinigung zu Wort und verlangte eine Reform des Zolltarifs. Ihrer Forderung schlossen sich, quer durch alle bürgerlichen Parteien, 204 Abgeordnete an.[33]

In der dritten Etappe setzte sich Bismarck im preußischen Staatsministerium, beim Kaiser sowie im Bundesrat durch und stellte sein Programm Mitte Dezember im »Weihnachtsbrief« der Öffentlichkeit vor. Es verknüpfte die unterschiedlichen wirtschaftlichen und sozialen, finanziellen und politischen Interessen zu einer Generallösung jener vier Probleme, denen sich die Regierung gegenübersah. Den Dreh- und Angelpunkt bildeten Zölle auf fast alle importierten Waren. Ein solches Protektionssystem stellte zunächst eine Antwort auf die Gründerkrise dar. Mit ihm bekannte sich die Regierung zum »Schutz der nationalen Arbeit« und unterstrich ihre Bereitschaft, Industrie, Gewerbe und Landwirtschaft aus der Krise zu helfen. Dies konnte zugleich die sozialen Spannungen mindern und den finanziellen Spielraum des Reiches für sozialpolitische Maßnahmen erweitern, so daß sich über Industrielle und Landwirte hinaus auch die Arbeiter in den »Schutz der nationalen Arbeit« einbezogen sahen. Die Zölle dienten zusammen mit weiteren indirekten Steuern sodann dazu, die Finanzkrise des Reiches dauerhaft zu beseitigen. Hinzu kamen die politischen Vorteile. Zölle schränkten das Budgetrecht des Reichstags ein, bedrohten die Einheit der Nationalliberalen Partei und konnten zu einer neuen, weiter rechts angesiedelten parlamentarischen Mehrheit führen. Gelänge es schließlich, mit deren Hilfe das Regierungsprogramm zu verabschieden, käme das Bismarcks Machtstellung zugute und sicherte seine Position ab.

Das Programm des »Weihnachtsbriefes« ließ sich nur teilweise über die Hürden des Gesetzgebungsverfahrens bringen. Schon in der Bundesratskommission, die den Zolltarif ausarbeitete, gab es erste Schwierigkeiten, kaum bei den Industrie-, wohl aber bei den Agrarzöllen. Bismarck konnte diese zwar retten, aber nicht in der gewünschten Höhe. Auch im Bundesrat bereitete es ihm Mühe zu verhindern, daß sein Reformpaket aufgeschnürt wurde. Die größten Probleme tauchten jedoch bei den Beratungen des Reichstages auf, die im Mai 1879 begannen. Noch einmal spielte dabei die Höhe der Agrarzölle eine Rolle. Umstrittener aber waren die finanz- und verfassungspolitischen Seiten der Vorlage. Sowohl die Nationalliberalen als auch das Zentrum, mit denen Bismarck die Reform durch den Reichstag bringen konnte, verteidigten dessen Budgetrecht. Die meisten Nationalliberalen wollten dem Kanzler in der Zollfrage entgegenkommen, wenn er ihnen wenigstens einige der geforderten »konstitutionellen Garantien« zugestand wie etwa eine jährliche Bewilligung bestimmter Verbrauchsteuern. Auch das Zentrum bot sich an, die Reform mitzutragen: teils aus wirtschaftlichen Gründen, da seine Wähler eher protektionistisch eingestellt waren und Schutzzölle von der Politik der Liberalen Ära wegführten; teils aus politischen Motiven, nämlich um der Chance willen, aus der Isolierung des Kulturkampfes herauszufinden, der Regierung Zugeständnisse auf kirchenpolitischem Gebiet abzuringen und die Liberalen endgültig aus ihrer parlamentarischen Schlüsselstellung zu verdrängen. Doch hatte die Unterstützung des Zentrums ebenfalls ihren Preis: die »Franckensteinsche Klausel«. Danach sollten die Einnahmen aus Zöllen und Tabaksteuer nur bis zu einer Höhe von 130 Mio. Mark pro Jahr dem Reich zufließen, der Rest dagegen den Einzelstaaten entsprechend ihrer Bevölkerungszahl. Da sich das Defizit im Reichshaushalt so nicht voll decken ließ, blieb es bei den Matrikularbeiträgen, mit dem Unterschied, daß sie jetzt »veredelt«, also durch Überweisung von Reichssteuern an die Länder bereits finanziert waren. Fiskalisch machte diese Regelung keinen Sinn, wohl aber politisch. Sie sorgte dafür, daß das Reich von den Einzelstaaten abhängig blieb, sicherte, wenngleich abgeschwächt, das Budgetrecht sowohl des Reichstages als auch der Landtage und war obendrein für dic Nationalliberalen wegen ihrer föderalistischen Tendenz unannehmbar.[34]

Bismarck konnte sich zwischen Nationalliberalen und Zentrum entscheiden. Aber er mußte, wie seine Wahl auch ausfiel, wesentliche Teile seines Programms opfern. Daß er am Ende eine Lösung ohne die Nationalliberalen vorzog, hatte mehrere Gründe. Sicher spielte die Überlegung eine Rolle, mit dem Zentrum eine stabilere Mehrheit im Parlament hinter sich zu haben, blieb doch unsicher, wieviele nationalliberale Abgeordnete Bennigsen am Ende folgen würden; und ebenso wichtig mag geworden sein, daß eine Zusammenarbeit mit dem Zentrum Wege ebnete, den verfahrenen Kulturkampf schrittweise zu beenden. Den Ausschlag dürfte aber gegeben haben, daß die föderalistische Lösung, die das Zentrum anbot, Bismarck weniger gefährlich erschien als die »konstitutionellen Garantien«, auf denen die Nationalliberalen beharrten. Wenn der Kanzler auch seinen Plan aufgeben mußte, das Reich finanziell auf eigene Füße zu stellen und die Rechte der Parlamente einzuschränken, wog dies in seinen Augen doch weniger schwer als die Gefahr einer politischen Machtverschiebung zugunsten des Reichstages, der liberalen Parteien und des Bürgertums, die ihm bei fortgesetzter Kooperation mit den Nationalliberalen, deren linker Flügel unberechenbar blieb, zu drohen schien. So grenzte Bismarck in seiner Reichstagsrede vom Juli 1879, die das Ende der Liberalen Ära besiegelte, »den zwar konstitutionellen, aber monarchisch-bürokratischen Obrigkeitsstaat scharf vom bürgerlich-liberal geprägten, parlamentarisch regierten Staat ab« und umschrieb damit jene »beiden konkurrierenden Leitwerte, zwischen denen nach Meinung vieler die Entscheidung fallen mußte, nachdem die Reichsverfassung sie offengelassen hatte«.[35]

Der Bruch mit den Liberalen, den Bismarck in dieser Form wohl kaum gewollt, in entscheidenden Momenten aber mit vorangetrieben hatte, zog nicht nur personelle Umbesetzungen im preußischen Staatsministerium nach sich, sondern stieß auch, weit folgenreicher, die Nationalliberale Partei in eine tiefe Krise. Noch im Juli 1879 verließen 15 Abgeordnete des rechten Flügels die Fraktion, weil diese im Reichstag mehrheitlich gegen die Finanz- und Zollvorlage gestimmt hatte. Gut ein Jahr später, nachdem die Nationalliberalen im Herbst 1879 bei den preußischen Landtagswahlen herbe Verluste hatten hinnehmen müssen und die Partei insgesamt weiter nach rechts gerückt war, spaltete sich der linke Flügel ab. Im Streit darüber, ob der Militäretat erneut für sieben Jahre bewilligt und der Kulturkampf eingeschränkt werden sollte, brachen die tiefen, jetzt nicht mehr überbrückbaren Meinungsunterschiede über den künftigen politischen Kurs der Nationalliberalen auf. Die »Sezession« um Lasker und Bamberger, Stauffenberg und Forckenbeck wollte wesentliche Ziele der Liberalen, vor allem die Parlamentarisierung des Reiches, nicht aufgeben, sondern, freilich schon ziemlich entmutigt, gegen die Politik des Reichskanzlers und dessen »Konservative Wende« Front machen. Anders sah es die Fraktionsmehrheit. Sie suchte weiterhin die Verständigung mit Bismarck, war bereit, mit ihm und den Konservativen zusammenzuarbeiten, auch um den Preis, wesentliche liberale Grundsätze vorläufig zurückstellen oder ganz aufgeben zu müssen.[36]

Die Spaltung der Nationalliberalen Partei hatte weitreichende Folgen. Sie veränderte nachhaltig das Gesicht des politischen Liberalismus im Kaiserreich und schwächte ihn zugleich so stark, daß er sich davon nie wieder erholen sollte. Die »Konservative Wende« brachte mithin nicht nur das Ende der Liberalen Ära, sondern warf die Liberalen und mit ihnen alle reformwilligen Kräfte in der deutschen Gesellschaft auch weit zurück. Das war eine wichtige Weichenstellung. Doch legte sie die weitere Entwicklung des Kaiserreiches weder so weitgehend noch auf so lange Sicht fest, wie die These von der »zweiten Reichsgründung« meint.[37]

## 4. Außenpolitik und Imperialismus

Die außenpolitisch vorteilhafte Situation, in der das Deutsche Reich entstanden war, überdauerte die Reichsgründung nicht. Denn mit dem deutschen Nationalstaat hatte sich eine neue Großmacht in Europa gebildet, die sich im Mächtesystem zu etablieren suchte. Das erhöhte die Labilität, aber auch die Offenheit der Staatenbeziehungen, die nur zwei Fixpunkte hatten: die weltpolitische Rivalität zwischen Großbritannien und Rußland sowie die Gegensätze zwischen Deutschland und Frankreich. Bei dem Versuch, wieder eine stabilere europäische Mächtekonstellation zu schaffen, fiel dem Kaiserreich eine Schlüsselrolle zu. Denn seine Position schien am wenigsten gefestigt, und seine Politik war, trotz aller »Saturiertheits«-Beteuerungen der Regierung Bismarck, nach drei Kriegen zunächst nur schwer kalkulierbar.[38]

Das neu gegründete Reich im europäischen Mächtesystem zu verankern, konnte im Grunde nur auf drei Wegen geschehen. Möglich erschien einmal eine Konvenienzpolitik, die durch wechselseitige Verständigung einen Interessenausgleich zwischen den Großmächten suchte und deren Einflußzonen zu Lasten kleinerer oder schwächerer Staaten absteckte. Denkbar war aber auch eine Präventivkriegspolitik, indem das Reich versuchte, durch einzelne, schnell geführte Kriege seine Stellung im Kreis der europäischen Mächte zu festigen, drohende antideutsche Koalitionen zu verhindern und eine unabhängige Großmachtposition aufzubauen. Eine letzte Möglichkeit bestand darin, die Interessengegensätze zwischen den Großmächten vom Zentrum, wo sie dem

Reich gefährlich werden mochten, an den Rand Europas zu leiten, um sie auf diese Weise leichter austarieren zu können. Im Unterschied zu den beiden ersten Optionen, die erhebliche Risiken in sich bargen, verzichtete eine Peripheriepolitik darauf, die Macht des Reiches weiter auszubauen, beließ es bei der erreichten halbhegemonialen Stellung und betrieb auf dieser Grundlage eine im Kern defensive, weil auf Gleichgewicht zielende und den Status quo bewahrende Politik.[39]

Anfangs suchte sich Bismarck alle Wege offenzuhalten. Die Entscheidung für die dritte Option fiel erst im Jahre 1875 nach der »Mission Radowitz« und der »Krieg-in-Sicht-Krise«. Bis dahin hatte die Reichsleitung mit wachsendem Mißbehagen verfolgt, wie rasch Frankreich sich vom Krieg erholte und wieder aufrüstete. Während die Militärs darauf mit Präventivkriegsplänen reagierten, wollte Bismarck dem republikanischen Frankreich durch eine Drohaktion seine Isolierung unter den europäischen Mächten und zugleich die Aussichtslosigkeit jeder Revanchepolitik vor Augen führen. Doch schlug sein Vorstoß, den er in der »Krieg-in-Sicht-Krise« unternahm, fehl. Großbritannien und Rußland machten nämlich unmißverständlich klar, daß sie einen weiteren deutschen Machtzuwachs nicht hinnehmen würden. So drohte am Ende nicht Frankreich, sondern das Kaiserreich in die Isolierung zu geraten. Die »Krieg-in-Sicht-Krise« lehrte Bismarck, daß die Machtverhältnisse nur mit dem Risiko eines europäischen Krieges in Richtung auf eine deutsche Hegemonie zu verschieben waren, die Stellung des Reiches sich allein durch eine Politik des Gleichgewichtes sichern ließ. Ihre Umrisse wurden während der Balkan-Krise formuliert und auf dem Berliner Kongreß erprobt.[40]

Die Balkan-Krise entwickelte sich vor dem Hintergrund eines zunehmenden Machtverfalls des Osmanischen Reiches sowie der Selbständigkeitsbestrebungen der unter türkischer Herrschaft stehenden Völker und führte mit dem russisch-türkischen Krieg von 1877/78 an den Rand eines großen militärischen Konfliktes. Im Unterschied zu Rußland, Großbritannien und Österreich-Ungarn, die sich aus verschiedenen Gründen direkt engagiert hatten, berührte dieser das Reich nur mittelbar. Doch mußte Deutschlands Verhalten in der Krise nicht nur die Beziehungen zu England beeinflussen, sondern, stärker noch, das Verhältnis zu Rußland und Österreich, da beide auf sein Eingreifen zu ihren Gunsten drängten. Gerade eine solche Option gefährdete aber die bisherige

Politik Bismarcks. Diese hatte nicht nur Verbindungen zu Österreich-Ungarn geknüpft, ohne Rußland dabei zu verprellen, sondern obendrein im Dreikaiserabkommen von 1873 eine wenn auch wenig belastbare Übereinkunft zwischen den drei konservativen Ostmächten zustande gebracht. Deshalb wich Bismarck einer Entscheidung zwischen Rußland und Österreich in der Balkan-Krise aus. Ihm schwebte statt dessen eine »politische Gesamtsituation« vor, wie er im Kissinger Diktat vom Juni 1877 formulierte, »in welcher alle Mächte außer Frankreich unser bedürfen, und von Koalitionen gegen uns durch ihre Beziehungen zueinander nach Möglichkeit abgehalten werden«. Auf dieser Linie bemühte sich der Kanzler, die Balkan-Frage als »ehrlicher Makler« teils durch bilaterale Verhandlungen mit England und Rußland, teils auf einem europäischen Kongreß zu lösen, der 1878 in Berlin zusammentrat.[41]

Der Berliner Kongreß versuchte einerseits, das Gleichgewicht in Europa zu Lasten Rußlands und zugunsten Großbritanniens neu auszutarieren, trug andererseits aber dazu bei, daß sich die Mächtebeziehungen in Bündnissen und Bündnissystemen zu verfestigen begannen. Rußland wertete die Ergebnisse des Kongresses als Niederlage und machte dafür die deutsche Politik verantwortlich. Die Krise der deutsch-russischen Beziehungen, die ein Zusammengehen von Rußland und Frankreich befürchten ließ, suchte Bismarck durch politische und wirtschaftliche Bindungen an Österreich-Ungarn aufzufangen. Wie eng diese ausgestaltet werden sollten, blieb offen, da wegen Bedenken auf beiden Seiten nur ein geheimes Defensivbündnis zustande kam. Der 1879 geschlossene Zweibund lief auf eine klare Entscheidung für Österreich-Ungarn, aber noch keine Blockbildung hinaus, auch wenn diese in ihm angelegt war und er sich später so entwickeln sollte, und bot zugleich die Möglichkeit, Rußland wieder enger an das Reich heranzuziehen.

Weil das Reich mit dem Zweibund seine Position als ungebundener Mittler zwischen den europäischen Mächten aufgab, begann mit dem Vertrag der Aufbau des »Bismarckschen Bündnissystems«, zunächst nach Osten, dann nach Westen und Süden. 1881 schlossen Deutschland, Österreich-Ungarn und Rußland den Dreikaiservertrag. Dieser knüpfte zwar noch einmal an die konservative Solidarität der drei Ostmächte an, war aber nur noch ein »Zweckbündnis von Partnern, die sich gegenseitig von einer kriegerischen Intervention abhalten« (Theodor Schieder) wollten, und sollte als geheime Übereinkunft von Monarchen im Stil alter Kabinettspolitik in Zeiten einer wachsenden Bedeutung innenpolitischer Kräfte und nationaler Bewegungen nicht überschätzt werden. Auch nach Westen und Süden hin erweiterte sich der Zweibund in den achtziger Jahren zu einem Bündnissystem. Ihm traten Rumänien und Serbien, eine Reihe weiterer Staaten sowie nicht zuletzt Italien bei. Es sah seine Interessen im Mittelmeer vom französischen Ausgreifen nach Tunesien bedroht, stellte darum die Gegensätze mit Österreich-Ungarn in der Südtirolfrage zurück und einigte sich mit der Doppelmonarchie sowie dem Reich im Jahre 1882 auf den sogenannten Dreibundvertrag.

In den achtziger Jahren stand das Kaiserreich mithin im Zentrum zweier Bündnissysteme, eines »östlichen« und eines »westlichen« (Klaus Hildebrand). Diese schufen ein überaus kompliziertes, stets labiles und darum auch dynamisches, von inneren Widersprüchen keineswegs freies und deshalb nicht eben schwer belastbares System von Gewichten und Gegengewichten. Es balancierte für kurze Zeit die unterschiedlichen, zum Teil stark expansiven Interessen der europäischen Mächte wechselseitig aus, schrieb dadurch den Status quo fest und sicherte so den Frieden in Europa, nicht zuletzt zum Nutzen des Kaiserreiches, das von dieser »machtpolitischen Organisation des Friedens« (Theodor Schieder) am meisten profitierte. Die ältere Historiographie wurde denn auch zu betonen nicht müde, wie planmäßig Bismarck dieses Bündnissystem nach dem Entwurf des Kissinger Diktats aufgebaut, mit welcher Virtuosität er das »Spiel mit den fünf Kugeln« beherrscht und worin dessen friedenssichernde Wirkung gelegen habe. Neuere Forschungen heben dagegen mehr die Improvisationen des Reichskanzlers hervor, die nur entfernt an die Kissinger Überlegungen erinnern, charakterisieren sein Bündnissystem als ein »System von Aushilfen« und streichen dessen Nachteile stärker heraus, nicht zuletzt die Tatsache, daß die Bündnisverträge folgenschwere »militärische Absprachen in bislang unbekanntem Maße in Friedenszeiten« (Jost Dülffer) einführten. Bis in die mittachtziger Jahre beschritt die deutsche Außenpolitik den im Bündnissystem vorgezeichneten Weg. Dann brachte sie die imperialistische Expansion der Großmächte in Bewegung und die europäische Doppelkrise aus der Balance.[42]

Die deutsche Wirtschaftsexpansion nach Übersee, bei der Hamburger, aber auch Bremer Kaufleute und Reeder eine Schlüsselrolle spielten, entfaltete sich seit den vierziger Jahren des 19. Jahrhunderts zögernd und, verglichen mit anderen europäischen Staaten, verhältnismäßig langsam. Sie zielte vor allem auf Ostasien, den Pazifik und Afrika. Dabei suchte und fand der deutsche Handel immer wieder, verstärkt seit Mitte der siebziger Jahre, staatliche Unterstützung. Diese folgte den Prinzipien und Methoden des sogenannten Freihandelsimperialismus. Vorbild war Großbritannien, das in weiten Teilen der Welt ein »Informal Empire« aufgebaut hatte, eine auf verschiedene Formen der Abhängigkeit gestützte indirekte Herrschaft. Sie bot ein Maximum an wirtschaftlichen Vorteilen, ohne eine aufwendige und kostspielige direkte Herrschaftsausübung notwendig zu machen. Ähnlich wie Großbritannien förderte auch das Reich den deutschen Handel in Übersee. Es schloß Handelsverträge ab und baute Marinestationen, pachtete Häfen oder entsandte Kriegsschiffe. Daß dieser informelle Imperialismus 1884/85 aufgegeben wurde und das Kaiserreich eigene Kolonien erwarb, ergab sich angesichts des anbrechenden europäischen Hochimperialismus aus dem Zusammenspiel von Kolonialbewegung und offizieller Politik.[43]

Die Anfänge der Kolonialbewegung fielen in die siebziger Jahre, knüpften aber an Traditionen aus dem früheren 19. Jahrhundert an. Vor dem Hintergrund der Gründerkrise und der sich verschärfenden sozialen Spannungen forderten Kolonialpropagandisten wie Friedrich Fabri, Wilhelm Hübbe-Schleiden oder Ernst von Weber den Erwerb von Kolonien. Diese sollten einmal helfen, das Problem des raschen Bevölkerungswachstums und der zunehmenden Auswanderung zu bewältigen. So dachten die Kolonialbefürworter daran, möglichst viele Auswanderer in Kolonien anzusiedeln und auf diese Weise für die deutsche Wirtschaft und Kultur zu erhalten, statt sie in die Vereinigten Staaten ziehen zu lassen. Auch eine Lösung der ökonomischen Schwierigkeiten des Reiches versprach man sich von den Kolonien. Denn sie ließen auf neue Rohstoffquellen und zusätzliche Absatzmärkte hoffen. Ferner spielte die Soziale Frage eine wichtige Rolle. Kolonien sollten dazu beitragen, gesellschaftliche Spannungen zu mildern, indem sie dem einzelnen Perspektiven und der ganzen Nation eine Zukunftsvision gaben. Schließlich wurde die koloniale Expansion als notwendige Fortsetzung der nationalen Einigung gesehen, der Besitz von Kolonien als unverzichtbares Attribut eines starken Nationalstaates, der sich in der Großmächtekonkurrenz zu behaupten wußte. Indem die Kolonialbewegung diese vier Motive auf unterschiedliche Weise kombinierte, fand sie breitere Resonanz.[44]

Um der Forderung nach Kolonien Nachdruck zu verleihen, riefen Kolonialinteressenten und -befürworter in den späten siebziger und frühen achtziger Jahren Agitationsverbände ins Leben, darunter 1882 den Deutschen Kolonialverein. Er organisierte Großkaufleute, Reeder und Unternehmer, Forschungsreisende und Missionsleute, Publizisten und Parteipolitiker, adelige Honoratioren sowie nicht zuletzt Angehörige des gehobenen Bildungsbürgertums. Seine Hauptaufgabe sah der Verein in möglichst wirkungsvoller Kolonialpropaganda. Neben dem eher großbürgerlichen Flügel der Kolonialbewegung entstand 1884 mit der Gesellschaft für deutsche Kolonisation eine sozial mehr mittelständisch verankerte Organisation, der es in erster Linie um praktische Kolonisationsarbeit ging. Erst als die Kolonialeuphorie der mittachtziger Jahre abzuebben begann, stellten beide Verbände ihre Differenzen zurück und schlossen sich 1887 zur Deutschen Kolonialgesellschaft zusammen. Obwohl die Kolonialbewegung nur eine Minderheit organisierte und in sich sehr heterogen blieb, war ihr Einfluß beträchtlich.[45]

Die Frage, warum Bismarck, der auf Freihandelsexpansion nach englischem Vorbild setzte und Kolonien aus politischen wie finanziellen Gründen lange Zeit ablehnte, dem wachsenden Druck der Kolonialbewegung am Ende nachgab und den Schritt zur formellen Kolonialherrschaft tat, wird in der Forschung unterschiedlich beantwortet. Eine erste Interpretation hebt auf außenpolitische Gründe ab. Der Kanzler, lautet das Argument, nutzte die günstige Situation, vor allem die Schwierigkeiten Großbritanniens in Afghanistan, Ägypten und im Sudan, um durch eine antienglische Kolonialpolitik eine Annäherung an Frankreich zu versuchen und so die Mächtekonstellation in Europa mittels außereuropäischer Fragen zumindest in Bewegung zu bringen. Die koloniale Entente bewährte sich zwar auf der Berliner Kongo-Konferenz von 1884/85, als Deutschland und Frankreich gemeinsam gegen die englische Mittelafrikapolitik Front machten. Doch endete sie und mit ihr auch die deutsche Kolonialpolitik, als die kooperationsbereite Regierung unter Ministerpräsident Jules Ferry im März 1885 gestürzt wurde. Eine zweite Interpretation nennt nicht außen-, sondern verschiedene innenpolitische Gesichtspunkte. Bismarck wollte, so heißt es, mit der kolonialen Expansion die parteipolitische Konstellation der frühen achtziger Jahre zugunsten der Regierung verändern, eine zugkräftige Parole für die Reichstagswahlen von 1884 gewinnen, vielleicht auch einem politischen Kurswechsel vorbeugen, der bei einem Thronwechsel drohte. Ein dritter Ansatz interpretiert die Kolonialpolitik als gesamtgesellschaftliche Krisenstrategie, als Sozialimperialismus. Ihr ging es darum, wirtschaftliche Schwierigkeiten und soziale Spannungen, mit denen das Reich nach wie vor zu kämpfen hatte, sowie die Legitimationsprobleme für das politische System, die sich daraus ergaben, durch imperialistische Expansion nach außen abzuleiten. Kolonialpolitik war, so gesehen, eine manipulative Strategie der Herrschaftssicherung.[46]

Viel spricht dafür, diese drei Interpretationen nicht alternativ zu sehen sowie den fließenden Übergängen vom informellen zum formellen Imperialismus und der Eigendynamik in den späteren Kolonien mehr Gewicht beizumessen. So scheint Bismarck in einer außenpolitisch günstigen Situation, aus sehr verschiedenen Motiven und angestoßen nicht zuletzt durch Probleme in Afrika, über die bisherige Förderung deutscher Wirtschaftsinteressen in Übersee hinausgegangen zu sein, um einer Ausschließungspolitik anderer imperialistischer Mächte, vor allem Großbritanniens, zuvorzukommen. Das staatliche Engagement zu begrenzen, sobald es die Linie des informellen Imperialismus überschritten hatte, gelang ihm indessen nicht. Dazu trug schon die Kongo-Konferenz bei, indem sie die Effizienz von Herrschaft zum Maßstab ihrer völkerrechtlichen Anerkennung machte. Hinzu kam, daß sich das Schutzbriefsystem, auf das Bismarck setzte, nicht verwirklichen ließ. Denn die privaten Gesellschaften, die nach dem Vorbild der englischen »Chartered Companies« unter kaiserlichem Schutz die deutschen Besitzungen verwalten sollten, waren dazu entweder nicht bereit oder nicht in der Lage. So mußte das Reich sowohl in Deutsch-Südwestafrika und Deutsch-Ostafrika, in Togo und Kamerun als auch im Pazifik schrittweise eine formelle Kolonialherrschaft aufbauen. Die Folgen reichten weit. Auch wenn das Kaiserreich seine imperialistische Expansion 1885 zunächst einstellte, war der Grundstock für ein weiteres Ausgreifen in Übersee gelegt. Zugleich wuchs das Potential möglicher Konflikte mit anderen Mächten, namentlich mit Großbritannien.[47]

Doch drängte nicht allein der Imperialismus die deutsche Außenpolitik in andere Bahnen; auch die Doppelkrise der Jahre 1885/87 brachte sie aus der Balance. Im Westen Europas, in Frankreich, formierte sich, ausgehend vom Protest gegen die deutsch-französische Kolonialentente, unter General Boulanger, dem »Général Revanche«, eine nationalistische Sammlungs- und Erneuerungsbewegung, die einen Revanchekrieg gegen Deutschland auf ihre Fahnen schrieb. Zwar wuchs dadurch tatsächlich die Gefahr einer bewaffneten Auseinandersetzung, zumal Boulanger als französischer Kriegsminister die Regierung auf einen Konfliktkurs festzulegen suchte. Doch spielte Bismarck die Bedrohung auch ganz bewußt hoch: aus innenpolitischen Gründen, um eine Verstärkung des Heeres und bei den Reichstagswahlen von 1887 eine regierungsfreundliche Mehrheit zu erreichen; aus außenpolitischen Erwägungen, um von den Schwierigkeiten im Osten abzulenken. Denn hier standen die Zeichen auf Sturm. Die Bulgarien-Frage verschärfte erneut die Gegensätze zwischen Rußland und Österreich-Ungarn. Obwohl das Reich zu vermitteln suchte, zerfiel über dem serbisch-bulgarischen Krieg endgültig der im Dreikaiservertrag mühsam ausgehandelte russisch-österreichische Balkankompromiß. Zugleich verschlechterten sich die Beziehungen zu Rußland, da die Politik des Reiches dort auf wachsenden Widerstand stieß. Handels- und wirtschaftspolitische Differenzen, die über der deutschen Schutzzollpolitik aufbrachen, kamen hinzu.[48]

Das zeitliche Zusammentreffen der Krise im Westen und der weit bedrohlicheren im Osten ließ Bismarcks Sorgen vor einem Zweifrontenkrieg wachsen, zumal sich eine neue Mächtekonstellation abzeichnete. In Frankreich setzten die Kreise um Boulanger auf ein Bündnis mit dem Zarenreich, und in Rußland drängten nationalistische, im Gewande des Panslawismus auftretende Kräfte auf eine russisch-französische Übereinkunft, um offensiver auf dem Balkan und gegen den Zweibund vorgehen zu können. Vor allem Michail Katkow, einflußreicher Herausgeber der *Moskauer Zeitung*, warb für sie und wußte dabei große Teile des russischen Bürgertums hinter sich. Die Doppelkrise brachte Bismarck nicht nur außen-, sondern auch innenpolitisch unter Druck. Denn in Deutschland verstärkte sich der Eindruck, seine Außenpolitik sei überholt und habe in eine Sackgasse geführt. Militärs um General Alfred von Waldersee, aber auch ganz unterschiedliche politische Kräfte, von Deutschkonservativen bis hin zu Sozialdemokraten, forderten eine härtere Gangart gegenüber Rußland bis hin zu einem Präventivkrieg.[49]

Bismarck, der eine solche Politik nach wie vor ablehnte, war statt dessen bemüht, die Dynamik der nationalistischen Kräfte einzudämmen und die Krise mit diplomatischen Mitteln zu entschärfen. Dies gelang ihm zwar noch einmal. Doch wurde dabei deutlich, daß sich der Spielraum der deutschen Außenpolitik seit den siebziger Jahren verengt und die europäische Mächtekonstellation zuungunsten des Reiches verändert hatte. Dem mußte der Kanzler Rechnung tragen, als er daranging, das lädierte Bündnissystem wieder zusammenzuflicken. 1887 ließ sich der Dreibund erneuern, freilich nur um den Preis, daß den imperialistischen Ambitionen Italiens in Nordafrika und auf dem Balkan mehr Raum zugestanden wurde. Auch das Mittelmeerabkommen zwischen Italien und Großbritannien, dem sich Österreich-Ungarn anschloß, sowie der Orientdreibund, der aus ihm hervorging, machten offensiver gegen die russische Expansion auf dem Balkan Front. Durch diese Verträge, beide 1887 unterzeichnet, wurde Deutschland, ohne sich direkt auf dem Balkan zu engagieren, stiller Teilhaber einer antirussischen Koalition. Im selben Jahr schlossen das Kaiserreich und Rußland anstelle des Dreikaiserabkommens den Rückversicherungsvertrag. Brisant an ihm war ein »ganz geheimes« Zusatzprotokoll, das Rußland deutsche Unterstützung für seine Balkan- und Meerengenpolitik zusagte. Das stand in Widerspruch zu den anderen Verpflichtungen, die das Reich übernommen hatte. Nicht nur darum wird der Rückversicherungsvertrag kontrovers beurteilt. Gilt er den einen als diplomatische Meisterleistung des Kanzlers, als Schluß- und Eckstein seines ganzen Bündnissystems, sehen andere in ihm ein höchst problematisches Aushilfsmittel. Beurteilen läßt sich der Vertrag wohl nur im Gesamtzusammenhang Bismarckscher Politik. Hier mochte er dafür sorgen, daß Rußland sich stärker auf dem Balkan engagierte, dort auf den Widerstand von Mittelmeer- wie Orientdreibund stieß und diese dadurch stabilisierte. Zugleich hinderte der Rückversicherungsvertrag das Zarenreich einstweilen daran, ein Bündnis mit Frankreich einzugehen, auch wenn die deutsch-russischen Gegensätze weiter eskalierten, etwa durch das Verbot, russische Staatspapiere zu beleihen. So war der Rückversicherungsvertrag Teil eines jetzt noch komplizierteren und artifizielleren, vor allem auch anfälligeren Systems der Friedenssicherung, das deshalb immer problematischer wurde, weil es nicht mehr vorhandene Gegensätze zwischen den Mächten austarierte, sondern die Spannungen zwischen diesen zuerst schürte, um sie dann zum Nutzen des Reiches einzuhegen.[50]

War es Bismarck mit viel Mühe noch einmal gelungen, die außenpolitische Situation des Kaiserreiches zu stabilisieren, hatte er eine auf längere Sicht tragfähige Lösung nicht gefunden. Doch wie hätte diese aussehen können? Die eine Möglichkeit, ein festes Bündnis mit dem Zarenreich, schied praktisch aus, da sie in Rußland wie in Deutschland nicht durchzusetzen und obendrein nur um den Preis zu haben gewesen wäre, der russischen Balkanpolitik Österreichs Großmachtstellung zu opfern. Die andere Möglichkeit, ein Bündnis mit England, sondierte Bismarck im Jahre 1889. Ob er dieses wirklich gewollt hat, ist nicht sicher. Denn dafür hätte das Reich seine Politik der »freien Hand« aufgeben müssen, und dazu war der Kanzler wohl nicht bereit. Vor allem aber lief eine festere Bindung an das Kaiserreich den Interessen Großbritanniens zuwider, auch weiten Teilen seiner öffentlichen Meinung, und anders als das Reich hatte England ein solches Bündnis weniger nötig. So kam es in den späten achtziger Jahren zu keiner Um- oder Neuorientierung der deutschen Außenpolitik. Sie blieb vielmehr jenen Grundsätzen der Gleichgewichtspolitik und der »freien Hand« verhaftet, auf die Bismarck sie 1875 ausgerichtet hatte. Daß der Kanzler zu immer problematischeren Aushilfen greifen mußte, um sie fortzuführen, zeigte, daß seine Politik ohne Zukunft war. Dies hatte sie mit der Innenpolitik in der späten Bismarckzeit gemeinsam.[51]

## 5. Die Auflösung des »Systems Bismarck«

Mit der »Konservativen Wende« am Ende der siebziger Jahre hatte Bismarck zwei Ziele verfolgt: Er wollte zunächst die weitere politische Liberalisierung des Kaiserreiches blockieren, dann aber auch, was nicht dasselbe war, dessen künftige Entwicklung in konservative Bahnen lenken. Erreichte der Kanzler das erste Ziel, scheiterte er weitgehend mit dem zweiten. Denn für eine konservative Innenpolitik gab es zumindest auf Reichsebene keine dauerhafte Mehrheit im Parlament. Mochte die Regierung im Rahmen ihrer gewachsenen Handlungsmöglichkeiten auch versuchen, einen anderen politischen Kurs zu steuern; spätestens dann, wenn die Mitwirkung des Reichstages erforderlich wurde, stieß sie auf Widerstand. Eine Zusammenarbeit von Regierung und Parlament, die über Zufallsmehrheiten hinausging, blieb darum jenseits aller Sachfragen das wichtigste Ziel Bismarckscher Politik in den achtziger Jahren. Daß es dem Kanzler nicht gelang, dieses zu erreichen, zeigt die schleichende Auflösung des »Systems Bismarck«. Sie vollzog sich, weder gradlinig noch zwangsläufig, in drei Schritten.[52]

Die erste Phase in den frühen achtziger Jahren war durch eine oft scharfe Konfrontation zwischen Regierung und Reichstag gekennzeichnet. Sie erwuchs aus der Diskrepanz zwischen der Machtstellung des Kanzlers auf der einen und dem Fehlen einer Kanzler-Mehrheit im Parlament auf der anderen Seite. Hatte die »Konservative Wende«, vor allem in Verbindung mit den personellen Umbesetzungen und Ämterhäufungen, die ihr folgten, die Position Bismarcks weiter gestärkt, erwies sich die Parteienkonstellation, welche der Finanz- und Zollvorlage im Reichstag zur Mehrheit verholfen hatte, als nicht tragfähig. Das lag vor allem am Zentrum. Solange der Kulturkampf nicht beigelegt war, steuerte die Fraktion unter Windthorsts Führung einen »konstitutionellen Kurs« (Margaret L. Anderson), der die Parlamentsrechte wahrte und der Regierung eine Zusammenarbeit verweigerte. Deren prekäre Stellung trat bei verschiedenen Gesetzesvorlagen in den frühen achtziger Jahren zutage. Zwar verabschiedete der Reichstag im Herbst 1880 ein neues Septennat, das eine Aufrüstung des Heeres um 26000 Mann vorsah, und verlängerte auch das »Sozialistengesetz«. Andere Projekte dagegen scheiterten: das staatliche Tabakmonopol etwa, das die Reichsfinanzreform von 1879 fortführen und die indirekten Reichssteuern weiter zugunsten der direkten Abgaben in den Einzelstaaten ausbauen sollte; aber auch ein Unfallversicherungsgesetz, das erstmals eine staatliche Lösung der Sozialen Frage in Angriff nahm. Mit den Reichstagswahlen vom Herbst 1881 wuchsen die Probleme. Viele Wähler brachten ihre Unzufriedenheit über die Wirtschafts- und Finanzpolitik der Regierung zum Ausdruck. So verloren die Deutsch- und Freikonservativen 38 Mandate, die Nationalliberalen sogar 52. Zentrum und Sozialdemokratie konnten dagegen einen bzw. drei Sitze, Liberale Vereinigung und Fortschrittspartei, die eigentlichen Wahlsieger, 80 Mandate hinzugewinnen. Von einer sicheren Mehrheit war die Regierung seither weiter entfernt denn je. Gewiß fehlte es der Opposition an Geschlossenheit, und auf eine gemeinsame Linie konnte sie sich kaum verständigen, so daß Bismarck bei entsprechenden Zugeständnissen an einzelne Parteien in Sachfragen immer wieder wechselnde Mehrheiten fand. Doch war seine Position, auch unter der Perspektive eines möglichen Thronwechsels, alles andere als zufriedenstellend.[53]

Je weniger die Reichstagsmehrheit dem Kanzler zu folgen bereit war, desto schärfer machte dieser Front gegen das Parlament. Einerseits suchte Bismarck das Gewicht des Reichstages im politischen Entscheidungsprozeß zugunsten der Regierung zu verringern. Diesem Ziel dienten Gesetzentwürfe, die zwei- statt einjährige Budgetperioden vorsahen, sowie Anwürfe gegen Abgeordnete, die ihre Stellung in der Öffentlichkeit erschüttern sollten. In diesen Zusammenhang gehörten aber auch Pläne, die Parteien durch wirtschaftliche Interessenorganisationen zu entmachten und den Reichstag durch »Neben- oder Gegenparlamente« (Ludwig Bamberger) zu schwächen. Eine solche Aufgabe war sowohl dem Preußischen Volkswirtschaftsrat zugedacht als auch seinem Gegenstück, dem Deutschen Volkswirtschaftsrat, der am Widerstand des Reichstages scheiterte. Die Berufsgenossenschaften der Unfallversicherung und die Wiederbelebung des preußischen Staatsrates müssen ebenfalls vor diesem Hintergrund gesehen werden. Andererseits drohte der Kanzler immer wieder damit, das Reichstagswahlrecht zu ändern oder gar das Deutsche Reich aufzulösen. Daß Bismarck, in welcher Form auch immer, einen solchen Umsturz der Verfassung tatsächlich geplant hat, ist eher unwahrscheinlich. Doch mochte allein schon die Drohung mit dem Staatsstreich Wirkung zeigen: Unsicherheit schaffen, den politischen Gegenspieler zu Entgegenkommen drängen, die Macht des Reichstages eindämmen. Erfolg hatte Bismarck mit keinem seiner antiparlamentarischen Vorstöße. Sie vergifteten lediglich die Atmosphäre, verhärteten die Gegensätze zwischen Reichstagsopposition und Regierung und verstärkten nicht zuletzt den Eindruck, daß es dem Kanzler an tragfähigen politischen Konzepten für die Zukunft mangelte.[54]

Die innenpolitische Situation der frühen achtziger Jahre, geprägt durch eine Konfrontation zwischen Regierung und Reichstag, kam seit 1884, in einer zweiten Phase, allmählich in Fluß, da sich das Parteiensystem zu verändern begann, der Kulturkampf beigelegt wurde und eine Koalition auf der Rechten entstand. Eingeleitet wurden die Veränderungen im Parteiensystem durch die Nationalliberalen. Nachdem sich der linke Flügel abgespalten hatte, das Gewicht der Parteimitte schon vor, besonders aber nach dem Rücktritt Bennigsens vom Parteivorsitz im Jahre 1883 zurückgegangen war und der Einfluß jener Regionen in der Partei zugenommen hatte, die für Schutzzölle eintraten und die Interessen der Landwirtschaft stärker berücksichtigt wissen wollten, schwenkte die Partei deutlich nach rechts, bemüht, wieder Anschluß an die Regierung Bismarck zu finden. Mit der Heidelberger Erklärung vom März 1884, die auf eine Initiative südwestdeutscher Mitglieder zurückging und von Johannes Miquel durchgesetzt wurde, stellten sich die Nationalliberalen in allen wesentlichen Fragen hinter den Reichskanzler und seine Politik. Zugleich erteilten sie dem Plan, eine große gesamtliberale Partei zu schaffen, eine klare Absage. Die Liberale Vereinigung, die sich als Mittlerin zwischen Links- und Rechtsliberalismus verstand und darauf hinarbeitete, alle liberalen Parteien zusammenzuführen, sah diesen Weg nun verbaut. Nach dem Tod Laskers stellte sie ihre Bedenken gegen die straffe Parteiorganisation, den autoritären Führungsstil Eugen Richters sowie seinen radikalen Oppositionskurs zurück und fusionierte im März 1884 mit der Deutschen Fortschrittspartei zur Deutsch-Freisinnigen Partei.[55]

Neben den Veränderungen im Parteiensystem wirkte sich das Abflauen des Kulturkampfes nachhaltig auf die Innenpolitik aus. Bismarck bemühte sich seit den siebziger Jahren, diesen Konflikt beizulegen. Weil er die Autorität des Staates nicht durch ein allzu offenkundiges Nachgeben gefährden wollte, folgte der Kanzler dabei einer Doppelstrategie. Auf der einen Seite entschärften die drei »Milderungsgesetze« von 1880, 1882 und 1883 die Kulturkampfpraxis und signalisierten Entgegenkommen. Auf der anderen Seite versuchte die Regierung, in Verhandlungen mit dem Heiligen Stuhl, also bewußt unter Umgehung des Zentrums, den Konflikt zu beenden. Das führte zu scharfen Auseinandersetzungen zwischen Vatikan und Zentrumspartei. Zwar konnte sich das Zentrum dem Drängen Papst Leos XIII., eine insgesamt regierungsfreundlichere Politik zu verfolgen, erfolgreich widersetzen. Es sah sich aber außerstande, einen eigenen kirchenpolitischen Kurs, wenn nötig auch gegen den Heiligen Stuhl zu steuern. Deshalb blieb der Partei keine andere Wahl, als den »Friedensgesetzen« von 1886 und 1887 zuzustimmen, auf die sich Bismarck und der Papst verständigt hatten. Sie legten den Kulturkampf auf der Grundlage eines Kompromisses bei. Dieser schrieb einerseits die Zivilehe und staatliche Schulaufsicht fest, hob andererseits die Kampfgesetze bis auf den »Kanzelparagraphen« und das Jesuitengesetz auf. So waren durch den Kulturkampf im Ergebnis weitere Lebensbereiche verweltlicht und der Einfluß des Staates ausgedehnt, zugleich aber auch Kirche und Katholizismus gestärkt worden, weil sie gegen diese Entwicklungen opponiert und ihnen erfolgreich Grenzen gesetzt hatten.[56]

Die Bewegung in der Innenpolitik der mittachtziger Jahre wollte Bismarck nutzen, um seinem Ziel einer tragfähigen parlamentarischen Mehrheit im Reich näherzukommen. Nach wie vor schwebte ihm eine Koalition aus Frei- und Deutschkonservativen sowie Nationalliberalen vor. Die Reichstagswahlen von 1884 hatten mit deutlichen Gewinnen für die Deutschkonservativen und leichten für die Nationalliberalen sowie klaren Verlusten für die Freisinnige Partei eine solche Rechts-Koalition in greifbarere Nähe gerückt, und der Kanzler bemühte sich, die Chancen dafür weiter zu verbessern. Daß Konservative und Nationalliberale über nationale Fragen zusammenfinden konnten, zeigte die Germanisierungspolitik in den östlichen Provinzen Preußens. Schon die Ausweisung von Polen ohne preußische Staatsangehörigkeit im Herbst 1885 fand gegen den Widerstand der anderen Parteien ihre Billigung. Auch das Ansiedlungsgesetz von 1886, das einer Ansiedlungskommission 100 Mio. Mark zum Erwerb polnischer Güter in Posen und Westpreußen zur Verfügung stellte, wurde im preußischen Abgeordnetenhaus von Konservativen und Nationalliberalen gemeinsam durchgesetzt. Um die erwünschte Koalition auf den Weg zu bringen, bedurfte es jedoch wirksamerer Mittel. So spielte Bismarck Ende 1886 die außenpolitische Doppelkrise hoch und verlangte in dieser Situation vom Reichstag, die Friedenspräsenzstärke des Heeres um rund zehn Prozent auf 468 000 Mann zu erhöhen. Für Freisinn und Zentrum war die Militärvorlage nicht wegen ihres Umfangs, sondern wegen des erneut geforderten Septennats unannehmbar. Da der Kanzler einen Kompromiß ablehnte, mußte die Auseinandersetzung auf die von ihm gewünschte Parlamentsauflösung und vorzeitige Neuwahlen hinauslaufen. Im Wahlkampf, der zu einer scharfen Polarisierung führte, ließen sich Linksliberale, Zentrum und Sozialdemokratie als militärfeindlich und national unzuverlässig vorführen. Außerdem schlossen Konservative und Nationalliberale ein Wahlbündnis, das »Kartell«. Es sah gemeinsame Kandidaten in den Wahlkreisen und Absprachen für die Stichwahlen vor. So gewannen bei den Reichstagswahlen vom Februar/März 1887, die im Zeichen der Furcht vor einem Krieg mit Frankreich standen, die Deutschkonservativen zwei, die Freikonservativen 13 und die Nationalliberalen sogar 48 Mandate hinzu, vor allem auf Kosten von Linksliberalen und Sozialdemokraten. Mit 220 von 397 Abgeordneten verfügte das »Kartell« im neuen Reichstag über eine klare absolute Mehrheit.[57]

Für die dritte Phase seit 1887 wurde entscheidend, daß sich Bismarck nach Jahren konfliktreicher Beziehungen zum Parlament zwar wieder eine solide Mehrheit in Form des »Kartells« verschafft, zugleich aber so stark mit ihr identifiziert hatte, daß sein weiteres politisches Schicksal von Erfolg oder Mißerfolg dieser Koalition abhing. Zunächst ließ sich die Zusammenarbeit zwischen Regierung und Parlamentsmehrheit gut an. 1887 verabschiedete der Reichstag nicht nur die Militärvorlage samt Septennat und stimmte ein Jahr später mit dem Landwehrgesetz einer weiteren Verstärkung des Heeres zu. Er bewilligte auch mit dem Zucker- und dem agrarfreundlichen Branntweinsteuergesetz die dazu erforderlichen Einnahmen. Außerdem verständigten sich die »Kartell«-Parteien darauf, die Legislaturperiode von drei auf fünf Jahre sowie das »Sozialistengesetz« bis 1890 zu verlängern. Damit hatte das »Kartell« die Grenzen seiner Handlungsfähigkeit erreicht, und die wachsenden Spannungen innerhalb der Rechts-Koalition wurden zu einer immer größeren Belastung für die Regierung Bismarck. Erste Risse hatten sich schon beim zweiten »Friedensgesetz« gezeigt, das den Kulturkampf in Preußen beilegen sollte, dem sich aber die Mehrheit der Nationalliberalen verweigerte. Weitere Interessenunterschiede traten hervor, als die Regierung wegen sinkender Weltmarktpreise die Getreidezölle noch einmal, wie bereits 1885 geschehen, heraufsetzen und damit gegenüber 1879 verfünffachen wollte. Da große Teile der Nationalliberalen Fraktion die Tarifnovelle ablehnten, bedurfte es wieder einmal der Stimmen des Zentrums, um sie 1887 durch den Reichstag zu bringen. Danach wurde die Zusammenarbeit im »Kartell« immer schwieriger. Bei den Deutschkonservativen ließ sich vor allem die

»Kreuzzeitungsgruppe« nur mit Mühe in der Koalition halten. Ihr schwebte eine »konservative Volkspartei« vor, die durch einen antiliberalen und antikapitalistischen, antisemitischen und christlich-sozialreformerischen Kurs breitere Bevölkerungskreise ansprach, insbesondere protestantische Arbeiter und Angehörige des Mittelstandes. Dies legte es nahe, mit dem Zentrum zusammenzuarbeiten. Auch unter den Nationalliberalen nahm die Zahl derer zu, die das »Kartell« in Frage stellten. Sie zweifelten zunehmend am Sinn der Repressionspolitik gegenüber den Sozialdemokraten, kritisierten die Kolonialpolitik der Regierung und hegten weiterhin Vorbehalte gegenüber der staatlichen Sozialpolitik, so daß das Alters- und Invaliditätsversicherungsgesetz 1889 nur mit Hilfe des Zentrums zustande kam.[58]

Wie wenig tragfähig das »Kartell« war und wie stark seine Erosion zur Auflösung des »Systems Bismarck« beitrug, zeigte sich, als der Rückhalt des Reichskanzlers beim Kaiser nach dem »Dreikaiserjahr« 1888 immer mehr schwand. Das war keine Folge des Thronwechsels von Wilhelm I. zu Friedrich III. Denn dieser konnte keine politische Umorientierung in Richtung auf ein liberales Ministerium bringen, wie das die einen seit langem erhofft, die anderen ebenso lange befürchtet hatten. Selbst wenn der neue Kaiser einen solchen Kurswechsel nach Jahren eines zunehmend resignativen Wartens auf den Thron noch gewollt und ihn auch hätte durchsetzen können, regierte er doch mit 99 Tagen viel zu kurz, um eine derartige Weichenstellung vorzunehmen. Um so nachhaltiger wirkte sich dafür der zweite Thronwechsel zu Wilhelm II. aus, führte er doch bald zu wachsenden Konflikten zwischen Kaiser und Kanzler. Dabei spielte sicher der Generationenunterschied zwischen dem 29jährigen Wilhelm und dem 73jährigen Bismarck eine Rolle, und manche anderen Differenzen, etwa solche des politischen Stils, traten hinzu. Im Kern ging es bei den Auseinandersetzungen aber darum, wie die künftige Politik des Reiches aussehen und wer diese formulieren sollte. Wilhelm setzte auf eine politische Neuorientierung, so unklar deren Richtung auch sein mochte, und weigerte sich, dem Reichskanzler einen ähnlich weiten Handlungsspielraum zuzugestehen, wie das sein Großvater getan hatte. Bestärkt wurde er darin von einer kleinen Gruppe Vertrauter um Philipp Graf zu Eulenburg, Friedrich von Holstein und Adolf Freiherr Marschall von Bieberstein. Über diesen Kreis hinaus fanden seine Vorstellungen bei allen jenen Unterstützung, die Bismarcks Wirken immer kritischer beurteilten: seine autoritäre Kanzlerherrschaft und seinen Kampf gegen den Reichstag, die Stagnation der Regierungsgeschäfte bei seiner häufigen Abwesenheit von Berlin sowie nicht zuletzt seinen wachsenden Immobilismus in der Innenpolitik.[59]

Der Machtkonflikt zwischen Bismarck und Wilhelm wurde, da die Stellung von Kaiser und Kanzler eine direkte Konfrontation verbot, auf dem Feld der Arbeiterfrage ausgetragen. Gerade hier gab es tiefe Meinungsunterschiede. Wilhelm und mit ihm ein wachsender Teil der öffentlichen Meinung waren der Ansicht, daß sich die Repressionspolitik des Kanzlers überlebt habe und an die Stelle bloßer Unterdrückung der sozialdemokratischen Arbeiterbewegung ein vorsichtiges Entgegenkommen treten müsse. Gegenüber diesem »Neuen Kurs«, der sich in den ausgehenden achtziger Jahren abzuzeichnen begann, setzte Bismarck noch einmal auf Repression und Konfrontation, wollte die Revolutionsfurcht im Bürgertum entfachen. Diese unterschiedlichen Strategien traten 1889 sowohl beim großen Bergarbeiterstreik als auch bei der Verlängerung des »Sozialistengesetzes« deutlich hervor. Der Kaiser wollte den Streik durch eigene Vermittlung möglichst rasch beilegen und drängte, durch seinen erfolgreichen Vorstoß ermutigt, auf eine sozialpolitische Initiative der Regierung insbesondere beim Arbeiterschutz. Bismarck dagegen lehnte staatliche Eingriffe in die Arbeitsbeziehungen nach wie vor ab, setzte auch nicht auf eine Politik der Aussöhnung mit der Arbeiterschaft, sondern wollte die bisherige Repressionspolitik fortgeführt, ja, weiter verschärft wissen. Diesem Ziel diente der Entwurf eines unbefristeten »Sozialistengesetzes«, den der Kanzler im Oktober 1889 dem Reichstag vorlegte. Stimmte dieser zu, mag Bismarck kalkuliert haben, war der Ausgleichspolitik des Kaisers der Boden entzogen. Lehnte das Parlament ab, mußte das »Kartell« über dem Streit um das »Sozialistengesetz« zerbrechen und eine schwere innenpolitische Krise folgen, die nur ein erfahrener Politiker durchstehen konnte. In beiden Fällen mochte es Bismarck gelingen, den jungen Kaiser fest an seine Politik und Person zu binden.[60]

Doch die Rechnung des Kanzlers ging nicht auf. Zwar spitzte sich Anfang 1890 die innenpolitische Situation dramatisch zu, als das Parlament den »Sozialistengesetzentwurf« ablehnte, darüber die Rechts-Koalition zerbrach und die »Kartell«-Parteien bei den

Reichstagswahlen im Februar 1890 herbe Verluste hinnehmen mußten, während das Zentrum, die Linksliberalen und vor allem die Sozialdemokraten beträchtliche Gewinne für sich verbuchten. Bismarck konnte die Wahlniederlage des »Kartells« und den Verlust der parlamentarischen Mehrheit indessen nicht nutzen, um seine Machtstellung zu behaupten, da zugleich die Auseinandersetzungen innerhalb der Regierung und vor allem der Machtkonflikt zwischen Kaiser und Kanzler eskalierten. Wieder entzündeten sich die Gegensätze an der Sozialen Frage, daran, ob die Regierung, wie Wilhelm II. forderte und mit den Februarerlassen auch durchsetzte, den Arbeiterschutz ausbauen oder, worauf Bismarck bestand, einen schärferen Konfrontationskurs steuern sollte, der zu einem Kampf gegen den Reichstag führen mußte. Andere Konflikte kamen hinzu: außenpolitische, bei denen es um die Beziehung zu Rußland ging; parteipolitische, die sich um die Frage drehten, ob die Regierung mit dem Zentrum anstelle der »Kartell«-Parteien kooperieren sollte; schließlich auch verfassungspolitische, bei denen um den unmittelbaren Zugang der Minister zum Monarchen gestritten wurde. Bei allen diesen Auseinandersetzungen, zuletzt noch über eine große Militärvorlage, manövrierte sich Bismarck immer mehr ins politische Abseits, brachte eine zunehmend breitere Koalition gegen sich auf, die neben dem Kaiser und dessen Kreis auch einige Minister sowie die Führer der ehemaligen »Kartell«-Parteien umfaßte. Was die Gegner des Kanzlers einte, war der Gedanke, daß Bismarck abgewirtschaftet habe, seine Politik ohne jede Zukunft sei, allein dem eigenen Machterhalt diene.[61]

Mit der Entlassung des Reichskanzlers im März 1890 endete auch das »System Bismarck«. Die Frage, worauf die einzigartige Machtstellung des Kanzlers beruht hat, wird nach wie vor unterschiedlich beantwortet. Zeitweilig wurde versucht, das Herrschaftssystem des Kaiserreichs in der Bismarckzeit mit Hilfe der Bonapartismustheorie zu analysieren, die auf Karl Marx' Schrift *Der 18. Brumaire des Louis Bonaparte* zurückgeht. Doch verliefen die gesellschaftlichen Konfliktlinien im nachrevolutionären Frankreich Napoleons III. nicht nur anders als im deutschen Kaiserreich; der Reichskanzler hing auch vom Vertrauen eines Monarchen eigenen Rechts ab. So läßt sich allenfalls argumentieren, Bismarck habe eine bonapartistische Herrschaftstechnik angewandt, nicht aber seine Herrschaft als bonapartistische Diktatur interpretieren. Ob statt der Bonapartismustheorie Max Webers Idealtyp der »charismatischen Herrschaft« besser geeignet ist, die herausgehobene Position des Kanzlers zu erklären, wird sich erweisen müssen. Es bleibt, jenseits der persönlichen Voraussetzungen, die Frage nach den strukturellen Bedingungen Bismarckscher Machtstellung. Diese wird man wohl im labilen Gleichgewicht zwischen aufsteigendem Bürgertum und traditionellen Führungsschichten unter den besonderen Bedingungen des frühen Kaiserreiches suchen müssen. Wer es wie Bismarck in dieser Situation verstand, Interessen des Bürgertums zu verwirklichen und zugleich die Position der alten Eliten zu stabilisieren, sich selbst also als eine Art Vermittler und die eigene Politik als eine solche des Kompromisses zu präsentieren, konnte beträchtliche Macht in seiner Hand konzentrieren. Mit dieser Stellung »zwischen den Fronten« (Lothar Gall) stand und fiel das »System Bismarck«. Solange der Kanzler die gesellschaftlichen Kräfte in der Balance hielt, konnte er seine außerordentlich starke Stellung im Herrschaftssystem des frühen Kaiserreiches behaupten. Die fortschreitende Industrialisierung, der sie begleitende soziale Wandel sowie die Mobilisierung wachsender Teile der Bevölkerung entzogen einer solchen Politik jedoch den Boden.[62]

# III. Industrielle Dynamik und gesellschaftliche Bewegung

In den beiden Jahrzehnten um 1900 veränderten sich Wirtschaft und Gesellschaft stärker und schneller als in den siebziger und achtziger Jahren. War das Kaiserreich bei seiner Gründung und auch danach noch tief in der Welt des 19. Jahrhunderts verwurzelt gewesen, hatten die traditionalen gegenüber den modernen Strukturen noch das Übergewicht besessen, beschleunigten sich jetzt jene Wandlungsprozesse, die Deutschland in die Moderne führten. So tat das Reich nicht nur einen entscheidenden Schritt auf dem Weg zur Industriewirtschaft, es wurden auch die Probleme einer Industriegesellschaft erkennbar; zugleich wandelten sich die Familienstrukturen sowie die Geschlechter- und Generationenbeziehungen. Das war verbunden mit einer Fundamentalpolitisierung, welche die Bedingungen, unter denen im Kaiserreich Politik getrieben wurde, gründlich veränderte.

## 1. Durchbruch der Industriewirtschaft

Im Jahrzehnt zwischen 1885 und 1895 produzierte der sekundäre Sektor dem Wert nach erstmals mehr als der primäre, und um 1900 überflügelte er diesen auch bei den Beschäftigtenzahlen. Solche Daten bieten, weil sie die Unterschiede innerhalb der einzelnen Sektoren ebenso ausblenden wie die regionalen Verschiedenheiten, bestenfalls Anhaltspunkte dafür, in welchem Ausmaß sich langfristige ökonomische Prozesse nunmehr beschleunigten. Doch zeigt gerade die zeitgenössische Debatte über Vor- und Nachteile des »Industriestaates«, daß der Übergang von der Agrar- zur Industriewirtschaft genau, wenn auch mit einiger Verspätung wahrgenommen und nicht zuletzt an Indikatoren wie den Beschäftigtenzahlen abgelesen wurde. Der tiefgreifende Strukturwandel, der diesen Diskussionen zugrunde lag, war das Ergebnis eines raschen wirtschaftlichen Wachstums, auch wenn dieses konjunkturelle Schwankungen, regionale Disparitäten und sektorale Unterschiede aufwies.[1]

Rapides wirtschaftliches Wachstum bestimmte das ausgehende 19. und beginnende 20. Jahrhundert. Zwischen 1850 und 1913 erhöhte sich das Nettoinlandsprodukt von etwa 9,5 auf 48,5 Mrd. Mark oder im Durchschnitt um 2,6% pro Jahr. Zugleich stieg das Sozialprodukt pro Kopf von 265 auf 723 Mark. Es nahm damit, obwohl sich die Bevölkerung verdoppelte, um mehr als das Zweieinhalbfache oder im Schnitt jedes Jahr um 1,6% zu. Dabei lagen die Raten in den siebziger Jahren mit 1% zunächst unter dem langjährigen Mittel, stiegen dann in den Achtzigern und Neunzigern trotz schnellen Bevölkerungswachstums auf über 2%, fielen schließlich nach der Jahrhundertwende, weil die Bevölkerung jetzt noch rascher zunahm, wieder leicht unter den Durchschnitt. Selbst wenn das Kaiserreich mit diesen Wachstumsraten nicht an der Spitze aller europäischen Staaten lag, gab es doch nur wenige, bei denen das Sozialprodukt in diesen Jahrzehnten ähnlich rapide zunahm.[2]

Die Wirtschaft wuchs nicht gleichmäßig, sondern mit konjunkturellen Schwankungen. So folgte der schweren Krise von 1891/94 ein steiler Aufschwung, der bis 1900 und damit ungewöhnlich lange anhielt. Für hohe Wachstumsraten sorgten auf der Angebotsseite Basisinnovationen vor allem in der Chemie und Elektrotechnik. Sie konnten, da es genügend qualifizierte und vergleichsweise billige Arbeitskräfte, außerdem günstige Investitionsbedingungen gab, rasch industriell genutzt werden. Auf der Nachfrageseite stieg mit fortschreitender Urbanisierung der Bedarf an Wohnraum und Infrastruktur. Hand in Hand damit schritt die Elektrifizierung von Beleuchtung und Nahverkehr in den Städten sowie der Produktion in den Unternehmen durch den Einsatz von Elektromotoren voran. Eisenbahn- und Flottenbau stabilisierten das Wachstum, der Export verstärkte es. Eine optimistische Grundstimmung löste die pessimistische der siebziger und achtziger Jahre ab. Diese »Prosperitätskonstellation« (Margit Grabas) prägte die wirtschaftliche Entwicklung bis zum Krieg. Ihr langfristiger Trend wurde von zwei Wachstumskrisen unterbrochen, einer schärferen in den Jahren 1900/01 und einer schwächeren 1907/08. 1913 mündete er in eine dritte Krise, deren Charakter und Verlauf wegen des Kriegsausbruches schwer zu bestimmen sind. Sowohl der seit 1907/08 stagnierende Städtebau als auch die Anpassungsprobleme, welche die Elektrifizierung vieler Betriebe aufwarf, deuten jedoch darauf hin, daß die Wachstumsdynamik bereits vor dem Krieg nachzulassen begann.[3]

Außer den konjunkturellen Schwankungen wies das wirtschaftliche Wachstum erhebliche regionale Unterschiede auf. Sie lassen sich, da die Höhe und Entwicklung des Sozialproduktes in den verschiedenen Regionen kaum meßbar sind, nur anhand einiger Indikatoren erschließen. Geht man von der Erwerbsstruktur aus, nahmen die Abstände zwischen den Regionen in den beiden Jahrzehnten um 1900 zu, prägte sich das doppelte Gefälle innerhalb des Kaiserreiches, von Westen nach Osten und von Norden nach Süden, schärfer aus. Ungleicher verteilten sich die Beschäftigten sowohl in der Landwirtschaft als auch im sekundären Sektor, nicht jedoch im Dienstleistungsbereich. Waren regionale Konzentration der Wachstumsindustrien, Standortgebundenheit der gewerblichen Produktion sowie Unterschiede in der Massenkaufkraft in erster Linie für die regionalen Ungleichheiten verantwortlich, verstärkten sich diese aus zwei Gründen: einmal infolge wachsender Spezialisierung einzelner Regionen auf bestimmte Industriezweige; dann und vor allem aber, weil jene Gebiete im Süden und Osten des Reiches stagnierten, die besonders stark agrarisch geprägt waren.[4]

Neben konjunkturelle und regionale traten sektorale Wachstumsunterschiede. Alle drei Wirtschaftssektoren wuchsen, aber nicht gleich schnell. So nahm die Beschäftigtenzahl in Gewerbe und Industrie zwischen 1850 und 1913 im Schnitt pro Jahr um 1,9% zu, bei Bergbau und Salinen um 3,2%; die Arbeitsproduktivität stieg um 1,8 bzw. 2,0%, und der jeweilige Beitrag zum Nettoinlandsprodukt erhöhte sich um 3,8 bzw. 5,1%. Ähnliche, zum Teil sogar höhere Raten wies der Dienstleistungsbereich auf. Bei Handel und Banken, Versicherungen und Gaststätten wuchs die Zahl der beschäftigten Personen um 2,6% und beim Verkehr um 3,3%, die Arbeitsproduktivität um 0,6 bzw. 2,9% sowie der Beitrag zum Nettoinlandsprodukt um 3,2 bzw. 6,4%. Expandierten sekundärer und tertiärer Sektor damit schneller als die Volkswirtschaft insgesamt – hier lagen die entsprechenden Werte bei 1,2%, 1,8% und 2,6% –, entwickelte sich der Agrarbereich langsamer. In der Land- und Forstwirtschaft sowie der Fischerei stieg die Beschäftigtenzahl lediglich um 0,4%, die Arbeitsproduktivität um 1,2% und der Beitrag zum Nettoinlandsprodukt um 1,6% pro Jahr.[5]

Der sekundäre Sektor beeinflußte mehr denn je das wirtschaftliche Wachstum. Charakteristisch für seine Entwicklung in der

Hochindustrialisierung, jener Epoche also, die der Industriellen Revolution folgte, waren erstens starke Unterschiede zwischen Heimgewerbe, Handwerk und Industrie. Das Heimgewerbe verlor weiter an Boden. Aber es verschwand nicht, hielt sich vielmehr in Teilen der Textil-, aber auch in der Spielwaren-, Musikinstrumenten- und Uhrenherstellung, expandierte sogar in der Tabak- und Zigarrenfabrikation sowie nicht zuletzt in den »neuen«, städtischen Hausindustrien, vor allem dem Konfektions- und Reinigungsgewerbe. Weniger stark als die Hausindustrie dürfte das Handwerk hinter der gesamtwirtschaftlichen Entwicklung zurückgeblieben sein. Es scheint sich, soweit möglich, den geänderten Verhältnissen angepaßt zu haben. Doch gab es große Unterschiede zwischen Stadt- und Landhandwerk, den verschiedenen Handwerken, ja, selbst innerhalb der einzelnen Handwerkszweige, zumal nach der Betriebsgröße. So erlagen einige Handwerke ganz der maschinell-fabrikmäßig produzierenden Konkurrenz und den veränderten Marktverhältnissen. Viele behaupteten sich mit Mühe, oft in hausindustrieller Abhängigkeit. Manche dagegen expandierten, unter ihnen Nahrungsmittelhandwerk oder Baugewerbe, da sich ihnen mit fortschreitender Urbanisierung und Arbeitsteilung neue Erwerbschancen boten.[6]

War das Handwerk stark differenziert, galt das für die Industrie nicht minder. Nicht nur die Grenze zwischen ihr und dem Gewerbe war fließend, sondern zahlreiche industrielle Branchen, zum Beispiel die Bekleidungs-, Nahrungs- und Genußmittel- oder Textilindustrie, blieben erheblich hinter dem Durchschnitt aller Branchen zurück, während chemische Industrie, Metallverarbeitung mit Maschinenbau und Elektrotechnik, Papierindustrie sowie Gas-, Wasser- und Elektrizitätsversorgung, nicht zuletzt auch das Baugewerbe überdurchschnittlich wuchsen. Im großen und ganzen entwickelten sich jene Branchen, die dem Konsumgüterbereich zuzurechnen sind, langsamer als solche, die zu den Grundstoff- und Investitionsgüterindustrien zählten. In dieser Industriegruppe verlagerte sich die Dynamik von den »alten« auf die »neuen« Wachstumsindustrien. Bergbau sowie Eisen- und Stahlindustrie, die zusammen mit dem Eisenbahnbau den »Führungssektorkomplex« der Industriellen Revolution gebildet hatten, blieben zwar Motoren des Wachstums. So verzehnfachte sich zwischen 1875 und 1913 die Steinkohlenproduktion allein des Ruhrgebietes, das seinen Abstand zu den anderen Revieren, Oberschlesien und der Saar, ausbaute. Technologische Innovationen, insbesondere das Thomas-Verfahren, mit dem die Verhüttung phosphorhaltiger lothringischer Erze möglich wurde, sowie der Übergang vom Eisen zum Stahl ließen die Roheisenproduktion um das Zehn-, die Stahlerzeugung sogar um das Fünfundzwanzigfache steigen.[7]

Doch standen in der Hochindustrialisierung nicht mehr die Montanindustrien an der Spitze der Entwicklung, sondern die »neuen« Wachstumsbranchen Maschinenbau, Chemie und Elektrotechnik. Der Maschinenbau, an der Nahtstelle zwischen Investitions- und Konsumgüterindustrien angesiedelt, innovativ und deshalb wichtig für den technischen Fortschritt, bildete eine heterogene Branche. Die Betriebe verteilten sich über das ganze Reich mit Schwerpunkten im Großraum Berlin sowie in Sachsen. Es gab viele kleine und eine Reihe großer Unternehmen, solche mit stark spezialisierter, andere mit breiter Produktionspalette. Die chemische Industrie errang um die Jahrhundertwende Weltgeltung bei der Produktion von Schwerchemikalien wie Schwefelsäure, Soda und Chlor, vor allem aber bei der Herstellung von Teerfarben sowie der Arzneimittelfertigung, auf Gebieten mithin, wo sich wissenschaftliche Forschung und industrielle Produktion eng verbanden. Technische Innovationen lagen auch dem Aufstieg der Elektroindustrie zugrunde. Das galt insbesondere für die Erfindung des elektrodynamischen Prinzips, also der Umwandlung mechanischer in elektrische Energie, die sich leicht über weite Strecken transportieren ließ und so überall zur Verfügung stand. Industriell genutzt wurde diese Erfindung seit den siebziger Jahren. Vor allem die Starkstromtechnik, die Beleuchtung und Antrieb ermöglichte, aber auch zum Bau von Elektrizitätswerken und Stromleitungen führte, löste eine Gründungswelle elektrotechnischer Unternehmen aus.[8]

Wachstumsdynamik und volkswirtschaftliche Bedeutung der Branchen waren jedoch zweierlei. Legt man die Beschäftigtenzahlen zugrunde, arbeiteten 1911/13 von den rund 11,6 Mio. (1875: 5,5 Mio.) in Bergbau, Industrie und Handwerk Tätigen inzwischen 15,7% (11,1%) in der Metallverarbeitung, die damit zur größten Branche aufgestiegen war. Der Bergbau beschäftigte 7,4% (5,3%), die Metallerzeugung 3,7% (2,7%) und die chemische Industrie 2,3% (1,2%). Nach wie vor entfielen jedoch 13,3% (19,8%) auf die Bekleidungs-, 11,8% (12,4%) auf die Nahrungs-

und Genußmittel- sowie 9,5% (17,1%) auf die Textilindustrie. Diese Branchen hatten zwar relativ an Beschäftigten verloren, nahmen aber noch immer eine wichtige Position in der Wirtschaft ein. War die Textilindustrie bereits in den neunziger Jahren von der Metallverarbeitung überflügelt worden, hatte die Bekleidungsindustrie ihre führende Position erst nach der Jahrhundertwende an diese abgeben müssen. Insgesamt arbeiteten vor dem Krieg, trotz geringerer Wachstumsdynamik, noch immer rund 5,8 Mio. Beschäftigte in den Konsum-, 3,5 Mio. dagegen in Investitionsgüterindustrien, 0,9 Mio. in der Grundstoffproduktion und 1,6 Mio. im stark wachsenden Baugewerbe.[9]

Auffällig an der industriellen Entwicklung in den Jahren um 1900 war der Aufstieg von Großbetrieben. Er schlug sich in den Gewerbezählungen nieder. Während der Anteil der »Kleinbetriebe« (1-5 Beschäftigte) bis 1907 auf 89,8% (1882: 95,9%) zurückging, stieg jener der »Mittel«- (6-50 Beschäftigte) und »Großbetriebe« (über 50 Beschäftigte) auf 8,9% (3,7%) bzw. 1,3% (0,4%), und die Zahl der »Riesenbetriebe« (über 1000 Beschäftigte) wuchs auf 506 (127). Noch klarer zeigte sich die Entwicklung bei den Beschäftigtenzahlen. Lediglich 31,2% (59,8%) aller gewerblich Tätigen arbeiteten noch in »Klein«-, 26,4% (17,4%) dagegen in »Mittel«- und 42,4% (22,8%) in »Großbetrieben«, davon 13,7% (7,2%) in »Riesenbetrieben«. Der Aufstieg technisch moderner Großbetriebe war jedoch nur die eine Seite; neben ihnen gab es weiterhin eine Vielzahl kleinerer und mittlerer, mehr oder weniger stark maschinisierter Betriebe. Je nach Branche sah das Mischungsverhältnis verschieden aus. Am stärksten setzten sich »Großbetriebe« im Bergbau sowie in der Eisen- und Stahlindustrie durch, gefolgt vom Maschinenbau, einschließlich der Elektroindustrie, von der chemischen Industrie und der Textilherstellung, am wenigsten in der Leder-, Holz-, Nahrungs- und Genußmittelindustrie sowie dem Bekleidungs- und Reinigungsgewerbe.[10]

Betriebsgröße und Rechtsform der Unternehmen hingen eng zusammen. Von den 100 größten Industrieunternehmen waren vier Fünftel schon Aktien-, keine Personalgesellschaften mehr, und in jenen Branchen, die einen hohen Anteil an »Großbetrieben« aufwiesen, dominierte diese Unternehmensform bereits. Wo Großbetriebe entstanden, veränderten sich die Unternehmensstrukturen. Kaufmännische und verwaltende Tätigkeiten wurden bürokratisiert und rationalisiert; mit dem Aufstieg der Betriebswirtschaftslehre setzte ihre Verwissenschaftlichung ein. Zugleich nahm bis hinauf in die Betriebsleitung das Gewicht des technisch-wissenschaftlichen Personals zu. Kapitalbesitzer-, Unternehmer- und Managerfunktionen traten stärker auseinander. Die Unternehmensleitungen differenzierten sich nach funktionalen Gesichtspunkten, meist in die Sparten Konstruktion, Produktion, Vertrieb, und bauten stärkere Hierarchien auf: Abteilungen mit Direktoren, darüber ein Vorstand und an seiner Spitze ein Generaldirektor. Auch Produktionsprozesse wurden rationalisiert. So breitete sich in den fortgeschrittensten Branchen die Fließende Fertigung mit austauschbaren und genormten Teilen ebenso aus wie die wissenschaftliche Erfassung und Gliederung von Arbeitsabläufen nach den Prinzipien des Taylorismus. Schließlich gewann in patriarchalischer Tradition die betriebliche Sozialpolitik an Gewicht, welche die Arbeiter an das Unternehmen zu binden und gleichzeitig gegen die Sozialdemokratie immun zu machen versuchte.[11]

Eine zunehmende Unternehmenskonzentration zeigte sich in den Jahren der Hochindustrialisierung. Der Konzentrationsprozeß lief horizontal, auf gleicher Produktionsstufe, oder vertikal ab, bezog dann vor- und nachgelagerte Produktionsstufen ein. Meist trieben ihn zusätzliche Investitionen voran, seltener, wenn auch spektakulärer, Fusionen oder Konzernbildungen. Neben diesem in- bzw. externen Wachstum erhöhten Kartelle die Konzentration. Sie organisierten, ohne die Eigentumsverhältnisse zu verändern, Märkte durch Absprachen über Preise, Verkaufsbedingungen oder Produktionsmengen und beschränkten so den Wettbewerb. Seit der Gründerkrise, in der die ersten Kartelle aufgekommen waren, stieg ihre Zahl an, begünstigt durch Rechtsprechung, Wissenschaft und Teile der öffentlichen Meinung. Doch sollten der Konzentrationsprozeß und seine Folgen nicht überzeichnet werden. Denn nur wenige Branchen waren hochgradig, die meisten blieben nicht oder nur geringfügig kartelliert. Auch dürften selbst die erfolgreichen Kartelle in der Montanindustrie wie das Rheinisch-Westfälische Kohlensyndikat, das Roheisensyndikat und der Stahlwerksverband oder Dreiverband (Hoechst, Cassella, Kalle) und Dreibund (BASF, Bayer, Agfa) in der chemischen Industrie weniger mächtig gewesen sein, als lange angenommen worden ist. Sie dämpften und modifizierten allenfalls den Wettbewerb, schalteten ihn aber nicht aus.[12]

Teile des Dienstleistungssektors, vor allem Verkehr und Nachrichtenwesen, Handel und Banken, entwickelten eine der Industrie vergleichbare Dynamik. Daß Güter und Menschen immer mobiler wurden, sich die Kommunikation zunehmend verdichtete, zeigt das schnelle Wachstum des Verkehrs- und Nachrichtenwesens. Dazu trugen neben der Binnen- und Seeschiffahrt an erster Stelle noch immer die Eisenbahnen bei, die sich seit den siebziger Jahren überwiegend in Staatsbesitz befanden. Zwar wuchs ihr Streckennetz nicht mehr ganz so rasch wie zuvor. Bei sinkenden Preisen nahmen jedoch die gefahrenen Tonnen- und Personenkilometer zwischen 1870 und 1913 um das Dreizehn- bzw. Neunfache zu. Nicht nur die Eisenbahn, sondern auch die Nachrichtentechnik ließ Entfernungen schrumpfen: wie stark, das zeigten schon die Leistungen der Post im Brief- und Paket-, Zeitungs- und Telegramm- sowie, zunehmend wichtiger, im Telefondienst, die sich zwischen Reichsgründung und Weltkrieg verzwölffachten.[13]

Der Handel, neben dem Groß- vor allem der Einzelhandel, wandelte um die Jahrhundertwende seine Gestalt. Denn Bevölkerungswachstum, Industrialisierung und Urbanisierung ließen den Konsumentenkreis wachsen, änderten das Verbraucherverhalten und vergrößerten das Warenangebot. Über alledem stieg im Einzelhandel, ein Zeichen von Prosperität wie von Überbesetzung, die Zahl der Betriebe und Beschäftigten rascher als die Bevölkerung, nicht zuletzt in den industriereichen, urbanisierten und wohlhabenden Regionen des Reiches. Hier verloren im Unterschied zu den Dörfern, wo sich kaum etwas änderte, Hausierhandel und Wochenmärkte an Bedeutung, während Ladengeschäfte wichtiger wurden. Einerseits entwickelten sich Kolonialwaren- zu Lebensmittelläden mit breiterem Angebot; andererseits kamen, zumal in den größeren Städten, Spezialgeschäfte, aber auch solche für den gehobenen Bedarf auf. Dennoch bestimmten nach wie vor »Kleinbetriebe« das Bild des Einzelhandels; in zwei Dritteln aller Handelsgeschäfte arbeiteten 1907 weniger als fünf Personen. Doch stieg der Anteil mittlerer und großer Unternehmen. Konsumgenossenschaften und Einheitspreisgeschäfte, vor allem aber die Warenhäuser, die seit der Jahrhundertwende stark expandierten, sorgten in den Großstädten durch Innovationen bei Ein- und Verkauf für schärfere Konkurrenz.[14]

Das Bankensystem des Kaiserreiches war differenziert. Es umfaßte zuerst die Notenbanken. Die Reichsbank als wichtigste von ihnen erbrachte Leistungen nicht nur für das Währungs-, sondern auch für das Kreditsystem. Sie wickelte über ihr Filialnetz einen Großteil des Zahlungsverkehrs ab, bot den Banken günstige Möglichkeiten der Refinanzierung und stellte gemeinsam mit ihnen eine reibungslose Liquiditäts- und Kreditversorgung sicher. Außer den Noten- gab es die Hypothekenbanken, entweder noch die alten Landschaften, spezialisiert auf den Agrarkredit, oder schon moderne Immobiliarkreditinstitute auf Aktienbasis, stärker im städtischen Wohnungsbau engagiert. Während sich die Privatbanken auf das Effektengeschäft und die Betreuung vermögender Privatkunden zurückzogen, wurden Sparkassen für die kommunale Wirtschafts- und Wohnungsbaupolitik, Kreditgenossenschaften für den gewerblichen Mittelstand bedeutsam. Obwohl nur ein Fünftel des Finanzierungsvolumens von den Kreditbanken abgewickelt wurde, spielten sie eine zentrale Rolle, nicht zuletzt für die Industriefinanzierung. Die Kreditbanken waren stark konzentriert. Fünf Berliner Bankgruppen beherrschten das Feld: Deutsche Bank und Disconto-Gesellschaft, Dresdner Bank und Darmstädter Bank sowie der Schaaffhausen'sche Bankverein. Obwohl sie enge Beziehungen zur Industrie unterhielten, kann man nicht von einer »Herrschaft der Banken über die Industrie« (Rudolf Hilferding) sprechen.[15]

Neben dem sekundären und tertiären entfaltete auch der primäre Sektor eine beträchtliche Wachstumsdynamik. Bei erheblichen regionalen Abweichungen, Unterschieden zwischen tierischer und pflanzlicher Produktion sowie nicht zuletzt zwischen den einzelnen Nutzpflanzen verdoppelte sich insgesamt die Agrarproduktion in festen Preisen von 5,9 (1871) auf 11,7 Mrd. Mark (1913). Dabei nahm sie nach 1890 mit durchschnittlich 2% pro Jahr schneller zu als in den siebziger und achtziger Jahren mit 0,7%. Das agrarische Wachstum ging, da die Nutzfläche leicht abnahm, auf rationellere Bodennutzung, Anbaumethoden und Viehzucht zurück. Ertragsarme Flächen wie Wiesen oder Weiden wurden aufgegeben; dafür dehnte sich das Ackerland aus. In vielen Gegenden pflanzten die Bauern mehr Kartoffeln, Hackfrüchte und Futterpflanzen an. Außerdem konnten sie die Erträge je Hektar steigern sowie den Bestand an Tieren und deren Nutzwert erhöhen, besonders bei Schweinen und Rindern. Zahlreiche Faktoren spielten dabei zusammen: durch Pflanzenzucht verbessertes

Saatgut; kräftigere Düngung mit Mist und Jauche, zunehmend auch mit Handelsdünger wie Kali, Superphosphat oder Stickstoff; eine nach Betriebsgröße und Maschinengattung unterschiedlich stark fortschreitende Mechanisierung; bessere Methoden der Züchtung, Stallhaltung und Fütterung; vor allem aber der vermehrte Arbeitseinsatz mithelfender Familienangehöriger.[16]

Kräftige Impulse gingen von der Nachfrage auf dem Binnenmarkt aus. Die Bevölkerung nahm nicht nur rasch zu; mit fortschreitender Industrialisierung und Urbanisierung wuchs auch der Anteil derjenigen, die sich nicht oder nicht mehr allein aus eigener Erzeugung ernähren konnten und deshalb auf den Markt angewiesen waren. Obendrein änderten sich mit wachsender Kaufkraft die Ernährungsgewohnheiten, stieg etwa der Konsum von Fleisch oder Zucker. Das alles zusammen vergrößerte die Nachfrage nach Agrarprodukten. Zugleich trugen eine bessere Verkehrsanbindung, neue Lagerungs- und Konservierungsmöglichkeiten, höhere Investitionen sowie stärkere Arbeitsteilung dazu bei, daß sich größere Teile der Landwirtschaft mehr auf den Markt hin ausrichteten. Mit der Einbeziehung in den Agrarmarkt wuchs jedoch auch die Abhängigkeit von ihm. Seit den sechziger Jahren drängte die internationale Konkurrenz, die zu günstigeren Preisen anbieten konnte, auf den deutschen Markt: zunächst mit Wolle, dann mit Getreide und schließlich seit den neunziger Jahren, als die Zahl der Kühlschiffe zunahm, auch mit Fleisch.[17]

Wachstum und Intensivierung, Nachfrageausweitung und Marktintegration waren Entwicklungen, von denen die einzelnen landwirtschaftlichen Betriebe verschieden stark erfaßt wurden. Zwar hatten Zahl wie Nutzfläche der klein- und mittelbäuerlichen Betriebe von 1882 bis 1907 zu-, der Großbetriebe und großen Güter abgenommen. Die Betriebsgrößengliederung war dadurch aber nicht grundlegend anders geworden. Denn nach wie vor verfügten 58,9% der Höfe über weniger als 2 ha und 17,6% über 2-5 ha Nutzfläche. Diese Zwerg- und Kleinbetriebe bewirtschafteten 5,4% bzw. 10,4% des Bodens, die mittelgroßen Betriebe (5-20 ha) hingegen 32,7%, obwohl ihr Anteil an den Höfen nur bei 18,5% lag. Die großen Betriebe (20-100 ha) sowie der Großgrundbesitz (über 100 ha) schließlich stellten 4,6% bzw. 0,4% der Höfe, verfügten aber über 29,3% bzw. 22,2% des Bodens. Nun hing die Rentabilität der landwirtschaftlichen Betriebe, und das macht Aussagen so schwierig, nicht allein von der Größe ab, sondern auch von anderen Faktoren wie etwa Bodengüte oder Lage. Doch scheint, zumal nach der Jahrhundertwende, die wirtschaftliche Situation vieler Betriebe, selbst der großen Güter östlich der Elbe, nicht so schlecht gewesen zu sein, wie man lange Zeit angenommen hat.[18]

Aufs Ganze gesehen, führte das rasche wirtschaftliche Wachstum in den Jahrzehnten um 1900 zu einem steigenden Volkseinkommen und, trotz stark zunehmender Bevölkerung, auch zu einem wachsenden Pro-Kopf-Einkommen. Nie zuvor hat sich dieses in Deutschland über einen so langen Zeitraum derart erhöht. Mithin war es das wichtigste Ergebnis der Industrialisierung, daß es den Deutschen materiell besser ging. Freilich verteilte sich dieser Einkommenszuwachs, der im übrigen nur ein Aspekt zunehmender Wohlfahrt im Kaiserreich war, sowohl sektoral als auch regional und nicht zuletzt sozial höchst ungleichmäßig, wobei diese Disparitäten eher zu- als abnahmen.[19]

## 2. Auf dem Weg in die Industriegesellschaft

In den beiden Jahrzehnten um 1900 entwickelte sich das Kaiserreich beschleunigt auf eine Industriegesellschaft hin. Zwar wirkten mit ständischen Strukturen überkommene soziale Differenzierungen noch fort, doch wurden sie zunehmend durch neue überlagert. So unterschied sich die Gesellschaft in der wilhelminischen Epoche erkennbar von jener zur Zeit der Reichsgründung. Wie stark sie bereits in Bewegung gekommen war, zeigen Bevölkerungswachstum und Migration, Verstädterung und Urbanisierung, aber auch soziale Schichtung und Mobilität.[20]

Die Bevölkerung nahm an der Wende vom 19. zum 20. Jahrhundert rasch zu. 41 Mio. Deutsche hatte man bei Gründung des Reiches gezählt. 49 Mio. waren es 1890 und 1913 knapp 67 Mio. Jedoch wuchs die Bevölkerung nicht überall gleichmäßig: rascher in den Ballungsräumen von Berlin und Hamburg, Bremen und Lübeck, in der rheinisch-westfälischen und mitteldeutsch-schlesischen Industrieregion; langsamer dagegen in den agrarischen Ostgebieten. Der Bevölkerungsexplosion lag ein Wandel im generativen Verhalten zugrunde. Im Übergang von der vorindustriellen zur industriellen Bevölkerungs- und Lebensweise veränderten sich Geburtlichkeit und Sterblichkeit; aber das geschah nicht parallel, sondern zeitversetzt. In der ersten Phase des sogenannten »demographischen Übergangs«, seit den sechziger Jahren, liefen Geborenen- und Sterbeziffern auseinander. Bei regionalen und sozialen, berufs-, geschlechts- und altersbedingten Unterschieden ging die hohe Sterblichkeit zurück, dank besserer hygienischer Verhältnisse in den Städten und gesünderer Ernährung, aber auch dank Fortschritten in Medizin und Gesundheitswesen. Da die Geborenenzahlen, weil alte Muster generativen Verhaltens hier fortwirkten, auf dem bisherigen hohen Niveau verharrten, wuchsen die Geburtenüberschüsse. Es kam zur »Bevölkerungswelle des industriellen Zeitalters« (Wolfgang Köllmann). Erst in einer zweiten Phase, etwa seit der Jahrhundertwende, liefen Geborenen- und Sterbeziffern wieder zusammen. Zunächst in großen Städten, protestantischen Gegenden und höheren sozialen Schichten, später auch auf dem Lande, in katholischen Regionen und in den unteren Schichten paßte sich die Fruchtbarkeit durch Geburtenkontrolle den geänderten Lebensbedingungen an und ging zurück. Nach den Sterbezahlen sanken jetzt auch die Geborenenziffern. Die Geburtenüberschüsse verringerten sich und verlangsamten seit etwa 1910 das Wachstum der Bevölkerung.[21]

Durch die Bevölkerungsexplosion wuchs der Bevölkerungsdruck, und mit ihm stieg die räumliche Mobilität. Die Auswanderung, die im frühen 19. Jahrhundert eingesetzt und seitdem mehrere Wellen erlebt hatte, erreichte in den achtziger und frühen neunziger Jahren ihren Höhepunkt. Danach verwandelte sich der Auswanderungsstrom, ohne ganz zu versiegen, in einen Binnenwanderungsstrom, da die USA an Attraktivität einbüßten und die deutsche Industrie mehr Arbeitskräfte aufnahm. Zugleich kamen immer mehr ländliche Saison- und andere ausländische Arbeiter nach Deutschland. Wichtiger als die Ein- wurde die Binnenwanderung. Sie verlief bis in die achtziger Jahre vornehmlich als Nahwanderung innerhalb einer preußischen Provinz oder eines deutschen Einzelstaates, bedeutete meist den Zuzug vom Umland in die Stadt. Seit den neunziger Jahren überwog die Provinz- bzw. Staatsgrenzen überschreitende Fernwanderung. Mit ihr setzte nicht zuletzt jene große Ost-West-Bewegung ein, welche die Menschen aus Ost- und Westpreußen, Posen und Schlesien nach Berlin, in andere Großstädte sowie direkt oder etappenweise in die mittel- und westdeutschen Industriegebiete führte. Die Binnenwanderung war eine Massenbewegung. 1907 lebten 47% der

Deutschen, etwa 29 Mio., nicht mehr an ihrem Geburtsort. Doch muß die räumliche Mobilität noch weit größer gewesen sein, da viele nicht nur vom Land in die Stadt, sondern auch umgekehrt und vor allem mehrmals gewandert sind. Die Migration schnitt in das Leben der wandernden Menschen ein, unterschiedlich tief je nach Geschlecht oder Alter, je nachdem ob es sich um ländliche Not- oder bürgerliche Chancenwanderung handelte, abhängig auch davon, ob sie als Einzel-, Familien- oder »Kettenwanderung« ablief und wie am Ende die Eingliederung gelang. Nicht minder einschneidend als das Leben der Wanderer veränderte die räumliche Mobilität Herkunfts- wie Zielgebiete der Migration. Denn die Binnenwanderung entlastete einerseits die Agrargebiete vom Druck der Überbevölkerung, nicht ohne hier neue soziale und wirtschaftliche Probleme zu schaffen. Andererseits trieb sie, wobei zahlreiche weitere Faktoren hinzutraten, in den Zielregionen Verstädterung und Urbanisierung voran.[22]

Die Verstädterung, die um die Jahrhundertmitte eingesetzt hatte, beschleunigte sich in den Jahrzehnten um 1900. Schon die Zahl der Städte nahm rasch zu: 1871 hatte es 75 Mittel- und acht Großstädte gegeben; 1910 waren es 223 Städte mit 20000 bis 100000 und 48 mit mehr als 100000 Einwohnern. Vor allem die großen Städte wuchsen: Berlin zum Beispiel von 826000 auf 2071000 Einwohner, Hamburg von 290000 auf 931000, München von 169000 auf 596000, Leipzig von 107000 auf 679000. Hatte 1871 ein Achtel der Deutschen in Mittel- und Großstädten gelebt, war es 1907 ein Drittel. Parallel zum wachsenden Anteil der städtischen an der Gesamtbevölkerung, zur Verstädterung also, entfaltete sich in den Städten und bald über sie hinaus eine neuartige, urbane Lebensweise.[23]

Die Urbanisierung stand in vielen Zusammenhängen; entscheidende Anstöße erhielt sie von der Bewältigung jener Probleme, die sich den Städten in der Hochindustrialisierung stellten. Einmal ging es um Stadterweiterung und Stadtplanung. Konnten die Städte nicht mehr durch »innere Verstädterung« (Jürgen Reulecke) wachsen, griffen sie ins dünner besiedelte Umland aus. Eingemeindungen folgten, besonders seit den achtziger Jahren. Sie erlaubten es den Städten zunächst, sich über ihre Grenzen hinaus auszudehnen, später dann die Infrastruktur rationeller zu nutzen, deren Kosten breiter zu verteilen, die Entwicklung städtischer Verdichtungszonen besser zu beherrschen. Denn mittlerweile war die Stadtplanung bedeutsamer geworden. Hatten Bauordnungen zunächst nur bestimmte Mindestanforderungen festgelegt, kamen im letzten Drittel des 19. Jahrhunderts klein-, dann großräumig konzipierte Bebauungspläne auf, die unter dem Einfluß der Städtebautheorie auch ästhetische und soziale Gesichtspunkte berücksichtigten. Mit der Erweiterung und Planung der Städte verband sich das Problem ihrer sozialräumlichen Gliederung. Während die Städte wuchsen, differenzierten sie sich funktional wie sozial. Einerseits bekamen sie, wenn ihre alten Kerne umgebaut wurden und sich entleerten, eine City mit Geschäften und Büros, Theatern und Museen. Andererseits entstanden sozial zunehmend »segregierte« Wohnviertel. Zogen die Wohlhabenderen in dünner besiedelte Außenbezirke, wohnte die ärmere Bevölkerung in dicht bebauten Arbeitervororten oder ungünstigen Innenstadtquartieren. Diese städtischen Wohnlagen hatten ihren je eigenen Charakter, welcher das Leben der Bewohner stark prägte. Die Massierung in Städten hatte zur Folge, daß der einzelne viele Tätigkeiten nicht mehr auf sich allein gestellt verrichten konnte. Deshalb mußten die Gemeinden »Daseinsvorsorge« (Ernst Forsthoff) betreiben, dazu im Rahmen der wachsenden Stadt- die Leistungsverwaltung ausbauen und über kommunale Betriebe selbst in die Hand nehmen. So kümmerten sich die Städte um die Versorgung mit Wasser, Gas, später auch Elektrizität, entsorgten die Abwässer über Kanalisationssysteme, richteten ein öffentliches Nahverkehrsnetz ein, betätigten sich, zunächst vorsichtig, im Wohnungsbau und sorgten mit Theatern oder Museen für ein breiteres kulturelles Angebot.[24]

Wurde die Stadt im Positiven wie im Negativen zum »Exerzierfeld der Moderne« (Jochen Boberg), änderte sich auch die soziale Schichtung in der städtischen mehr als in der ländlichen Gesellschaft. Verschiebungen fanden schon innerhalb wie zwischen den einzelnen bürgerlichen Formationen statt. Das Wirtschaftsbürgertum wuchs mit fortschreitender Industrialisierung. Während die sektoralen und funktionalen, regionalen und konfessionellen Unterschiede zumindest erhalten blieben, nahmen andere eher noch zu. Einmal hob sich aus dem Wirtschaftsbürgertum nach Vermögen und Lebensstil, Verkehrs- und Heiratskreisen ein Großbürgertum aus Industriellen, Bankiers und Kaufleuten heraus, das in der wilhelminischen Zeit endgültig an die Spitze der Gesellschaft rückte. Dabei »feudalisierten« sich die Großbürger keineswegs, wie oft behauptet wird, verflochten sich also sozial nicht mit dem Adel, übernahmen auch nicht dessen Lebensweise, hielten vielmehr in der großen Mehrheit auf Distanz zu ihm. Trennlinien innerhalb des Wirtschaftsbürgertums schuf sodann der monarchische Beamtenstaat, indem er wirtschaftlichen Erfolg und Besitz, aber auch politische Gesinnung durch Titel oder Orden honorierte und sich so einen kleinen Teil der besitzenden Bürger besonders verpflichtete. Wuchs der soziale Abstand innerhalb des Wirtschaftsbürgertums, verringerte sich jener, der es vom Bildungsbürgertum trennte. Dennoch gingen besitzende und gebildete Bürger in Ausbildung, Heiratsverhalten und Lebensstil nach wie vor recht verschiedene Wege.[25]

Das Bildungsbürgertum erfuhr in den Jahrzehnten um 1900 unterschiedliche, oft gegenläufige, in ihrer Gesamtheit deshalb schwer zu gewichtende Veränderungen. Auf der einen Seite nahmen Zahl und Bedeutung der Akademiker zu. Verwaltung und Justiz, Bildungs- und Gesundheitswesen, Industrie und Technik expandierten; zahlreiche Berufe akademisierten sich, man denke nur an die Architekten oder die Ingenieure. Zugleich erweiterten sich die Handlungs- und Einflußmöglichkeiten nicht nur der Staats- und Kommunalbeamten, sondern auch vieler Freiberufler. Außerdem verringerte die Bildungsexpansion des ausgehenden 19. und frühen 20. Jahrhundert die Selbstrekrutierung des gebildeten Bürgertums, öffnete es weiter für kleinbürgerliche Aufsteiger, verbreiterte so seine soziale Basis. Auf der anderen Seite drohte die Ausweitung des Rekrutierungsfeldes den Zusammenhalt der Gebildeten zu schwächen. Die akademische Bildung büßte an Prägekraft ein, da sich das Wissen vermehrte, die Spezialisierung zunahm und die praktische Berufsausbildung wichtiger wurde. Mit fortschreitender Akademisierung verschärften sich auch die Interessenunterschiede zwischen den einzelnen Berufszweigen. Nicht zuletzt wandelte sich die Rolle der Gebildeten in der Gesellschaft. Je mehr die frühere Einheitlichkeit und Verbindlichkeit von Bildungswissen und kulturellen Werten verlorenging, desto größer wurde in Wissenschaft und Kunst, öffentlicher Meinung und politischen Organisationen die Diskrepanz zwischen dem Führungsanspruch der Gebildeten einerseits, der Deutungsgewißheit, die sie noch vermitteln konnten, sowie Prestige und Einfluß, die sich daran knüpften, andererseits. Wie diese und andere Veränderungen insgesamt gewirkt haben, ist in der Historiographie strittig. Das gilt besonders für die Frage, ob sich das Bildungsbürgertum um 1900, wenn es denn überhaupt als eine eigenständige soziale Formation anzusehen ist, weiter fragmentierte und entkonturierte, also die »vergesellschaftende Kraft gemeinsamer Bildung« (Jürgen Kocka) schwächer geworden ist.[26]

Die Veränderungen im Bildungsbürgertum berührten nicht zuletzt die jüdische Minderheit. Sie war langsamer als die übrige Bevölkerung gewachsen, hatte sich aber stärker in den Städten konzentriert und seit der Mitte des 19. Jahrhunderts einen raschen sozialen Aufstieg erlebt. So zählten in der wilhelminischen Zeit wohl mehr Juden zum gebildeten und besitzenden Bürgertum als zum Kleinbürgertum oder den unteren Schichten. Beruflich fanden sich Juden, eine Folge langer, fortdauernder Diskriminierung wie erfolgreicher Anpassung an die industriewirtschaftliche Entwicklung, vergleichsweise häufig im Handel und Bankwesen, eher selten dagegen in industriellen Führungspositionen. Sie waren vor allem aber, dank rascher Akademisierung, als Anwälte und Ärzte, Publizisten und Journalisten unter den freiberuflich Tätigen sowie in der Wissenschaft stark vertreten. In alledem spiegelten sich die Unterschiede zwischen jüdischer Minderheit und Bevölkerungsmehrheit wider, die bei allen Angleichungsprozessen auch auf anderen Gebieten, etwa bei Verkehrs- und Heiratskreisen oder Vereinen und Organisationen, bestehen blieben. So bewahrten sich die Juden ihre kollektive Identität im Rahmen einer spezifischen deutsch-jüdischen Subkultur. Sie zu gestalten und zu erneuern bemühte sich die jüdische Minderheit quer durch alle Richtungen von Orthodoxie und Reform, Assimilation und Zionismus durch die »Erfindung einer Tradition«. Sie verband nicht zuletzt bildungsbürgerliche Vorstellungen mit den Traditionen des Judentums. Das machte die Stärke, aber auch die Schwäche des »jüdischen ›Projekts der Moderne‹« (Shulamit Volkov) aus.[27]

Stiegen Teile der jüdischen Minderheit in das Bildungsbürgertum auf, blieb das Kleinbürgertum auch in den Jahrzehnten um 1900 am Rande des Bürgertums. Doch waren die Abstände zu Wirtschafts- und Bildungsbürgertum unterschiedlich groß, die Chancen, sie zu überwinden, ebenfalls. So gab es im »alten« Mittelstand von Handwerkern und Kleinhändlern neben manchen anderen Differenzierungen jene »kleinen« Bürger, die durch den Ausbau ihres Betriebes oder Angestellten- und Beamtenkarrieren, Heirat oder Familienverbindungen in das Bürgertum aufsteigen oder zumindest bürgerliche Lebensformen annehmen konnten. Dieser Minderheit stand die Mehrheit derer gegenüber, die im raschen Industrialisierungs- und gesellschaftlichen Wandlungsprozeß ihre Selbständigkeit nicht oder nur unter Mühen behaupteten und eine unsichere, materiell oft kümmerliche Existenz führten. Ihnen dienten bürgerliche Werte dazu, sich von der sozial nicht fernen Arbeiterschaft abzugrenzen, aber zugleich auch, um gegen das Bürgertum Front zu machen. Ähnlich heterogen wie der »alte« war der »neue« Mittelstand. Die Zahl der Angestellten wuchs, und mit ihr nahmen die Unterschiede innerhalb der Angestelltenschaft zu. Sie reichte zwar noch hinauf bis in hohe Verwaltungs- und Leitungspositionen mit Anordnungs- und Kontrollbefugnissen, vor allem aber hinunter bis zu den niederen Stellen in der Industrie und im Dienstleistungsbereich, die nur eine geringe Qualifikation verlangten, besonders kräftig expandierten und zunehmend auch von Frauen besetzt wurden. Standen sich die einen materiell nicht schlechter als höhere Beamte, hatten die anderen nur ein bescheidenes Auskommen, oft nicht besser als das eines Facharbeiters. Gerade die kleinen und mittleren Angestellten grenzten sich deshalb besonders scharf nach unten ab und betonten die Statusunterschiede, orientierten sich an bürgerlichen Lebensformen und wollten ihren Kindern durch Bildung den Aufstieg in ein Bürgertum ermöglichen, das zu den meisten Angestellten auf Distanz hielt.[28]

Sucht man nach Gemeinsamkeiten der bürgerlichen und der an ihrem Rand angesiedelten kleinbürgerlichen Gruppen, fällt zuerst die Staatsnähe des Bürgertums auf. Beamte machten einen erheblichen Teil der gebildeten Bürger aus, setzten Maßstäbe für sie, aber auch über das Bildungsbürgertum hinaus. Zudem griff der Staat in viele freie Berufe ein, reglementierte Zugang und Ausübung, beeinflußte soziale Hierarchien durch Titel und Orden, förderte das Handwerk, unterstützte die Abgrenzungsbemühungen der Angestellten. Neben der Staatslastigkeit tritt die Heterogenität des Bürgertums und seine Distanz zum Kleinbürgertum hervor. Eine Rolle spielte schließlich, daß das Bürgertum einer wachsenden Arbeiterschaft gegenüberstand, von der sich große Teile des Kleinbürgertums scharf abgrenzten.[29]

Die Zahl der Arbeiter in Gewerbe und Industrie verdoppelte sich zwischen 1882 und 1907 auf 8,6 Mio. Sie wuchs im Handwerk nur noch geringfügig, dafür in der Industrie um so stärker. Die industrielle Arbeiterschaft war alles andere als einheitlich. Dafür sorgten schon Geschlecht und Alter. Zwar nahm die Frauenerwerbsarbeit zu. Doch war die Arbeiterschaft nach wie vor überwiegend männlich, der Arbeitsmarkt nach Geschlechtern geteilt, der Abstand zwischen ihnen bei Qualifikation und Lohn groß. Auch das Alter schuf Unterschiede. Die Arbeiterschaft insgesamt verjüngte sich. Mehr als die Hälfte aller männlichen Arbeiter war 1907 jünger als 30 Jahre. Zugleich wuchs, weil die Lebenserwartung stieg, die Zahl derer, die jenseits der Vierzig eine Zeit sinkenden Lohnes, wachsender Sorge um den bisherigen Arbeitsplatz und drohender Verarmung vor sich sahen. Nicht minder differenzierend wirkte die Region. Zunehmend mehr gewerbliche Arbeiter lebten in Groß-, die meisten aber noch in Mittel- und Kleinstädten oder auf dem Dorf und blieben damit ländlichen Strukturen verhaftet. Auch machte es einen Unterschied, ob sie seit langem an ihrem Wohnort ansässig, vom Land oder aus einer anderen Stadt zugewandert oder als Arbeitsmigranten nach Deutschland gekommen waren. Für Differenzierung sorgte ferner der Beruf, wurden doch die einzelnen Berufe und diejenigen, die sie ausübten, ganz verschieden bewertet. Obwohl die Entkirchlichung in Teilen der Arbeiterschaft schon weiter fortgeschritten war, spielte außerdem die Konfession eine Rolle, zumal sie sich mit anderen Merkmalen wie geographischer oder sozialer Herkunft verband. Schließlich und vor allem sorgte die Qualifikation für Unterschiede. So gab es bei mancherlei Übergängen den gelernten Arbeiter, der häufiger noch eine handwerkliche als eine industrielle Lehre absolviert hatte, und den ungelernten. Die Gewichte zwischen ihnen verschoben sich, da die Zahl der Ungelernten rascher zunahm, auch die der Angelernten wuchs.[30]

Trotz aller Unterschiede, die sich vielfach mischten, überwogen jedoch die Gemeinsamkeiten innerhalb der Arbeiterschaft. Zum einen vermarkteten alle Arbeiter ihre Arbeitskraft unter Bedingungen, die sich ähnelten. Die Arbeitszeiten waren lang, sanken aber schrittweise bis zum Krieg auf etwa 55 Wochenstunden. So wuchs die freie Zeit. Dafür wurde die Arbeit intensiviert und stärker kontrolliert. Sie blieb Handarbeit, in der Regel hart, von Unfällen bedroht, gesundheitsgefährdend, auch wenn Arbeiterschutz und Gewerbeinspektion manches verbesserten. In den Betrieben prägten sich feste Hierarchien aus, und rigide Arbeitsordnungen unterstrichen den Herrschaftsanspruch der Unternehmer. Zum anderen bestimmte die Lohnarbeit das Leben der Arbeiter. Bis zum Krieg stiegen die Löhne bei erheblichen, wiewohl abnehmenden Unterschieden nach Branchen und Regionen, Alter, Geschlecht und Qualifikation: nominal rascher mit Schwankungen je nach Konjunktur; real langsamer, vor allem mit zurückgehenden Wachstumsraten seit etwa 1900. Durch den Anstieg der Reallöhne nahmen die Lebensbedingungen der Arbeiter eine entschiedene Wende zum Besseren. Eine gesicherte Existenz bedeutete das aber nicht. Denn nach wie vor drohte Verarmung durch Krankheit oder Unfall, durch Alter oder Tod des Ehepartners, weniger durch Arbeitslosigkeit. Darum glich sich, bei allen Abständen im einzelnen, das Leben der Lohnarbeiter: in der Trennung von Arbeit und Haushalt, den Eigenheiten proletarischer Familienexistenz oder dem Wohnen in Arbeiterquartieren mit ihren besonderen sozialen Formen. Gemeinsamkeit schufen ferner die Organisationen der Arbeiterbewegung, in denen Arbeiter für materielle Verbesserungen, politische Gleichberechtigung und soziale Anerkennung kämpften, aber auch, mit diesen Organisationen mehr oder minder eng verflochten, jene kulturelle Aktivität, welche die Arbeiter als Gruppe pflegten und womit sie sich ihre eigene Identität schufen. Dabei setzte sich die sogenannte Arbeiterkultur von der bürgerlichen Welt ab, wurde Subkultur, blieb zugleich aber vielfach auf sie bezogen und förderte deshalb in einem konfliktreichen Prozeß die fortschreitende Integration der Arbeiter in die bürgerliche Gesellschaft. Schließlich stärkten die politische Diskriminierung in Kommunen, Einzelstaaten und im Reich, die Erfahrung sozialer Ab- und Ausgrenzung den Zusammenhalt unter der Arbeiterschaft.[31]

Nicht nur die städtische, auch die ländliche Gesellschaft kam in den Jahrzehnten um 1900 in Bewegung. Zwar wuchs der Abstand zwischen Stadt und Land. Agrarromantik auf der einen, Großstadtfeindschaft auf der anderen Seite trugen dazu bei. Doch zog die Stadt das Land ein Stück weit mit sich, blieben vielfältige Übergänge und wechselseitige Beziehungen: durch Eisenbahn, Schul-, Militär- und Steuerpflicht, Verwaltung und Justiz, Parteien und Verbände, Marktverflechtung, Geldwirtschaft und Verschuldung, Migration sowie Verkehrs- und Heiratskreise.[32]

Der Adel stand, trotz aller Unterschiede nach Rang, Qualität und Region, auch in den Jahrzehnten um 1900 nach wie vor an der Spitze der sozialen Pyramide. Das ist unbestritten. Doch wird die Frage, ob seine Stellung, zumal die des preußischen Landadels, noch ungefährdet oder bereits angefochten gewesen ist, von Historikern unterschiedlich beantwortet. Zweifellos behauptete der Adel in der wilhelminischen Gesellschaft sein hohes Sozialprestige und wahrte seine soziale Exklusivität: durch nachhaltige Selbstrekrutierung; durch geringe Bereitschaft, die zumindest in Preußen relativ kleine Gruppe von Nobilitierten zu integrieren; durch deutliche Abgrenzung gegenüber dem Großbürgertum. Problematischer sah es schon mit der ökonomischen Basis adeliger Existenz aus, jedenfalls soweit sie aus Grundbesitz bestand. Denn dieser büßte mit der Industrialisierung an Bedeutung ein, wenn die adeligen Güter auch weniger Probleme gehabt zu haben scheinen als lange angenommen. Das politische Gewicht des Adels gründete nach wie vor in seiner starken Stellung in den »Säulenbereichen des Staates« (Heinz Reif). Hofämter und -verwaltungen blieben fest in seiner Hand. Das gab ihm durch die Hofgesellschaft, mehr noch durch den Monarchen Einfluß auf Personal- und Grundsatzentscheidungen. Neben den Höfen, bisweilen durch sie, hielt sich der Adel in den Spitzenpositionen von Diplomatie, Militär und Bürokratie. Zwar ging der Anteil Adeliger erkennbar zurück: in den süddeutschen Staaten rascher als in Preußen; mehr beim Militär, weniger in der inneren Verwaltung, gar nicht im Auswärtigen Dienst; je höher der Rang, desto langsamer; in Stellungen, die besonderes Leistungswissen erforderten, schneller als in solchen, mit denen Repräsentationsaufgaben verbunden waren, deshalb auch nicht oder nur schleppend bei Botschaftern, Generälen, Staatssekretären oder Ministern. Doch ist strittig, ob der Adel bei alledem bereits wesentliche Machtpositionen räumen mußte und sich, indem er bürgerliche Normen von Beruf und Leistung übernahm, in seinem Kern wandelte, ein Stück weit »verbürgerlichte«. Das gilt auch für andere politische Aktivitäten, etwa in Parlamenten, Parteien und Verbänden. Alles in allem scheint die Stellung des Adels um 1900 zwiespältig gewesen zu sein. Auf der einen Seite koppelte er sich von der entstehenden Industriegesellschaft ab, fiel auch zurück und reagierte darauf teils mit Resignation, teils mit aggressiver Verteidigung des überkommenen Besitzstandes. Auf der anderen Seite gelang es dem Adel erstaunlich gut, in den Umbrüchen um 1900 seine soziale Exklusivität zu bewahren, ökonomisch nicht allzusehr zurückzufallen und sich nicht zuletzt politische Machtpositionen zu erhalten, die ihm weiterhin starken Einfluß sicherten.[33]

Die Vielfalt bäuerlicher Existenz nahm in den Jahrzehnten um 1900 weiter zu, da zu den alten Unterschieden von Region oder Besitz neue traten. So wuchs mit fortschreitender Marktintegration nicht nur der soziale Abstand zwischen großen, mittleren und kleinen Bauern sowie den unterbäuerlichen Schichten. Differenzierend wirkte auch die Nähe oder Ferne zu Industriegebieten. In industrienahen ländlichen Regionen konnten jene, die ihr Hof allein nicht ernährte, in der Industrie arbeiten, ohne die bäuerliche Welt verlassen zu müssen. Dagegen blieb in industriefernen Gebieten, wie bisher, nur Lohnarbeit auf größeren Höfen, die mit der Landwirtschaft eng verbundene Heimarbeit sowie die vorübergehende Arbeitsmigration oder dauernde Abwanderung. Das alles wirkte mehr oder minder nachhaltig auf die dörfliche Lebenswelt zurück, führte hier zu Gemengelagen von Tradition und beginnender Modernität.[34]

Die Zahl der Landarbeiter ging in den Jahrzehnten um 1900 relativ wie absolut zurück. Verantwortlich dafür war die Abwanderung vom Land, aber auch ein Wandel in den Anbaumethoden. Doch blieb das Spektrum abhängig beschäftigter Arbeiter breit. Da war einmal das Gesinde, meist unverheiratet, nach wie vor den restriktiven Gesindeordnungen unterworfen, wegen der »Leutenot« aber zunehmend geschätzt. Dann gab es die Gutstagelöhner und Deputanten, die mit ihrer Familie gegen Geldlohn, ein Stück Land zur eigenen Nutzung sowie einen kleinen Anteil am Ertrag oder festes Naturaldeputat arbeiteten. Schließlich wurden die freien, nicht durch Arbeitsvertrag gebundenen Landarbeiter und unter ihnen besonders die ausländischen Saisonarbeiter immer wichtiger. Verglichen selbst mit den ungelernten Arbeitern in den Städten, waren ihre Arbeitsbedingungen schlecht. Das galt gleichermaßen für Löhne, selbst wenn sie nominal und wohl auch real stiegen, für Arbeitszeiten, Wohnverhältnisse sowie, zumal bei großen Gütern, für die drückende Abhängigkeit von der Herrschaft.[35]

Nimmt man alles zusammen, schoben sich in der wilhelminischen Gesellschaft Schichten, Klassen sowie überkommene ständische Strukturen in- und übereinander. Der Umfang der einzelnen Klassen und Schichten läßt sich nur grob schätzen. Gustav Schmoller sah in seiner extrem mittelstandslastigen Interpretation die 12 Mio. Haushalte, die es 1895 im Kaiserreich gab, so verteilt: 0,25 Mio. »aristokratische und vermögende« Familien (»größere

Grundbesitzer und Unternehmer, höhere Beamte, Ärzte, Künstler, Rentiers«); 2,75 Mio. Familien des »oberen Mittelstandes« (»mittlere Grundbesitzer und Unternehmer, die meisten höheren Beamten, viele Glieder der liberalen Berufe«); 3,75 Mio. Familien des »unteren Mittelstandes« (»die Kleinbauern, Handwerker, Kleinhändler, die Subalternbeamten, Werkmeister, besser bezahlten Arbeiter«); 5,25 Mio. Familien, »die wir als die unteren Klassen bezeichnen, hauptsächlich Lohnarbeiter, aber auch viele untere Beamte, ärmere Handwerker und Kleinbauern«. Mobilität verlief in dieser Gesellschaft vor allem horizontal, sehr viel weniger vertikal. Auf- und Abstieg vollzogen sich zuerst innerhalb der jeweiligen Schicht, seltener deren Grenzen überschreitend. Dabei herrschte, weil die Ein-Generationen-Mobilität auf wenige spektakuläre Fälle beschränkt blieb, Zwei- und Mehr-Generationen-Mobilität vor. Diese »Mobilität der kleinen Schritte« (Hartmut Kaelble), bei der Bildung eine immer wichtigere Rolle spielte, vollzog sich einmal als Aufstieg aus den unteren Mittelschichten, vor allem der Kinder von Angestellten, mittleren Beamten und Lehrern, in die oberen Mittelschichten, besonders ins gebildete Bürgertum. Häufiger jedoch stiegen Kinder aus den unteren gesellschaftlichen Schichten in die untere Mittelschicht auf, eher in kleine oder mittlere Angestellten- und Beamtenpositionen als in Handwerk und Kleinhandel. Obwohl Auf-, aber auch Abstieg möglich war, blieb die wilhelminische Gesellschaft scharf segmentiert. Viele Trennlinien zerschnitten sie: Stadt-Land- und Konfessionsgegensätze, vor allem aber jene soziale Ungleichheit, die auf Besitz, Einkommen und Leistung beruhte, insofern marktbedingt war und an die sich solche von Bildung oder Lebensstil knüpften. Doch wurden diese klassenmäßigen Formen sozialer Ungleichheit, die besonders scharf im Gegensatz von Bürgertum und Arbeiterklasse hervortraten, manchmal überlagert von überkommenen ständischen Differenzierungen. Hinzu trat, daß der Staat die soziale Schichtung beeinflußte: Indem er Adel, Militär und Beamte privilegierte, den »alten« Mittelstand sicherte und den »neuen« stützte, zugleich aber auch die wachsenden Einkommens- und Vermögensunterschiede durch Umverteilung milderte. So verband sich in der wilhelminischen Gesellschaft Altes mit Neuem auf durchaus widersprüchliche Weise zu einem ebenso dynamischen wie spannungsreichen sozialen Ganzen. Das galt freilich nicht nur für die Verhältnisse zwischen den Klassen und

Schichten, sondern auch für die Beziehungen in den Familien sowie zwischen den Geschlechtern und Generationen.[36]

## 3. Familien, Frauen und Generationen im Wandel

Die Entwicklung zu einer Industriegesellschaft, die sich um 1900 beschleunigte, ließ Familien, Frauen und Generationen nicht unberührt. Allenthalben zeigten sich Neuanfang und Beharrung, die sich überlagerten und durchmischten. Nicht nur die Gesellschaft war im Umbruch, sondern auch die Familie. Diese wandelte sich weniger in kurzen, mehr in langen Fristen, stets aber eng verflochten mit demographischen und sozialen, wirtschaftlichen und politischen Veränderungen. Sie wirkten sich auf Familienstrukturen und Familienzyklen ebenso aus wie auf die vielfältigen Beziehungen zwischen den Familien und ihrem Umfeld. Fragt man danach, wie Familien im Kaiserreich nicht passiv, sondern höchst aktiv auf den Wandel ihrer Lebenswelt reagiert haben, mag es helfen, vereinfachend drei Familientypen zu unterscheiden.[37]

Der erste Typ, die bäuerliche Familie, umfaßte ein weites Spektrum familialer Formen, angefangen von großbäuerlichen über kleinbäuerliche bis hin zu unterbäuerlichen. Gemeinsam waren ihnen jedoch die Einheit von Arbeit und Haushalt, die Bindung an Grund und Boden, die Tätigkeit in der Landwirtschaft. Zur Familie gehörten neben Bauer, Bäuerin und ihren Kindern auch Tagelöhner und Gesinde. Daß der Hauswirtschaft ein verheiratetes Bauernpaar vorstand, war ökonomisch notwendig und sozial selbstverständlich. Man heiratete spät, selten vor Mitte bis Ende Zwanzig, da die Gründung einer Familie an die Übernahme des Hofes gebunden blieb. Grundbesitz und Arbeitsfähigkeit bestimmten die Chancen, einen Ehepartner zu finden; die soziale Stellung im Dorf steckte den Kreis ab, aus dem er gewählt wurde. Die Rollenverteilung zwischen Mann und Frau entsprach der patriarchalischen Familienordnung. Alle hausfernen und stärker kommerzialisierten Tätigkeiten standen dem Mann zu. Er trat nach außen in Erscheinung, zumal in der dörflichen Öffentlichkeit. Väterliche Autorität und eine harte, wenn auch nicht emotionslose Erziehung bestimmten das Verhältnis zu den Kindern. Sie zählten vor allem als Arbeitskräfte und Erben, weniger als Individuen, zumal viele im Säuglingsalter starben. Die Position in der Geschwisterreihe entschied über ihre Rolle in der Familie, der Arbeitsrhythmus auf dem Hof über ihre Entwicklungsmöglichkeiten und die Herkunft über ihre Stellung in der Dorfgesellschaft.

Angesichts der Beharrungskraft ländlicher Produktionsbedingungen und dörflicher Traditionen wandelte sich die bäuerliche Familie um 1900 nur langsam. Doch mußte sie auf die Kommerzialisierung der Landwirtschaft und die Konkurrenz industrieller Arbeitsplätze reagieren. Wanderten Gesinde und Tagelöhner ab, sprangen mithelfende Angehörige ein. So wurde die Familie kleiner, privatisierte sich auch ein Stück weit. Da mit der Säuglingssterblichkeit, verzögert, auch die Kinderzahl zurückging, wurde eine bessere Ausbildung möglich. Die Chance, in die Industriegebiete abzuwandern, stärkte die Stellung der jüngeren Familienmitglieder. Daher nahmen die Generationenkonflikte zu, wuchs der Druck auf den Bauern, seinen Hof noch zu Lebzeiten dem Sohn zu übergeben.[38]

Der zweite Typ, die Arbeiterfamilie, ging aus den Unterschichtenfamilien der vor- und frühindustriellen Zeit hervor. Sofern die Anpassung der Arbeiter an ihre neuen Lebensweisen eigene, von anderen Schichten unterscheidbare Familienstrukturen entstehen ließ, blieben diese vielfältig. Arbeiterfamilien in industriellen Ballungsgebieten lebten anders als jene in ländlichen Regionen, Familien gelernter Arbeiter anders als die ungelernter. Gemeinsamkeiten gab es am ehesten noch bei den Industriearbeitern in größeren Städten. Hier verlor die Familie, je mehr Wohnung und Arbeitsplatz sich trennten, den Charakter einer Produktionseinheit, nicht jedoch den einer Erwerbsgemeinschaft, da Frauen und Kinder oft ebenfalls arbeiteten. Arbeitsverhältnisse und Umfeld prägten die Zweigenerationenfamilie. Arbeiter heirateten später als Selbständige, aber früher als Angestellte, meist zwischen 25 und 30 Jahren. Mann und Frau entstammten derselben Schicht, Herkunft und Besitz spielten keine Rolle. Überhaupt scheint die Ehe weniger geplant worden, voreheliche Schwangerschaft nicht selten ihr Anlaß gewesen zu sein. Auch die Arbeiterehe war, obwohl es schon gegenläufige Tendenzen gab, zumeist patriarchalisch zugeschnitten. Das lag an der Tradition, der Konvention und den Lebensbedingungen von Arbeiterfamilien. Den Unterhalt der Familie bestritt hauptsächlich der Mann; die »Geburtenplanung« lag bei der Frau. Arbeitete diese anfangs ebenfalls außer Haus, kam nach der

Geburt mehrerer Kinder nur noch Gelegenheits- oder Heimarbeit in Frage. Das führte einerseits zur Überlastung der Frau, konnte andererseits aber die materiellen Probleme der Familie kaum mildern. Denn Kinder stellten, selbst wenn sie bald zum Familieneinkommen beitrugen, zuerst einen Kostenfaktor dar, was die Eltern-Kind-Beziehung prägte. Ungünstige Wohnverhältnisse, vor allem Enge und Schlafgänger, aber auch Mangel an Privatheit wirkten sich ebenfalls negativ auf das Familienleben aus.[39]

Die Arbeiterfamilie wandelte sich in den Jahrzehnten um 1900. Einerseits blieben Arbeiter seltener unverheiratet, da sie mit ihrem Lohn eine Familie gründen konnten. So näherte sich ihr Heiratsverhalten langsam dem anderer Schichten an. Andererseits kamen kürzere Arbeitszeiten, steigende Löhnen sowie bessere Wohnverhältnisse dem Familienleben zugute. Die Familie wuchs zusammen, grenzte sich mehr nach außen ab. Darüber wandelten sich die Familienstrukturen vor allem bei den gelernten Arbeitern. Diese begannen, Gegenwart und Zukunft zu planen, verringerten bei sinkender Kinder- und Säuglingssterblichkeit die Zahl ihrer Nachkommen. Das schuf den materiellen Spielraum, um sich mehr dem einzelnen Kind zu widmen, ihm bessere Startchancen verschaffen zu können. Damit näherten sich die Familien gelernter Arbeiter kleinbürgerlichen Verhaltensweisen an. Die Ungelernten hielten noch am Verhaltensmuster der vor- und frühindustriellen Unterschichtenfamilien fest. Sie nutzten die Chance zur Familiengründung, die sich ihnen jetzt bot, heirateten früher und häufiger als die Gelernten, hatten auch mehr Kinder als sie.

Die bürgerliche Familie, der dritte Typ, entstand als Leitbild seit dem späten 18. Jahrhundert. Es setzte sich im Bürgertum immer mehr durch und wurde zum Vorbild auch für andere soziale Schichten. Die Erscheinungsformen der bürgerlichen Familie waren ähnlich vielfältig wie das Bürgertum als soziale Formation. Doch gab es gemeinsame Merkmale. In der bürgerlichen Familie, die für sich lebte, ging der Mann außerhalb des Hauses seinem Beruf nach, während die Frau den Haushalt führte und die Kinder erzog. Die Familie war nicht mehr Produktions- oder Erwerbs-, sondern nur noch Konsum-, Erziehungs- und Freizeitgemeinschaft. Sie beruhte, folgte man dem bürgerlichen Liebes- und Eheideal, auf der emotionalen Bindung von Mann und Frau, individualisiert und intimisiert durch eheliche Liebe, geistige Gemeinsamkeiten, persönliche Kommunikation. Allerdings traten Ideal und Wirklichkeit auseinander. Wohl ging man seltener aus Konvenienz, häufiger aus Zuneigung eine Ehe ein. Nach wie vor steckten jedoch soziale Heiratskreise und Familienbeziehungen, finanzielle Interessen und Standesbewußtsein den Rahmen ab. Die Männer heirateten meist in den späten Zwanzigern, da sie erst ihre Ausbildung abschließen und sich dann eine berufliche Position aufbauen mußten. Da auch das Heiratsalter der Frauen stieg, verkleinerte sich zwar der Altersabstand, blieb aber mit über sieben Jahren im Schnitt recht hoch. In der Ehe dominierte der Mann, begünstigt durch Konvention, bessere Ausbildung und Arbeitsteilung. Wichtig für die bürgerliche Familie war der Haushalt, also das Wirtschaften nach innen und die Repräsentation nach außen. Dazu bedurfte es wenigstens eines Dienstmädchens. Zu einer bürgerlichen Familie gehörten selbstverständlich Kinder. Diese erhielten daher Zuwendung, fanden Aufmerksamkeit. Der väterlichen Autorität unterworfen und streng zu bürgerlichem Verhalten erzogen, wuchsen sie unter vergleichsweise günstigen Bedingungen auf. Vor allem bei den Knaben wurden die oft beträchtlichen Kosten für eine gute Ausbildung nicht gescheut.[40]

Auch die bürgerliche Familie veränderte sich an der Jahrhundertwende. Manche Zeitgenossen sahen darin Anzeichen einer Krise. Die Zahl der Kinder ging zurück, zunächst im gebildeten, dann auch im besitzenden Bürgertum. Zugleich wandelten sich in manchen Familien die Beziehungen zwischen den Ehepartnern sowie auch die der Eltern zu den Kindern. Weniger nach außen, eher nach innen scheinen Ehen infolge von Geburtenkontrolle, Ehekritik und Frauenbewegung partnerschaftlicher geworden zu sein. Auch der Erziehungsstil lockerte sich. Dafür spricht die breite erziehungswissenschaftliche Diskussion sowie die Sympathie nicht weniger Eltern für die Jugendbewegung. Freilich blieben diese Veränderungen begrenzt. In vielen Familien lebten autoritäre Strukturen fort, funktions- und inhaltslos geworden, deshalb besonders zäh verteidigt, aber auch, etwa von der Jugendbewegung, immer heftiger kritisiert.

Nicht nur die Familie, auch die Lage der Frauen änderte sich um 1900. Zwar blieb die deutsche Gesellschaft eine Männergesellschaft, die den Geschlechtern ungleiche Lebenschancen zuteilte: angefangen bei den sanktionierten Rollen in Familie und Öffentlichkeit über die Unterschiede in Ausbildung und Beruf bis hin zur rechtlichen und politischen Diskriminierung der Frau. Doch wurde ihre Unterprivilegierung etwas abgebaut. Vor allem wandelte sich die weibliche Erwerbsarbeit; Frauen begannen sich zu organisieren und ihre Vorstellungen in der Öffentlichkeit zu vertreten; höhere Schulen und Universitäten öffneten sich für Schülerinnen und Studentinnen.[41]

Die weibliche Erwerbstätigkeit wandelte sich quantitativ wie qualitativ. Rein zahlenmäßig wird die Frauenarbeit zugenommen haben, stärker wohl nach als vor der Jahrhundertwende. Doch fehlen verläßliche Angaben, da die weiblichen mithelfenden Familienangehörigen nicht genau erfaßt worden sind. Schätzungen gehen davon aus, daß die Zahl erwerbstätiger Frauen von 7,2 (1882) über 8,2 (1895) auf 9,8 Mio. (1907) gestiegen, ihr Anteil an der Gesamtzahl der Erwerbstätigen dagegen mit rund einem Drittel in etwa gleich geblieben ist. Die Frauenarbeit nahm aber nicht nur zu, sie schichtete sich auch um. Während die überkommenen Arbeitsbereiche wichtig blieben, aber kaum noch expandierten, dehnten neue sich aus. Die meisten Frauen arbeiteten nach wie vor in der Landwirtschaft. Doch hier wuchs allenfalls die Zahl der mithelfenden weiblichen Familienangehörigen, jene der Landarbeiterinnen und Mägde stagnierte bereits. Ähnlich sah es bei den Hausangestellten aus. Viele bürgerliche Familien hielten, zumal sich die Hausarbeit wandelte, nur noch ein Dienstmädchen, manche konnten sich selbst dieses nicht mehr leisten. Denn junge Frauen fanden attraktivere Stellen in Gewerbe und Industrie, wo die Zahl berufstätiger Frauen anwuchs. Bereits vor der Jahrhundertwende arbeiteten hier mehr Frauen als in häuslichen Diensten, wenn auch immer noch weniger als in der Landwirtschaft. Zugleich stieg in Gewerbe und Industrie der Anteil von Frauen an der Gesamtzahl der Erwerbstätigen. Die Frauenquote nahm in der Textilindustrie und im Bekleidungsgewerbe, traditionellen »weiblichen« Branchen, weiter zu, wuchs vor allem aber in den »modernen Frauenexpansionsbranchen« (Reinhard Stockmann) wie Feinmechanik und Elektrotechnik, Chemie und Lederverarbeitung, die mit arbeitsteiliger Massenproduktion begannen. Auch bei den Dienstleistungen nahmen Zahl und Anteil erwerbstätiger Frauen zu: im Gesundheits- und Reinigungs-, Beherbergungs- und Gaststättenwesen, bei Handel, Verkehr und Banken. Schließlich wuchs die Zahl der Frauen, die in freien Berufen und im öffentlichen Dienst tätig waren. In diesen neuen Tätigkeitsfeldern änderte sich die berufliche Stellung der Frauen. Viele arbeiteten noch als mithelfende Familienangehörige, wenige als Selbständige. Aber nicht nur bei den Heimgewerbetreibenden, sondern auch unter den kaufmännischen Angestellten wuchs die Frauenquote, und bei den Arbeiterinnen erhöhte sich der Anteil der Gelernten. Obwohl die außerhäusliche Erwerbstätigkeit verheirateter Frauen im Kaiserreich zunahm, blieb ihr Umfang gering. Nach wie vor waren die meisten erwerbstätigen Frauen entweder noch nicht verheiratet, geschieden bzw. verwitwet oder arbeiteten als Mithelfende oder Heimgewerbetreibende innerhalb der eigenen vier Wände.[42]

Die Berufstätigkeit von Frauen zu fördern, ihnen so Selbstverwirklichung und Emanzipation zu ermöglichen, war ein wichtiges Ziel der Frauenbewegung. Diese wuchs, nachdem sie in der Revolution von 1848/49 einen ersten Aufschwung erlebt hatte, seit den sechziger Jahren aus einem schließlich engmaschigen Netz lokaler und regionaler Frauenvereine heraus, zentralisierte und konsolidierte sich an der Jahrhundertwende. Wie weit die Mobilisierung fortgeschritten, eine Frauenöffentlichkeit entstanden war, zeigte die Gründung des Bundes Deutscher Frauenvereine im Jahre 1894. Er entwickelte sich zum Mittelpunkt der bürgerlichen Frauenbewegung, die ein weites Spektrum von Vereinen umfaßte, unter ihnen, zunehmend wichtiger, die weiblichen Berufsverbände. In der bürgerlichen Frauenbewegung, politisch liberal ausgerichtet, gab es bei vielen Zwischenpositionen vor allem zwei Strömungen: hier die große Gruppe gemäßigter Frauen, dort einen kleinen, entschiedener auftretenden Flügel um den Verein Frauenwohl, später den Verband Fortschrittlicher Frauenvereine. Dieser wollte offensiver vorgehen und dabei auch mit der Sozialdemokratie zusammenarbeiten, setzte manche Akzente anders und nahm in Fragen wie Prostitution und Frauenstimmrecht, Abtreibung und Neuer Ethik radikalere Positionen ein. Doch forderten beide Gruppierungen bessere Bildungs- und Berufschancen für Frauen, traten für ihre rechtliche und politische Gleichstellung ein und trafen sich auch im Konzept der »Mütterlichkeit«. Dieses war gleichermaßen vor- wie rückwärtsgewandt. Es betonte einerseits, abgeleitet von der Mutterrolle und gerichtet gegen eine völlige Anpassung an die Männerwelt, die weibliche Eigenart, begründete mit dieser andererseits die zivilisierende Aufgabe der Frau in einer oft heftig abgelehnten modernen Welt. Außer der bürgerlichen gab es noch andere Stränge in der Frauenbewegung: zunächst die konfessionellen, evangelischen, katholischen und jüdischen Frauenbünde; dann die nationalen, »vaterländischen« Frauenvereine, welche die Frauen gegen die Emanzipation mobilisierten und dieser damit Vorschub leisteten; schließlich die sozialdemokratische Frauenbewegung. Sie organisierte auf der einen Seite Frauen zunächst neben, dann in der SPD und den Gewerkschaften, war insofern Teil des sozialistischen Milieus und ordnete auch die Emanzipation der Frau, die als doppelt unterdrückt galt, der Utopie einer sozialistischen Gesellschaft unter. Sie kämpfte für das Frauenwahlrecht und sah in der weiblichen Erwerbstätigkeit den wichtigsten Weg zur Befreiung der Frau. Auf der anderen Seite rückte die sozialdemokratische Frauenbewegung, je mehr sie neben unverheirateten, erwerbstätigen auch nichtberufstätige, mit Sozialdemokraten verheiratete Frauen mobilisierte, von diesem Emanzipationsweg ab und traf sich, obwohl eine Zusammenarbeit durchweg abgelehnt wurde, mit der bürgerlichen Frauenbewegung im Konzept der »Mütterlichkeit«.[43]

Die Frauenbewegung, voran die bürgerliche, forderte eine bessere Ausbildung der Frauen. Zwar hatten sich im Laufe des 19. Jahrhunderts, zumal in den sechziger und siebziger Jahren, die Qualifikationsmöglichkeiten für Mädchen verbessert. Aber diese wurden nach wie vor diskrimiert. Höhere Mädchenschulen unterschieden sich deutlich von Jungengymnasien. Sie bildeten kürzer, an anderem Inhalt und schlechter aus, führten ihre Schülerinnen nicht zum Abitur. Die Zahl der Lehrerinnen an höheren Schulen war noch immer klein, und es gab für sie keinen geregelten Ausbildungsgang. Weiterhin blieb Frauen das Studium an einer Universität verwehrt. Daß diese ungleichen Bildungs- und Berufschancen gegen große Widerstände allmählich verschwanden, lag zunächst an den Vorstößen der Frauenbewegung, die in den späten achtziger Jahren einsetzten. Wichtige Impulse gab sodann die öffentliche Debatte, die um 1900 über die Stellung der Frau in der Gesellschaft geführt wurde. Dabei ging es nicht zuletzt um die Frage, ob und inwieweit Frauen überhaupt eine höhere Schul- und akademische Ausbildung erhalten sollten. Schließlich begann auch der Staat, seine Politik zu überdenken. Von Frauen im Ausland erworbene Bildungsabschlüsse warfen Probleme auf; die Argumente, man brauche Ärztinnen und dürfe hinter andere Staaten nicht zurückfallen, wogen schwer, die Sorge hoher Beamter um die Zukunft ihrer eigenen Töchter ebenfalls. So erweiterten sich die weiblichen Bildungs- und Berufsmöglichkeiten in zwei Schritten. Der erste, vorsichtige Schritt erfolgte in den neunziger Jahren. Mädchen durften nun Aufbaukurse besuchen, die zum externen Abitur führten, konnten sich in besonderen Vorbereitungskursen als Lehrerinnen für höhere Schulen qualifizieren und waren unter bestimmten Bedingungen als Gasthörerinnen an den Universitäten zugelassen. Um die Jahrhundertwende folgten dann in einem zweiten Schritt einschneidendere Veränderungen. Universität um Universität immatrikulierte Frauen als ordentliche Studierende, die sich jetzt auch regulär zu Lehrerinnen für höhere Schulen ausbilden lassen konnten. Wichtiger noch, weil breitenwirksamer, war die Reform der höheren Schulen, die den Mädchen, je nach Staat in unterschiedlicher Form, den Weg zum Abitur öffnete.[44]

Auch das Verhältnis der Generationen zueinander war um 1900 im Umbruch. Einerseits »verjugendlichte« die Bevölkerung bis etwa 1910 im Zuge der demographischen Entwicklung. Der Anteil der unter Dreißigjährigen nahm zu, und es kam gerade in den Ballungszentren zu einer je nach Stadttyp unterschiedlich ausgeprägten »kumulativen Großstadtverjüngung« (Klaus Tenfelde). Andererseits wuchs, weil die Mortalität sank, die Zahl der alten Menschen. Zwischen 1871/80 und 1901/10 stieg die Lebenserwartung um ein Viertel: von 36 auf 45 Jahre bei Männern, von 38 auf 48 bei Frauen.[45]

Im Zuge dieser Entwicklung traten Alter wie Jugend als unterscheidbare Lebensphasen klarer hervor. Das Alter galt zunehmend als eigener Lebensabschnitt, den die Medizin als labile, von Krankheiten bedrohte Lebensspanne zu definieren begann. Die Altersverarmung der Arbeiter machte ihr Altwerden zu einem Teil der Sozialen Frage. Damit stellte sich die Forderung nach staatlichen und betrieblichen Pensionssystemen. Diese schufen, wenn auch das Alter nach wie vor als Sonderfall von Invalidität begriffen wurde, die Grundlage dafür, daß sich über den Kreis der Beamten hinaus die Vorstellung eines vom Erwerbsleben getrennten Ruhestandes herausbildete, den der Staat ökonomisch abzusichern habe.[46]

Zu einem größeren Problem als das Alt- entwickelte sich das Erwachsenwerden. Die Jugend als »Phase vielfacher Teilübergänge« (Michael Mitterauer) zwischen Kindheit und Erwachsenenalter wurde in Land und Stadt unterschiedlich erfahren. Für die Jugendlichen auf dem Land blieb sie ein Lebensabschnitt, den Ledigsein wie Abhängigkeit kennzeichneten und den es möglichst schnell hinter sich zu bringen galt. Dabei traten Generationenkonflikt und Adoleszenzkrise weniger stark hervor, weil sich die individuelle Identität in festen lokalen und sozialen Bezügen ausformte, dörfliche Gruppen konfliktmildernde Freiräume schufen. In der Stadt warf das Erwachsenwerden schon größere Probleme auf. Für immer mehr Jugendliche aus den unteren Schichten begann mit dem Ende der Schulzeit eine Phase der Unabhängigkeit und Mobilität: familiäre Bindungen lockerten sich; die eigene Arbeit brachte Geld; Gruppen, zum Teil auch Banden Gleichaltriger entstanden. Diese großstädtische Arbeiterjugend, nicht homogen, doch rasch wachsend, und ihre oft beschworene »Aufsichtslosigkeit« und »Verwahrlosung« galten nach 1900 als eines der drängendsten sozialen Probleme. Ihm suchten Bürger und Kirchen, Kommunen und Staat beizukommen, indem sie die Jugendpflege ausbauten, sich um eine Jugendgesetzgebung bemühten und mit Organisationsangeboten um die Jugendlichen konkurrierten. Hieran beteiligte sich auch die Arbeiterbewegung. Doch war der Kampf um die Jugend nur mäßig erfolgreich, da es den Erwachsenen um ihre eigenen Ziele und nicht um die Interessen der Jugendlichen ging. Wieder anderen Problemen beim Erwachsenwerden stand die bürgerliche Jugend gegenüber. Sie wuchs in Familien auf, die ihr gute Entwicklungschancen boten, aber auch einen hohen Erwartungsdruck aufbauten. Die lange Ausbildung gab nicht nur der Familie, sondern auch der Schule ein großes Gewicht und hielt die Jugend auf Distanz zur Erwachsenenwelt. So wuchsen die Jugendlichen nicht ohne Krisen in sie hinein, erfuhren die Gegensätze zwischen den Generationen und hielten ein Leben, wie es die Erwachsenen führten, für immer weniger erstrebenswert. Die Jugendbewegung brachte diese Probleme zum Ausdruck.[47]

Nicht minder nachhaltig wirkte die Mythisierung der Jugend. Sie setzte um 1900 ein und wertete das Verhältnis zwischen den Generationen um. Der Begriff »Jugend« löste sich von den realen Problemen der Jugendlichen, ein Stück weit auch von ihrem Protest gegen die Erwachsenen und wurde zu einem »positiven Reizwort, das vielfältige Assoziationen und oft diffuse Vorstellungen alternativer Daseinsformen« weckte, ja, mehr noch zum »Oppositionsbegriff schlechthin«. Jugend verhieß Zukunft und Rettung, nicht nur den Jugendlichen, auch den Älteren, die auf die nächste Generation bauten.[48]

Die weitreichenden Veränderungen in den Generationenbeziehungen an der Jahrhundertwende fielen mit einem Generationswechsel zusammen. Lassen sich unter begrenzter Perspektive mehrere Jahrgangsgruppen als eine »Generation« gemeinsam betrachten, kann man drei solcher Generationen unterscheiden, die um 1900 in Politik und Wirtschaft, Gesellschaft und Kultur verantwortliche Positionen einnahmen: zum einen jene, die ihre prägenden Erfahrungen vor der Reichsgründung gesammelt hatte; dann die Generation der »Wilhelminer«, die in der Bismarckzeit sozialisiert worden war; schließlich die »Gründerzeitgeneration«, die in den neunziger Jahren ihre entscheidende Formung erfahren hatte. Um die Jahrhundertwende übernahmen die »Wilhelminer« allenthalben Führungsaufgaben im Kaiserreich, verdrängten langsam die vorhergehende Generation und ließen die nachfolgende über zweitrangige Positionen noch nicht hinauskommen. Dieser Generationenwechsel wirkte deshalb so nachhaltig, weil er mit einer politischen Mobilisierung zusammenfiel, die in den Jahrzehnten um 1900 weitere Bevölkerungskreise erfaßte.[49]

## 4. Die Fundamentalpolitisierung

Um die Jahrhundertwende änderten sich die Bedingungen, unter denen im Kaiserreich Politik gemacht wurde. Denn immer größere Teile der Bevölkerung begannen am politischen Geschehen mitzuwirken, indem sie sich organisierten oder an Wahlen beteiligten. Zu den Ursachen dieser Fundamentalpolitisierung zählten der wirtschaftliche und soziale Wandel, die zunehmenden staatlichen Interventionen sowie die besseren Bildungs-, Transport- und Kommunikationsmöglichkeiten. So kam vieles zusammen, was eine »›Vermassung‹ der Politik« (Hans Rosenberg) begünstigte: Gewerkschaften und Interessenverbände stiegen zu Massenorganisationen auf; im Wandel von Wahlgeschehen, Parteien und Presse traten die Umrisse eines modernen politischen Massenmarktes hervor; Antisemitismus wie Nationalismus mobilisierten Massen und bahnten zugleich Wege für deren Partizipation.[50]

Die Gewerkschaften, die nicht nur ihre Mitglieder auf dem Arbeitsmarkt vertraten, sondern auch eine Vielzahl sozialer und kultureller Aktivitäten entfalteten, erlebten in den sechziger und siebziger Jahren einen ersten Entwicklungsschub. Dieser endete mit dem »Sozialistengesetz«. Nach Jahren allmählichen Wiederaufbaus gelang dann seit der Mitte der Neunziger in einem zweiten Schub der Durchbruch zur Massenbewegung. Im Rhythmus der Konjunktur, unter starken Fluktuationen und bei zunächst hohen, dann allmählich sinkenden Wachstumsraten stiegen die Mitgliederzahlen der Gewerkschaften bis 1913 auf fast drei Millionen. Dabei zeigten sich, zumal im Streik, Chancen wie Grenzen der gewerkschaftlichen Mobilisierung. Facharbeiter waren viel leichter zu organisieren als Ungelernte oder Landarbeiter; Beschäftigte in Großbetrieben schwerer als die in kleinen und mittleren Unternehmen; Arbeiter in den Konsumgüterindustrien leichter als jene in der Metall-, Chemie- oder Elektrobranche; Frauen und Jugendliche schwerer als Männer. Auch blieb es bei den Richtungsgewerkschaften. Obwohl die sozialistischen Freien Gewerkschaften ein klares Übergewicht besaßen, hatten sie kein Organisationsmonopol. Denn neben ihnen gab es die Christlichen Gewerkschaften: antisozialistisch und zunehmend national; streikbereit, aber mehr auf Ausgleich bedacht; interkonfessionell und parteipolitisch neutral, doch in katholischen Regionen verankert und dem Zentrum verbunden. Außerdem hielten sich die liberalen Hirsch-Dunckerschen Gewerkvereine, die auf Reformen, friedliche Konfliktregelung und Selbsthilfeeinrichtungen setzten. Das rasche Wachstum gerade der sozialistischen Gewerkschaften zwang zu höherer Organisation. Dagegen setzten sich dezentrale Konzepte, wie sie der sogenannte Lokalismus forderte, nicht durch. Neben das überkommene Berufs- trat das zukunftsweisende Industrieverbandsprinzip. 1914 gehörten bereits über zwei Drittel aller Mitglieder einer der sieben Industriegewerkschaften, knapp ein Drittel einem der 39 Berufsverbände an. Über diesen Einzelgewerkschaften stand seit 1890 die Generalkommission der Gewerkschaften Deutschlands, die zum »Dreh- und Angelpunkt der gesamtgewerkschaftlichen Interessenvertretung« (Klaus Schönhoven) wurde. Je mehr die Macht der Freien Gewerkschaften wuchs, desto drängender stellte sich die Frage ihres Verhältnisses zur Sozialdemokratie. Hatten sie anfangs den Primat der Partei akzeptieren müssen, gelang es ihnen, in der Neutralitäts- und Massenstreikdebatte zwischen 1903 und 1906 ihre Gleichberechtigung durchzusetzen.[51]

Neben den Gewerkschaften kamen zahlreiche Verbände auf, die industrielle oder agrarische Interessen mobilisierten und organisierten. Die Industrie war in zwei Verbandsgruppen gespalten. Im Zentrum der einen stand der Centralverband Deutscher Industrieller. Er hatte sich seit den siebziger Jahren zu einem Dachverband entwickelt, dem Verbände aller wichtigen Branchen angehörten. Doch gab in ihm nach wie vor die Montanindustrie den Ton an. Darum wurde 1895 ein Bund der Industriellen gegründet. Mit Hilfe der Lagertheorie, welche die Gegensätze zwischen Schwer- und Fertigindustrie herausstrich, profilierte er sich als Vertreter der letzteren. Aus Verbänden der verarbeitenden Branchen baute der Bund, ohne freilich Chemie und Elektrotechnik gewinnen zu können, eine zweite, mit dem Centralverband rivalisierende Verbandsgruppe auf. Obwohl der Einfluß des Bundes nach der Jahrhundertwende wuchs, gewann er weniger Gewicht als der Centralverband. Beide Verbandsgruppen arbeiteten bisweilen mit-, häufiger aber gegeneinander, so auch bei der Gründung von Arbeitgeberverbänden.[52]

Für die Arbeitgeber war der Streik von Crimmitschau im Jahr 1903 ein Schlüsselerlebnis. Er führte ihnen vor Augen, daß sie den Arbeitsmarkt nicht mehr beherrschten, der Staat nur noch widerwillig zu ihren Gunsten Partei ergriff und sich sozialreformerische Ideen ausbreiteten. Deshalb wurde eine Vielzahl von Arbeitgeberverbänden gegründet, die sich in zwei konkurrierenden Dachorganisationen zusammenfanden: der Hauptstelle Deutscher Arbeitgeberverbände, die, gebunden an den Centralverband, mehr Großbetriebe organisierte und einen antigewerkschaftlichen Kurs steuerte; und dem Verein Deutscher Arbeitgeberverbände, der dem Bund näherstand, sich eher auf Klein- und Mittelbetriebe stützte und für eine beweglichere Politik gegenüber den Gewerkschaften eintrat. Trotz dieser Gegensätze arbeiteten Hauptstelle und Verein immer enger zusammen und fusionierten 1913, eher aus Schwäche denn aus Stärke, zur Vereinigung Deutscher Arbeitgeberverbände.[53]

Am Ende des 19. und Anfang des 20. Jahrhunderts formierte sich auch das agrarische Verbandswesen um. Denn eine breite bäuerliche Protestbewegung drängte aus den bestehenden Agrarvereinen heraus, forderte mehr Mitsprache und suchte nach neuen Organisationsformen. Dabei verschränkten sich langlebige Ursachen wie Abwanderung oder Verschuldung mit kurzlebigen, besonders dem Preisverfall in den frühen neunziger Jahren und dem Kampf gegen die Handelsverträge Caprivis. Der Agrarprotest, der viele Bauern politisierte, wurde von den Christlichen Bauernvereinen und dem Bayerischen Bauernbund, vor allem seit 1893 vom Bund der Landwirte aufgesogen. Dieser stieg rasch zu einem modernen, gut organisierten Agrarverband mit Hochburgen in den evangelischen Gebieten Nord- und Mitteldeutschlands, Rückhalt aber auch im Süden des Reiches auf. Kleine und mittlere Bauern stellten die Mehrzahl seiner Mitglieder. Die wenigen Großgrundbesitzer besetzten die Führungspositionen, und bürgerliche Verbandsfunktionäre erledigten die tägliche Arbeit. Der Bund warb mit scharf antisemitischer Propaganda um Mitglieder und betrieb eine kompromißlose, oppositionelle agrarische Interessenpolitik. Dazu unterstützte er bei Wahlen konservative und nationalliberale Kandidaten, die sich auf sein Programm verpflichten mußten, und baute so in den Parlamenten einflußreiche Abgeordnetenblöcke auf.[54]

Neben den Industrie- und Agrarverbänden fanden auch andere Interessenorganisationen um 1900 regen Zulauf, so daß ein ausgedehntes, vielfach gegliedertes Interessenverbandssystem entstand. Allein für Industrie, Gewerbe und Handel gab es 1907 mehr als 500 Verbände mit fast 5000 angeschlossenen Organisationen. Nicht nur die Zahl der Verbände, auch die der Mitglieder nahm zu: 300 000 zählte allein der Bund der Landwirte. Solche Massenorganisationen, auch wenn sie noch nicht die Regel waren, brauchten bürokratische Strukturen und hauptamtliche Funktionäre. Schon dadurch wuchs der Einfluß der Verbände auf Regierung und Verwaltung, Parteien, Parlamente und öffentliche Meinung. Da sich sachgerechte Entscheidungen ohne Mitwirkung der Betroffenen immer schwerer fällen und die Verbände als Teil des innenpolitischen Kräftefeldes kaum mehr umgehen ließen, wurden sie schrittweise, doch selten fest institutionalisiert, in den Prozeß politischer Willens- und Konsensbildung einbezogen. Dabei konkurrierten die Verbände mit den Parteien, schwächten sie wohl auch zeitweilig, verdrängten diese aber nicht.[55]

Die politische Mobilisierung spiegelte sich auch in den Wahlen zu den einzelstaatlichen Parlamenten, vor allem aber zum Reichstag wider. Die Wahlbeteiligung nahm auffällig zu. Sie stieg in zwei Schüben von 51% (1871) auf 84,9% (1912). So wuchs, während sich die Zahl der Wahlberechtigten nur verdoppelte, die der abgegebenen Stimmen um das Vierfache, nämlich von 3,9 auf 12,3 Mio. Darüber bekamen die Wahlen ein anderes Gesicht. So wurden anstelle lokal oder regional bekannter Personen zunehmend Kandidaten bestimmter Parteien gewählt. Auch differenzierte sich die Wählerschaft, und die Konkurrenz zwischen den Parteien nahm, bei erheblichen Unterschieden zwischen den Wahlkreisen, insgesamt zu. Eine Folge war, daß die Wahlkämpfe schärfer, mit größerem finanziellen Aufwand und planmäßiger geführt wurden, teilweise schon den Charakter von Wahlkampagnen annahmen. Obwohl sich die Wahlen dadurch ein Stück weit nationalisierten, blieben regionale Faktoren bestimmend, wie überhaupt der entstehende politische Massenmarkt ältere, historisch gewachsene Strukturen nur überlagerte. Das zeigte sich vor allem beim Wahlverhalten, das sich nur geringfügig änderte. Zwar verbesserte die Sozialdemokratie ihre Wahlergebnisse fast kontinuierlich, auch wenn sie bei den Stichwahlen durchweg schlechter abschnitt als etwa die Liberalen und die Stimmen städtischer gegenüber denen ländlicher Wähler an Gewicht verloren, da die Einteilung der 397 Wahlkreise nie den Bevölkerungsverschiebungen angepaßt wurde. Aber die anderen Parteien behaupteten sich. Sie verloren zwar Stimmenanteile, nicht aber Wählerstimmen, legten bei diesen sogar noch zu. Eine solche Kontinuität im Wahlverhalten erstaunt um so mehr, als sie im Gegensatz zu den wirtschaftlichen und sozialen Veränderungen um 1900 zu stehen scheint. Offenbar gelang es den Parteien, die Verbindung zu ihren jeweiligen Milieus nicht nur zu erhalten, sondern noch weiter zu festigen. Das verlieh ihnen Stabilität im Wandel, führte zugleich aber zu einer politischen »Versäulung«, die Integration und Kompromiß erschwerte.[56]

Mobilisierung und Politisierung der Bevölkerung, wie Wahlen sie mit sich brachten, stellten auch die Parteien vor ein Massenproblem. Je mehr sich die Gesellschaft differenzierte, desto heterogener wurden ihre Anhänger und Wähler. Flügel traten nun deutlicher hervor. Unterschiedliche, von einzelnen Verbänden organisierte Interessen kamen ins Spiel. Wählermeinungen mußten berücksichtigt werden. Sie wechselten rascher, und auch deshalb beschleunigte sich das politische Geschehen. Das alles machte es schwerer, konsensfähige Positionen zu finden und diese geschlossen nach außen zu vertreten. Hinzu kam, daß die Konkurrenz unter den Parteien wuchs, die Zahl der Kandidaten stieg. Auch nahmen Anhänger wie Wähler den Führungsanspruch der Honoratioren nicht mehr unbesehen hin. Die meisten Parteien hatten um die Jahrhundertwende mit starken populistischen Kräften zu ringen, die sie zu integrieren versuchten. So kam vieles zusammen, was die Parteien zwang, sich straffer zu organisieren, einen Stamm fester Mitglieder an- und höhere Geldmittel einzuwerben sowie über Vorfeldorganisationen im Land stärker präsent zu sein. Damit lief die Entwicklung insgesamt von der überkommenen Honoratioren- zur modernen Massenpartei. Sie kam freilich bei den einzelnen Parteien unterschiedlich weit voran.[57]

Die Sozialdemokratie entwickelte sich zu einer Massenpartei mit wenig fluktuierender Mitgliederschaft, hauptsächlich aus Arbeitern und Kleinbürgern zusammengesetzt, deren Zahl bis zum Krieg auf mehr als eine Million anstieg. Die Mitglieder waren ihr durch Beiträge und Zeitungen sowie durch eine ausgebaute, von Funktionären geführte Organisation eng verbunden. Doch reichten die Bindungen weiter. Der Sozialdemokratischen Partei anzugehören machte für die Mitglieder einen wesentlichen Teil ihrer Identität aus und begründete darum jenseits aller Parteidisziplin eine besondere Loyalität. Denn die Partei bestimmte das Leben der Mitglieder »von der Wiege bis zur Bahre«. In einem politischen und sozialen System, das die Arbeiter diskriminierte, schuf sie eine eigene, von diesem abgesetzte, dennoch auf das Umfeld bezogene sozialistische Lebenswelt. Die Wähler der Partei entstammten nicht unbedingt diesem Milieu. Ihre Zahl verdreifachte sich seit 1890, lag 1912 bei knapp 4,25 Mio. oder 34,8% aller Wähler. Doch ließen sich vor dem Krieg auch die Grenzen der sozialdemokratischen Mobilisierung erkennen. Diese machte vor Bauern und Landarbeitern, Handwerkern und Angestellten sowie Katholiken zwar nicht halt, war dort jedoch weit weniger erfolgreich als bei der protestantischen Arbeiterschaft in den Städten.[58]

Recht gut behauptete sich das Zentrum. Es konnte die Zahl seiner Wähler bis 1907 von rund 1,34 (1890) auf 2,18 Mio. steigern. Doch fielen die Stimmenanteile des Zentrums seit der Hochzeit des Kulturkampfes. Trotzdem behauptete es, dank sicherer regionaler, vor allem ländlicher Hochburgen, seine Mandatszahlen. Das Zentrum blieb, selbst wenn sich die Bindungen lockerten, fest im katholischen Milieu verankert. Es stützte sich nach wie vor auf Honoratioren in den Wahlkreisen, auf Kirche und Klerus, das Vereinswesen, darunter die Bauernvereine, sowie nicht zuletzt auf die Christlichen Gewerkschaften und den Volksverein für das katholische Deutschland, der vor allem im Westen des Reiches die sozialreformerisch eingestellten Katholiken erfaßte. Durch diese Organisationen konnte die Partei, trotz erheblicher innerer Machtverschiebungen, den populistischen Protest agrarisch-mittelständischer Wähler und die Bewegung katholischer Arbeiter weitgehend einbinden. Das verlangte dem Zentrum, zumal seit die Fraktion im Reichstag unter der Führung bürgerlicher Politiker ihren Oppositionskurs aufgegeben hatte, eine beachtliche Integrationsleistung ab. Sie gelang weitgehend, indem Einheit und gemeinsame Interessen der Katholiken beschworen, kirchenpolitische Fragen hervorgehoben sowie die Forderungen von Mittelstand, Bauern und Arbeitern im Parlament vertreten wurden.[59]

Schwerer taten sich die Liberalen. Ihr Staats- und Gesellschaftsmodell hatte seit den siebziger Jahren unwiderruflich an Attraktivität eingebüßt. Zwar verloren die Liberalen keine Wähler, konnten ihre Zahl sogar von 2,49 (1890) auf knapp 3,16 Mio. im Jahre 1912 steigern. Doch sank bis 1903 der Stimmenanteil und, stärker noch, die Mandatszahl, nicht zuletzt wegen der geringen regionalen Konzentration liberaler Wähler. Von der Politisierung der Massen profitierten deshalb weder die rechten noch die linken Liberalen; sie ging weitgehend an ihnen vorbei. Zwar versuchten die Liberalen gegenzusteuern: indem sie die Parteiorganisationen nicht ohne Erfolg ausbauten; auf die Zusammenarbeit mit Interessenverbänden wie dem Bund der Landwirte oder dem Bund der Industriellen setzten; nach neuen, zugkräftigen Themen suchten wie »Flotte« und »Weltpolitik« oder sich, so vor allem die Linksliberalen, der Sozialen Frage annahmen und sich um eine Zusammenarbeit mit Teilen der Sozialdemokratie bemühten. Doch reichte dies alles nur, um sich auf Reichsebene gerade behaupten zu können. Ganz anders sah es dagegen auf kommunaler Ebene aus. Hier blieben die Liberalen einflußreich und gestaltungsfähig. Sie verdankten das den fortbestehenden, antidemokratischen Wahlrechtsbeschränkungen, die sie deshalb auch zäh verteidigten.[60]

Große Probleme stellten sich auch den Konservativen. Zwar nahm die Zahl ihrer Wähler leicht zu: von 1,38 (1890) auf 1,49 Mio. (1912). Ihre Stimmenanteile sanken jedoch deutlich, ebenso die Mandatszahlen, gebremst freilich durch die Bevorzugung ländlicher Wahlkreise. Trotz einiger nicht ganz erfolgloser Versuche, städtische Wähler zu gewinnen, und trotz mancher regionaler

Unterschiede entwickelten sich die Konservativen, vor allem die Deutschkonservativen, immer mehr zu einer ländlich-agrarischen Partei vornehmlich der ostelbischen Gebiete. Da ihnen eine feste Parteiorganisation fehlte, überlebten sie nicht zuletzt dank des Bundes der Landwirte. Dieser kanalisierte ländliches Protestpotential, das sich zeitweilig den radikalen Antisemitenparteien zugewandt hatte, führte es den Deutschkonservativen zu und stärkte damit ihre Wählerbasis. So entstand eine enge, wenn auch nicht konflikt- und spannungsfreie Zusammenarbeit zwischen Partei und Verband, die den Konservativismus agrarisch einzufärben und zu radikalisieren begann, ohne jedoch die Gegensätze zwischen Honoratioren- und Massenpolitik, zwischen gouvernementaler und oppositioneller Ausrichtung aufzuheben.[61]

Auf dem sich entwickelnden politischen Massenmarkt wuchs der Einfluß der Presse, selbst wenn die staatlichen Kontrollen hemmend wirkten. Die Blätter, vor allem aber ihre Auflagen nahmen zu, ihr Aussehen wandelte sich. Neben die Richtungspresse, zumal jene des katholischen oder sozialdemokratischen, aber auch des liberalen und konservativen Milieus, trat bei manchen Mischformen seit den neunziger Jahren die kommerzialisierte Massenpresse der »Generalanzeiger«. Diese gaben sich politisch unabhängig, wollten Nachricht vor Gesinnung stellen, gingen in Art und Inhalt ihrer Berichterstattung mehr auf die Wünsche der Leser in den Groß- und Mittelstädten ein, waren nicht zuletzt preisgünstiger, weil sie sich stärker über Anzeigen finanzierten und in hohen Auflagen erschienen. Hand in Hand damit veränderte sich, kaum bei den kleinen Provinz-, mehr bei den Großstadtzeitungen, die technische und redaktionelle Herstellung. Die Journalisten, überwiegend bürgerlich-protestantisch und akademisch gebildet, verberuflichten zunehmend. Doch setzten sie weiterhin mehr auf Überzeugungstreue denn auf Unabhängigkeit, blieben so an die jeweiligen Milieus gebunden und dabei doch recht politikfern.[62]

Unter den Ideologien, die Massen mobilisierten, spielte der Antisemitismus eine wichtige Rolle. Dies zeigte sich schon, als die wirtschaftlichen und sozialen Probleme der siebziger Jahre den modernen Antisemitismus virulent werden ließen. Er knüpfte an die verbreitete traditionelle Judenfeindschaft an, goß sie aber in neue Inhalte und Formen. Denn »Antisemitismus«, der Begriff kam 1879 auf, war ein nach-emanzipatorisches Phänomen, mit dem die rechtliche und politische, gesellschaftliche und kulturelle Emanzipation der Juden rückgängig gemacht werden sollte. Zugleich weitete sich der Antisemitismus, indem er Juden und Moderne in eins setzte, zum Protest gegen die moderne Welt aus. Neu war schließlich, daß sich der Antisemitismus organisierte und mit aufkommenden Rassentheorien und völkischen Vorstellungen verband. Als Rassenantisemitismus gewann er eine neue Qualität.[63]

Am Ende der siebziger Jahre entstand eine antisemitische Bewegung. Zuerst suchte die protestantisch-konservative Christlichsoziale Partei Adolf Stoeckers die Vorurteile gegen Juden politisch zu nutzen und mit antijüdischen Parolen vor allem mittelständische Schichten anzusprechen. Ihr folgten bald radikale Antisemitenparteien, zuerst in Berlin, dann in der Provinz. Vor allem in Sachsen und Hessen, Brandenburg und Pommern rührten sie die Unzufriedenheit dörflich-kleinstädtischer Bevölkerungskreise über die fortschreitende Industrialisierung auf, bündelten ihren Protest und boten ihm die Möglichkeit, politisch wirksam zu werden. Scharfe Gegensätze dividierten die Parteien immer wieder auseinander. Sie entzündeten sich nicht zuletzt am Verhältnis zum Konservativismus, dessen Nähe die einen suchten, während die anderen, mehr populistische Protestbewegungen, gegen ihn Front machten. Nachdem der Parteienantisemitismus an der Wende von den siebziger zu den achtziger Jahren eine erste und ein Jahrzehnt später eine zweite Hochzeit erlebt hatte, flaute er etwas ab, verschwand aber nicht.[64]

Der Antisemitismus breitete sich nicht nur in Parteien, sondern auch in Vereinen und Verbänden sowie durch sie in Teilen der Gesellschaft aus. Das zeigt die wachsende Resonanz antijüdischer Ressentiments und verdeutlicht zugleich, welche Bevölkerungsgruppen dafür besonders anfällig waren. So spielte der Antisemitismus eine große Rolle in studentischen Gruppen, vor allem in den Vereinen deutscher Studenten; in Zusammenschlüssen des »alten« und »neuen« Mittelstandes, besonders Handwerker- und Einzelhandelsverbänden oder dem Deutschnationalen Handlungsgehilfen-Verband; außerdem in Agrarorganisationen wie dem Bund der Landwirte, und nicht zuletzt in nationalen Agitationsverbänden, allen voran dem Alldeutschen Verband. Doch war dies nur der offene Antisemitismus. Denn es gab zwar Parteien, die gegen ihn Front machten, wie Linksliberale und Sozialdemokraten; andere fanden sich jedoch mit ihm ab, etwa die Nationalliberalen, oder nahmen eine zwiespältige Haltung ein, so das Zentrum und vor allem die Konservativen. Auch die staatlichen Institutionen verhielten sich insofern ambivalent, als sie einerseits den Grundsatz der bürgerlichen Gleichheit respektierten, andererseits Juden aber faktisch von bestimmten Bereichen und Positionen in Verwaltung und Lehre sowie von diplomatischem Dienst und Offizierslaufbahn ausschlossen. Schließlich praktizierten weite Teile der Gesellschaft einen alltäglichen Antisemitismus. So waren im Kaiserreich antisemitische Vorurteile teils offen, teils latent vorhanden und ließen sich in Krisensituationen leicht aktivieren.[65]

Mehr noch als der Antisemitismus konnte der Nationalismus Massen mobilisieren. Viele, die dem Nationalstaat skeptisch bis ablehnend gegenübergestanden hatten, wie Katholiken, sozialdemokratische Arbeiter oder Partikularisten, fanden sich allmählich mit ihm ab, wuchsen langsam in die Nation hinein. Bei ihnen, vor allem aber bei jenen, die mit der nationalen Sache bis dahin nicht oder kaum in Berührung gekommen waren, stieß der Nationalismus jetzt auf wachsende Resonanz. Ihnen allen bot die Nation, zumal die Sehnsucht nach nationaler Größe, eine Möglichkeit der Identifikation jenseits aller Verunsicherungen und Belastungen, welche die fortschreitende Modernisierung mit sich brachte. Zugleich eröffnete der Nationalismus eine Chance, am politischen Geschehen mitzuwirken, und sei es nur als Mitglied eines nationalen Vereins, Teilnehmer an einem Fest oder Zuschauer bei einer Veranstaltung, welche die Nation massenwirksam in Szene setzte. Das galt auch für Frauen, jenen, die sich in der Frauenbewegung organisierten, aber auch solchen, die Mitglieder in nationalen Vereinen wurden. Daß allein dem Kyffhäuserbund der Deutschen Landes-Kriegerverbände 2,8 Mio., dem Deutschen Flottenverein 1,1 Mio. Mitglieder beitraten, zeugt von der Anziehungskraft des Nationalismus.[66]

Doch breitete sich der Nationalismus nicht nur aus, er gewann auch an Intensität, prägte immer weitere Bereiche von Politik und Wirtschaft, Gesellschaft und Kultur. Über alledem veränderten sich sein Inhalt und seine Form. Die »konservative Inbesitznahme der ›Nation‹« (Dieter Langewiesche), die in den siebziger Jahren eingesetzt hatte, schritt in der wilhelminischen Zeit rasch voran. Staatliche Institutionen wie Schule und Heer beteiligten sich ebenso daran, den Nationalismus umzudeuten, wie Kirche, gesellschaftliche Organisationen oder Öffentlichkeit. Dabei traten die liberalen und emanzipatorischen Bestandteile im Nationalismus zurück, entwickelte sich dieser zu einem integralen Nationalismus. Er setzte die Nation absolut, suchte das Individuum auf sie als einzigen Wert zu verpflichten. Sich gegen innere und äußere Feinde zu wenden, gehörte zu den grundlegenden Mechanismen des Nationalismus, da ihm das seine integrative Kraft verlieh. Doch änderte sich jetzt zunehmend das Mischungsverhältnis, nahmen die aggressiven Komponenten noch zu. Nach außen gewendet, mündete der Reichsnationalismus der Siebziger bereits seit den achtziger, vor allem aber seit den neunziger Jahren in den Imperialismus. Es trieb ihn nicht zuletzt die Vorstellung an, die Nation müsse sich im Kampf der Weltmächte behaupten, selber Weltmacht werden, nach der Reichsgründung ihre Mission in der Welt erfüllen. Eine wachsende Zahl von Feinden schien sich dem entgegenzustellen. Zum Feindbild Frankreich, seit dem frühen 19. Jahrhundert zentraler Teil nationalen Selbstverständnisses, traten England- und Rußlandhaß. Dies schuf ein Gefühl äußerer Bedrohung. Auch deshalb wandte sich der Nationalismus schärfer nach innen, gegen Sozialdemokraten, nationale Minderheiten, vor allem die Polen, und nicht zuletzt gegen die Juden, forderte die innere Geschlossenheit gegen die vermeintliche Bedrohung von außen.[67]

Zwar blieb der Nationalismus in der wilhelminischen Zeit bei allem Wandel vielgestaltig, verband sich mit unterschiedlichen politischen Richtungen und Zielen, entfaltete gerade darin wie eh und je seine besondere integrierende Kraft. Neu war jedoch, daß sich bei fließenden Übergängen in den neunziger Jahren ein radikaler Nationalismus zu formieren begann. Er sah die Nation als Volksnation und bald, rassenbiologisch interpretiert, auch als Abstammungsgemeinschaft. Das machte den völkischen Nationalismus besonders expansiv nach außen und aggressiv nach innen. Denn er wollte den deutschen Nationalstaat nicht nur in einem großen mitteleuropäischen Reich auf völkischer Grundlage vollenden und Kolonialbesitz in Übersee hinzugewinnen, sondern auch, als Voraussetzung dafür, seine Feinde im Inneren kompromißlos bekämpfen. Den Kern dieses radikalen Nationalismus bildete seit 1893 der Alldeutsche Verband. Er verstand sich als Pionierorganisation eines neuen, extremen, zunehmend völkischen und antisemitischen Nationalismus. So formierte sich mit den Alldeutschen und in ihrem engeren Umfeld, zu dem zeitweilig der Deutsche Flottenverein und später der Deutsche Wehrverein, aber auch antisozialdemokratische, antisemitische und völkische Vereine zählten, eine nationale Opposition, die in den Jahren vor dem Weltkrieg zunehmend radikaler auftrat. Diese »nationale« oder »neue« Rechte organisierte den Druck von unten, verschaffte ihm dadurch politisches Gewicht und machte im nationalen Interesse, so wie sie es definierte und sich dabei auf das Volk berief, zunächst gegen die Außen-, dann auch gegen die Innenpolitik der Regierung Front.[68]

Um 1900 politisierten und organisierten sich größere Teile der Gesellschaft, forderten auch, mehr als bisher an der Meinungs- und Willensbildung mitzuwirken. Auf diese Fundamentalpolitisierung mußte das politische System reagieren, hatten Regierungen und Bürokratien, Parlamente und Parteien Antworten zu finden. Indem sie Impulse von unten aufnahmen, änderten sich Stil, Ablauf und Träger der Politik, kamen unterbrochene Prozesse wie etwa jener der Parlamentarisierung unter anderen Bedingungen wieder in Gang.

# IV. Reaktionen des Obrigkeitsstaates

Die Veränderungen an der Jahrhundertwende stellten das politische System des kaiserlichen Deutschland vor neue Herausforderungen. Auf der einen Seite hatte es jene vielfältigen Probleme zu bewältigen, die der rasche Wandel aufwarf. So mußte sich die Wirtschaftspolitik etwa der fortschreitenden Industrialisierung anpassen und zugleich versuchen, ihre negativen Folgen für Handwerk und Landwirtschaft zu mildern. Sozial- und Innenpolitik standen vor der Aufgabe, den Arbeitern nicht nur bessere Lebensbedingungen, sondern auch die Chance zu bieten, sich als gleichberechtigte Staatsbürger in die Gesellschaft zu integrieren. Neue Wege, die wachsenden öffentlichen Ausgaben zu finanzieren, hatte die Finanzpolitik zu suchen. Auf der anderen Seite stand das Kaiserreich vor der Schwierigkeit, seine politischen Strukturen und Entscheidungsprozesse an die Dynamik industriewirtschaftlicher Entwicklung, den sozialen Wandel und die Fundamentalpolitisierung anzupassen. So ging es in den beiden Jahrzehnten um 1900 vor allem darum, Politik und Herrschaftssystem mit den gewandelten Verhältnissen in Einklang zu bringen. Einen ersten Versuch dazu unternahm der »Neue Kurs« in den frühen neunziger Jahren. Sein Scheitern führte nach einer Zeit innenpolitischer Turbulenzen, ausgelöst nicht zuletzt durch das »persönliche Regiment« des Kaisers, zu einem zweiten Anlauf. Dieser stand im Zeichen von Flottenbau, Weltpolitik und Kaisertum. Auf kurze Sicht zeigte er Erfolge, auf längere nicht. Denn außenpolitisch manövrierte sich das Kaiserreich in eine Sackgasse und innenpolitisch in die Staatskrise von 1908/09.[1]

## 1. Der »Neue Kurs«

Wenn dem »Neuen Kurs« ein Kerngedanke zugrunde lag, war es der, den monarchischen Staat aus den unmittelbaren gesellschaftlichen Konflikten zurückzuziehen, ihn zu einer neutralen Instanz zu machen, die über diesen stand und sie moderierte. Leo von Caprivi, der neue Reichskanzler und preußische Ministerpräsident, wollte deshalb die Politik der Konfrontation und Spaltung, die Bismarck betrieben und als Herrschaftsmittel eingesetzt hatte, durch eine Politik des Ausgleichs und der Versöhnung ersetzen. Moderate Reformen sollten soziale Konflikte mildern, der Regierung in den schwierigen Zeiten nach Bismarcks Entlassung und dem Bruch des »Kartells« Rückhalt verschaffen und nicht zuletzt das Kaiserreich aus jenem Immobilismus herausführen, den die schleichende Auflösung des »Systems Bismarck« in den achtziger Jahren hatte entstehen lassen. Erfolge zeigten sich sowohl in der Sozial- und Außenwirtschafts- als auch auf einigen Gebieten der preußischen Innenpolitik.[2]

Die Sozialpolitik knüpfte wieder an die Reformkonzepte der siebziger Jahre an, nachdem Bismarcks Versuch, die Arbeiter durch eine Sozialversicherung zu gewinnen und die Arbeiterbewegung durch Repression zu schwächen, gescheitert war. Statt dessen setzten einflußreiche Sozialpolitiker wie Hans Freiherr von Berlepsch, seit 1890 preußischer Handelsminister und einer der Hauptexponenten des »Neuen Kurses«, auf Arbeiterschutz und Reform des Arbeitsrechtes. Seit der Mitte der achtziger Jahre wuchs in Öffentlichkeit und Reichstag die Zustimmung für diese sozialpolitische Linie. Doch erst im Machtkampf zwischen Wilhelm II. und Bismarck wurde sie politikfähig und, begünstigt durch die wirtschaftliche Erholung, mit den Februarerlassen von 1890 zum offiziellen Programm erhoben. Die Gewerbeordnungsnovelle von 1891 setzte Teile davon in gesetzliche Bestimmungen um. Sie verbot die Sonntagsarbeit, schränkte die Beschäftigung von Kindern und Frauen in Fabriken weiter ein, regelte die Arbeit in gesundheitsgefährdenden Betrieben. Eine leistungsfähigere Gewerbeaufsicht sollte sicherstellen, daß die Arbeiterschutzmaßnahmen auch eingehalten wurden. Weitaus schwieriger war es, die anderen Teile des Reformprogramms zu verwirklichen. Denn das brauchte mehr Zeit. Inzwischen wuchs der Widerstand der Industrie, die Konjunktur schwächte sich ab, und der breite sozialpolitische Konsens des Jahres 1890 zerfiel, zumal greifbare Erfolge auf sich warten ließen. So gelang es vor allem nicht, das Arbeitervereins- und Koalitionsrecht neu zu fassen. Erst daran hätte sich erweisen können, wie ernst es der Staat mit dem Abbau der Konfrontation gegenüber der Arbeiterschaft meinte.[3]

Änderungen gab es auch in der Handelspolitik. Caprivi suchte die Krise abzuwenden, die dem deutschen Außenhandel drohte. 1892 liefen Handelsverträge aus, die Frankreich mit anderen europäischen Staaten abgeschlossen hatte und von denen das Reich aufgrund der Meistbegünstigungsklausel des Frankfurter Friedens profitierte, ohne sich selbst vertraglich binden zu müssen. Nun drohten höhere Zölle, vielleicht sogar Zollkriege. Das Reich schloß deshalb in den Jahren 1891 bis 1893 langfristige Handelsverträge zuerst mit Österreich-Ungarn und Italien, Belgien und der Schweiz, dann mit Spanien, Serbien und Rumänien, schließlich mit Rußland. Zusammengenommen bildeten sie ein Handelsvertragssystem, das helfen sollte, deutsche Industrieprodukte im Ausland besser abzusetzen. Denn nur eine prosperierende Industrie, und das gab für Caprivi neben außenpolitischen Erwägungen den Ausschlag, konnte Arbeitsplätze für die wachsende Bevölkerung schaffen, durch Export die notwendigen Devisen für die Einfuhr von Rohstoffen und Nahrungsmitteln erwirtschaften sowie die steigenden finanziellen Ansprüche der öffentlichen Hand auf Dauer befriedigen. Freilich waren Handelsverträge, die Märkte für deutsche Industrieprodukte öffneten, nur gegen Zugeständnisse bei den Agrarzöllen zu erlangen. So verschob die Handelspolitik Caprivis die Prioritäten zugunsten der Industrie, vor allem der Exportwirtschaft, aber auch der Konsumenten, die auf niedrigere Lebensmittelpreise hoffen durften.[4]

Kleinere und größere Erfolge brachten schließlich die Reformen in Preußen. Hier ging es darum, die in den siebziger Jahren begonnene, dann aber steckengebliebene Reorganisation der Verwaltung auf Gemeindeebene fortzusetzen. Dabei ließen sich die ursprünglichen Pläne der Liberalen, Gutsbezirke und Dörfer zu finanziell wie politisch gleichermaßen leistungsfähigen Selbstverwaltungseinheiten zusammenzulegen, nicht verwirklichen. Denn die Konservativen sahen dadurch wieder einmal die lokale Herrschaft der Gutsbesitzer bedroht und verwässerten daher 1891 die Herrfurthsche Landgemeindeordnung im Abgeordnetenhaus. Erfolgreicher war die Steuerreform von Finanzminister Miquel. Er führte im selben Jahr eine moderne Einkommensteuer ein. Sie erfaßte fortab mit einer geänderten Veranlagungs- und Erhebungstechnik alle Arten von Einkommen, die den Steuerpflichtigen aus genau bezeichneten Quellen zuflossen, ließ den Fiskus auf diese Weise direkt am wachsenden Sozialprodukt teilhaben und paßte die Besteuerung damit dem Wandel vom Agrar- zum Industriestaat an. Zugleich setzte sich mit einem steuerfreien Existenzminimum, einer wenn auch noch recht schwachen Progression der

Steuersätze bis 4% sowie der Möglichkeit, eine Reihe von Abzügen vorzunehmen, das Prinzip endgültig durch, die Steuerpflichtigen nach ihrer individuellen Leistungsfähigkeit zu veranlagen. Ergänzt wurde die Einkommen- 1893 durch eine Vermögensteuer. Da die neuen Auflagen fiskalisch ergiebig waren, überließ Miquel den Gemeinden Grund-, Gebäude- und Gewerbesteuer. Er trennte dadurch die Staats- klarer von den Gemeindeabgaben und milderte auch die Finanznöte der Kommunen. Daß der Finanzminister dabei beträchtliche Konzessionen an die Großgrundbesitzer machen mußte, ließ die Grenzen möglicher Reformen erkennen. Auch die Änderung des Wahlrechts, notwendig, weil die Steuerreform den plutokratischen Charakter des Dreiklassenwahlrechts weiter verstärkt hätte, brachte nur kleine Korrekturen und keine Ausgestaltung des Wahlrechts oder gar die Einführung des Reichstagswahlrechts in Preußen.[5]

So beseitigte der »Neue Kurs« zwar in einigen Bereichen den Immobilismus der späten achtziger Jahre, paßte das Reich auch ein Stück weit an die sich wandelnden wirtschaftlichen und sozialen Verhältnisse an. Doch blieben die Reformen durchweg halbherzig, einer Politik des »aufgeklärten Konservativismus« (Peter Leibenguth) verpflichtet, die sich in den neunziger Jahren als nicht mehr zeitgemäß erwies. Die Reformvorhaben gingen einerseits nicht weit genug, um einen wirklichen Systemwandel herbeizuführen, andererseits aber zu weit, um sich ohne massive Widerstände durchsetzen zu lassen.

Schwierigkeiten erwuchsen dem »Neuen Kurs« schon aus den Koordinationsproblemen an der Staatsspitze, welche die Auflösung des »Systems Bismarck« nach sich zog. Im Unterschied zu seinem Amtsvorgänger räumte Caprivi den Staatssekretären der Reichsämter mehr Kompetenzen ein und setzte stärker auf Kollegialität im preußischen Staatsministerium. Das erhöhte die Reibungen, da sein Führungsstil rasch mit den Verfassungsstrukturen in Konflikt geriet, insbesondere den Gleichschritt zwischen Reich und Preußen störte. Begann sich die Reichspolitik, zumal bei den Mehrheitsverhältnissen im Reichstag, gegenüber Zentrum und Linksparteien zu öffnen, wollte das Staatsministerium unter Führung Miquels, auch wegen der anders gelagerten Mehrheiten im Abgeordnetenhaus, das »Kartell« aus Konservativen und Nationalliberalen wiederbeleben. Das Reich von Preußen abzukoppeln stellte jedoch keine Lösung dar. Denn als Caprivi 1892 das Amt des preußischen Ministerpräsidenten an Botho Graf zu Eulenburg abgab, verlor er vollends den Rückhalt im Staatsministerium und, gestützt allein auf die Reichsämter, weiter an Macht. Zugleich faserte der politische Entscheidungsprozeß noch mehr aus, da der »halbierte Kanzler« (Eugen Richter) die Politik des Reiches und Preußens nicht mehr zu koordinieren vermochte.[6]

Im Reichstag fand Caprivi auf Dauer weder Halt noch Gegengewicht. Er schlug zwar eine Brücke zu jenen Parteien, die unter Bismarck noch als »Reichsfeinde« diffamiert worden waren. Doch wollte und konnte der Kanzler weder Linksliberale noch Sozialdemokraten dauerhaft an die Regierung binden, und die Zusammenarbeit mit dem Zentrum, die anfangs weniger Probleme aufgeworfen hatte, wurde seit 1892 zusehends schwieriger. Einen ersten Rückschlag brachten die Auseinandersetzungen um das preußische Schulgesetz. An sich sollte der überfällige Entwurf, den Kultusminister Robert Graf von Zedlitz-Trützschler vorlegte, den Wünschen des Zentrums entgegenkommen. Doch stieß er, weil zu kirchenfreundlich, auf heftigen Widerstand in der bildungsbürgerlichen Öffentlichkeit und bei den liberalen Parteien. Als Caprivi die Vorlage auf Druck des Kaisers zurückziehen mußte, hatte er sowohl bei den Liberalen als auch beim Zentrum viel Kredit verspielt. Einen weiteren Rückschlag brachte die Heeresvorlage von 1892/93. Sie führte zu einem mächtigen Rüstungsschub, leitete den »Übergang von der personal-intensiven auf die material-intensive Rüstung« (Michael Geyer) ein und veränderte die Stellung der Armee. Um den Entwurf durch den Reichstag zu bringen, bot der Kanzler statt des Septennats ein Quinquennat und anstelle der dreijährigen die zweijährige Dienstzeit an. Zu einer Mehrheit reichte es jedoch nicht. Denn neben Sozialdemokraten und Freisinnigen lehnten auch große Teile der Zentrumsfraktion den Entwurf ab, vor allem wegen der absehbaren zusätzlichen finanziellen Belastungen. Erst die Auflösung des Reichstages und die Neuwahlen von 1893 brachten dem Reichskanzler die Mehrheit für eine modifizierte Heeresvorlage. Zwar gewannen die Sozialdemokraten neun Sitze hinzu, doch die Linksliberalen, die sich über der Militärfrage in Freisinnige Vereinigung und Freisinnige Volkspartei gespalten hatten, verloren 29 Mandate. Auch das Zentrum büßte zehn Sitze ein. Zugleich wurden die aristokratisch-konservativen Honoratioren an der Fraktionsspitze durch bürgerliche Führungskräfte ersetzt.[7]

Fand Caprivi schon in der Mitte und auf der Linken keine stabile Mehrheit im Reichstag, wuchs obendrein die Opposition der Konservativen. Zum endgültigen Bruch mit dem Kanzler kam es wegen der Handelspolitik, der sich die Landwirtschaft zu großen Teilen widersetzte. Die Strukturprobleme der Landwirtschaft, ein wachsendes Krisengefühl sowie rapide fallende Agrarpreise ließen eine agrarische Massenbewegung entstehen. Die Mobilisierung und Politisierung, die der Kampf um die Handelsverträge auslöste, führte nicht nur zur Gründung des Bundes der Landwirte, sondern erfaßte auch die Deutschkonservative Partei. Ähnlich wie beim Zentrum veränderte sich in relativ kurzer Zeit ihr Gesicht. Zunächst stürzte 1892 die alte Parteiführung; dann öffnete sich die Partei auf dem Tivoli-Parteitag im Dezember 1892 antisemitischen Parolen; und schließlich schwenkte sie unter dem Einfluß des Bundes der Landwirte seit 1893 auf eine agarischen Interessen stark verpflichtete, antigouvernementale Politik ein.[8]

Nicht nur in der Regierung und im Reichstag stieß Caprivi auf Schwierigkeiten, sondern zunehmend auch bei Wilhelm II., der seine kaiserlichen Rechte mehr zur Geltung bringen, ein »persönliches Regiment« errichten wollte. Ob ihm das gelungen ist, wurde schon von den Zeitgenossen und wird von den Historikern unterschiedlich beurteilt. Lange Zeit standen sich, bei manchen Nuancen, zwei Positionen gegenüber: Die eine nahm den Anspruch Wilhelms für die Wirklichkeit, bewertete ihn als Durchbrechung des konstitutionellen Systems und machte dies für die Fehler deutscher Politik vor 1914 verantwortlich. Für die andere gab es, da Wilhelm offensichtlich die erforderlichen Fähigkeiten fehlten, das »persönliche Regiment« weder im Sinne einer »institutionalisierten«, also planvollen und permanenten, noch regellosen und zufälligen, »improvisierten« (Ernst Rudolf Huber) Einmischung in die Regierungsgeschäfte. Das »persönliche Regiment« war demnach bloßer Schein, wenn auch ein gefährlicher. Gegen diese Position, die weitgehend akzeptiert schien, ist in letzter Zeit eingewendet worden, daß weniger entscheidend sei, ob sich Wilhelm an das konstitutionelle System gehalten habe oder nicht, sondern vielmehr nach dem tatsächlichen politischen Einfluß des Kaisers gefragt werden müsse. So hätten der Monarch und seine Berater, voran Philipp Graf zu Eulenburg, darauf hingearbeitet, die Macht des Kaisers zu erweitern und seine Vorstellungen durchzusetzen. Das sei auch gelungen. Der Kaiser habe dem politischen System seinen Stempel aufgedrückt, es zu einem »monarchozentrischen« (John C. G. Röhl) geformt, das nach dem »Königsmechanismus« (Norbert Elias) funktionierte. Wenn sich diese Interpretation auch nicht durchsetzen konnte, da sie den Kaiser zu sehr ins Zentrum der Politik rückt, wird Wilhelm unter ihrem Einfluß wieder mehr Gewicht beigemessen. So griff der Kaiser häufig, wenn auch planlos, in politische Entscheidungsprozesse ein, weniger in der Innen-, mehr dagegen in der Flotten-, Heeres- und Außenpolitik, beeinflußte durch Personalentscheidungen, wobei seine Umgebung wichtig wurde, die großen Linien der Politik und steckte darüber hinaus in vielem den Rahmen dafür ab, was im Kaiserreich möglich war und was nicht. Nach 1890 nahm der kaiserliche Einfluß zu, vor allem seit 1894, erreichte seinen Höhepunkt in den Jahren 1897 bis 1900 und ging dann langsam, seit der »Daily Telegraph-Affäre« 1908, unübersehbar zurück.[9]

Parallel zu den Versuchen Wilhelms, ein »persönliches Regiment« zu errichten, wuchsen seine inhaltlichen Vorbehalte gegenüber dem »Neuen Kurs«, zumal dieser nicht, wie erhofft, die Legitimationsbasis des monarchischen Systems verbreiterte, sondern diesem im Gegenteil tragende Kräfte wie die Konservativen zu entfremden drohte. Wilhelm begann deshalb gegenzusteuern. Anfang 1894 söhnte er sich mit Bismarck aus. Das machte den Weg frei für eine innenpolitische Umorientierung, die nicht mehr dem Altreichskanzler und seinen Anhängern, der »Bismarckfronde«, in die Hände arbeitete. Der Bruch mit dem »Neuen Kurs« vollzog sich in den Auseinandersetzungen um die »Umsturzvorlage« und die Staatsstreichpläne, die sich mit einem solchen Ausnahmegesetz gegen die Sozialdemokratie verbanden. Die Gegner des »Neuen Kurses«, der preußische Ministerpräsident, industrielle Kreise um Carl Ferdinand Freiherr von Stumm-Halberg sowie Teile der Landwirtschaft, des Militärs und des Hofstaates, aber auch der Freikonservativen und Nationalliberalen, drängten auf schärfere Maßnahmen gegen die Sozialdemokratie, weil sie Caprivis Politik der Öffnung von Anfang an abgelehnt hatten, inzwischen an ihrem Erfolg zweifelten oder einfach nach einer Möglichkeit suchten, den Reichskanzler aus dem Amt zu drängen. Für die Exponenten des »Neuen Kurses«, die sich ohnehin an den Rand geschoben, im Reichstag und von Teilen der Bürokratie nur noch halbherzig unterstützt sahen, wurde entscheidend, daß sich Wilhelm gegen den Reichskanzler stellte. Dieser war zwar bereit, das preußische Vereins- und Versammlungsrecht zu verschärfen, lehnte aber ein Ausnahmegesetz ebenso ab wie alle Staatsstreichpläne. Der innenpolitische Konflikt endete damit, daß sowohl Ministerpräsident Eulenburg als auch Reichskanzler Caprivi im Oktober 1894 entlassen wurden. Die Gegner des »Neuen Kurses« hatten sich weitgehend, aber nicht vollständig durchsetzen können.[10]

Die Entscheidung, Chlodwig Fürst zu Hohenlohe-Schillingsfürst das Amt des Reichskanzlers zu übertragen, wichtige Exponenten des »Neuen Kurses« auf ihren Posten zu belassen, zugleich aber das Staatsministerium durch Neubesetzungen konservativ einzufärben, lief auf eine Übergangslösung hinaus. Der »Neue Kurs« hatte abgewirtschaftet, und eine Umorientierung zeichnete sich ab. Welchen Weg im Spektrum von Möglichkeiten einer stärker konservativ ausgerichteten Politik die Regierung gehen würde, blieb aber noch offen. Das galt auch für die Frage eines Ausnahmegesetzes gegen die Sozialdemokratie sowie damit verbunden die radikale Alternative eines Staatsstreiches. In dieser Situation versuchte Hohenlohe, zwischen den widerstreitenden Kräften zu vermitteln und, soweit ihm das nicht gelang, Konflikten aus dem Weg zu gehen. Scharfe Auseinandersetzungen mit dem Kaiser scheute er, ließ ihn dafür um so öfter ins Leere laufen. Diese Politik des Zauderns und Vertagens entsprang der eigenen Schwäche, aber auch der Einsicht in den begrenzten Handlungsspielraum. Sie mochte im Verhindern erfolgreich sein, im Gestalten blieb sie ohne Erfolg.[11]

Zwar verringerten sich nach 1894 die institutionellen Reibungen zwischen Reich und Preußen, weil Hohenlohe die Ämter des Reichskanzlers und preußischen Ministerpräsidenten wieder in seiner Hand vereinigte. Doch blieben, wegen anders gelagerter Mehrheiten in Abgeordnetenhaus und Reichstag, die politischen Gegensätze bestehen, nicht minder die Rivalitäten zwischen Kabinett, Umgebung und Beraterkreis Wilhelms II. auf der einen sowie Reichsleitung und preußischer Regierung auf der anderen Seite. Auch mehrten sich die Eingriffe des Kaisers. Im Zuge von Krisen um die Minister Köller und Bronsart, die Staatssekretäre Boetticher, Marschall und Hollmann ging die Einheit von Reichsleitung wie Staatsministerium immer mehr verloren. So hatte es Wilhelm II. leichter, Sach-, besonders aber Personalentscheidungen zu beeinflussen. Er drängte die verbliebenen Exponenten des »Neuen Kurses« aus ihren Ämtern und ersetzte sie, ohne den Reichskanzler zu fragen, durch Personen seines Vertrauens. Dadurch verlor Hohenlohe, von Anfang an ein schwacher Kanzler, noch mehr an Macht.

Die permanente Regierungskrise war das eine hervorstechende Merkmal der Kanzlerschaft Hohenlohes, die Auseinandersetzung um die Soziale Frage das andere. 1893 geriet die Sozialpolitik des »Neuen Kurses« ins Stocken; ein Jahr später fand sie ihr Ende. Weder Kanzler noch Staatsministerium unterstützten Berlepsch, und der Kaiser hielt ihn nur noch im Amt, um den schädlichen Eindruck eines Systemwechsels zu vermeiden. Widerstand gab es auch im Abgeordnetenhaus und im Reichstag, vor allem von seiten der konservativen Parteien und der Nationalliberalen. Als Berlepsch 1896 aus dem Amt schied, setzte zwar keine Revision der Sozialpolitik ein. Doch erlangte unter seinem Amtsnachfolger, Ludwig Brefeld, die Mittelstandspolitik Priorität. Sie kam den Wünschen von Konservativen, Nationalliberalen und auch des Zentrums sowie dem Drängen der Handwerkerverbände entgegen und zielte darauf ab, den »alten« Mittelstand enger an den monarchischen Staat zu binden, um bei ihm Rückhalt im Kampf gegen die Sozialdemokratie zu finden. Diesem Zweck diente vor allem das Handwerkergesetz von 1897, das demonstrativ einige Forderungen des Handwerks verwirklichte wie etwa die Einführung öffentlich-rechtlicher Kammern oder die Stärkung der Innungen.[12]

So wenig Hohenlohe die Sozialpolitik des »Neuen Kurses« fortführen wollte, so wenig mochte er sich für Ausnahmegesetze gegen die Arbeiterbewegung hergeben. Zwar lehnte der Kanzler ein schärferes Vorgehen gegen die Sozialdemokratie nicht ab, weigerte sich jedoch, derartige Maßnahmen gegen den Reichstag durchzusetzen und dabei mit dem Staatsstreich zu drohen. Da im Parlament eine Mehrheit aber nur zustande kam, wenn die beiden konservativen Parteien, Nationalliberale und Zentrum zusammengingen, scheiterte 1895 schon die »Umsturzvorlage«, die das Straf- und Presserecht verschärfen sollte. Der »Zuchthausvorlage«, die den Koalitionszwang mit höheren Strafen bis hin zu Zuchthaus ahnden wollte und in der Öffentlichkeit wie im Reichstag gleichermaßen heftig umstritten war, erging es nicht anders. Selbst im preußischen Abgeordnetenhaus fand weder eine Verschärfung des Vereins- und Versammlungsrechts noch ein »kleines« Sozialistengesetz, sondern allein die »Lex Arons«, die Sozialdemokraten vom akademischen Lehramt ausschloß, 1898 eine Mehrheit mit den Stimmen des Zentrums. Bei den Auseinandersetzungen, die sich an diesen Kampfgesetzen entzündeten, lavierte der Reichskanzler mehrmals knapp am Staatsstreich vorbei. Denn der Kaiser und Teile seiner Umgebung, zunehmend entrüstet über die Widerstände des Reichstags und besonders über die Politik des Zentrums, liebäugelten damit, den Kampf gegen die Sozialdemokratie mit außergesetzlichen Mitteln zu führen. Zu konkreten Staatsstreichplänen verdichteten sich diese Überlegungen zwar nicht, da die Risiken eines solchen Schrittes letztlich unkalkulierbar waren, doch wirkten sie als Druck- und Einschüchterungsmittel. Erst an der Jahrhundertwende stabilisierte sich die innenpolitische Situation.[13]

## 2. »Sammlungspolitik« und Stabilisierungserfolge

Anders als in den neunziger Jahren führten die innenpolitischen Konflikte an der Jahrhundertwende zu einer vorübergehenden Stabilisierung im Inneren. Wichtig dafür war einmal die Beruhigung an der Staatsspitze, die seit 1897, vor allem aber nach 1900 eintrat. Hinzu kam, daß sich für die beiden Hauptstreitpunkte, Flotte und Zölle, Kompromißlösungen fanden. Ob sie Teil einer erfolgreichen innenpolitischen Krisenstrategie, der »Sammlungspolitik«, gewesen sind, ist strittig. Die Regierung, lautet eine Interpretation, habe versucht, die »staatserhaltenden und produktiven Stände« (Johannes von Miquel) mit Hilfe der Flotten- und Zollfrage sowie des Kampfes gegen die sozialistische Arbeiterbewegung zusammenzuführen und so das System zu stabilisieren. Zwar gab es verschiedene Konzepte. So setzte die »kleine Sammlung« Miquels in Bismarckscher Tradition auf die Solidarität von Industrie und Landwirtschaft sowie den Kampf gegen die Sozialdemokratie, während die »große Sammlung« von Bülow und Tirpitz die wilhelminische Gesellschaft durch Flottenbau, Weltpolitik und Kaisertum einen wollte. In jedem Fall aber gilt die »Sammlungspolitik« als Schlüssel für das Verständnis der Entscheidungen um 1900. Genau das bestreitet die andere Interpretation. Für sie gab es zwischen Flottenbau und Zolltarifrevision keine sachliche Verbindung nach Art einer »Do-ut-des-Politik«. Beide fielen nur zeitlich zusammen, und das verringerte die Konflikte nicht, verschärfte sie vielmehr. Deshalb eignete sich die »Sammlungspolitik« auch nicht als langfristige, defensive Herrschaftsstrategie mit dem Ziel, das System und seine sozialen Grundlagen zu stabilisieren. »Sammlung« war demnach am Ende mehr Parole als Politik, mehr Wunsch als Wirklichkeit.[14]

In den späten neunziger Jahren begannen die Konflikte zwischen Kaiser und Kanzler, aber auch zwischen Regierung und Reichstag allmählich abzuflauen. Dazu trug schon das Ministerrevirement von 1897 bei. Hohenlohe blieb zwar im Amt, doch nur noch auf Abruf und mit weiter schwindendem Einfluß. Faktisch gingen die Regierungsgeschäfte auf vier Männer über, von denen sich Wilhelm II. eine Umorientierung nach innen wie nach außen versprach: Johannes von Miquel, neuer Vizepräsident des Staatsministeriums, und Arthur Graf Posadowsky, jetzt an der Spitze des Reichsamtes des Inneren, sollten die Innenpolitik in konservativere Bahnen zurücklenken. Mit Konteradmiral Alfred Tirpitz holte sich der Kaiser einen Staatssekretär ins Reichsmarineamt, der seine Flottenpolitik unterstützte, und mit Bernhard von Bülow ernannte er einen Außenminister, der seine Ansichten über eine deutsche Weltpolitik teilte. Da Wilhelm II. nunmehr die Schaltstellen in Preußen wie im Reich mit Vertrauensleuten besetzt wußte, ließen seine sporadischen Eingriffe nach, und es ebbten auch die politischen Krisen ab, weil es kaum mehr offenen Widerstand gegen die kaiserliche Politik gab.[15]

Die Rivalität innerhalb der Regierung ging ebenfalls zurück, nachdem Bülow im Jahre 1900 das Amt des Reichskanzlers und preußischen Ministerpräsidenten übernommen hatte. Seine Machtposition, die er planvoll ausbaute, beruhte zuerst auf der engen, persönlichen Beziehung zum Kaiser. Bülow pflegte sie mit berechnender Hingabe, bemühte sich stets, trotz mancher Spannungen, um ein harmonisches Verhältnis zu Wilhelm II. So ließ er den Kaiser einerseits im Glauben, ja, bestärkte ihn sogar darin, dieser bestimme die Grundlinien der Politik, während der Kanzler sie lediglich umsetze. Andererseits gewann Bülow eine beträchtliche Eigenständigkeit, indem er das Vertrauen Wilhelms II. in seine Person und Politik zu nutzen und ihn geschickt zu beeinflussen wußte, den Kaiser zugleich von wichtigen Entscheidungen fernhielt und gegen konkurrierende Einflüsse abschirmte. Der

Rückhalt beim Kaiser sicherte Bülow bald eine unangefochtene Stellung im preußischen Staatsministerium, zumal es ihm 1901 gelang, mit Miquel den einzigen ernsthaften Rivalen zum Rücktritt zu zwingen. Seitdem konnte sich kein Minister und erst recht kein Staatssekretär mehr dem Führungsanspruch des Kanzlers entziehen; nur Posadowsky und Tirpitz vermochten für ihr Ressort noch eine Sonderstellung zu beanspruchen. Obwohl Bülow die Autorität des Reichskanzlers wieder zur Geltung brachte, festigte das den Zusammenhalt der Regierung nicht, da er Minister wie Staatssekretäre oft überging und sich nur auf einen kleinen Kreis persönlicher Berater stützte. Bülow suchte, und auch das stärkte seine Position, engen Kontakt zum Parlament, besonders zur Zentrumsfraktion, die bei den herrschenden Mehrheitsverhältnissen im Reichstag den Ausschlag gab. Daß der Kanzler Ausnahmegesetzen wie Staatsstreichplänen eine klare Absage erteilte und den Kaiser, nachdem die »Zuchthausvorlage« gescheitert war, auf diesen Kurs festlegen konnte, erleichterte die Zusammenarbeit; Flotten-, Zoll- und Weltpolitik festigten sie. Eine weitere Stütze der Kanzlerschaft Bülows bildete die Presse. Mit Hilfe von Otto Hammann, dem Pressechef im Auswärtigen Amt, verwendete der Kanzler viel Mühe darauf, die veröffentlichte Meinung zu beeinflussen, sie für seine Politik und Person günstig zu stimmen.[16]

Neben den nachlassenden Konflikten an der Staatsspitze trug die Lösung der Flotten- und der Zollfrage, selbst wenn sie erst nach heftigen Auseinandersetzungen gelang, dazu bei, die innenpolitische Lage vorübergehend zu stabilisieren. Mit Tirpitz begann eine neue Epoche in der Flottenpolitik. Der Staatssekretär des Reichsmarineamtes trat sein Amt mit einem Programm an, das außenpolitische, marinestrategische und innenpolitische Gesichtspunkte zu einer in sich scheinbar geschlossenen Konzeption bündelte, zum »Tirpitz-Plan«. Dieser wies der Flotte eine klar umrissene außenpolitische Funktion zu. Als Anhänger des amerikanischen Verfechters des »Navalismus«, Alfred Thayer Mahans, sah der Admiral einen direkten Zusammenhang zwischen der Bedeutung einer Nation und ihrer Stärke zur See. Wollte das Reich Weltmacht werden und in der Weltpolitik mitreden, mußte es eine große Flotte bauen. Nur dann, argumentierte Tirpitz, werde Großbritannien bereit sein, ein Bündnis mit dem Reich zu schließen. Doch verfolgte die deutsche Flottenrüstung, die Tirpitz als rein defensive Maßnahme darstellte, in Wirklichkeit offensive Ziele. Denn eine Marine sollte die machtpolitischen, wenn nötig auch militärischen Voraussetzungen schaffen, um Großbritannien auf längere Sicht als erste See- und Kolonialmacht zu verdrängen. Das ging nur mit einer klaren Seestrategie. Tirpitz setzte nicht auf den überseeischen Kreuzerkrieg, sondern auf eine Konfrontation in der Nordsee. Damit die deutsche Flotte dort für die englische Marine ein ernsthaftes Risiko darstellte, waren wenigstens sechzig Schlachtschiffe nötig. Um dieses umfangreiche, kostspielige und in seinen Zielen abenteuerliche Bauprogramm innenpolitisch durchzusetzten, entwickelte Tirpitz einen langfristigen Flottenrüstungsplan. Wenn der Reichstag über einen Zeitraum von zwei Jahrzehnten jährlich den Bau von drei Schiffen bewillige und die Frist, in der die Schiffe automatisch zu ersetzen wären, auf zwanzig Jahre herabsetze, wäre ein Marineäternat eingeführt, das die Flotte von weiteren Bewilligungen durch das Parlament unabhängig gemacht hätte.[17]

Ob der Flottenrüstung mit dem »Tirpitz-Plan« wirklich ein klar durchdachtes und dann planmäßig umgesetztes Konzept zugrunde gelegen oder ob sie nicht doch stärker unter dem Einfluß außen- und militärpolitischer Entwicklungen gestanden hat, ist in der Forschung ebenso umstritten wie die Frage nach den Zielen des Flottenbaues. Gilt er den einen in erster Linie als eine innenpolitische Krisenstrategie, um den Einfluß des Reichstages zurückzudrängen und mittels der Flotte als Integrationssymbol den inneren Status quo zu erhalten, betonen andere vor allem die machtpolitische Rolle, die Tirpitz der Flotte im Rahmen der Weltpolitik zugewiesen hat. Dabei wird leicht übersehen, daß sich beim Flottenbau innen- und außenpolitische Ziele eng miteinander verflochten, ja, seine Attraktivität gerade darin bestand, für ganz unterschiedliche Konzepte einsetzbar zu sein.[18]

Die Aufrüstung zur See begann im Jahre 1898 mit dem Ausbau der Hochseeflotte. Sie wurde von einer Propagandakampagne begleitet, die das Nachrichtenbüro des Reichsmarineamts aufzog. Dabei arbeitete es eng mit dem Deutschen Flottenverein zusammen. Dieser wollte die sich formierende Flottenbewegung in einem Agitationsverein regierungsnah organisieren, Tirpitz' Rüstungsprogramm loyal unterstützen und dafür in der Öffentlichkeit werben sowie Druck auf den Reichstag ausüben, den Flottenvorlagen zuzustimmen. Zwar machte die Agitation für eine Flotte diese in der Öffentlichkeit rasch populär. Doch war die Flottenbegeisterung, die bald immer mehr um sich griff und weite Kreise des Bürgertums erfaßte, kein Kind der Propaganda allein, speiste sich vielmehr aus sehr verschiedenen Quellen. Zum einen spielte die lange, wenn auch nicht ungebrochene Tradition des Flottenenthusiasmus eine Rolle. Hinzu kam der immer expansivere Nationalismus, der im Zeitalter des Imperialismus auch dem Kaiserreich mehr Geltung und größere Präsenz in der Welt sichern wollte und in der Flotte ein Mittel sah, dieses Ziel zu erreichen. Ferner machten sich wirtschaftliche Interessen geltend. Direkt vom Flottenbau profitierten zwar nur die Werften und ihre Zulieferer, besonders die Stahlindustrie, was bald zu engen Verbindungen von Reichsmarineamt und Rüstungsproduzenten führte. Doch versprachen sich auch Teile der Exportindustrie und des Handels zumindest mittelbare Vorteile, da sie von der Flotte einen besseren Schutz ihrer Interessen in Übersee erwarteten. So entstand in den späten neunziger Jahren ein breiter Konsens darüber, daß der Bau einer Flotte sinnvoll und notwendig sei. Vor diesem Hintergrund fielen im Parlament die Entscheidungen über das erste Flottengesetz von 1898 und die Flottengesetznovelle des Jahres 1900.[19]

Da Nationalliberale wie Freikonservative die Marinerüstung vorbehaltlos, die Deutschkonservativen nur unter großen Bedenken, aber in der Hoffnung auf Kompensation unterstützten, Teile der Freisinnigen und die Sozialdemokraten jedoch entschieden dagegen eingestellt waren, hing es allein vom Zentrum ab, ob die erste Flottenvorlage eine Mehrheit im Reichstag erhielt oder nicht. In der Zentrumspartei und -fraktion gab es viele Gegner der Flottenpolitik, zumal in Bayern und am Rhein. Sie sorgten sich um die außen- und innenpolitischen Folgen der Aufrüstung, wiesen insbesondere auf die hohen Kosten einer Hochseeflotte und die Gefahren für das Budgetrecht des Parlaments hin, da das Bauprogramm und dessen Finanzierung auf mehrere Jahre festgelegt waren. Nach heftigen Konflikten behielten aber die Flottenbefürworter in der Parteiführung die Oberhand. Sie hatten vor, die ausufernden Flottenpläne des Kaisers in gesetzlich geregelte Bahnen zu lenken und die Gefahr eines Staatsstreiches gegen das Parlament zu bannen, wollten die Partei in einer Frage von erheblicher nationaler Bedeutung nicht im Abseits wissen und ihr vor allem in Zukunft größeren Einfluß auf die Reichspolitik sichern. Zugeständnisse der Regierung in der Organisations-, Budget- und

Deckungsfrage erleichterten dem Zentrum die Zustimmung, zumal es gerade gut um den Reichshaushalt stand und deshalb keine neuen Steuern notwendig schienen. Erst bei den Beratungen über die Novelle zum Flottengesetz, die dem Parlament auf Drängen des Kaisers bereits im Jahre 1900 vorgelegt wurde, trat das Problem der Rüstungsfinanzierung in den Vordergrund. Das zweite Flottengesetz sah nämlich vor, den Bau so weit zu beschleunigen, daß sich die Stärke der zwei Jahre zuvor bewilligten Schlachtflotte bis 1917 verdoppelte. Auch hatte sich inzwischen gezeigt, daß bereits der 1898 beschlossene Flottenausbau ohne Mehreinnahmen nicht auskam, und für den jetzt anstehenden, neuerlichen Rüstungsschub galt das erst recht. So einigte sich eine Flottenmehrheit wiederum aus Deutsch- und Freikonservativen, Nationalliberalen und Zentrum mit der Regierung darauf, die erforderlichen Mittel durch kleinere Steuererhöhungen, vor allem aber bei der anstehenden Zolltarifrevision durch höhere Agrarzölle zu beschaffen. Das führte zu einem zweiten Konflikt, der die Innenpolitik an der Jahrhundertwende kennzeichnete.[20]

Für eine Revision des Zolltarifs von 1879 sprachen außenwirtschaftliche wie innenpolitische Gründe. Die Handelsverträge, die Caprivi zwischen 1891 und 1894 mit einer Laufzeit von jeweils zwölf Jahren abgeschlossen hatte, mußten von 1903 ab erneuert werden. Verglichen mit den frühen neunziger Jahren war die Position des Reiches schlechter geworden, da die wichtigsten Handelspartner inzwischen ihre Zolltarife modernisiert und deren Sätze angehoben hatten. Deshalb standen schwierige Verhandlungen ins Haus. Auch aus innenpolitischen Gründen erschien es der Regierung ratsam, den veralteten Zolltarif zu erneuern. Denn seit Jahren liefen große Teile der Landwirtschaft, voran der Bund der Landwirte und die Christlichen Bauernvereine, gegen die Handelsverträge Caprivis Sturm und machten diese für sämtliche Probleme der Bauern verantwortlich. Es lag deshalb nahe, die Revision des Zolltarifs zu nutzen, um die agrarischen Forderungen aufzugreifen. Vielleicht ließ sich bei dieser Gelegenheit sogar ein ähnliches Einvernehmen zwischen Industrie und Landwirtschaft herstellen wie vor und während der zollpolitischen Wende von 1878/79. Dafür trat vor allem Johannes von Miquel ein und setzte durch, daß der neue Zolltarif in einem Wirtschaftlichen Ausschuß mit Vertretern von Industrie, Landwirtschaft und Handel vorberaten wurde.[21]

Die Sammlungsversuche Miquels blieben weitgehend erfolglos. Denn die Zollfrage erzeugte keinen breiten Konsens, entwickelte sich vielmehr zu einem Sprengsatz erster Ordnung. Weder die Interessenvertreter im Wirtschaftlichen Ausschuß noch die Ministerien und Reichsämter, die mit der Zollrevision befaßt waren, konnten sich über Form und Höhe des Tarifs verständigen. Die Auseinandersetzung um den Mittellandkanal verschärfte die Gegensätze. Kaiser und Regierung drängten seit langem auf den Bau einer Wasserstraße vom Rhein bis zur Elbe. Doch war der Widerstand groß, vor allem von seiten der ostelbischen Agrarier. Sie fürchteten, daß der Kanal allein der Industrie nutzen, die Landwirtschaft dagegen durch höheren Agrarimport auf dem billigen Wasserweg schädigen werde. So lehnte das preußische Abgeordnetenhaus mit einer Mehrheit aus Konservativen und Zentrum die Kanalvorlage 1899 ab. Daß die Regierung auf Drängen des Kaisers alle beamteten Abgeordneten beurlaubte, die gegen den Kanal gestimmt hatten, verbesserte die Chancen für die Vorlage nicht, als sie 1901 erneut eingebracht wurde.[22]

Bülow, gerade zum Reichskanzler ernannt, entschärfte den Kanalkonflikt, indem er den Gesetzentwurf alsbald zurückzog. Die Gegensätze in der Zollfrage suchte er mit einer Kompromißformel zu überbrücken: der »richtigen und gerechten Diagonale« zwischen den Interessen von Landwirtschaft und Industrie sowie von Produzenten und Konsumenten. Sein Konzept konnte er freilich in der Regierung erst durchsetzen, als mit Miquel der mächtigste Fürsprecher agrarischer Interessen über der Mittellandkanalfrage gestürzt worden war und auch der Landwirtschaftsminister seinen Posten hatte räumen müssen. Im Bundesrat gab es ebenfalls Probleme. Sie waren freilich leichter zu überwinden als der Widerstand des Reichstages. Linksliberale und Sozialdemokraten lehnten höhere Agrarzölle mit dem Argument ab, sie verteuerten die Lebenshaltung und belasteten damit breite Bevölkerungskreise vornehmlich zugunsten der ostelbischen Junker. Den Deutsch- und Freikonservativen, aber auch Teilen der Nationalliberalen und des Zentrums, die landwirtschaftliche Interessen vertraten, ging der Zollschutz dagegen nicht weit genug. Erst nach langen Beratungen setzte sich Bülows »mittlere Linie« 1902 mit dem sogenannten »Kardorff-Kompromiß« durch, nicht zuletzt dank massiver Unterstützung der Zentrumsführung, die in ihren eigenen Reihen ebenfalls erst einen Ausgleich zwischen den divergierenden Interessen hatte finden müssen. Der neue Zolltarif, den auch Nationalliberale, Freikonservative und Abgeordnete der Deutschkonservativen mittrugen, brachte dem Reich zwar Mehreinnahmen; doch wurden sie, wie es das Zentrum verlangt hatte, für eine Witwen- und Waisenversicherung zweckgebunden. Das sollte einen gewissen Ausgleich dafür schaffen, daß der Bülow-Tarif den Interessen der Landwirtschaft entgegenkam. Er belastete nämlich, wenn auch weniger als gefordert, die Konsumenten zugunsten der Produzenten. Selbst wenn die Preissteigerung, ausgelöst allein durch die höheren Getreidezölle, geringer ausfiel, als die Agrarzollgegner behaupteten, war diese weder unbeträchtlich noch politisch folgenlos, konnte doch die SPD 1903 den Reichstagswahlkampf erfolgreich mit der Parole vom »Brotwucher« führen. Bei den Produzenten werden sowohl die getreideanbauenden Großagrarier als auch die kleinen und mittleren Landwirte von den Zöllen profitiert haben. Zufrieden mit dem Bülow-Tarif war am Ende aber auch die Industrie, da sich auf seiner Grundlage in den Jahren 1903 bis 1905 die Handelsverträge erneuern ließen.[23]

Alles in allem bewährte sich die »Sammlungspolitik« in den Auseinandersetzungen an der Jahrhundertwende zwar nicht als langfristige, defensive Herrschaftsstrategie, wie ihre Verfechter meinten. Dennoch führten die Kompromisse in der Flotten- und Zollfrage zu einer vorübergehenden Stabilisierung der wilhelminischen Innenpolitik, weil sie die Gegensätze zwischen Kaiser, Regierung, Reichstag und Parteien verringerten. Diese begrenzten Erfolge können freilich nur im Zusammenhang und vor dem Hintergrund der Weltpolitik gesehen werden, zu der das Kaiserreich in den neunziger Jahren überging.[24]

## 3. Von der Kontinentalpolitik zur Weltpolitik

In den neunziger Jahren wandelte sich die Bismarcksche Kontinentalpolitik zur wilhelminischen Weltpolitik. Veränderungen im Mächtesystem bildeten dafür den Rahmen. So erweiterte die imperialistische Expansion der europäischen Staaten das Feld der auswärtigen Politik, schuf größere Handlungsspielräume, aber auch mehr Reibungsflächen. Zugleich gewann die öffentliche Meinung an Einfluß auf die Außenpolitik, und der Druck organisierter gesellschaftlicher Gruppen wuchs. Darüber hinaus spielten ökonomische Interessen zunehmend in die auswärtigen Beziehungen hinein. Neben und in Konkurrenz zu politischen Zielen wurden schließlich militärstrategische und rüstungspolitische Überlegungen wichtiger.[25]

Schon die Außenpolitik des »Neuen Kurses« stand im »Zeichen des Übergangs« (Rainer Lahme). Sie rückte von der bislang verfolgten Gleichgewichtspolitik ab, blieb aber noch innerhalb der Grenzen, die Bismarck gezogen hatte. Diese Linie war ein Kompromiß aus widerstreitenden Konzepten. Während führende Militärs auf eine Konfrontation mit Rußland bis hin zu einem Präventivkrieg setzten, Spitzendiplomaten wie Friedrich von Holstein zu Lasten des Zarenreiches eine klare Option für Großbritannien befürworteten, steuerten Reichskanzler Caprivi und Adolf Freiherr Marschall von Bieberstein, der neue Staatssekretär des Auswärtigen Amtes, die Außenpolitik vorsichtig um. Sie wollten das Reich aus den Zwängen jener Aushilfen herausführen, zu denen Bismarck hatte greifen müssen, um sein Bündnissystem aufrechtzuerhalten. So verfolgte die Außenpolitik des »Neuen Kurses« vor allem drei Ziele.[26]

Zuerst ging es darum, durch eine klare Entscheidung anfangs nur für Österreich-Ungarn, später auch für Italien die Stellung des Reiches in Mitteleuropa zu festigen. Zwar ließen sich die Pläne für eine Zollunion nicht verwirklichen, doch trieb allein schon Caprivis Handelsvertragspolitik die mitteleuropäische Blockbildung voran und stützte den Dreibund ökonomisch ab. Je wichtiger das Bündnis für die deutsche Außenpolitik wurde, desto mehr änderte sich sein Charakter. Aus einem Vertrag mit begrenzten Funktionen im Rahmen eines dynamischen Bündnissystems entwickelte sich eine feste Allianz, die militärstrategisch immer bedeutsamer wurde. Über alledem verschoben sich die Gewichte im Bündnis. Nicht allein die Bedeutung Österreich-Ungarns nahm zu. Auch Italien konnte seine Stellung stärken und größere Unterstützung für seine expansionistischen Ambitionen im westlichen Mittelmeer durchsetzen, als der Dreibund 1891 vorzeitig verlängert und dabei verbindlicher ausgestaltet wurde.

Besseres Einvernehmen mit Großbritannien herzustellen war das zweite Ziel der Außenpolitik des »Neuen Kurses«. Chancen dazu bot der koloniale Interessenausgleich, den Bismarck eingeleitet hatte und der nach längeren Verhandlungen zum Helgoland-Sansibar-Abkommen vom Juli 1890 führte. Trotz heftigen Protests in der deutschen Öffentlichkeit, aus dem der spätere Alldeutsche Verband hervorging, gab das Reich im Tausch gegen das bis dahin britische Helgoland seine Ansprüche in Ostafrika auf und grenzte mit Großbritannien die jeweiligen Interessensphären auch in anderen Teilen dieses Kontinents ab. Eine solche Kolonialdétente, hoffte die Reichsleitung, werde auf Europa zurückwirken, England näher an den Dreibund heranziehen, es vielleicht sogar zu einem formellen Beitritt bewegen können.[27]

Die deutsch-britische Verständigung machte es Caprivi und Marschall leichter, und das war ein dritter Aspekt ihrer Außenpolitik, die vertragliche Bindung an Rußland aufzugeben. 1890 lief der Rückversicherungsvertrag aus. Obwohl die russische Regierung es wünschte und Konzessionen anbot, wurde er nicht verlängert. Denn die Reichsleitung hielt den Vertrag für unvereinbar mit anderen Abkommen, darum im Frieden für gefährlich und im Kriegsfall für wertlos. Außerdem stand er einem klaren außenpolitischen Kurs im Wege, der Option für eine Allianz mit Österreich-Ungarn, aber auch besseren Beziehungen zu Großbritannien. Schließlich glaubte man, der Vertrag habe angesichts wachsenden Widerstands in beiden Ländern keine Zukunft und verhindere die Annäherung Rußlands an Frankreich ohnehin nicht. Die Abkehr vom Rückversicherungsvertrag brach keineswegs den Eckstein aus Bismarcks Bündnissystem heraus; weitreichende Folgen hatte sie aber gleichwohl. Denn die russische Regierung sah in ihr einen außenpolitischen Kurswechsel, mochte Caprivi auch das Gegenteil versichern. So rückten Rußland und Frankreich nach 1890 näher zusammen, zumal deren wirtschaftliche und finanzielle Kooperation gut vorankam. 1892 schlossen sie eine Militärkonvention, die an der Jahreswende 1893/94 in Kraft gesetzt wurde. Zwar mußte sich die neue französisch-russische Allianz erst noch bewähren; eine Spaltung Europas in zwei Militärblöcke war jedoch eingeleitet.[28]

Die außenpolitische Linie des »Neuen Kurses« ließ sich nicht lange durchhalten. Daß der Dreibund in eine Krise geriet, war nur ein Problem. Ausgelöst wurde sie, als Frankreich, gestützt auf die Militärkonvention mit Rußland, Italien aus dem Bündnis herauszulösen versuchte. Das gelang zwar nicht, zeigte aber, daß die mitteleuropäische Blockpolitik Caprivis, zumindest was Italien betraf, keineswegs auf soliden Füßen stand. Denn es drohte, aus dem Bündnis auszuscheren, wenn sich Großbritannien nicht dem

Dreibund näherte und stärker im Mittelmeer engagierte. Gerade die Hoffnung, England enger an das Kaiserreich binden zu können, trog jedoch. Die deutsche Außenpolitik hatte nämlich das britische Interesse an einer Verständigung, erst recht an einem Bündnis überschätzt. Auch ging die Regierung in London seit 1892 wieder auf größere Distanz, nahmen Spannungen und Rivalitäten erneut zu, im Osmanischen Reich, in Ägypten oder in Samoa. So machte sich auf deutscher Seite Enttäuschung breit und mit ihr der Gedanke, ob sich die für unüberbrückbar gehaltenen Gegensätze zwischen London und Petersburg nicht durch geschicktes Lavieren, durch eine »Politik der freien Hand« nutzen ließen, um eine ausschlaggebende Stellung zwischen beiden Mächten zu erlangen. Darum wurden die Beziehungen zu Rußland wieder intensiviert, kam 1894 ein deutsch-russischer Handelsvertrag zustande. Dieser widersprach zwar der mitteleuropäischen Blockkonzeption, da er den Kreis der Vertragspartner über diesen Raum hinaus erweiterte. Doch gab es aus ökonomischen Gründen keine Alternative. Außerdem hoffte man im Auswärtigen Amt, bessere Wirtschaftsbeziehungen würden sich positiv auf das Verhältnis zwischen beiden Ländern auswirken, die französisch-russische Entente schwächen, vielleicht sogar einen Kurswechsel des Zarenreiches herbeiführen, zumindest aber Großbritannien zu mehr Entgegenkommen veranlassen.[29]

Die wachsenden Schwierigkeiten, denen sich das Kaiserreich in den neunziger Jahren gegenübersah, verstärkt durch die Probleme an der Staatsspitze, welche sich auf die Außenpolitik auswirkten, führten dazu, daß diese zwischen Großbritannien und Rußland hin und her zu pendeln begann, was beide Mächte gleichermaßen irritierte und Glaubwürdigkeit kostete. Außerdem schwenkte die Außenpolitik nach dem Sturz Caprivis allmählich in weltpolitische Bahnen ein. Während des japanisch-chinesischen Krieges 1894/95 engagierte sich das Kaiserreich in Ostasien. Auch im Orient gab es seine frühere Zurückhaltung auf und begann dort in jene Position gegenüber Rußland einzurücken, die Großbritannien bis dahin eingenommen hatte. Schließlich beanspruchten Kaiser und Reichsleitung, in Südafrika mitzusprechen.[30]

Diese tastenden Vorstöße endeten mit dem endgültigen Übergang zur Weltpolitik in den späten neunziger Jahren. Was die Zeitgenossen »Weltpolitik« nannten, war nichts anderes als die deutsche Spielart des Imperialismus, mithin ähnlich vielgestaltig wie andere Imperialismen auch. Imperialismustheorien, die sich um eine Erklärung bemühen, heben oft einen Aspekt heraus, den politischen, sozialen oder ökonomischen. In der historischen Wirklichkeit lassen sich diese Faktoren sehr viel schwerer auseinanderhalten. Deshalb sollen die Triebkräfte des deutschen Imperialismus auf drei Ebenen verdeutlicht werden.[31]

Da gab es zunächst den »gouvernementalen Imperialismus« (Wolfgang J. Mommsen) von Kaiser, Reichsleitung und Spitzenbeamten. Er speiste sich aus verschiedenen Quellen. Weltpolitik war einmal die Fortsetzung bisheriger Mächtepolitik in globaler Dimension, aufgeladen durch einen zunehmend aggressiven, sich nach außen wendenden Nationalismus und gestützt auf das Machtmittel einer wachsenden Flotte. Sie folgte damit ein Stück weit der Logik und Dynamik des Mächtesystems, denen sich das Reich, so sahen es jedenfalls die Zeitgenossen, als Großmacht nicht entziehen konnte. Sodann diente die Weltpolitik innenpolitischen Zielen. Äußere Erfolge könnten, und darauf setzte gerade Bülow, die zerfahrene Situation im Inneren überdecken, die Nation hinter einem populären Kaiser sammeln und so das politische System stabilisieren. Schließlich gab es ökonomische Aspekte. Die Weltpolitik sollte der deutschen Industrie Rohstoffe und Märkte sichern, ihr eine starke Stellung in der entstehenden Weltwirtschaft verschaffen. Im »gouvernementalen Imperialismus« vermischten sich diese drei Gesichtspunkte, zumal an der Spitze des Reiches die Akzente keineswegs einheitlich gesetzt wurden.[32]

Daß sich »Weltpolitik« vortrefflich eignete, disparate Vorstellungen zu bündeln, zeigte sich auch auf einer zweiten Ebene, der von Öffentlichkeit, Parteien und Verbänden. Hier stieß die Ankündigung von Kaiser und Reichsleitung, Weltpolitik treiben zu wollen, auf breite Zustimmung. Denn die imperialistische Idee erfaßte in den neunziger Jahren, nicht zuletzt durch die publizistische Aktivität von staatlichen Stellen, Professoren und Journalisten, weite Teile der Bevölkerung: am wenigsten die sozialistischen Arbeiter, am stärksten die bildungsbürgerlichen Schichten, zumal die protestantischen, sowie den aufsteigenden Mittelstand. Dabei verband sich der Imperialismus mit verschiedenen politischen, auch parteipolitischen Richtungen: Liberale Imperialisten wie Max Weber oder Friedrich Naumann versprachen sich von der Weltpolitik wirtschaftlichen Wohlstand, innere Reformen, eine Integration der Arbeiter. Dagegen sahen konservative Imperialisten in der Weltpolitik ein Mittel, das politisch-soziale System durch nationale Integration zu festigen. Die radikalen Imperialisten der »neuen« Rechten schließlich, die in den Agitationsverbänden an Einfluß gewannen, verknüpften ihre Expansionsforderungen mit dem Protest gegen die politischen Eliten, besonders gegen das alte Honoratiorensystem der bürgerlichen Parteien.[33]

Selbst die Wirtschaft, und das war die dritte Ebene, nahm keine einheitliche Haltung zur Weltpolitik ein. So gab es Unternehmer, die unmittelbar an ihr interessiert waren, weil sie sich in Kolonien oder politisch unsicheren Regionen engagiert hatten. Die Mehrzahl der Industriellen, Kaufleute und Bankiers versprach sich dagegen von einem formellen Imperialismus keine Vorteile, und die geringe wirtschaftliche Bedeutung der deutschen Kolonien gab ihnen recht. Bereitwilliger beteiligten sich einzelne Industrieunternehmen und Banken jedoch an Projekten, die auf eine informelle Durchdringung europäischer und außereuropäischer Gebiete abzielten und dabei auf staatliche Hilfen hofften. Nur zog der Kapitalmangel in Deutschland einer solcher Expansion Grenzen. Auch richtete sich diese auf den Balkan, den Nahen Osten und Südamerika, Gebiete also, die der Reichsleitung unter politischen Gesichtspunkten nicht besonders lohnend erschienen. Sie mußte die Wirtschaft deshalb immer wieder drängen, sich dort zu engagieren, wo es der Staat angeblich in ihrem Interesse bereits getan hatte. Denn die deutschen Exportindustrien, deren Märkte nicht in unter-, sondern in hochentwickelten Ländern lagen, setzten in erster Linie auf technologisch überlegene Produkte und eine leistungsfähige Absatzorganisation, um ihre Position im Welthandel auszubauen. Trotzdem glaubten manche Unternehmer, die Konkurrenz auf den Weltmärkten in Zukunft nicht mehr allein mit kommerziellen Mitteln bestehen zu können, sondern sich der Macht des Staates versichern zu müssen.[34]

Das Mit- und Gegeneinander von offiziösem, gesellschaftlichem und wirtschaftlichem Imperialismus verlieh der Weltpolitik ihre eigentümlichen Züge. Das galt für die bramarbasierenden Kaiserreden, mehr noch für den hektischen Aktionismus, der auf schnelle, im Inneren ummünzbare Erfolge aus war, auch für den Hang zu politischen Allein- und Sondergängen, vor allem aber für die »Drohpolitik« (Gustav Schmidt), die durch schneidiges Auftreten, lärmendes Auftrumpfen und blanke Einschüchterung wirken wollte. Zwar kam die Weltpolitik über Nadelstiche selten hinaus, beließ es bei geringen Risiken und kleinen Erfolgen. Was sie gleichwohl gefährlich und das Reich in den Augen anderer Mächte unberechenbar machte, war das Drohpotential, das hinter ihr stand: eine dynamische Wirtschaft, ein starkes Heer, die wachsende Flotte. So erschien das Reich anderen Staaten nicht nur als ein imperialistischer Nachzügler, dessen Ansprüche historisch nicht legitimiert waren und in einer schon weitgehend aufgeteilten Welt nur auf ihre Kosten befriedigt werden konnten, sondern es trug seine Forderungen auch in einer Art und Weise vor, die Mißtrauen schürte.[35]

Dabei standen Anspruch und Wirklichkeit der Weltpolitik in keinem Verhältnis zueinander. Der »Platz an der Sonne«, den Bülow für die Deutschen lautstark eingefordert hatte, bestand aus wenigen, verstreut liegenden, unbedeutenden Territorien. So sicherte sich das Reich 1898 mit Kiautschou einen Stützpunkt in China, kaufte im Pazifik aus der Konkursmasse des spanischen Kolonialbesitzes 1899 die Karolinen-, Palau-, Marianeninseln und erhielt im selben Jahr einen Teil der Samoa-Inseln zugesprochen. Außerdem intensivierte es, das einzige zukunftsweisende Projekt, seine Orientpolitik, vor allem durch den Bau der Bagdadbahn, der 1899 begann.[36]

Trotz dieser weltpolitischen Aktivitäten dominierten weiterhin die Probleme auf dem europäischen Kontinent. Hier setzte Bülow auf eine Politik der »freien Hand«: schon bei der Haager Friedenskonferenz 1899, wo das Kaiserreich nicht über Abrüstung und Schiedsgerichtsbarkeit verhandeln wollte, dann auch gegenüber Rußland, vor allem aber im Verhältnis zu Großbritannien. So führten deutsch-britische Gespräche in den Jahren 1898 und 1900/01 zwar zu einzelnen Vereinbarungen über strittige koloniale Fragen, nicht aber zu weitergehenden Abkommen. Die deutsche Seite war daran nicht wirklich interessiert. Gerade Bülow wollte, wenn er mit seinem »Weltmachtkonzept« (Peter Winzen) wirklich eine klare Linie verfolgte, die Entscheidung zwischen London und Petersburg offenhalten, bis die Flotte gebaut war, und dann gemeinsam mit Rußland das Empire zerschlagen. Er setzte also auf »Zeitgewinn und Flottenbau« (Alfred Tirpitz). Doch auch die britische Seite hielt sich bedeckt. Sie suchte außenpolitische Entlastung, da die Konflikte mit Frankreich im Sudan, mit Rußland in Ostasien und mit den Buren in Südafrika eskalierten und die eigenen Kräfte zu übersteigen drohten. Großbritannien konnte freilich unter vielen Möglichkeiten wählen. Die Annäherung an das Reich blieb eine davon und war nicht nur in der Regierung umstritten. Das Scheitern der Bündnissondierungen hatte, wie sich bald herausstellte, weitreichende Folgen, verschärfte es doch in den folgenden Jahren die deutsch-englischen Gegensätze und mit ihnen die Blockbildung in Europa.[37]

War das Kaiserreich unmittelbar an der Jahrhundertwende in einer außenpolitisch günstigen Situation und die Reichsleitung sicher, die Zeit arbeite für sie, änderte sich das seit etwa 1902. Denn die drohende Überforderung des Empire ließ die britische Außenpolitik neue Wege suchen. Sie baute Konflikte in Übersee ab, verständigte sich dort mit den USA und Japan. Außerdem bemühte sich Großbritannien um einen Interessenausgleich mit Frankreich. Am Ende langwieriger Verhandlungen stand 1904 die Entente cordiale zwischen London und Paris. Sie war kein Bündnis und auch noch nicht gegen Deutschland gerichtet, sondern zunächst nur eine Verständigung über strittige Kolonialprobleme in Afrika, wirkte aber bald auf Europa zurück. Hier begannen sich die Gewichte langsam zuungunsten des Deutschen Reiches zu verschieben, ablesbar etwa an den Schwierigkeiten, Italien von einer finanziellen wie politischen Annäherung an Frankreich abzuhalten. Zwar wurde der Dreibund im Sommer 1902 um sechs Jahre verlängert; der »Funktionsverlust« (Michael Behnen) der Allianz schritt jedoch voran.[38]

Daß sich die außenpolitische Situation des Reiches verschlechterte, blieb der Reichsleitung nicht verborgen. Deshalb gab Bülow auf der einen Seite, nach Osten hin, seine Freihandpolitik auf und versuchte, Rußland entweder gemeinsam mit Frankreich für eine Kontinentalliga gegen Großbritannien und Japan zu gewinnen oder aus der Entente herauszulösen. Da das Zarenreich sowohl durch den Krieg gegen Japan 1904/05 als auch durch die Revolution von 1905 geschwächt war, sah es zunächst so aus, als komme die Reichsleitung ans Ziel. Im Sommer 1904 wurde der Handelsvertrag zwischen beiden Ländern zu günstigen Bedingungen für die deutsche Seite verlängert, und ein Jahr später schlossen Wilhelm II. und Zar Nikolaus II. das Defensivbündnis von Björkö. Doch stieß dieser Vertrag bei der russischen Regierung auf Widerspruch, ließ sich politisch nicht umsetzen und führte so am Ende nur dazu, daß sich die deutsch-russischen Beziehungen verschlechterten.[39]

Auf der anderen Seite, im Westen, wollte die Reichsleitung, nachdem Präventivkriegspläne des Generalstabs verworfen worden waren, die englisch-französische Entente auseinanderdividieren. Die Schwäche Rußlands bot ihr Gelegenheit dazu, und in Marokko setzte sie den Hebel an. Dort hatte das Reich die französische Expansion lange Zeit hingenommen. Im Frühjahr 1905 meldete es jedoch Widerspruch an, unterstrich ihn durch die Landung Wilhelms II. in Tanger und forderte, um die geschaffene Krise zu lösen, eine internationale Konferenz. Hier sollte Frankreich eine diplomatische Niederlage bereitet und die Schwäche der Entente demonstriert werden. Doch es kam anders. Die europäischen Mächte, allen voran England und Rußland, begegneten der deutschen Politik auf der Konferenz von Algeciras mit unverhohlenem Mißtrauen. So sah sich das Kaiserreich weitgehend isoliert, nur von Österreich-Ungarn unterstützt.[40]

Die Marokko-Krise festigte nicht nur die Entente; sie veranlaßte Großbritannien und Rußland auch, sich intensiver um eine Verständigung zu bemühen. Was die deutsche Politik für undenkbar gehalten hatte, trat im August 1907 ein. Beide Staaten schlossen eine Konvention, in der sie ihre Interessensphären in Mittelasien absteckten. Die britisch-russische Übereinkunft war kein Bündnis, blieb starken Spannungen ausgesetzt und richtete sich noch nicht unmittelbar gegen das Reich. Doch entzog sie seiner Freihandpolitik die Grundlage und isolierte das Kaiserreich weiter. Bülows Politik, die Gegensätze zwischen den anderen Mächten an der Peripherie Europas zu schüren, um die eigene Machtstellung zu steigern, dabei selbst Weltpolitik zu treiben und gleichzeitig auch noch zur See aufzurüsten, erwies sich als große Fehlspekulation. Was in Deutschland als »Einkreisung« erlebt und von der älteren Forschung unter dem Eindruck von Weltkrieg und Versailler Vertrag als aggressives Vorgehen der Entente interpretiert wurde, war deshalb in Wirklichkeit eine »Eindämmungspolitik« der europäischen Mächte, denen das Deutsche Reich immer gefährlicher und unberechenbarer erschien. Das Kaiserreich hatte sich in eine Sackgasse manövriert, gewissermaßen selbst »ausgekreist«.[41]

Zur Selbstisolierung des Reiches trug nicht zuletzt die Flottenrüstung bei. Hatte Großbritannien den deutschen Flottenbau anfangs gelassen hingenommen, wurde er nach der Jahrhundertwende, gerade auch vor dem Hintergrund der sich wandelnden mächtepolitischen Konstellation, als wachsende Bedrohung empfunden. Nachdem sich die englische Marine zunächst darauf beschränkt hatte, den bestehenden Rüstungsvorsprung zu halten, begann sie 1905 Großkampfschiffe, sogenannte Dreadnoughts, zu bauen. Damit reagierte die Admiralität auf Entwicklungen im Kriegsschiffbau und Erfahrungen des russisch-japanischen Krieges, aber auch auf die deutsche Flottenrüstung. Ob das Kaiserreich den »Dreadnought-Sprung« mitmachte, galt der britischen Politik als Test für die defensiven Ziele des Flottenbaus. Vor die Wahl gestellt, sich entweder mit London zu verständigen und den Flottenbau zu verlangsamen oder einen Rüstungswettlauf zu riskieren, entschied sich die Reichsleitung für den zweiten Weg. Das »Naval Race«, das nun einsetzte, verschlechterte das Verhältnis zu Großbritannien weiter und ließ das Reich, zumal es sich auf der zweiten Haager Friedenskonferenz 1907 allen Abrüstungsvereinbarungen widersetzte, als Urheber der wachsenden internationalen Spannungen erscheinen. Der Rüstungswettlauf zerstörte aber auch die Grundlagen des »Tirpitz-Planes«. Obwohl das Reich seit der Flottennovelle von 1908 vier Schlachtschiffe jährlich baute, zog es gegenüber Großbritannien den kürzeren, das seit dem »Navy Scare« von 1909 die doppelte Zahl fertigte. Zugleich verlor der Flottenbau seine integrativen Wirkungen. Es wuchs nicht allein die Skepsis gegenüber der Flottenpolitik, sondern vor allem auch der Druck der Flottenbefürworter um den Deutschen Flottenverein, die für ein schnelleres Bautempo agitierten. Schließlich entwickelte sich die Frage, wie die Aufrüstung zu finanzieren sei, zu einer ernsten Belastungsprobe für das wilhelminische Herrschaftssystem.[42]

## 4. »Bülow-Block« und Staatskrise

Taugten Weltpolitik und Flottenbau kurzzeitig als Mittel innenpolitischer Stabilisierung, traten auf längere Sicht ihre Nachteile immer mehr hervor. Sie zeigten sich auf verschiedenen Gebieten, nirgendwo aber so deutlich wie bei den Reichsfinanzen, weil sich hier die Probleme wie in einem Prisma bündelten. Denn die Frage, wer die Kosten von Weltpolitik und Flottenbau zu tragen habe, löste Verteilungskämpfe aus, die wesentlich dazu beitrugen, jenen Konsens zu untergraben, der um die Jahrhundertwende entstanden war. Bereits in den Jahren 1905 und 1906 verdichteten sich außenpolitische Mißerfolge und innere Schwierigkeiten zu einer Regierungskrise, die es Bülow unmöglich machte, weiterhin mit dem Zentrum zusammenzuarbeiten. Der »Bülow-Block«, aus dieser Not geboren, zerbrach in der Staatskrise von 1908/09. Sie erschütterte das monarchische System und warf die Frage seiner Parlamentarisierung auf.[43]

Der zeitweiligen innenpolitischen Stabilisierung lag ein labiler Konsens zugrunde, der im Reichstag von Konservativen, Nationalliberalen und ganz wesentlich vom Zentrum getragen wurde. Dies galt schon für die Zeit vor, erst recht aber nach den Reichstagswahlen von 1903. Sie brachten zwar den konservativen und linksliberalen Parteien leichte Verluste, den Nationalliberalen kleinere, den Sozialdemokraten größere Gewinne; doch behauptete das Zentrum, auch wenn es geringfügig an Mandaten einbüßte, seine Schlüsselstellung im Reichstag. Eine Politik gegen diese Partei war kaum möglich, eine Kooperation von Reichsleitung und Zentrumsfraktion brachte dagegen beiden Seiten Vorteile: jener eine solide Mehrheit im Parlament, dieser mehr Einfluß auf die Politik des Reiches.[44]

Das zeigte sich etwa bei der Sozialpolitik. Nach der Jahrhundertwende nahm Posadowsky die Sozialpolitik des »Neuen Kurses« vorsichtig wieder auf. Da Repressionsmaßnahmen im Reichstag keine Mehrheit gefunden hatten, vielmehr Teile der Nationalliberalen, vor allem aber des Zentrums auf Sozialreformen drängten, schien ihm ein gewisses Entgegenkommen angebracht. Für eine solche Politik, die vielleicht doch noch die Arbeiter von der Sozialdemokratie trennen mochte, sprach auch die öffentliche Meinung, in der sozialreformerische Bestrebungen unter dem Einfluß des Kathedersozialismus und der 1901 gegründeten Gesellschaft für Soziale Reform wieder größere Resonanz fanden. Verglichen mit dem »Neuen Kurs« blieben die sozialpolitischen Initiativen der Regierung freilich begrenzt. Sie wollte den Kreis der Sozialversicherten erweitern und die Leistungen anheben, das Verbot der Kinderarbeit auf die Heimindustrie ausdehnen, den Arbeiterwohnungsbau fördern und Gewerbegerichte in größeren Gemeinden obligatorisch machen. Weitergehende Maßnahmen kamen nur unter dem Druck der Arbeiterbewegung zustande, so die Novelle zum preußischen Berggesetz als Reaktion auf den Bergarbeiterstreik von 1905. Doch stellte sie das Maximum dar, zu dem sich die staatliche Sozialpolitik bereitfand. Alle weitergehenden Initiativen Posadowskys, etwa die Rechtsstellung der Gewerkschaften zu verbessern oder das Tarifvertragswesen zu regeln, scheiterten.[45]

Einfluß gewann das Zentrum auch auf die Finanzpolitik. Seit den neunziger Jahren stiegen die Ausgaben des Reiches von 858 Mio. (1886/90) auf 1 787 Mio. Mark (1909), eine Folge hauptsächlich der Heeres- und Flottenrüstung. Nahmen die jährlichen Heeresausgaben im Vierjahresdurchschnitt von 577 Mio. Mark (1895/98) über 603 Mio. (1899/1903) auf 711 Mio. (1904/08) zu, wuchs der Marinebedarf von 89 Mio. über 142 Mio. auf 216 Mio. Mark. Für 1909/13 wurden 870 Mio. für die Armee und 340 Mio. Mark für die Flotte veranschlagt. Mit dieser Ausgaben- hielt die Einnahmenentwicklung nicht Schritt. Seit 1900 wuchsen die Defizite im Reichshaushalt. Da die ungedeckten Matrikularbeiträge mit Rücksicht auf die einzelstaatlichen Finanzen nicht beliebig angehoben werden konnten, mußte sich das Reich mit Anleihen behelfen. So stiegen seine Schulden von 1,1 (1890) auf 4,9 Mrd. Mark (1909). Die Finanzen des Reiches zu ordnen schien dringend geboten. Daß eine grundlegende Finanzreform hinausgeschoben wurde, lag nicht zuletzt am Zentrum. Denn die Fraktion fand sich zwar bereit, Mehrausgaben für Heer und Flotte zu bewilligen; wie diese finanziert werden sollten, war jedoch umstritten. So blieb es bei Reformanläufen, die allenfalls vorübergehende Lösungen brachten, wie der »Lex Stengel« im Jahre 1904 oder der sogenannten »kleinen« Reichsfinanzreform von 1905/06, die eine reichseinheitliche Erbanfallsteuer einführte, das Reich zu zwei Dritteln am Ertrag dieser Erbschaftssteuer beteiligte und ihm damit erstmals einen wenn auch nicht exklusiven und unmittelbaren Zugriff auf direkte Steuern erlaubte.[46]

Das Zentrum beeinflußte nicht nur die Sozial- und Finanzpolitik, sondern konnte der Reichsleitung auch weitere Zugeständnisse abringen. So erreichte es, daß mit dem zweiten Paragraphen des Jesuitengesetzes eines der letzten Überbleibsel des Kulturkampfes beseitigt wurde. Das geschah gegen heftige Widerstände des liberalen und protestantischen Bürgertums, ein Zeichen dafür, wie scharf die konfessionellen Gegensätze noch ausgeprägt waren. Außerdem half das Zentrum, eine Forderung durchzusetzen, die mit Ausnahme der Konservativen alle Parteien im Reichstag erhoben: die Einführung von Diäten. Seit 1906 erhielten die Abgeordneten eine jährliche Entschädigung von 3 000 Mark. Das war nicht wenig, wertete die Parlamentarier ebenso auf wie den Reichstag insgesamt.[47]

Die Kooperation von Reichsleitung und Zentrumspartei, die wegen unterschiedlicher Ziele begrenzt und labil geblieben war, stieß seit 1906 auf wachsende Widerstände. Diese gingen von Teilen des Zentrums aus und hingen mit innerparteilichen Machtverschiebungen zusammen. Denn nach der Jahrhundertwende gewann in der Partei die katholische Arbeiterbewegung an Gewicht. Sie stützte sich organisatorisch auf die Christlichen Gewerkschaften und den mitgliederstarken Volksverein für das katholische Deutschland. Pragmatische Sozialreformen sowie Erweiterung der politischen Rechte der Arbeiter waren ihre Hauptziele. In der Zentrumspartei fanden sich die Führer der katholischen Arbeiterschaft mit den »Kräften des agrarischen und kleingewerblichen Populismus« (Wilfried Loth) zusammen, die in den neunziger Jahren an Einfluß gewonnen hatten. Trotz beträchtlicher Interessenunterschiede traten sie gemeinsam als »zentrumsdemokratische Richtung« in Erscheinung und drängten auf mehr Mitsprache. Das zwang die Parteiführung sowohl in der Sozial- und Finanzpolitik als auch in der Wahlrechtsreformfrage zu einem Kurs zwischen Kooperation auf der einen Seite, die der gouvernementale Flügel der Fraktion verfocht, und Konfrontation auf der anderen Seite, wie sie den Zentrumsdemokraten mit Matthias Erzberger an ihrer Spitze vorschwebte. Eine Möglichkeit, diese Linie durchzusetzen, bot die Kolonialkritik. Erzberger prangerte Korruption und Greuel in den Kolonien an, ebenso die brutalen, in Völkermord mündenden Kriege, die das Reich seit 1904/05 in Südwest- und Ostafrika führte. Er ebnete damit auf längere Sicht der liberaleren Kolonialpolitik Bernhard Dernburgs den Weg und brachte zugleich auf kürzere Sicht seine Fraktion auf größere Distanz zur Reichsleitung.[48]

Doch bedrohten nicht allein Veränderungen in der Zentrumspartei die Zusammenarbeit mit der Regierung, sondern auch jene Probleme, vor die diese sich selbst gestellt sah. Der Ausgang der Marokko-Krise und die fehlgeschlagene Annäherung an Rußland schadeten dem Ansehen der Reichsleitung in der Öffentlichkeit und trübten das Verhältnis zwischen Kaiser und Kanzler. Damit nahmen die Reibungsverluste an der Staatsspitze wieder zu, Zweifel am Führungswillen Bülows wurden laut, und die Gegner des Kanzlers gewannen über Hof und Kabinette an Einfluß. Ihre Kritik richtete sich gegen seine Außen-, mehr aber noch gegen seine Innenpolitik. Sie hielten Bülow vor, er führe den Kampf gegen die Sozialdemokratie nicht entschieden genug und arbeite zu eng mit dem Zentrum zusammen. Dieser Vorwurf wog schwer, weil Konservative und Liberale über den Einfluß des Zentrums im Parlament, der Kaiser über dessen Kritik an der Kolonialpolitik verbittert waren. So wirkten außen- und innenpolitische Schwierigkeiten zusammen, gefährdeten Bülows Position und zwangen ihn schließlich, seine Politik zu ändern.[49]

Eine Chance, die angeschlagene Stellung durch einen Kurswechsel zu festigen, bot sich dem Reichskanzler im Dezember 1906. Als Zentrum und Sozialdemokraten einen Nachtragshaushalt ablehnten, der weitere Mittel für den Kampf gegen die Hereros in Südwestafrika bereitstellen sollte, löste Bülow kurzerhand das Parlament auf. Im Wahlkampf schürten Reichsleitung und ihr nahestehende Organisationen wie der Reichsverband gegen die Sozialdemokratie die nationalen Emotionen, prangerten Sozialdemokratie und Zentrum als unzuverlässig an. Zugleich suchten sie Konservative, Rechts- und jetzt auch Linksliberale unter nationalem, antisozialistischem und antikatholischem Vorzeichen zu Wahlabsprachen zu bewegen, die einer neuen Mehrheit den Weg bereiten sollten: dem »Bülow-Block«. In der Tat brachten die »Hottentottenwahlen« (August Bebel) Anfang 1907 Mandatsgewinne für Deutsch- und Freikonservative, National- und Linksliberale, während die SPD fast die Hälfte ihrer Sitze einbüßte. Das Zentrum steigerte zwar die Zahl seiner Mandate, verlor aber die ausschlaggebende Stellung im Parlament, da Konservative und Liberale jetzt über eine Mehrheit verfügten. Insoweit war Bülow erfolgreich gewesen. Doch mußte sich erst noch erweisen, ob es ihm gelingen würde, die Parteien zu einem festen »Block« zusammenzuschweißen.[50]

Den Konservativen hatte die Wahl eine Schlüsselstellung im Parlament gebracht, da sie sowohl mit den Liberalen als auch mit dem Zentrum eine Mehrheit bilden konnten. Gerade auf die Deutschkonservativen mußte Bülow darum erheblichen Druck ausüben, um sie für den »Block« zu gewinnen. Einfacher war das bei den Liberalen. Die Linksliberalen, zuerst die Freisinnige Vereinigung, dann nach Eugen Richters Tod auch die Freisinnige Volkspartei, hatten ihren Widerstand gegen die Weltpolitik aufgegeben und suchten auf der Linie eines liberalen Imperialismus Expansion nach außen und Reformen nach innen miteinander zu verbinden. Im »Block« sahen sie die Chance, politisch wieder handlungsfähig zu werden, liberale innere Reformen künftig nicht mehr gegen die, sondern mit der Regierung durchzusetzen. Am entschiedensten traten die Nationalliberalen für den »Bülow-Block« ein. Sie profitierten von der Ausschaltung des Zentrums, spielten die Rolle eines Mittlers zwischen den beiden Flügeln des »Blocks« und erwarteten von ihm moderate Reformen, die die Machtbalance zugunsten des Bürgertums verschieben würden.[51]

In Anbetracht der unterschiedlichen Interessen von Konservativen und Liberalen mußte dem Reichskanzler daran gelegen sein, ihre im Wahlkampf entstandene Zusammenarbeit zu festigen. Bülow sorgte deshalb dafür, daß der »Block« nach außen hin demonstrativ in Erscheinung trat, etwa bei der Wahl des Reichstagspräsidiums, entwarf ein für alle Parteien akzeptables Regierungsprogramm und ersetzte sogar Posadowsky, der weiterhin mit dem Zentrum zusammenarbeiten wollte, durch Bethmann Hollweg. Bewähren mußte sich der »Block« jedoch in der Gesetzgebungsarbeit. Keine Probleme gab es in nationalen Fragen. So wurden Kolonialnachtragsetat, Flottengesetznovelle und Reichskolonialamt bewilligt. Manche Vorhaben ließen Kompromisse zu, so das Börsen- oder das Reichsvereinsgesetz. Auf anderen Gebieten war dagegen eine Verständigung unmöglich. Dazu zählte die Reform des preußischen Dreiklassenwahlrechts. Die Deutschkonservativen lehnten sie nach wie vor strikt ab. Freikonservative und Nationalliberale wollten moderate Verbesserungen, die Linksliberalen das Reichstagswahlrecht. Ähnlich umstritten war die Reichsfinanzreform. Zwar ließen sich die Gegensätze Ende 1907 noch einmal überbrücken, indem die Sanierung der Finanzen vertagt wurde. Mehr als eine Atempause gewährte das dem Reichskanzler freilich nicht. Er hielt sich mit der »Block«-Politik im Amt, abhängig nicht mehr nur vom Kaiser, sondern zunehmend auch von den »Block«-Parteien, und war damit in einer schwächeren Position als vor der Regierungskrise von 1905/06.[52]

Daß der »Block« trotz aller Gegensätze zwischen den Parteien und der Probleme, die er an der Staatsspitze schuf, vorerst zusammenhielt, verdankte er nicht zuletzt dem Zentrum. Denn diese Partei konnte sich nicht darauf verständigen, welchen Weg sie nach den Wahlen einschlagen sollte. Eine Möglichkeit war, den »Block« gleichsam von rechts her aufzubrechen und mit den Konservativen eine »schwarz-blaue Koalition« einzugehen. Die andere Möglichkeit bestand darin, mit National- und Linksliberalen eine schmale, gemäßigte oder unter Einschluß von Sozialdemokraten und nationalen Minderheiten eine breite, entschiedene Reformmehrheit zu bilden. Das eine wollten die konservativen Kräfte im Zentrum, das andere die Zentrumsdemokraten. Doch vermochte sich keine der beiden Richtungen in Partei und Fraktion durchzusetzen, so daß der Kurs des Zentrums unklar und seine Opposition verhalten blieb. Davon profitierten »Block«-Parteien und Reichsleitung, bis die Reichsfinanzreform im Jahre 1909 eine Entscheidung herbeiführte.[53]

Bevor die Finanzreform jedoch zum Prüfstein des »Blocks« wurde, erschütterte die »Daily Telegraph-Affäre« den monarchischen Staat in seinen Grundfesten. Im Oktober 1908 veröffentlichte der *Daily Telegraph* einen Zusammenschnitt von Gesprächen mit Wilhelm II. in Interviewform. Der Artikel erregte großes Aufsehen, da dort manche taktlosen und politisch unklugen Äußerungen des Kaisers zu lesen waren. Er führte jedoch vor allem dazu, daß die Kritik am »persönlichen Regiment« einen Höhepunkt erreichte. Jetzt entlud sich der aufgestaute Unmut über den Kaiser und die Skandale in seiner Umgebung, welche die Öffentlichkeit seit 1906 in Atem gehalten hatten. So entwickelte sich die »Daily Telegraph-Affäre« zur schwersten inneren Krise des Kaiserreiches, zumal sie die Stellung von Kaiser und Kanzler, aber auch von Regierung und Reichstag berührte.[54]

Das Vertrauensverhältnis zwischen Wilhelm II. und Bülow, getrübt schon seit 1905/06, ging über der Affäre endgültig zu Bruch. Da sich der Kaiser formal korrekt verhalten, den Artikel, bevor er veröffentlicht wurde, dem Reichskanzler vorgelegt und dessen Einwilligung erhalten hatte, sah er Bülows Versuche, sich aus der Verantwortung zu winden, schlicht als Verrat an. Der Kanzler verteidigte den Kaiser nämlich nur lau, als sich das Parlament Anfang November zum Wortführer des allgemeinen Unwillens machte, Redner aller Fraktionen das »persönliche Regiment« kritisierten und Garantien verlangten, daß sich der Kaiser in Zukunft mehr zurückhalte. Statt dessen nutzte Bülow die Debatte, gewann auch die Unterstützung des preußischen Staatsministeriums sowie des Bundesrates und nötigte dem Kaiser die Erklärung ab, künftig die verfassungsmäßigen Verantwortlichkeiten zu wahren. Damit erreichte Bülow zwar, daß sich der Entrüstungssturm über das

»persönliche Regiment« legte und er selbst vorerst im Amt blieb, vergab aber die Chance, längerfristig die Stellung des Reichskanzlers gegenüber dem Kaiser zu stärken. So wartete Wilhelm II. nur auf eine Gelegenheit, den ihm verhaßt gewordenen Kanzler zu entlassen.

Das Verhältnis zwischen Regierung und Reichstag blieb von der Affäre ebenfalls nicht unberührt, bot diese dem Parlament doch eine Chance, seine Macht zu erweitern. In der Verfassungsdebatte Anfang Dezember verlangten Sozialdemokratie, Freisinn und Zentrum, den Artikel 17 der Reichsverfassung auszugestalten, der die Verantwortlichkeit des Kanzlers regelte, ohne deren Umfang und Inhalt zu präzisieren. Doch waren sie uneins, wie das geschehen sollte. Die Nationalliberalen wollten das konstitutionelle System beibehalten und nur die Befugnisse des Kaisers begrenzen. Jegliche Verfassungsänderung lehnten die Konservativen ab. Für eine volle Parlamentarisierung trat keine Partei ein, doch kamen ihr die Forderungen der SPD am nächsten, und auch jene von Zentrum wie Linksliberalen konnten in eine solche Richtung führen. Bei diesen unterschiedlichen Positionen blieben die Debatten ergebnislos, verschwanden die Anträge in den Kommissionen. Der Reichstag, das zeigte sich, wollte und konnte die Schwäche der Monarchie nicht zu einer Verfassungsreform nutzen.[55]

Die »Daily Telegraph-Affäre« war kaum vorbei, lastete aber noch auf der Innenpolitik, als die Reichsfinanzreform über das Schicksal des »Blocks« entschied. Diese ließ sich nicht mehr hinauszögern, da für 1909 ein Defizit von 500 Mio. Mark ins Haus stand. Der Staatssekretär des Reichsschatzamtes wollte die Vorstellungen der »Block«-Parteien, die weit auseinanderlagen, durch ein Kompromißpaket erfüllen. Dieses sah vor, vier Fünftel des Fehlbetrags über Verbrauch-, ein Fünftel aus, wie es hieß, Gründen sozialer Ausgewogenheit durch sogenannte Besitzsteuern aufzubringen, wobei an eine stärkere Besteuerung von Erbschaften in Form einer Nachlaßsteuer gedacht war. Die Vorlage stieß auf heftigen Widerstand. Während die Linksliberalen höhere Verbrauchsteuern ablehnten, die Nationalliberalen zwar Konsum wie Besitz, nicht aber Erbschaften kräftiger besteuern wollten, waren Deutschkonservative und Zentrum gegen jede Erweiterung der Erbschaftssteuer.[56]

Bei den Auseinandersetzungen um die Finanzreform verflochten sich, und das erklärt ihre Schärfe, finanz-, macht- und parteipolitische Fragen. Finanzpolitisch ging es darum, welche sozialen Gruppen die wachsenden Rüstungslasten tragen sollten. Verbrauchsteuern trafen die Konsumenten, die Schlecht- durchweg härter als die Besserverdienenden, Besitzsteuern belasteten dagegen eher die Gutsituierten. Daneben gab es eine machtpolitische Dimension, die den »Block« spaltete. Die Konservativen und ihre Klientel wollten, weil sie durch eine Belastung des Grundbesitzes ihre Stellung in der Gesellschaft gefährdet sahen, um jeden Preis verhindern, daß der nach gleichem Wahlrecht gewählte Reichstag Zugriff auf den Besitz bekam. Die Liberalen und mit ihnen Teile des Bürgertums sahen dagegen eine stärkere Besteuerung von Grund und Boden als überfällig an, zumal dies die Möglichkeit bot, die eigene Belastung und die der Konsumenten in Grenzen zu halten. Auf parteipolitischer Ebene, und hier spielte das Zentrum eine entscheidende Rolle, ging es um die künftige Innenpolitik, darum, ob der »Bülow-Block« bestehen blieb oder, wenn er zerbrach, welche Mehrheit an seine Stelle trete.[57]

In den parlamentarischen Beratungen schälten sich zwischen November 1908 und Juni 1909 drei Lösungen heraus. Auf parteipolitischem Feld gewannen im Zentrum nach langem Schwanken jene Kräfte das Übergewicht, die den »Block« von rechts aufsprengen und die Finanzreform gemeinsam mit den Konservativen angehen wollten. Das gab diesen die Möglichkeit, aus dem »Bülow-Block« auszuscheren. Auf machtpolitischer Ebene konnten die Konservativen mit Hilfe des Zentrums, indem sie die steuerlichen Privilegien ihrer Klientel verteidigten, eine Verschiebung des innenpolitischen Gefüges zur ihren Lasten noch einmal aufhalten. Denn die neue Mehrheit ersetzte auf finanzpolitischer Ebene den Reformvorschlag der Regierung durch eine Lösung, die zwar ebenfalls auf Verbrauch- und Besitzsteuern beruhte, aber nicht den agrarischen Besitz über eine Erbschaftssteuer mitheranzog, sondern das mobile Kapital durch sogenannte Verkehrssteuern auf Schecks und Wechsel, Wertpapiere und Talons sowie Immobilien belasten wollte. Dieses Ergebnis der Reichsfinanzreform führte zu einer breiten Protestwelle im Bürgertum und zu einer antifeudalen Sammlungsbewegung, die sich im Hansa-Bund organisierte. Mit ihm machten Teile des liberalen Bürgertums gegen den Einfluß der alten Eliten Front und versuchten dafür, breiteren Rückhalt im Mittelstand, aber auch bei den Bauern zu finden.[58]

Die Reichsfinanzreform brachte nicht nur das Ende des »Blocks«, sondern auch im Juli 1909 die Entlassung Bülows, der sein Schicksal als Reichskanzler an einen Erfolg der »Block«-Politik gebunden hatte. Sowohl der »Bülow-Block« als auch sein Ende drückten ohne Zweifel die wachsende Macht des Reichstages und der politischen Parteien aus, brachten jedoch keinen Schritt in Richtung auf eine Parlamentarisierung des Kaiserreiches. Denn der Reichskanzler stürzte nicht allein über die Finanzreform, sondern auch und vor allem, weil er das Vertrauen des Kaisers verloren hatte. Zudem ging es Konservativen und Zentrum, die den »Block« sprengten, die Finanzreform nach ihren Vorstellungen gestalteten und dabei auf den Sturz des Kanzlers setzten, nicht um die Einführung eines parlamentarischen Systems. Soweit er sich selbst nicht »als Hof-, sondern Reichskanzler« (Theobald von Bethmann Hollweg) verstand, wollte er in erster Linie den Status quo sichern und sich selbst im Amt halten. Seine »Block«-Politik, auch wenn sie den Liberalen manche Konzession machte, folgte diesen und keinen anderen Zielen. So könnte es höchstens eine »stille Parlamentarisierung« (Manfred Rauh) gegeben haben, einen Prozeß, in dem der Einfluß des Parlaments zunahm und die Bildung parlamentarischer Mehrheiten eingeübt wurde, ohne daß ein ausdrücklicher Parlamentarisierungswille vorhanden gewesen wäre. Doch unterstellt diese Interpretation eine Entwicklungslogik, die es nicht gegeben hat. So stand das Kaiserreich, als der »Block« zerbrach und Bülow stürzte, nicht an der Schwelle zur Parlamentarisierung und deshalb auch nicht »am Scheideweg« (Theodor Eschenburg).[59]

# V. Das Heraufziehen der Moderne

Die innenpolitischen Konflikte, die seit 1905 wieder zunahmen und ihren vorläufigen Höhepunkt in der Staatskrise der Jahre 1908/09 erreichten, waren nicht allein Ausdruck einer gescheiterten Politik, die durch Flottenbau, Weltpolitik und Kaisertum Spannungen zu überdecken und Reformen aufzuschieben versucht hatte. Sie müssen auch als Zeichen einer wachsenden Polarisierung zwischen jenen Kräften gesehen werden, die am Bestehenden festhalten und alle Neuerungen möglichst eindämmen wollten, sowie den anderen, die auf das Neue setzten und Veränderungen einforderten. Die Frontlinien zwischen ihnen verliefen freilich selten klar; stets gab es Brechungen und Überlagerungen. Sie nahmen noch in dem Maße zu, in dem die Fortschrittsgewißheit selbst unsicher wurde und die Schattenseiten des sozialen Wandels deutlicher hervortraten, das »Janusgesicht der Moderne« (Detlev Peukert) also klarer zum Vorschein kam. Das zeigte sich nicht nur in den Anfängen des Interventions- und Sozialstaates, der verwaltete und umverteilte, aber auch reglementierte und nivellierte; es äußerte sich auch im Aufschwung von Bildung und Wissenschaft, die einer rationalen Deutung der Welt ebenso den Weg ebneten wie der Illusion, alles sei machbar und technisch zu bewältigen; und nicht zuletzt führten die Widersprüche der Moderne zu Säkularisierungsprozessen, einem wachsenden Krisengefühl und dem Aufschwung einer Vielzahl ganz unterschiedlicher Reformbewegungen, in denen sich das Unbehagen über die Zeitenwende und die Unsicherheit über die Zukunft niederschlugen.[1]

## 1. Der Aufstieg des Interventions- und Sozialstaates

In die Jahre des Kaiserreiches fiel der Aufstieg des modernen Interventions- und Sozialstaates. Dieser knüpfte einerseits an die lange Tradition des vorsorgenden und reglementierenden Polizeistaates in Deutschland an, reagierte andererseits auf die Probleme einer entstehenden Industriegesellschaft und schlug neue Wege ein, um sie zu bewältigen. Daß die staatliche Aktivität seit den späten siebziger Jahren zunahm, lag weder hauptsächlich am Staat noch allein an der Gesellschaft, sondern ergab sich vielmehr aus deren Wechselspiel. Zwar hatte der Staat bereits um 1800, mehr noch seit der Jahrhundertmitte begonnen, sich aus der direkten Regulierung von Gesellschaft und Wirtschaft heraus- und auf rahmensetzende Maßnahmen sowie indirekte Eingriffe zurückzuziehen, um eine liberale Wirtschaftsgesellschaft freizusetzen, die weitgehend eigenen Gesetzen gehorchte. Doch wurde bereits in der Liberalen Ära der Höhepunkt dieser Entwicklung erreicht und überschritten. Denn die Reichsgründung wertete sowohl den Staat als auch seine Träger auf und ließ die Neigung wachsen, den Zugriff auf die Gesellschaft zu verstärken und die Staatsaufgaben auszuweiten. Dadurch sollte in den Krisen wirtschaftlicher und sozialer Modernisierung die Stabilität des politischen Systems gewahrt werden. Zugleich glaubten größere Teile der Gesellschaft, zumal unter dem Eindruck der Gründerkrise, soziale Konflikte und ökonomische Schwierigkeiten nicht mehr aus eigener Kraft, sondern nur noch mit staatlicher Hilfe bewältigen zu können. Diese Entwicklung verstärkte sich noch, je mehr die Fundamentalpolitisierung voranschritt. Sie führte nicht zuletzt dazu, daß soziale Konflikte politisiert, also in die Arena der Politik geschoben wurden und dort gelöst werden mußten. So kehrte sich der Trend um, folgte einer Phase abnehmender eine solche wachsender, der Form nach freilich neuartiger Staatseingriffe. Sie setzten eine intensivere staatliche Durchdringung der Gesellschaft nicht zuletzt durch Bürokratie und Polizei voraus.[2]

Der aufkommende Interventions- und Sozialstaat schuf sich verschiedene Instrumente, mit denen er seinen Zugriff auf die Gesellschaft zu verstärken suchte. Zu ihnen zählte zunächst die Bürokratie. In der Zeit des Kaiserreiches expandierte die Verwaltung schneller als die Bevölkerung. Freilich gab es erhebliche Unterschiede je nach Tätigkeitsfeld und politischer Ebene. So nahm die Zahl der Staatsbediensteten besonders stark bei Verkehr und Post zu, sehr viel langsamer dagegen im Bildungsbereich und in der Innenverwaltung. Auch wuchs die Verwaltung in den Kommunen wohl rascher als die der Bundesstaaten oder jene des Reiches. Die Bürokratie expandierte aber nicht nur, sie differenzierte sich auch. Das galt für die klassischen Bereiche der Hoheits-, mehr aber noch für einzelne Felder der Leistungsverwaltung, die in vielfältigen Formen auf dem Gebiet der »Daseinsvorsorge« tätig wurde. Über alledem wandelten sich einerseits Aufbau und Ablauf, Rekrutierung und Zusammensetzung, Selbst- und Fremdeinschätzung der Administration; andererseits hielten sich diese Veränderungen im Rahmen der überkommenen Grundstrukturen. So bestimmten »Fortentwicklung und Stillstand« (Tibor Süle) das Bild der Bürokratie. Neben der Administration dehnte sich der nichtmilitärische staatliche Gewaltapparat aus. Der Polizei wuchsen im Rahmen ihrer ohnehin breiten Zuständigkeiten zunächst neue Aufgaben zu, gerade im Wohlfahrtsbereich. Erst seit den neunziger Jahren spezialisierte sie sich stärker darauf, die innere Sicherheit zu gewährleisten. Dabei wurde die Polizei ein Stück weit verstaatlicht und verrechtlicht, entwickelte eigene, vom Militär unterschiedene Formen des Zwangs. Zugleich nahm, in den Städten mehr, auf dem Land weniger, die polizeiliche Durchdringung der Gesellschaft zu, ebenso der Regelungsanspruch, den die Polizei oft willkürlich, stets aber autoritär und hart durchsetzte.[3]

Mit Hilfe von Verwaltung und Polizei dehnte sich, weder kontinuierlich noch gleichmäßig, die staatliche Aktivität vor allem auf vier Gebieten aus: der Finanz- und der Währungs- sowie der Wirtschafts- und der Sozialpolitik. Die Finanzpolitik von Reich, Bundesstaaten und Kommunen verteilte einen wachsenden Teil des Sozialprodukts um. Das lag weniger an den Militärausgaben, deren Bedeutung relativ sank, sondern an den Aufwendungen für das Bildungswesen und besonders an den Transferzahlungen, deren Gewichte entsprechend wuchsen. So hatten die Staatsausgaben mit einem Anteil von knapp 15% am Nettosozialprodukt vor dem Weltkrieg einen Umfang erreicht, der den öffentlichen Sektor zu einem gewichtigen Faktor im Wirtschaftskreislauf machte. Das galt für alle öffentlichen Haushalte, wenngleich in unterschiedlichem Umfang. Denn die Ausgaben der Bundesstaaten vervierfachten, jene von Reich und Kommunen dagegen versechsfachten sich zwischen 1881 und 1913, so daß von den gesamten öffentlichen Ausgaben etwa 32% (1881: 45%) auf die Bundesstaaten, 35% (29%) auf das Reich und 33% (26%) auf die Kommunen entfielen. Obwohl die öffentlichen Haushalte expandierten, wurden sie noch nicht gezielt als Instrumente der Wirtschaftspolitik eingesetzt. Anders sah es bei den öffentlichen Unternehmen aus. Reichspost und Eisenbahnen, seit den Verstaatlichungen der siebziger und achtziger Jahre meist im Besitz der Bundesstaaten, Zechen sowie kommunale Betriebe dienten über ihre fiskalische

Funktion hinaus sozial- und wirtschaftspolitischen Zielen, man denke nur an die Tarifgestaltung der Bahnen. Davon profitierten manche Regionen ebenso wie einzelne Branchen, und das konnte durchaus gesamtwirtschaftliche Wirkungen nach sich ziehen.[4]

Neben die Finanzpolitik trat die Währungspolitik. Sie war in erster Linie Sache des Reiches, das in den frühen siebziger Jahren das Münzwesen vereinheitlichte und die Goldwährung einführte. Neben Gold- liefen noch bis 1907 Silbermünzen um, außerdem Banknoten, die ein knappes Drittel der Bargeldmenge ausmachten. Sie wurden nicht allein, doch in wachsendem Umfang von der Reichsbank ausgegeben. Ihr Notenumlauf war doppelt begrenzt: Einmal mußte sie eine Goldreserve in Höhe von mindestens einem Drittel der zirkulierenden Banknoten halten und die verbleibenden zwei Drittel durch diskontierte Handelswechsel decken. Sodann unterlag jene Notenmenge, welche die Goldreserve sowie ein bestimmtes steuerfreies Kontingent überschritt, einer fünfprozentigen Steuer. Geriet die Reichsbank »in die Steuer«, erhöhte sie den Diskontsatz, verteuerte damit die Refinanzierung und bemühte sich so, ihre Notenemission im vorgegebenen Rahmen zu halten. Dabei folgte sie in aller Regel den Bedürfnissen der Wirtschaft, hielt den Diskontsatz niedrig und sah es weder als ihre Aufgabe an, den monetären Bereich zu kontrollieren noch die Konjunktur durch geldpolitische Maßnahmen zu beeinflussen. In die Außenwirtschaft griff die Reichsbank ebensowenig ein, unterwarf sich auch hier dem Goldstandard, dessen Regeln freilich zunehmend weniger funktionierten.[5]

Auch über seine Wirtschaftspolitik wirkte der Staat auf Ökonomie und Gesellschaft ein. Im Kaiserreich gab es keine gesamtwirtschaftliche Ordnungs- und Struktur-, Wachstums- und Konjunkturpolitik. Das lag gleichermaßen an fehlenden Konzeptionen, Instrumenten und Institutionen. Deshalb stand, wie in anderen Staaten, die Handels- und Zollpolitik im Zentrum der Auseinandersetzungen. Hatten sich der Deutsche Zollverein und anfangs auch das Reich bemüht, Zölle und nichttarifäre Handelshemmnisse gegen manche Widerstände abzubauen, brachte der Zolltarif von 1879 eine Wende. Seitdem erhob das Reich Zölle auf Agrarprodukte und erschwerte ihren Import durch eine Reihe weiterer Maßnahmen. Industrieerzeugnisse genossen ebenfalls stärkeren Zollschutz. Die Wirkungen des Protektionismus sollten nicht überschätzt werden. Denn Schwankungen der Weltmarktpreise beeinflußten Import und Export mehr als die Zölle, deren Höhe im internationalen Vergleich keineswegs aus dem Rahmen fiel. Trotzdem zeigte der Protektionismus ökonomische Wirkungen. Im Agrarsektor begünstigte er die Produzenten, dabei die Getreideanbauer mehr als die Viehhalter, auf Kosten der Konsumenten und trug so dazu bei, den relativen Bedeutungsverlust der Landwirtschaft zu verlangsamen. In der Industrie profitierten, da Zölle und Kartelle vielfach zusammenspielten, Roheisen- und Halbfertigwalzstahlproduzenten von der protektionistischen Politik, während sie Eisen- und Stahlverarbeiter belastete. Nicht nur um die Handels- und Zollpolitik wurde heftig gerungen; auch andere Aktivitäten des Reiches waren umstritten: etwa seine Mittelstands-, Börsen- oder Kartellpolitik. Weniger spektakulär, dafür aber raumordnungs- und branchenstrukturpolitisch oft nachhaltiger wirkte die Wirtschaftspolitik der Bundesstaaten. Sie umfaßte eine Vielzahl von Maßnahmen, angefangen bei der Agrar- und Gewerbeförderung über die Verkehrs- bis hin zur Bildungspolitik.[6]

Ein weites Feld staatlicher Intervention bot schließlich die Sozialpolitik. Sie war zunächst und vor allem Sache der Kommunen, wurde erst später und allmählich eine Angelegenheit des Reiches. Zu den überkommenen Aufgaben der Kommunen gehörte die Armenpflege, später Armenfürsorge genannt. Sie oblag ursprünglich der Heimatgemeinde des Bedürftigen, wurde dann aber, weil Binnenwanderungen das Heimatrecht aushöhlten, der Wohngemeinde übertragen. Offene, nicht mehr in Anstalten betriebene Armenpflege war die Regel. Sie folgte dem Subsidiaritätsprinzip und orientierte sich zumeist am sogenannten Elberfelder System, das auf Dezentralisierung der Verwaltung, Ehrenamtlichkeit der Armenpfleger und Hilfe zur Selbsthilfe der Armen setzte. Nur in Großstädten wurde die Armenfürsorge stärker bürokratisiert und hauptamtlichem Personal übertragen, darunter auch immer mehr Frauen. Doch schuf die Urbanisierung mehr und neue soziale Probleme. Diese zwangen die Städte, ihre bisherigen Aufgaben auszudehnen. So ergänzten sie die Armenfürsorge durch präventive Maßnahmen wie Notstandsarbeiten, Arbeitsnachweise und in Ansätzen auch schon Arbeitslosenversicherungen, erweiterten sowohl die Kinder- und Jugend- als auch die allgemeine Gesundheitsfürsorge, bauten das Schulwesen aus. In die Zukunft wiesen jedoch jene Aufgaben, welche die Städte im Rahmen der »Daseinsvorsorge« übernahmen. Sie setzten sich damit neben privaten, von Frauen, Vereinen und Wohlfahrtsverbänden getragenen Initiativen und diese vielfach ergänzend an die Spitze der Entwicklung, die zum Sozialstaat führte.[7]

Die zentralstaatliche Sozialpolitik berührte sich zwar vielfach mit der kommunalen Sozialpolitik, ging aber andere Wege. Denn sie richtete sich nicht an alle Bürger, sondern suchte auf drei Feldern – Sozialversicherung, Arbeiterschutz und Arbeitsrecht – nach Antworten auf die Arbeiter- oder Soziale Frage. Einmütigkeit bestand darüber, daß diese gelöst werden mußte. Doch gingen die Ansichten auseinander, wie das geschehen und insbesondere, welche Rolle der Staat dabei spielen sollte. Anfangs überwog die Meinung jener, der Liberalen vor allem, die auf gesellschaftliche Lösungen setzten, nicht zuletzt auf die Selbsthilfe der Arbeiter. Doch wurden bald Stimmen lauter, gerade aus Kreisen der bürgerlichen Sozialreformer um den Verein für Socialpolitik, die mehr oder minder weitreichende staatliche Maßnahmen forderten. Auch die Regierung Bismarck, in dieser Frage lange uneins, neigte am Ende jener Richtung zu, aus zwei Gründen hauptsächlich. Zum einen wuchsen die ungelösten Probleme. Je weiter die Industrialisierung vorankam, desto mehr verschärfte sich die Soziale Frage, und weder die gesellschaftlichen noch die staatlichen Vorkehrungen, die bisher getroffen worden waren, hielten ihrem Druck länger stand. Zum anderen war aus einer staatlichen Lösung, zumal in Form einer Sozialversicherung, politisch Kapital zu schlagen. Sie ergänzte die Repressionspolitik des »Sozialistengesetzes« um soziale Leistungen, welche die Arbeiter an den Staat binden, diesem durch Umverteilung Legitimation verschaffen sollten. Das konnte, und so wollte es auch Bismarck, am besten durch eine Zwangsversicherung geschehen, die vom Staat getragen und finanziert wurde. Doch lag zwischen Vorhaben und Gesetz ein langjähriger Entscheidungsprozeß, in den unterschiedliche Vorstellungen von Bürokratie, Parteien und Interessenverbänden eingingen. Deshalb sahen Kranken- (1883), Unfall- (1884) sowie Invaliditäts- und Altersversicherung (1889) am Ende anders aus als geplant, waren nicht allein »Bismarcks Sozialversicherung«.[8]

Die drei Versicherungszweige wiesen einerseits gemeinsame Merkmale auf. Sie waren für einen großen Teil der Arbeiterschaft obligatorisch, öffentlich-rechtlich organisiert, räumten aber den Betroffenen Selbstverwaltungsrechte ein. Auch folgten alle dem

Versicherungs- und Kausalprinzip. Leistungen, auf die ein Rechtsanspruch bestand, blieben also an vorherige Beitragszahlungen gebunden und bemaßen sich nicht nach der Bedürftigkeit, sondern nach erworbenen, lohnabhängigen Ansprüchen. Andererseits waren Träger, Finanzierung und Leistungen bei den drei Sparten verschieden. Die Unfallversicherung wurde unter Aufsicht des Reichsversicherungsamtes von Berufsgenossenschaften getragen. Diese faßten Unternehmen gleicher Branche zusammen, finanzierten sich aus Umlagen und kamen für die Kosten unfallbedingter Heilbehandlung auf oder gewährten bei Erwerbsunfähigkeit eine Rente bis zu zwei Drittel des früheren Lohnes. Die Krankenversicherung übernahmen zahlreiche Orts- und Betriebs-, Berufsverbands- und Hilfskassen meist gegen Beiträge, die zu zwei Drittel von den Versicherten, zu einem Drittel von den Arbeitgebern aufzubringen waren. Davon wurden Arzt, Krankenhaus und Arzneimittel sowie ein Krankengeld gezahlt. Die Invaliditäts- und Altersversicherung oblag öffentlich-rechtlichen Landesversicherungsanstalten. Sie erhielten Beiträge, je zur Hälfte von Arbeitgeber und Arbeitnehmer, sowie einen Reichszuschuß von 50 Mark je Rente. Bei Erwerbsunfähigkeit gab es Invaliden-, vom siebzigsten Lebensjahr an Altersrenten.[9]

Bis zur Reichsversicherungsordnung von 1911, die das Erreichte kodifizierte, noch einmal erweiterte und organisatorisch ausgestaltete, nicht aber, wie erhofft, zu einem einheitlichen Ganzen zusammenfügte, dehnte sich das Sozialversicherungssystem weiter aus. Es bezog zunächst immer mehr Erwerbstätige ein, bald auch deren Angehörige. Die Angestellten erhielten 1911 eine gesonderte Versicherung gegen Invalidität und Alter, die sie besserstellte als die Arbeiter. Außerdem wurde das Sozialversicherungssystem leistungsfähiger, besonders die Kranken-, aber auch die Invaliditäts- und Altersversicherung, die seit 1912 auch Witwen- und Waisenrenten zahlte. Schließlich stieg die Sozialleistungsquote. 1885 machten die Versicherungsleistungen 0,3% des Nettoinlandsproduktes aus; 1913 lagen sie bei 3%. Alles in allem erreichte die Sozialversicherung nicht das von Bismarck gesetzte Ziel, die Arbeiterbewegung zu schwächen. Doch trug sie dazu bei, die Situation der Arbeiter in vielen Bereichen zu verbessern, und dies wirkte auf lange Sicht zweifellos integrierend. Über den Licht- dürfen freilich die Schattenseiten nicht übersehen werden. Die Leistungen blieben vor 1914 niedrig, vor allem bei der Invaliditäts- und Alters-, aber auch bei der Unfallversicherung. Sie linderten die soziale Not, beseitigten diese aber nicht. Auch klaffte im System sozialer Sicherung weiterhin eine Lücke, da keine zentralstaatliche Arbeitslosenversicherung zustande kam. Endlich hatte die Sozialversicherung strukturelle Grenzen. Sie verkürzte die Soziale Frage auf die Absicherung von Daseinsrisiken, verminderte nicht die Gefährdungen im industriellen Arbeitsprozeß, sondern milderte nur die eingetretenen Schäden, blieb weitgehend verteilungsneutral und damit marktkonform.[10]

Während in den achtziger Jahren die Fundamente des Sozialversicherungssystems gelegt wurden, ging es mit dem Arbeiterschutz, dem zweiten Bereich zentralstaatlicher Sozialpolitik, trotz mancher Initiative des Reichstages kaum voran. Das lag nicht allein, aber doch vor allem an Bismarck und änderte sich deshalb erst nach seinem Sturz. Anders als die Sozialversicherung, die eingetretene Schädigungen durch finanzielle Leistungen nachträglich ausglich, handelte es sich beim Arbeiterschutz darum, Unfällen und Krankheiten präventiv zu begegnen. Seit der Mitte der neunziger Jahre wurde zunächst energisch, dann immer zögerlicher, meist aber gegen beträchtliche Widerstände nicht nur von Unternehmern der Arbeiterschutz über den Stand der Gewerbeordnung von 1869 hinaus ausgebaut. Die Maßnahmen galten, nachdem der Staat schon früh die Kinderarbeit eingeschränkt hatte, Frauen und Jugendlichen sowie Arbeitern in gesundheitsgefährdenden Berufen. So wurde die Beschäftigung von Kindern und Frauen in Fabriken weiter eingeschränkt, die Arbeit am Sonntag verboten und die in gesundheitsgefährdenden Betrieben genau geregelt. Eine leistungsfähigere Gewerbeaufsicht sollte sicherstellen, daß die Arbeiterschutzmaßnahmen auch wirklich eingehalten wurden.[11]

Schleppender noch entwickelte sich das Arbeitsrecht, der dritte Bereich staatlicher Sozialpolitik. Hier ging es darum, die Beziehungen zwischen Arbeitnehmern und Arbeitgebern zu normieren. Dabei wurde der individuelle Arbeitsvertrag auf der einen Seite vorsichtig in Richtung auf ein kollektives Arbeitsrecht fortentwickelt: durch Vorgaben für Arbeitsordnungen in Betrieben mit über zwanzig Beschäftigten; durch Arbeiterausschüsse, zuerst fakultativ, dann im preußischen Bergbau obligatorisch; durch Gewerbegerichte, die bei Streit angerufen werden konnten. Auf der anderen Seite bestand die Einschränkung des Koalitions- und Streikrechtes vor allem für Land- und Eisenbahnarbeiter fort, die

Rechtsstellung der Gewerkschaften wurde nicht verbessert, und der Staat fand sich nicht bereit, die Verbreitung von Tarifverträgen zu fördern. So blieben die Ansätze zu einem staatlichen Arbeitsrecht bis zum Krieg ebenso halbherzig wie unsystematisch, funktionierten in der Praxis kaum und fielen weit hinter jene Regelungen zurück, die Arbeitgeber und Arbeitnehmer jenseits staatlicher Vorgaben seit der Jahrhundertwende verstärkt auszuhandeln begannen.[12]

Überblickt man mit Finanz- und Währungs-, Wirtschafts- und Sozialpolitik die wichtigsten Bereiche staatlicher Aktivität vor dem Krieg, zeigt sich, daß diese im Vergleich zur Zeit nach 1914 weder schon sehr weit reichten noch an die liberale marktwirtschaftliche Ordnung rührten. Auch fehlte es ihnen an Systematik, und oft blieb der erhoffte Erfolg aus. In die Zeit des Kaiserreiches fallen mithin die Anfänge des modernen Interventions- und Sozialstaates. Dieser war ebenso zukunftsweisend wie entwicklungsfähig, hatte aber auch seine klaren Grenzen. Denn er konnte von sehr verschiedenen politischen Kräften für höchst unterschiedliche Zwecke in Dienst genommen werden. So ergab sich immer wieder eine Spannung nicht nur zwischen Methoden und Zielen, sondern auch zwischen Zielen und Resultaten staatlicher Interventionen. Außerdem brachten diese nicht nur Vorteile mit sich. Denn der moderne Interventions- und Sozialstaat gewann zunehmend an Eigendynamik und tendierte dazu, immer weitere Bereiche seiner verwaltenden, regulierenden und kontrollierenden Tätigkeit zu unterwerfen.[13]

## 2. Bildung und Wissenschaft im Aufschwung

In die Zeit des Kaiserreiches fiel ein beachtlicher Aufschwung von Bildung und Wissenschaft. Er war nicht allein Folge wachsender Anforderungen, die Staat, Wirtschaft und Gesellschaft stellten, sondern entsprang ebenso der Eigendynamik eines expandierenden Bildungs- und Wissenschaftssystems. Dies galt für niedere und höhere Schulen, erst recht für die Universitäten und nicht zuletzt für die Wissenschaften.[14]

Die niederen Schulen wandelten sich langsamer als höhere Schulen und Universitäten, aber doch spürbar. Sie wurden seit den siebziger Jahren in Preußen und, bei allen Unterschieden, auch in den anderen Bundesstaaten stark ausgebaut, freilich unter Konflikten und darum nicht kontinuierlich. Um den Ausbau der niederen Schulen entbrannte ein heftiger Streit. Das lag schon an den konkurrierenden Einflüssen von Staat, Gemeinden und Kirchen. Zwar regelte der preußische Staat, für Bildung zuständig wie die anderen Bundesstaaten, wesentliche Bereiche, etwa Lehrpläne oder Ausbildung und Anstellung der Lehrer. Doch entwickelten sich die Schulen darüber nicht zu Staatsschulen. Vielmehr blieben die lokalen Schulträger, vor allem die Gemeinden, einflußreich. Denn neben den Eltern, die zunächst noch Schulgeld zahlten, und dem Staat, der steigende Zuschüsse besonders an ländliche Gemeinden gab, waren diese es, die Schulgebäude und Lehrer finanzierten. Auch die Kirchen blieben wichtig. Nach wie vor gingen die Kinder auf Schulen ihrer Konfession, spielte der Religionsunterricht eine große Rolle, wirkten Geistliche an der Schulaufsicht mit, obwohl diese grundsätzlich in staatlicher Hand lag. Daß um den Ausbau der niederen Schulen heftig gestritten wurde, hing sodann mit ihrem Bildungsauftrag zusammen. Kirchen und Kommunen, Parteien und Regierungen legten ihn unterschiedlich aus. Doch maßen sie einhellig den Volksschulen große Bedeutung bei, wirkten diese doch daran mit, den überwiegenden Teil der Kinder zu sozialisieren. Das rückte die Schulpolitik ins Zentrum der konfessionellen und politischen Auseinandersetzungen. Heftige Konflikte beschworen Versuche herauf, die Schulen zu instrumentalisieren: im Kulturkampf gegen die Kirche; als Mittel der Sprachen- und Kultur-, dann der Germanisierungspolitik in den polnischen Gebieten; im Kampf gegen die Sozialdemokratie. Konfliktstoff barg auch ein Unterrichtsgesetz für Preußen. Weder der liberale Entwurf von Kultusminister Falk (1878) noch der konservativ-klerikale von Zedlitz-Trützschler (1892) fand eine Mehrheit. Erst der Schulkompromiß (1904/06) brachte die Politik auf einen mittleren Kurs. Wegen all dieser Konflikte erfolgte der Ausbau des niederen Schulwesens nicht kontinuierlich, sondern in zwei Schüben: der stärkere fand in den siebziger Jahren statt, der andere nach der Jahrhundertwende.[15]

Obwohl beim niederen Schulwesen die Unterschiede zwischen den einzelnen Bundesstaaten groß blieben, Württemberg zum Beispiel ein dichteres Schulnetz hatte als Preußen, ebneten sie sich doch etwas ein. Das galt auch für die Abstände zwischen Land und Stadt. Trotzdem blieb auf dem Land die Zahl einklassiger Schulen höher, die Schüler-Lehrer-Relation ungünstiger und die Anzahl überfüllter Klassen größer. Das lag am geringen Interesse ländlicher Eliten, die Schulsituation zu verbessern und dafür mehr Mittel bereitzustellen, sowie an der geistlichen Schulaufsicht. Hemmte der kommunale Einfluß die Schulentwicklung auf dem Land, förderte er sie in den Städten. Hier besserten sich die Verhältnisse an den Schulen früher, rascher und nachhaltiger. Einklassige Stadtschulen gab es kaum noch. Mehrklassige Schulen mit differenziertem Lehrangebot, vergleichsweise geringen Klassenstärken und günstiger Schüler-Lehrer-Relation wurden zur Regel. Hinzu kamen Volksschulen mit sogenannten gehobenen Klassen, die nach Mittelschullehrplänen unterrichteten. Neben die weiterhin vorherrschenden privaten Mittelschulen traten öffentliche, die von Mädchen stärker besucht wurden als von Jungen. Die Schulverhältnisse in der Stadt entwickelten sich durchweg besser als auf dem Land, aber nicht in allen Städten gleich gut. So gab es in Groß- oder Mittelstädten mit starkem tertiären Sektor bessere Bildungschancen als in Klein- oder wachsenden Industriestädten.[16]

Vom Ausbau der niederen Schulen profitierten Lehrer wie Schüler. Genügend Lehrer zu finden erwies sich in den sechziger und siebziger Jahren als immer schwieriger. Das niedere Lehramt genoß wenig Ansehen, weil die künftigen Lehrer ihre Ausbildung in Präparandenanstalten und Seminaren erhielten, streng getrennt vom prestigeträchtigen höheren Bildungswesen. Außerdem war der Lehrerberuf schlecht bezahlt. Er verlor deshalb selbst für den bildungsfernen »alten« Mittelstand aus ländlichen Gebieten, dem viele Lehrer entstammten, an Attraktivität und blieb für den bildungs- wie aufstiegsbereiten »neuen« Mittelstand uninteressant. Dem Lehrermangel ließ sich nur abhelfen, indem man das niedere Lehramt entweder mit dem höheren Bildungswesen verband oder materiell aufwertete. Obwohl die Lehrer einheitlicher, seit den neunziger Jahren besser und breiter ausgebildet, auch ein Stück weit an die höhere Bildung herangeführt wurden, blieb es bei der überkommenen Seminarerziehung. Dafür erhielten sie seit den siebziger Jahren jedoch höhere Bezüge, bessere Aufstiegsmöglichkeiten und eine beamtenähnliche Versorgung. Das machte das Lehramt jedenfalls so attraktiv, daß die Zahl der Lehrer von 1871 bis 1911 um 125% zunahm, unter ihnen, wenngleich schlechter besoldet, immer mehr Frauen. Doch nicht allein die Lehrer, auch die Schüler profitierten vom Ausbau des Schulwesens. So kamen

1911 nicht mehr 75 Schüler auf einen Lehrer wie 1886, sondern nur noch 56, und die durchschnittliche Klassenstärke sank von 64 auf 51. Zugleich nahm der Schulbesuch, der schon vergleichsweise hoch lag, weiter zu. Seit den achtziger Jahren werden alle schulpflichtigen Kinder eine Schule besucht haben. Das führte zu einer fortschreitenden, zumindest in den jüngeren Jahrgängen fast vollständigen Alphabetisierung, erhöhte die Chancen kultureller und politischer Partizipation.[17]

So verbesserten sich aufs Ganze gesehen und trotz aller Unzulänglichkeit zumindest die »äußeren« Schulverhältnisse. Die Frage, ob damit eine »innere« Modernisierung, etwa ein Wandel des Lehrinhalts, einherging, läßt sich weniger klar beantworten. Auf der einen Seite nahmen alle Bundesstaaten die Volksschule in Dienst, um christlich und konservativ, monarchisch und national gesinnte Untertanen zu erziehen. In Preußen zumindest sollte die Schule, auch nach dem Willen Wilhelms II., obendrein helfen, die Sozialdemokratie zu bekämpfen. Auch blieben niedere und höhere Bildung scharf geschieden. Dies schränkte den Stoff ein, der in den Volksschulen vermittelt wurde. Insoweit war sie in der Tat eine »Schule der Untertanen« (Folkert Meyer). Auf der anderen Seite mußte die Volksschule, ob die Regierung dies wollte oder nicht, dem wirtschaftlichen und sozialen Wandel folgen. In Preußen leiteten die Allgemeinen Bestimmungen von 1872 eine Änderung der Lehrpläne ein. Das Fächerangebot erweiterte sich, Kenntnissen und Fähigkeiten wurde größere Bedeutung beigemessen. Nicht zuletzt entsprachen die beabsichtigten keineswegs den tatsächlichen Wirkungen des Volksschulunterrichts, brachen sich staatliche Vorgaben immer wieder an der Schulwirklichkeit: am Einfluß von Kommunen und Kirchen; an nicht gouvernemental gesinnten Lehrern; am föderalen Aufbau und an der Vielgestaltigkeit des niederen Schulwesens.[18]

Beim höheren Schulwesen ging es zwar auch darum, Schulen auszubauen. Vor allem aber stellte sich die Frage, wie es den wirtschaftlichen und technischen, politischen und sozialen Veränderungen des ausgehenden 19. und beginnenden 20. Jahrhunderts am zweckmäßigsten angepaßt werden könnte. Die Antwort, nach langen Auseinandersetzungen gefunden, bestand in einem höheren Schulsystem, das auf einer Arbeitsteilung zwischen drei Schultypen und auf ihrer Gleichberechtigung beruhte: Gymnasium, Realgymnasium und Oberrealschule.[19]

Das Gymnasium, lange Zeit Mittelpunkt des höheren Schulwesens, war neuhumanistischen Ideen verpflichtet. Es wollte dem Schüler das Bildungsgut der griechisch-römischen Antike vermitteln und ihn auf diese Weise zu einem allseitig gebildeten, selbständigen Bürger erziehen. Alle, die akademische Berufe ausübten, hatten das Gymnasium besucht, und die meisten von ihnen hielten daran fest, daß nur eine neuhumanistische Bildung zu führenden Positionen in Staat und Gesellschaft berechtige. So blieb das Gymnasium in erster Linie eine Schule der Ober- und Mittelschichten. Diese verfügten über den notwendigen Bildungshintergrund und konnten eine Gymnasialausbildung finanzieren. Damit erwarben sie sich jene Bildungspatente, von der mittleren Reife mit dem Privileg des einjährigen Militärdienstes bis hin zum Abitur, die nicht nur zum Universitätsstudium sowie zum Eintritt in den mittleren und höheren Staatsdienst berechtigten, sondern neben manchen Privilegien auch hohes Sozialprestige verliehen. Daher erschien das Gymnasium selbst denen attraktiv, die nicht studieren wollten. Trotzdem wuchs in der Schulreformdiskussion seit den siebziger Jahren die Kritik am Gymnasium. Die klassische Bildung, hieß es, entspreche nicht mehr den Bedürfnissen einer Industriegesellschaft. Sie müsse durch moderne Sprachen, Mathematik und Naturwissenschaften, auch durch Deutsch und neuere Geschichte, allgemeiner, durch eine realistische Bildung ersetzt werden. Seit den dreißiger Jahren gab es Schulen, die eine solche Bildung vermittelten. Sie waren aus höheren Bürger-, Real- oder Gewerbeschulen herausgewachsen, schrittweise normiert und 1882 zu zwei Typen, Realgymnasium und Oberrealschule, verfestigt worden, die ein ganz bestimmtes Profil aufwiesen. Räumte das Gymnasium den Fremdsprachen (Latein, Griechisch, Französisch) gegenüber Mathematik und Naturwissenschaften ein klares Übergewicht ein, fiel dieses beim Realgymnasium (Latein, Französisch, Englisch) schon kleiner aus, und bei der Oberrealschule dominierten nicht die sprachlichen Fächer (Französisch, Englisch), sondern die mathematisch-naturwissenschaftlichen. Das Lehrangebot der Realschulen galt als moderner, weil lebens- und praxisnäher. Doch erhielt man durch ihr Abitur nur einen Teil der begehrten höheren Berechtigungen, und es erlaubte auch nur eingeschränkt den Zugang zur Universität.[20]

Um die Frage, ob die Realschulen dem Gymnasium gleichgestellt werden sollten, drehte sich der Humanismus-Realismus-

Streit. Er wurde mit Schärfe ausgetragen, standen doch nicht nur Bildungsinhalte, Schulabschlüsse und ihre Berechtigungsdiplome zur Debatte, sondern mit ihnen auch der Zugang zu bestimmten Berufslaufbahnen, damit die Zuteilung sozialer Chancen durch Bildungspatente. Die Auseinandersetzung, an der sich viele Akteure beteiligten und die zu eigentümlichen Koalitionen führte, bei der aber auch die Eigendynamik des Schulsystems zum Tragen kam, verlief in drei Phasen, markiert durch die Schulkonferenzen von 1873, 1890 und 1900. Die erste Konferenz blieb ergebnislos. Immerhin näherten die Lehrpläne von 1882 Gymnasium und Realgymnasium einander an, ohne etwas am Berechtigungswesen zu ändern. Dafür sprach neben anderem die Überfüllungskrise der achtziger Jahre, die Sorgen weckte, es würden zu viele Akademiker ausgebildet. Die zweite Konferenz reformierte das Gymnasium, wertete die Oberrealschulen auf und wollte, was sich nicht durchsetzen ließ, die Realgymnasien abschaffen. Erst die dritte Schulkonferenz beseitigte endgültig das Monopol des Gymnasiums, indem sie das Abitur aller drei Schultypen gleichstellte.[21]

Der Humanismus-Realismus-Streit beeinflußte die Verteilung und soziale Zusammensetzung der Schüler. Zwar dehnte sich das höhere Schulwesen insgesamt aus, und davon profitierten in absoluten Zahlen alle drei Schultypen, relativ gesehen die Realschulen mehr als das Gymnasium: Der gymnasiale Schüleranteil ging in Preußen bis 1900 wenig, dann stärker zurück; der realgymnasiale sank vor der Jahrhundertwende, erholte sich aber wieder danach; bei den Oberrealschulen stieg er dagegen kontinuierlich. So besuchten 1911 von den höheren Schülern 46% (1886: 63%) ein Gymnasium, 22% (25%) ein Realgymnasium und 31% (12%) eine Oberrealschule. Diese Verschiebung zu Lasten der gymnasialen Anstalten prägte sich nach Altersjahrgängen unterschiedlich aus, mehr in der Unter- und Mittel-, weniger dagegen in der Oberstufe. Nach welchen Kriterien sich die Schüler verteilten, hing davon ab, ob sie wirklich zwischen drei Schultypen wählen konnten. Das war im Jahre 1900 lediglich in 20 von 400 preußischen Städten möglich. Nur hier konnte die Differenzierung des Schulsystems zu einer »horizontalen Segmentierung« (Fritz K. Ringer) führen. Die Gymnasien zogen mehr Söhne aus dem Bildungsbürgertum, aber auch Kinder von Volksschullehrern und Bauern an; dagegen gingen Schüler, deren Väter aus Wirtschaftsbürgertum, »altem« Mittelstand oder technischen Berufen kamen, eher auf

Realgymnasien oder Oberrealschulen. Zwar blieben die höheren Schulen noch immer wenigen vorbehalten. Doch stieg die Zahl höherer Schüler allein in Preußen von 130000 (1886) auf 232000 (1911), nahm ihr Anteil an den 10-18jährigen von 4,9% auf 6,2% zu. So erhöhten sich insgesamt die Bildungschancen, und davon profitierten nicht zuletzt Kinder aus mittleren Schichten.[22]

Die Universität, und den anderen Hochschulen erging es ähnlich, entwickelte sich im Kaiserreich zu einem »Großbetrieb« (Adolf Harnack). So stieg schon seit den sechziger Jahren, besonders nach 1870, die Zahl der Studenten an, nicht kontinuierlich, sondern in charakteristischen Zehnjahresrhythmen, unterschiedlich auch je nach Universität und Fakultät, insgesamt aber mit enormer Geschwindigkeit. 1914 hatten sich 60000 Studierende an den Universitäten und weitere 19000 an den anderen Hochschulen eingeschrieben, zusammen mehr als viermal so viele wie zur Zeit der Reichsgründung. Die Hochschulbesucher nahmen wesentlich rascher zu als die Bevölkerung, so daß 1914 104 Studierende (1871: 46) auf 100000 Einwohner kamen. Für diese Expansion gab es viele Gründe: Bevölkerung, Wohlstand und Anziehungskraft der Hochschulen wuchsen. Die Zahl der Absolventen höherer Schulen stieg. Frauen konnten sich nach der Jahrhundertwende immatrikulieren. Mehr Ausländer studierten jetzt in Deutschland. Schließlich verlängerte sich wohl auch die Studienzeit.[23]

Zur Expansion gehörte die Differenzierung des Hochschulsystems nach außen und innen. Zunächst, nach außen, gewannen neben den 19 Universitäten, deren Kreis sich nach 1870 um Straßburg (1872), Münster (1902) und Frankfurt (1914) erweiterte, die Technischen Hochschulen und die Handelshochschulen an Bedeutung. Die meisten der neun, nach Gründung von Aachen (1870), Danzig (1904) und Breslau (1910) elf Technischen Hochschulen waren aus den Polytechnika der zwanziger und dreißiger Jahre hervorgegangen, hatten die Universitätsverfassung übernommen und sich kurz vor der Jahrhundertwende mit dem Promotionsrecht zumindest eine formelle Gleichstellung erstritten. Um diese kämpften die sieben Handelshochschulen noch, die zwischen 1898 und 1914 von Städten, Handelskammern oder Stiftungen ins Leben gerufen und finanziert wurden. Sie füllten wie die Technischen Hochschulen jene Lücken im Hochschulsystem, welche die Universitäten nicht schließen konnten oder wollten. Neben die Differenzierung nach außen trat eine solche nach innen. Neue

Wissenschaftszweige entstanden, bestehende gliederten sich auf, besonders rasch in Medizin und Naturwissenschaften, aber auch in den Geisteswissenschaften. Zugleich gewann die Forschung an Bedeutung, die an zahlreichen neu gegründeten Instituten und Seminaren betrieben wurde. Die Folge waren steigende Ausgaben für die Hochschulen. Allein in Preußen, geprägt durch die »Ära Althoff«, verdreifachte sich zwischen 1882 und 1914 der Hochschuletat auf 27 Mio. Mark. Obwohl der Staat aus einer Reihe von Gründen den Ausbau der Hochschulen finanzierte und dabei seine Zuschüsse auf bis zu drei Viertel ihrer Einnahmen erhöhte, leistete die Gesellschaft nach wie vor einen erheblichen Beitrag zur Hochschulfinanzierung. Studium und wissenschaftliche Karriere bezahlte oft unter großen Opfern die Familie, da Stipendien allenfalls Zuschüsse darstellten.[24]

Expansion und Differenzierung veränderten den Kreis von Lehrenden und Lernenden. Die Hochschullehrerschaft wuchs beträchtlich, doch ungleichmäßig: langsam die Zahl der ordentlichen, vollbezahlten, je nach Fakultät finanziell wie sozial unterschiedlich gestellten Professoren; stärker schon die Gruppe der außerordentlichen Professoren, mit weniger Rechten, auch schlechter besoldet als die Ordinarien; am stärksten aber, vor allem an den großen Universitäten sowie in den rasch expandierenden Fakultäten, die Schar der Privatdozenten, die immer länger, oft vergeblich auf eine Berufung warteten, bis dahin unentgeltlich Vorlesungen hielten und sich in der Forschung betätigten. 1911/12 lehrten an den Hochschulen, was zu erheblichen Spannungen führte, 1 247 (1886/87: 1 015) Ordinarien, 771 (459) Extraordinarien und 1 108 (571) Privatdozenten. Da eine akademische Karriere in dem nach »Eingangs-, Durchgangs- und Endstationsuniversitäten« (Marita Baumgarten) gestuften »Universitätssystem« ebenso kostspielig wie unsicher war, stand sie fast nur Söhnen aus dem gebildeten und besitzenden, dabei vor allem protestantischen Bürgertum offen. So stammten die Professoren zu über zwei Dritteln aus der oberen und knapp einem Drittel aus der unteren Mittel-, kaum einer dagegen aus der Unterschicht. Doch gab es Verschiebungen: Die Zahl der Professoren aus bildungsbürgerlichen Elternhäusern nahm ab, jene wirtschaftsbürgerlicher Herkunft zu. Bei alledem hielten sich gemeinsame Vorstellungen über Wissenschaft, Staat und Politik. Auch blieben die Professoren einflußreich. Denn sie wirkten, in einer wissenschaftsgläubigen Zeit hoch angesehen, deutend und damit richtungweisend auf Gesellschaft und Politik ein. Die Mehrheit der Professoren, die durchweg national eingestellt waren sowie der bürgerlichen Mitte oder Rechten zuneigten, verstand sich als unpolitisch. Diejenigen, die sich politisch engagierten, taten das zunehmend weniger in Parteien und Parlamenten, traten vielmehr, Historiker und Nationalökonomen vor allem, als Mahner und Kritiker hervor. Adressaten dieser »Gelehrtenpolitik« (Rüdiger vom Bruch) waren Regierung und Verwaltung, Parteien und öffentliche Meinung. Kongresse, Zeitschriften und Aufrufe dienten als Medien. Kultur- und bildungspolitische, soziale und nationale Fragen standen im Mittelpunkt.[25]

Früher als bei den Lehrenden erweiterte sich das Einzugsfeld bei den Lernenden. Zwar stellten Kinder aus dem Bildungsbürgertum nach wie vor einen hohen Prozentsatz der Studierenden; auch öffneten sich die Universitäten unterschiedlich stark, blieben einige Fakultäten exklusiver als andere. Doch besserten sich aufs Ganze gesehen die Bildungschancen: für Studenten vom Land und katholischer Konfession; für Realschulabsolventen und Frauen; für Studierende aus wirtschaftsbürgerlichen Elternhäusern, besonders aber für jene aus dem »alten« und, mehr noch, aus dem »neuen« Mittelstand. Fortdauernde Abschottung wie beginnende Öffnung der Hochschulen ließen die »studentische Subkultur« (Konrad H. Jarausch) nicht unberührt. Die Studentenverbindungen, die diese Subkultur bestimmten, unterschieden sich in mancherlei Hinsicht, auch in Exklusivität, sozialer Zusammensetzung und Patronagesystem, waren aber durchweg autoritär geprägt, pflegten überlebte Ehrvorstellungen und Rituale: viele die Mensur, alle das Trinken. Abgesehen davon, daß sich je nach Universität nur ein Viertel bis die Hälfte aller Studierenden organisierte, gab es zwei Gegenbewegungen: Die erste, in den achtziger Jahren, trugen die Vereine deutscher Studenten. Sie wollten die Studierenden politisch mobilisieren, waren nationalistisch, später betont imperialistisch, von Anfang an antisemitisch, zeitweilig auch sozialreformerisch ausgerichtet. Die zweite trat um 1900 als vielgesichtige Reformbewegung in Erscheinung. Die Deutsche Freistudentenschaft, ein Zusammenschluß von »Finken«, also Nichtkorporierten, wollte mehr Selbstbildung und Mitwirkung sowie eine Verbesserung der sozialen Lage ärmerer Studenten. Hinzu kamen die studentischen Teile der Jugend- sowie die Ausschußbewegung, der es um Selbstverwaltung durch Studentenausschüsse ging.[26]

Expansion, Differenzierung und begrenzte soziale Öffnung der Hochschulen lösten die klassische Universität immer mehr auf. Seit den Reformen des frühen 19. Jahrhunderts beruhte sie ihrem Selbstverständnis nach, auch wenn sich dieses nie verwirklichte, auf dem neuhumanistischen Ideal der Einheit von und der Bildung durch Wissenschaft. Um die Jahrhundertwende gelang es ihr immer weniger, diesem Anspruch zu genügen. Zu sehr verlor sich die Idee von der Einheit der Wissenschaft in der Vielfalt der Fachwissenschaften und die der allgemeinen, zweckfreien Bildung im berufsbezogenen Studium. Doch bildete diese Krise der klassischen Universität, die an der Schwelle zum 20. Jahrhundert deutlich hervor- und den Zeitgenossen ins Bewußtsein trat, nur die eine Seite der Entwicklung. Auf der anderen Seite paßte sich die Universität, wenngleich nicht ohne Schwierigkeiten, den gewandelten Verhältnissen und Anforderungen einer Industriegesellschaft an. Die Großforschung, die um 1900 stärker in den Vordergrund rückte, zeigte dies beispielhaft. Die Hochschulen beteiligten sich an ihr nicht nur im Rahmen der eigenen akademischen Forschung, sondern standen auch mit der staatlichen Forschung etwa an der Physikalisch-Technischen Reichsanstalt oder dem Kaiserlichen Deutschen Gesundheitsamt sowie der Industrieforschung in Verbindung, die von den großen Unternehmen der chemischen und elektrotechnischen Industrie betrieben wurde. Am Aufbau der außeruniversitären Forschung wirkten die Hochschulen ebenso mit, vor allem an der Gründung der Kaiser-Wilhelm-Gesellschaft im Jahre 1911, die staatlich-private Mischfinanzierung und akademische Organisationsformen erfolgreich miteinander verband.[27]

Über dem Wandel der Hochschulen und der Gründung außeruniversitärer Forschungseinrichtungen florierten um 1900 die Wissenschaften, verschoben sich auch die Gewichte zwischen ihnen, änderten sich nicht zuletzt Wissenschaftsbetrieb und Stellung der Wissenschaft in der Gesellschaft. Daß die Wissenschaften im Kaiserreich dynamisch und innovativ waren, auf vielen Gebieten führend blieben, selbst wenn sie auf einigen Feldern ihren Vorsprung bereits einzubüßen begannen, hatte viele Gründe. Zu ihnen zählten die belebende Konkurrenz der Universitäten und die hochschulpolitische Rivalität der Bundesstaaten. Hinzu kamen das leistungsfähige Bildungssystem, besondere Wissenschaftstraditionen sowie die hohe Bedeutung, die den Wissenschaften im »Kulturhaushalt der Nation« (Dieter Langewiesche) beigemessen wurde. So expandierten in den Jahrzehnten um 1900 besonders die Naturwissenschaften, allen voran Physik und Biologie, aber auch Medizin und Psychologie, ebenso die Geisteswissenschaften sowie nicht zuletzt Nationalökonomie und Soziologie. Die Forschungsleistungen, die in diesen und anderen Disziplinen erbracht wurden, zeugten von der Leistungsfähigkeit des deutschen Wissenschaftssystems, das gleichermaßen in die internationale Kommunität der Forscher wie in nationale Bezüge eingebunden war.[28]

In den Jahrzehnten um 1900 begannen sich die Gewichte zwischen den Wissenschaften zu verschieben. Nach wie vor beanspruchten die Geisteswissenschaften den Vorrang; doch taten sie sich damit zunehmend schwerer. Denn gerade die Geschichtswissenschaft, nach der Reichsgründung noch »Führungswissenschaft« (Thomas Nipperdey), büßte an Prägekraft für die anderen Disziplinen, an Nähe zur Politik und an öffentlicher Deutungsmacht ein. Die Gründe dafür sind zuerst in der Geschichtswissenschaft selbst zu suchen, die ihr Gesicht veränderte, spezialistischer wie quellennäher wurde und im sogenannten Lamprecht-Streit zeitgemäße Fragestellungen vehement abwehrte. Darüber hinaus spielte eine Rolle, daß sich Gegenwart und Zukunft stärker von der Vergangenheit zu lösen begannen, ohne Rückgriff auf die Geschichte gestaltbar erschienen. Schließlich boten andere Disziplinen eine überlegene Interpretation an, mit der sich die aufkommende Industriegesellschaft deuten ließ, und eine zweckmäßigere Handlungsanleitung, um deren Probleme zu bewältigen. Das galt etwa für die Nationalökonomie. Bis der sogenannte Werturteilsstreit nach der Jahrhundertwende den Vorrang der »Historischen Schule« untergrub, verstand sie sich gegen das abstrakte Modelldenken der klassischen Theorie und deren Prämisse vom Homo oeconomicus als eine historische Sozialwissenschaft, die dem Staat und seiner Politik großes Gewicht beimaß, dafür auch die ethische Rechtfertigung bereitstellte. Ebenso untersuchte die aufkommende Soziologie, in ihrer Entwicklung durch die geisteswissenschaftliche Tradition nicht eben gefördert, Entstehung, Struktur und Krise der modernen Welt. Außer der Nationalökonomie und Soziologie gewannen die Naturwissenschaften auf direkten oder verschlungenen Wegen Einfluß auf die Deutung der Welt. Das galt nicht zuletzt für den Darwinismus, der mit seinen Ideen von Selektion und Evolution weit über die Biologie hinauswirkte, die

Sicht vieler sozialer und politischer Probleme bestimmte. Dieser »Sozialdarwinismus« verband sich mit sehr verschiedenen Ideen, trat auf unterschiedlichen Gebieten und in mancherlei Formen in Erscheinung. Zu ihnen zählten auch Eugenik und »Rassenhygiene«, welche die menschliche Fortpflanzung und Vererbung steuern wollten und die, wie wir heute wissen, in die Barbarei führten.[29]

Es gab eine Reihe von Entwicklungen, die allen Wissenschaften gemeinsam waren und den Wissenschaftsbetrieb wie die Stellung der Wissenschaft insgesamt veränderten. Einmal nahmen Gewicht und Ansehen der Wissenschaft weiter zu. Deren Geltungsanspruch beruhte nicht allein auf ihrer wachsenden Bedeutung für praktisch alle Bereiche der menschlichen Existenz, sondern zugleich auf einem methodisch kontrollierten, sich immer stärker beschleunigenden, eigendynamischen Forschungsprozeß, der von Experten getragen und vorangetrieben wurde. Der Preis war eine stärkere Spezialisierung und Hand in Hand damit eine größere Entfremdung innerhalb, vor allem aber zwischen den einzelnen Disziplinen. Dies führte die Wissenschaft in ein Dilemma. Denn auf der einen Seite nahm der Anspruch an sie zu, die Welt zu erklären; andererseits zeigte sie sich zur Sinnstiftung immer weniger in der Lage. Wissenschaftsgläubigkeit und Wissenschaftskritik lagen darum eng beieinander. Beide waren Teil einer Krise der Weltdeutung, die um die Jahrhundertwende nicht nur Teile des Bildungsbürgertums erfaßte.

## 3. Säkularisierungsprozesse, Zeitkrise, Reformbewegungen

Um 1900 wurde die Deutung der Welt größeren Bevölkerungskreisen zum Problem. Denn über der wirtschaftlichen, sozialen und politischen Veränderung, der wachsenden Bedeutung säkularer Heilslehren wie Nationalismus oder Sozialismus und dem Aufschwung der Wissenschaften verlor die religöse Sinnstiftung, wie sie die Kirchen vermittelten, ebenso an Glaubwürdigkeit wie an Verbindlichkeit. Diese Entwicklung war das Ergebnis langfristiger Säkularisierungsprozesse, von denen sich einige an der Jahrhundertwende beschleunigten. Daß die Bedeutung religiöser Sinnstiftung abnahm, war freilich nur ein Teil jener Orientierungsschwierigkeiten, die sich in den Jahren um 1900 gerade im Bildungsbürgertum zur Vorstellung von einer tiefen Zeitkrise verdichteten. Sie löste ganz unterschiedliche Reaktionen aus. Um eine Antwort auf die wachsenden Krisengefühle bemühten sich nicht zuletzt die zahlreichen Reformbewegungen, die auf ganz unterschiedlichen Feldern nach neuen Wegen suchten.

Die »Säkularisierung«, verstanden als Entkirchlichung, Schwinden religiöser Vorstellungen und Verhaltensnormen sowie Trennung von Staat und Kirche, schritt in den Jahrzehnten um 1900 voran. Sie erfaßte den Katholizismus weit weniger als den Protestantismus. Das lag zum einen an der katholischen Amtskirche, die im Vergleich zur protestantischen seit je her eine einheitlichere Struktur aufwies. Auch hatte sie sich, je mehr der Ultramontanismus als geschlossenes, gegen die moderne Welt gerichtetes Glaubenssystem an Gewicht gewann, nicht allein stärker auf Rom und den Papst hin ausgerichtet, sondern war im Inneren homogener, zentralistischer und hierarchischer geworden. So stand die Amtskirche trotz mancher internen Spannung nach außen als einheitliche, in der Tradition fest verankerte Institution da. Zum anderen verfügte die kirchliche Hierarchie über Kult, Ritus und Symbolik. Sie band damit, bei aller Eigendynamik religiöser Praxis und christlichen Alltags, die Frömmigkeit der Katholiken fest an die Kirche. Für Zusammenhalt jenseits von Klerus und Kult, durch beide aber stark geprägt, sorgte schließlich das katholische Milieu. Im Unterschied zur Amtskirche, die sich entschieden von der modernen Welt abgrenzte und Erneuerungsbewegungen wie dem Reformkatholizismus keinen Raum ließ, war sein Verhältnis zur Moderne ambivalenter. Denn einerseits lebte der politisch und gesellschaftlich keineswegs homogene Milieukatholizismus vor dem Hintergrund konfessioneller und kultureller, wirtschaftlicher und sozialer Unterschiede zwischen dem protestantischen und katholischen Deutschland von der Fremdabgrenzung des ersteren wie von der Selbstausgrenzung des letzteren, bildete mit seiner Presse und seinen Vereinen eine dichte Subkultur; andererseits aber öffnete er den Katholizismus gegen amtskirchliche Widerstände zur modernen Welt. Indem sich Laien im Volksverein für das katholische Deutschland bzw. in einem anderen der zahlreichen kirchlichen oder caritativen, Berufs- oder Standesvereine organisierten, emanzipierten sie sich von der Bevormundung durch den Klerus, fanden durch die Ziele und Formen ihrer Arbeit

Anschluß an die moderne Welt. Die Bindekraft von Amtskirche, Kult und Milieu blieb stark, aber sie ließ doch nach: in den großen Städten rascher als in kleinen Gemeinden oder auf dem Dorf; bei Männern zügiger als bei Frauen; unter Arbeitern oder gebildeten Bürgern schneller als im kleinen und mittleren Bürgertum. Das zeigte sich in abnehmendem Kirchenbesuch und nachlassender Kommunionshäufigkeit, noch nicht jedoch im Verzicht auf kirchliche Taufe, Trauung und Beerdigung oder gar in Austritten aus der Kirche.[30]

Ungleich stärker als der Katholizismus sah sich der Protestantismus von Säkularisierungsprozessen erfaßt. Dafür gab es viele Gründe. Zu ihnen zählten die verschiedenen Bekenntnisse, die Unterschiede zwischen lutherischen, reformierten und unierten Kirchen; dann die stärker ausgeprägten theologischen Richtungen, die zu Auseinandersetzungen zwischen liberalen und konservativen Theologen, zwischen historischer und dogmatischer Theologie führten; ferner, bei allen gemeinsamen Zügen in der Betonung nicht des Kultes, sondern der Lehre, die unterschiedlichen Frömmigkeitsformen von Orthodoxen und Pietisten, Liberalen und »Vermittlern«; außerdem die territoriale Gliederung in Landeskirchen, an deren Spitze der jeweilige Landesherr als summus episcopus, als oberster Bischof, stand. Hinzu kam, daß der Protestantismus bei dem Versuch, sich als dominierende Konfession und Kultur des Kaiserreiches zu etablieren, zwar Erfolge erzielte, zunehmend aber an Grenzen stieß. So ließ die Dynamik des protestantischen Deutschland, welche die Reichsgründung zunächst beflügelt hatte, seit den neunziger Jahren nach. Kulturelle Krisenstimmung war ein Symptom dafür, die fortschreitende Entkirchlichung ein anderes. Diese hatte im Protestantismus früh, bereits um die Mitte des 18. Jahrhunderts eingesetzt. Spielten dabei anfangs die Lockerung der Kirchenzucht und der theologische Rationalismus eine Rolle, wurde später die Urbanisierung wichtiger. Denn sie erhöhte die Mobilität, ließ den Zusammenhalt der Gemeinden schwinden und verringerte so die Möglichkeiten religiöser wie sozialer Kontrolle. Außerdem erlaubten die Städte neue, individualisiertere Lebensformen, konfrontierten mit konkurrierenden Deutungsmustern, machten ein reiches Kultur- und Freizeitangebot. Schließlich kamen Auf- und Ausbau der Pfarreien den raschen Veränderungen nicht nach; manche Stadtteile blieben deshalb lange Zeit kirchlich unterversorgt. So hielten zwar nach wie vor fast alle Protestanten an den kirchlichen Zeremonien, an Taufe, Trauung und Beerdigung fest, wandten sich auch bis zur Austrittsbewegung ab 1905 noch nicht in größerer Zahl formell von der Kirche ab. Doch ging die Teilnahme am Abendmahl oder am Gottesdienst immer mehr zurück: stärker im Norden als im Süden; in den Städten, zumal den großen, rascher als auf dem Land; bei Männern mehr als bei Frauen; verschieden aber auch je nach sozialer Schicht. So wurde das Kleinbürgertum von Handwerkern und Kaufleuten, ergänzt durch kommunale oder staatliche Beamte, immer mehr zum Kern protestantischer Gemeinden. Die Mehrheit des gebildeten Bürgertums und der Arbeiterschaft nahm dagegen am kirchlichen Leben nicht mehr teil. Allenfalls durch die zahlreichen protestantischen Vereine mit dem Evangelischen Bund zur Wahrung der deutsch-protestantischen Interessen an ihrer Spitze standen Teile dieser kirchenfernen Protestanten noch in lockerer Verbindung zur Kirche. Religiosität und Frömmigkeit, im Sinne von religiösen Ideen und Vorstellungen bzw. traditionellen religiösen Verhaltensnormen, wandelten sich ebenfalls auf längere Sicht. In einem wechselseitigen Prozeß ging einerseits die überkommene christliche Religiosität zurück; andererseits reicherte sich die moderne weltliche Kultur mit religiösen Elementen an. Zugleich ließ wohl auch die Frömmigkeit nach, individualisierte sich zumindest immer mehr.[31]

Selbst wenn sich die Säkularisierungsprozesse um 1900 beschleunigten, das Bedürfnis nach Weltdeutung und Sinngebung blieb groß. So waren Entkirchlichung und beginnende Entchristianisierung, die von Teilen der Philosophie, vom Darwinismus und von naturwissenschaftlichen Weltanschauungen vorangetrieben wurden, nur die eine Seite der Entwicklung. Auf der anderen Seite fanden um 1900 die religiösen Strömungen jenseits der Kirchen einigen Zulauf, die in mannigfachen Formen und unterschiedlich organisiert nicht nur gegen den Sinnverlust in der modernen Welt, sondern auch von ganz verschiedenen Positionen her gegen die Moderne selbst aufbegehrten. Daneben gewannen säkulare Sinnstiftungen an Bedeutung, die den Charakter von »Quasireligionen« (Thomas Nipperdey) annehmen konnten: Arbeit und Familie, Nation oder Revolution, Bildung und Kunst.[32]

Sowohl in den unterschiedlichen Säkularisierungs- als auch in den so verschiedenartigen religiösen wie weltlichen Sakralisierungsprozessen spiegelten sich die zunehmende Unsicherheit und das wachsende Orientierungsproblem wider. Die Vorstellung, in einer tiefen Zeitkrise zu stecken, erfaßte größere Teile der wilhelminischen Gesellschaft. Dieses Krisengefühl hing direkt oder indirekt mit den wirtschaftlichen, sozialen und politischen Umwälzungen zusammen, die sich an der Wende vom 19. zum 20. Jahrhundert beschleunigten und deren unvorhergesehene wie nicht vorhersehbare Folgen nun klarer hervorzutreten begannen. Daß der rasche Wandel immer mehr Menschen verunsicherte, desorientierte und desillusionierte, weil er Hoffnungen enttäuschte, Erwartungen in das gerade Gegenteil verkehrte, war jedoch nur das eine; hinzu kam, daß Ambivalenzen und Widersprüche der modernen Welt jetzt schärfer wahrgenommen wurden, Fortschrittshoffnungen in Zukunftsängste umzuschlagen begannen. Vor diesem Hintergrund breiteten sich zivilisationskritische und kulturreformerische Bewegungen aus.[33]

Die Reformbewegungen in den Schönen Künsten, in Malerei und Literatur, Theater und Musik, formierten sich, vorbereitet im späteren 19. Jahrhundert, um 1900 in heftigen Auseinandersetzungen mit den jeweils dominierenden Strömungen. Getragen wurden sie von Künstler- und Intellektuellenkreisen, die stark unter dem Einfluß der Zeit- und Kulturkritik Friedrich Nietzsches standen. Das schuf mannigfache Verbindungen zwischen ihnen, oft über die Künste hinweg, wozu auch die Mehrfachbegabungen der Künstler und ihre Richard Wagner zu verdankende Vision vom Gesamtkunstwerk beitrugen. Zwar blieben die künstlerischen Zirkel klein, deren Werke und Debatten wirkten jedoch über sie hinaus. Dies galt vor allem, aber nicht allein für ihre Auflehnung gegen die herrschende Kultur, wie sie sich in den Jahrzehnten nach der Reichsgründung entwickelt hatte.[34]

Am markantesten zeigte sich der Aufbruch in der Malerei. Sie war, trotz aller Unterschiede zwischen konventioneller Hof- und Akademie-, Salon- und Unterhaltungsmalerei sowie dem Gegensatz zwischen Idealisten und Realisten bei der nichtkonventionellen Malerei, aufs Ganze gesehen hinter die internationale, vor allem die französische Entwicklung zurückgefallen, die bereits unter dem Einfluß des Impressionismus stand. Daß stilistische und thematische Neuerungen in Deutschland auf sich warten ließen, hatte viele Gründe. Zu ihnen zählte nicht nur die Reichsgründung, die Kunst und Nationalstaat eng aneinanderband, ohne der kulturellen Entwicklung, was viele gehofft hatten, neue Impulse zu geben. Eine Rolle spielten auch die Vernetzungen innerhalb der Kunstszene. Sie verliehen den traditionellen Richtungen durch Kunstakademien und Ausstellungen der Allgemeinen deutschen Kunstgenossenschaft, durch fürstliche Patronage und die Ankaufspolitik öffentlicher Museen ein großes Gewicht. Der Ausbruch aus diesem gleichermaßen etablierten wie eingefahrenen Kunstbetrieb, in dem Anton von Werner eine Schlüsselstellung einnahm, geschah in zwei Etappen, nicht ohne engen Bezug zu den Entwicklungen in Österreich, vor allem in Wien. Einen ersten Innovationsschub, bei dem Anstöße von innen und außen zusammenspielten, gab es in den neunziger Jahren. Er ging, bezeichnend für einen Kulturföderalismus, der zumeist liberalisierend auf die Kunstpolitik einwirkte, von Süddeutschland aus. Hier spaltete sich 1892 die Münchener Secession von der Kunstgenossenschaft ab. Auch in der Reichshauptstadt nahmen die Auseinandersetzungen zu. Doch trennte sich dort die Berliner Secession um Max Liebermann erst 1898 vom offiziellen Kunstbetrieb. Diese noch verhaltene Öffnung zur Moderne, an der Künstler mit sozialkritischen Anliegen ebenso teilnahmen wie Exponenten des sogenannten deutschen Impressionismus, stieß auf den massiven Widerstand der Akademien, eines Teiles der Museen und des Kaisers. Sie konnten die Entwicklung zur Moderne aber nur verlangsamen, nicht aufhalten. Denn die neuen Richtungen profitierten vom Entstehen eines modernen, expandierenden Kunstmarktes. Er verringerte den Wert fürstlicher Patronage, steigerte die Konkurrenz der staatlichen und kommunalen Museen, erhöhte die Bedeutung von Kunsthandel, Kunstkritik und Kunstwissenschaft sowie der privaten, meist großbürgerlichen Mäzene und ausländischen Sammler. Anders sah es beim zweiten, jetzt wirklich umwälzenden Innovationsschub aus, der nach der Jahrhundertwende mit dem Expressionismus die künstlerische Moderne einleitete. Denn die Vertreter der entstehenden Avantgarde um Die Brücke in Dresden und die Neue Künstlervereinigung, später den Blauen Reiter in München, die Neue Secession in Berlin und den Sonderbund in Düsseldorf brachen radikal mit den überkommenen Kunstvorstellungen. Sie polarisierten damit nicht nur die Künstler, sondern entfernten sich auch immer weiter von einem bürgerlichen Publikum, das zwar bereit war, seine überkommene Kunstauffassung ein Stück weit zu verändern, nicht aber völlig über Bord zu werfen.[35]

Literatur, Theater und Musik erlebten einen ähnlichen Umbruch wie die Malerei, im einzelnen freilich zeitversetzt, bestimmt auch durch die Eigenheit der einzelnen Künste und nicht zuletzt beeinflußt von ihrem besonderen Umfeld. In Literatur und Theater setzten die Veränderungen früher ein als in der bildenden Kunst. Seit den achtziger Jahren machte der Naturalismus Front gegen eine Literatur, die sich noch dem Realismus verpflichtet wußte, sowie ein Theater, das außer dem klassischen Repertoire nicht zuletzt historische Dramen auf die Bühne brachte, effektvoll inszeniert, verflacht aber in Inhalt und Form. Die neue Strömung setzte sich mit den Dramen Gerhart Hauptmanns vor allem auf der Bühne durch, gegen die Theaterzensur, aber auch dank dieser und trotz des Widerstandes von Teilen des Publikums, der Literaturkritik und, wieder einmal, des Kaisers. Doch drängte die Entwicklung seit den neunziger Jahren bereits über den Naturalismus hinaus. Die antinaturalistische Literatur, auch sie der Versuch eines neuen Aufbruchs, fächerte sich in zahlreiche Richtungen auf, von denen einige nach der Jahrhundertwende den Weg in den Expressionismus wiesen. Mit ihm rebellierte, radikaler als je zuvor, eine neue, junge Generation gegen die bürgerliche Welt und ihre Kultur, konfrontierte sie in Literatur und Lyrik, im Theater sowie im rasch aufblühenden Kabarett mit künstlerischen Gegenwelten, die aus ihrem individuellen Lebensgefühl erwuchsen: provokant nihilistisch und vitalistisch zugleich, expressiv im Stil. Früher als in Literatur und Theater setzte der Weg in die Moderne bei der Musik ein. Schon Richard Wagner, an dem sich die zeitgenössische Musikkultur in Anhänger und Gegner schied, dehnte die überlieferte musikalische Form durch Chromatik und Enharmonik bis aufs äußerste, ohne freilich das tonale System aufzugeben. Die Musik um die Jahrhundertwende stand zwischen seinen sowie den anderen Werken der Spätromantik einerseits und der Neuen Musik andererseits, die mit der musikalischen Tradition brach. In langsamen Übergängen gab vor allem Arnold Schönberg die Tonalität endgültig preis, komponierte, bevor er nach dem Krieg zur gebundenen Zwölftontechnik überging, in einem System freier Atonalität.[36]

Je mehr Malerei und Literatur, Theater und Musik die moderne Welt nicht mehr in konventionellen Formen ausdrückten, sondern sich um eine neue, ihr angepaßte künstlerische Sprache bemühten, desto weiter wurde die Kluft zwischen den Künstlern der Avantgarde und dem Publikum. Zwar gab es nach wie vor Mäzene, kleine Gruppen der vornehmen Gesellschaft und einige Unternehmer, die gegenüber den neuen Richtungen offenblieben. Das breitere bürgerliche Publikum gehörte jedoch zunehmend weniger und schließlich gar nicht mehr dazu. Ob das Bürgertum wirklich »den Weg in die Moderne« (Thomas Nipperdey) gefunden hat, ist deshalb eher fraglich. Vielmehr scheint sich mit der Einheit des Bildungsbürgertums zugleich auch jener Konsens aufgelöst zu haben, auf dem das bürgerliche Kunstverständnis beruhte. Die Krise der Kunst spiegelte so die Krise der bürgerlichen Welt wider. Doch stellte dies nur die eine Bedrohung der dominierenden bürgerlichen Kultur dar. Die andere ging nicht etwa von einem der konkurrierenden kulturellen Milieus aus, die es in der segmentierten Gesellschaft des Kaiserreiches gab, sondern vom Wandel der sogenannten niederen Künste. Mit Phonograph, Grammophon und Kino zeichneten sich die Anfänge einer modernen Massenkultur ab, welche die bürgerliche Kultur, die bis dahin Elitenkultur gewesen war, von unten her zu verändern begann.[37]

Auf das Enteilen der schönen Künste in die Moderne und das Heraufziehen einer modernen Massenkultur reagierte eine Reformbewegung von Gebildeten, die sich um die Zeitschrift *Der Kunstwart* zusammenfand. Er wurde seit 1887 von Ferdinand Avenarius herausgegeben und nach der Jahrhundertwende von etwa 23000 Abonnenten bezogen. Aus ihren Kreisen ging 1901 der Dürerbund hervor, dem neben ein paar tausend Einzelpersonen einige hundert ganz unterschiedliche Vereine beitraten. Die Gebildeten um *Kunstwart* und Dürerbund verstanden sich als Volksbildungsbewegung. Sie wollten durch die Rückbesinnung auf nationale Eigenarten eine soziale Erneuerung erreichen und maßen der Kunst dafür eine wesentliche Bedeutung bei. Nur eine wahre, schöne und vor allem deutsche Kunst, eine Kunst des Volkes auch, also nicht elitär, konnte die Menschen bilden, sie nach innen einen und nach außen stärken. Mit diesem Ziel, kulturkritisch und dabei konservativ wie modern zugleich, verbanden *Kunstwart* und Dürerbund nicht nur eine Vielzahl weiterer Reformvorstellungen. Sie bündelten auch noch ganz unterschiedliche Richtungen, demokratische, nationalsoziale, neokonservative und völkische, deren Wege erst nach dem Krieg weit auseinandergingen.[38]

Zahlreiche organisatorische, personelle und inhaltliche Verbindungen bestanden zwischen Kunstreform- und Heimatbewegung. Ihre Wurzeln reichten in die siebziger Jahre zurück, als mittel- und kleinstädtische Honoratioren begannen, Heimatvereine ins Leben zu rufen. Sie wollten das Interesse an der näheren Umgebung in wissenschaftlichere Bahnen lenken, Überreste aus Kultur wie Natur erhalten und sammeln, die eigene Gemeinde verschönern helfen. Um die Jahrhundertwende änderte die Heimatbewegung ihre Strukturen, Ziele und Aktivitäten. Sie schuf sich im Bund Heimatschutz eine Dachorganisation, die bald in allen Bundesstaaten und preußischen Provinzen mit Regionalvereinen vertreten war. Wichtigstes Ziel des Bundes wurde der »Heimatschutz«. In diesem Konzept, es stammte von Ernst Rudorff, bündelte die Heimatbewegung ihre Kritik an Industrie, Großstadt und Landschaftszerstörung, an Verkehr und Tourismus. Jede dieser Folgen moderner Zivilisation wurde für sich genommen als Gefahr gesehen, zusammen galten sie als Zeichen eines allgemeinen Niederganges, bedrohlich gleichermaßen für Mensch wie Natur. Dagegen stand, überschaubar, den einzelnen vielfältig einbindend und damit neue Identität stiftend, die Heimat. Sie war nicht einfach wiederbelebte Vergangenheit, vielmehr eine aus einzelnen ihrer Teile neu und anders zusammengesetzte Gegenwelt zur Moderne. Die Heimat wiederzuentdecken, ihre Natur, Landschaft und Kultur zu bewahren war Aufgabe des Heimatschutzes. Hier lag das Arbeitsfeld der Heimatbewegung. Diese wollte sagen, was Heimat sei und wie ihr Schutz aussehen müsse, und verlangte für ihre Aufgabe, die sie als Erziehungs- und Bildungsarbeit im Interesse nicht nur der Regionen, sondern auch der Nation begriff, die Hilfe von Staat und Kommunen.[39]

Mit der Heimat- berührte sich in vielen Punkten die Lebensreformbewegung. Auch sie reagierte auf die Folgen von Industrialisierung, Landflucht und Urbanisierung, beklagte, insofern Teil der zunehmenden Großstadtkritik, den gesundheitlichen und sittlichen Verfall des städtischen Menschen und deutete die von ihr diagnostizierten Zivilisationsschäden kulturpessimistisch als Symptome einer umfassenden Krise der Industriegesellschaft. Abhilfe sollte eine Lebensweise schaffen, die Mensch und Natur wieder miteinander versöhnte. Die gesamte Lebensführung zu erneuern galt zugleich als wichtiger Schritt auf dem Weg zu einer umfassenden Gesellschaftsreform. Diese Ziele suchten die Lebensreformer auf verschiedenen Gebieten zu verwirklichen. Manche ihrer Aktivitäten überschnitten sich dabei mit der Gartenstadt-, Bodenreform- und Siedlungs- sowie nicht zuletzt auch mit der Antialkoholbewegung. Sie alle bemühten sich um pragmatische Reformen innerhalb des bestehenden Systems. Im Zentrum der Lebensreformbewegung, die ganz unterschiedliche Strömungen bündelte und dabei in zahlreichen, meist kleinen und zersplitterten Vereinen missionarische wie sektiererische Züge annahm, standen jedoch der hygienisch, ökonomisch oder ethisch motivierte Vegetarismus sowie, mit ihm eng verbunden, Naturheilkunde, Nacktkultur und Kleidungsreform.[40]

Auch die Jugendbewegung rebellierte gegen die wilhelminischen Gesellschafts- und Lebensformen. In den zwei Jahrzehnten vor dem Weltkrieg fanden sich Gymnasiasten und Studenten, von reformwilligen Erwachsenen gefördert sowie in engen Grenzen von Schule und Staat toleriert, in autonomen Jugendgruppen mit bündischer Struktur und ausgeprägtem Gemeinschaftsleben zusammen, dem Wandervogel etwa oder der Deutschen Akademischen Freischar. So inhomogen die »freideutsche« Jugendbewegung auch war, sie setzte sich von den Lebensformen des spätwilhelminischen Bürgertums ab, forderte ihm gegenüber die Autonomie der Jugend ein, das Recht des einzelnen, sich in der Gemeinschaft selbst zu finden, und dachte, Protest- wie Aufbruchbewegung gleichermaßen, an eine andere, stark idealisierte Gesellschaft. Vorwärtsweisende Zeitkritik verband sich dabei mit rückwärtsgewandter Flucht aus der Realität. Darin lag, obwohl sich der Jugendbewegung zahlenmäßig wie sozial nur ein sehr kleiner Teil der Jugendlichen anschloß, ihr fortwirkender Einfluß.[41]

Die Reformbewegungen um die Jahrhundertwende zeigten sich, alles in allem, von einer kaum überschaubaren Vielfalt. Manche dieser Bewegungen liefen nebeneinander her; andere berührten, beeinflußten und durchdrangen sich. Dabei reichten ihre organisatorischen Formen von persönlichen Kontakten und informellen Zirkeln über Gesinnungsgemeinschaften, oft um Zeitschriften gruppiert, bis hin zu mitgliederstarken Vereinen. Doch gab es jenseits dieser und anderer Unterschiede einiges, was sie gemeinsam hatten. Träger der Reformbewegungen war eine neue, junge Generation von Gebildeten. Diese sahen nicht mehr nur die positiven Seiten der modernen Zivilisation, sondern nahmen ihre Ambivalenzen und Widersprüche bewußter wahr als die fortschrittsgläubige Generation vor ihr, deuteten die Umbruchszeit als Zivilisationskrise und suchten nach Wegen, die aus ihr herausführten. Die Reformbewegungen machten, das hatten sie ebenfalls gemeinsam, Front gegen Defekte der wilhelminischen Gesellschaft, die von ihnen als materialistisch und individualistisch, als oberflächlich und geistlos, als innerlich zerrissen und mit sich selbst zerfallen, als verkrustet und erstarrt kritisiert wurde. Aus den Traditionen und Konventionen des Wilhelminismus wollten sie aus- und zu Neuem aufbrechen, das, wie immer es im einzelnen aussehen mochte, jedenfalls in scharfem Gegensatz zum Bestehenden und obendrein, wo man auch ansetzte, mit Blick auf ein Ganzes gedacht wurde. So entstand eine Fülle von Reformentwürfen, die, eine weitere Gemeinsamkeit, merkwürdig ambivalent ausfielen. Denn sie waren nicht einfach vorwärts- oder rückwärtsgewandt, sondern meist beides zugleich, hatten »keine Vision der Zukunft, sondern eine verkehrte Vision der Vergangenheit« (Eric J. Hobsbawm). So wurde im Kreis der Reformbewegungen vieles vorgedacht, wenngleich noch ungeschieden und unfertig, was dann nach dem Krieg in ganz unterschiedliche Richtungen auseinandertrat. Dabei blieben, eine letzte Gemeinsamkeit, die Reformbewegungen, von Ausnahmen abgesehen, durchweg unpolitisch. Ihr Feld war die Kultur im damaligen Verständnis, jenseits der Politik, ihr dem Anspruch nach überlegen. Die Folgen dieses Rückzuges sind immer wieder kontrovers diskutiert worden. Wichtig bleibt, daß Kultur und Politik sich nicht trennen ließen, die Debatten, die in bildungsbürgerlichen Kreisen über Krisenbewußtsein, Zivilisationskritik und Reformkonzepte geführt wurden, auf vielfache Weise in den Bereich der Politik hinüberwirkten.[42]

# VI. Von der Krise in den Krieg

Von der Krise, in welcher das Kaiserreich innen- und außenpolitisch, aber auch nach Ansicht deutungsmächtiger Teile des Bildungsbürgertums steckte, führte kein direkter Weg in den Krieg. Trotzdem sind Verbindungslinien unübersehbar. Denn sowohl in der Außen- als auch in der Innenpolitik befand sich das Deutsche Reich in einer Situation, die es dringend geboten erscheinen ließ, den Kurs zu ändern. Doch fehlte dazu nicht nur die Bereitschaft; auch der Handlungsspielraum hatte sich weiter verkleinert. In den Außenbeziehungen standen nicht zuletzt Weltpolitik und Flottenbau einem Richtungswechsel im Weg. Sie aufzugeben wäre innenpolitisch nicht durchsetzbar gewesen. Im Inneren wiederum hatte die Krise von 1908/09 zwar die Schwächen des monarchischen Staates bloßgelegt. Doch blieben die Reformkräfte zu uneins, um sie für einen Systemwechsel nutzen zu können. So kennzeichneten einerseits wachsende äußere und innere Spannungen die Lage vor 1914, andererseits aber auch zahlreiche Versuche, Wege aus der Krise zu finden. Einer von ihnen war der Krieg.[1]

## 1. Reform und Blockade

Im Jahre 1909 mußte die Politik, das Deutsche Reich durch imperialistische Expansion nach außen und begrenzte Modernisierung im Inneren zu stabilisieren, endgültig als gescheitert gelten. Statt dessen hatte die Reichsfinanzreform politisch zum Bruch zwischen Konservativen und Zentrum auf der einen sowie den Liberalen auf der anderen Seite geführt, sozial zu einer Frontstellung zwischen ländlich-agrarischer und städtisch-industrieller Welt. Zugleich hatten Reichstag und Parteien an Macht gewonnen, Kaiser und Reichsleitung dagegen an Autorität eingebüßt. So war das Kaiserreich schwerer regierbar geworden. Reform und Blockade bestimmten die Innenpolitik, schon vor den Reichstagswahlen von 1912 und erst recht danach.[2]

Um die innenpolitischen Schwierigkeiten zu bewältigen, wollte die neue Reichsleitung unter Theobald von Bethmann Hollweg und mit Clemens Delbrück als Staatssekretär des Reichsamtes des

Inneren die gewachsenen Mitwirkungsansprüche des Reichstages zurückdrängen sowie die Autorität von Krone und Exekutive wiederherstellen. Bethmann Hollweg vermied es deshalb, sich an eine bestimmte Parteienkoalition, vor allem an den »schwarz-blauen Block« aus Zentrum und Konservativen zu binden, setzte vielmehr auf eine Gesetzgebung mit wechselnden Mehrheiten, bemüht, der Reichsleitung die Initiative zu sichern und diese nicht dem Parlament zu überlassen. Außerdem wollte er die innenpolitische Situation durch eine behutsame Politik beruhigen, die Gegensätze zwischen Konservativen und Liberalen allmählich abbauen. Das lief inhaltlich entweder auf halbherzige Reformen hinaus, deren Grenzen letztlich die Konservativen zogen, oder führte dazu, daß strittige Fragen aufgeschoben wurden, weil die innenpolitische Stabilisierung im Zweifelsfall Vorrang genoß.[3]

Die Zusammenarbeit von Konservativen und Zentrum festigte sich in den Jahren nach 1909. Für die Deutschkonservativen gab es zu dieser Kooperation kaum noch eine Alternative. Denn die Partei hatte ihre Schlüsselstellung im Parlament zwar nutzen können, um bei der Reichsfinanzreform den materiellen Besitzstand ihrer Klientel zu verteidigen. Es war jedoch abzusehen, daß sie mit einer derart unverhüllten Interessenpolitik über kurz oder lang in die Isolierung steuerte. Diesen Weg ins politische Abseits versuchten Teile der Konservativen zu verhindern. Vor allem die Jungkonservative Bewegung wollte die Partei organisatorisch erneuern, aus der Abhängigkeit vom Bund der Landwirte lösen und ihr durch eine entschiedene Mittelstandspolitik im Westen des Reiches neue Wählerschichten erschließen. Doch hatte der Wandel zu einer konservativen Volkspartei weder inner- noch außerhalb der Partei eine Chance. So machte sich unter den Konservativen eine »Belagerungsmentalität« (James N. Retallack) breit, und die Partei suchte kompromißloser ihr Heil darin, konservative Positionen zu verteidigen – zunehmend auch gegen die Regierung sowie mehr und mehr gemeinsam mit der »neuen« Rechten.[4]

Obwohl die Radikalisierung konservativer Politik eine Kooperation schwieriger machte, arbeitete das Zentrum unter dem Einfluß seines rechten Flügels bis 1912/13 mit den Konservativen zusammen. Eine Rolle spielte dabei, daß die Partei erst durch den »schwarz-blauen Block« wieder aus der politischen Isolierung herausgefunden hatte. Auch kam es nach der Reichsfinanzreform zu einem Prozeß wechselseitiger Abgrenzung, in dem sich die

Frontstellung gegenüber den Liberalen verstärkte. Schließlich verloren die Zentrumsdemokraten weiter an Gewicht, da die Allianz von Populisten und katholischen Arbeitern zerfiel. Daran hatte der aufkommende »Integralismus« erheblichen Anteil. Er wandte sich gegen eine gesellschaftliche Öffnung des Katholizismus zu den Gegebenheiten der modernen Welt, weil das von Religion und Kirche wegführe, wollte statt dessen alle Lebensbereiche nach religiösen, kirchlichen, letztlich am Gestern orientierten Maßstäben gestaltet wissen. Die Folge waren scharfe Auseinandersetzungen um die Aufgabe und Stellung von Arbeitervereinen, Volksverein und Partei. Der sogenannte Gewerkschafts- und Zentrumsstreit spaltete nicht allein die Arbeiterbewegung; er führte auch in der Partei zu Umgruppierungen. Dies alles ließ das Zentrum deutlich nach rechts rücken. Doch blieben zu viele Gegensätze zwischen ihm und den Konservativen, als daß sich aus dem »schwarz-blauen Block« eine fest gefügte Koalition hätte entwickeln können.[5]

Stärker noch als Konservative und Zentrum brachte das Scheitern des »Bülow-Blocks« die liberalen Parteien in Bewegung. Die Nationalliberalen, aus ihrer Position als einflußreiche Mitte des »Blocks« verdrängt, setzten sich jetzt deutlicher von den Konservativen ab und rückten dadurch etwas nach links. Das verschärfte die innerparteilichen Spannungen. So trat der rechte »altliberale« Parteiflügel, einflußreich besonders in Preußen und im preußischen Abgeordnetenhaus, für eine Wiederannäherung an Konservative und Zentrum ein. Die Mitte um Ernst Bassermann, den Fraktionsführer im Reichstag, wollte die Partei zusammen- und nach allen Seiten offenhalten. Ihr linker Flügel, die aktiven Jungliberalen mit Gustav Stresemann als ihrem Exponenten, suchten ein Bündnis mit den Freisinnigen. Diese schlossen sich, auch weil der »Bülow-Block« ihre Reformhoffnungen enttäuscht und ihre Verständigungsbereitschaft nicht honoriert hatte, 1910 zur Fortschrittlichen Volkspartei zusammen. Sie setzte, vom Hansa-Bund unterstützt, auf einen entschiedenen Kurs gegen rechts. Doch blieb strittig, wie weit dabei mit den Sozialdemokraten zusammengearbeitet werden sollte und ob die Kooperation von rechten und linken Liberalen mit der Sozialdemokratie in Baden, die »Großblockpolitik«, auf das Reich übertragbar sei. So gab es taktische Absprachen mit der SPD, auch persönliche Verbindungen zu führenden Sozialdemokraten, doch keine feste Zusammenarbeit.[6]

Das spannungsreiche Verhältnis vor allem der linken Liberalen zur Sozialdemokratie hing allerdings auch mit dem Kurs zusammen, den die SPD steuerte. Es bereitete ihr Probleme, die wachsende organisatorische Stärke der Partei, ihre Wahlerfolge sowie den zunehmenden Einfluß der Fraktion im Reichstag in zukunftsweisende politische Erfolge umzumünzen. Die Ansichten, wie dies geändert werden könnte, gingen in der Partei weit auseinander. An den bewährten Handlungsmustern sozialdemokratischer Politik hielt die Parteimehrheit fest. Die sogenannten Zentristen verbanden revolutionäre Theorie und Rhetorik weiterhin mit praktischer Reformarbeit, wollten die Partei durch den Ausbau der Organisation sowie erfolgreiche Wahlkämpfe stärken und sich auf diese Weise für den erwarteten Zusammenbruch des Kaiserreiches wappnen. Die radikale Linke um Rosa Luxemburg hatte für diesen orthodoxen Kurs nichts übrig. Sie wollte durch eine Reihe großer Streiks die Massen mobilisieren, sie radikalisieren und so jene Revolution vorbereiten helfen, die das herrschende System, wie man hoffte, hinwegfegen würde. Eine ganz andere Linie verfolgte der rechte, reformistische Flügel. Er setzte auf konkrete Reformen, verstärkt an der Seite der linken Liberalen. Doch war eine solche Kooperation, die bis zur »Großblockpolitik« in Baden führte, in der Gesamtpartei nicht mehrheitsfähig und blieb deshalb auf Süddeutschland begrenzt. Um angesichts zunehmender Flügelkämpfe die Einheit der SPD zu erhalten, verfolgte die Parteiführung eine Linie, die sich mit jener der Zentristen deckte. Das Dilemma der Partei, Unterschiedliches gleichzeitig zu wollen, löste sie damit nicht. Vielmehr war der Preis für die Parteieinheit ein zunehmender Immobilismus.[7]

Angesichts der vertrackten parteipolitischen Konstellation, ihrerseits nur Ausdruck einer wachsenden Zerklüftung der Gesellschaft, versuchte Bethmann Hollweg, Konservative, Zentrum und Nationalliberale durch behutsame Reformen zusammenzubringen, zugleich jenen Veränderungsdruck, der von der Linken ausging, aufzufangen und so das politische System insgesamt zu festigen. Auf dieser Linie lag 1910 die Vorlage der Regierung für eine Reform des preußischen Dreiklassenwahlrechts. Sie wollte seine plutokratische Wirkung nicht beseitigen, sondern nur mildern. Doch selbst dies scheiterte. Den Konservativen, unterstützt vom Zentrum, gingen die Reformen zu weit; die linken, aber auch die meisten rechten Liberalen hielten sie für unzureichend; und die Sozialdemokraten versuchten, mit Massendemonstrationen die innerparteilichen Meinungsunterschiede zu überdecken. Die Demonstrationen, zumal der »Wahlspaziergang« im Berliner Tiergarten, boten wiederum den Parteien des »schwarz-blauen Blocks« einen willkommenen Anlaß, sich der Wahlrechtsreform ganz zu verweigern. Da Bethmann Hollweg einen Konflikt mit den Konservativen scheute, die Vorlage aber auch nicht gegen die Nationalliberalen durchsetzen wollte, zog er diese zurück.

Kam das eine Reformprojekt nicht zustande, ließ sich das andere, eine Verfassung für Elsaß-Lothringen, zwar verwirklichen, doch weder in der geplanten Form noch mit der vorgesehenen Mehrheit. Im Grundsatz ging es darum, nach vierzig Jahren, und damit viel zu spät, die Sonderstellung des Reichslandes zu beseitigen, in der Hoffnung, Elsässer und Lothringer leichter integrieren zu können. Die Verfassung, die 1911 zustande kam, wich von der Regierungsvorlage ab, da Zentrum, Liberale und sogar Sozialdemokraten die Initiative an sich gezogen und mit der Reichsleitung gegen den Widerstand der Konservativen wichtige Verbesserungen ausgehandelt hatten. So wurde zwar der Sonderstatus des Reichslandes nicht völlig beseitigt, doch näherte sich die Stellung Elsaß-Lothringens immerhin jener eines Bundesstaates an.[8]

Auf anderen Feldern der Innenpolitik wollte die Reichsleitung, so gut es ging, möglichen Auseinandersetzungen vorbeugen. In der Finanzpolitik gelang ihr dies nicht zuletzt dank eines rigorosen Sparkurses. Die Wirtschaftspolitik blieb weiterhin landwirtschaftsfreundlich. Lediglich in der Sozialpolitik gab es noch Bewegung. Hier führte die Regierung, unterstützt nicht zuletzt vom Zentrum, ihre Politik vorsichtiger sozialer Reformen weiter, freilich bei klarer Abgrenzung von der Sozialdemokratie, was ebenso aus der gescheiterten Initiative für Arbeitskammern sprach wie aus der 1911 verabschiedeten Reichsversicherungsordnung oder der gesonderten Angestelltenversicherung. Mit Hilfe des Zentrums ließen sich auch alle Versuche vereiteln, die Arbeiterbewegung durch schärfere gesetzliche Maßnahmen zu bekämpfen.[9]

Bis zu den Wahlen im Jahre 1912 hatte die Reichsleitung keines ihrer Ziele erreicht. Weder war es ihr gelungen, ein obrigkeitliches Regiment über den Parteien zu führen, noch hatte sie Konservative und Liberale einander näherbringen können. Ließ sich deshalb das Kaiserreich schon vor den Reichstagswahlen schwer regieren, wurde das nach 1912 noch schwieriger. Denn die Unzufriedenheit der Wähler mit der bisherigen Politik führte, zumal sich die Regierung im Wahlkampf zurückhielt und die Stichwahlabsprachen Kandidaten der Rechten weniger begünstigten, zu erheblichen Mandatsverlusten der konservativen Parteien und des Zentrums, aber auch von National- und Linksliberalen, dagegen zu großen Gewinnen der Sozialdemokraten. Im Ergebnis war der Reichstag in seiner neuen Zusammensetzung kaum noch handlungsfähig. Die Parteien des »schwarz-blauen Blocks« hatten die Mehrheit verloren, und eine andere war nicht in Sicht, im übrigen auch schwer zu bilden, da die SPD mit 110 Abgeordneten die stärkste Fraktion stellte. Die Folgen der Reichstagswahlen reichten indessen noch weiter. Sie ließen die politische Rechte zusammenrücken, erste Ansätze einer Reformmehrheit entstehen, den Handlungsspielraum der Regierung weiter schrumpfen.[10]

Durch den Linksrutsch bei den Wahlen sah sich die politische Rechte in die Defensive gedrängt und schloß sich enger zusammen. Außerhalb des Parlaments fand die »neue« Rechte mehr Zulauf. Ihren Kern bildeten Agitationsverbände wie der Alldeutsche Verband oder der 1912 gegründete Deutsche Wehrverein, die sich radikalisierten. Zu ihrem engeren Umfeld zählten andere Massenorganisationen, etwa der Deutsche Flottenverein, zum weiteren eine Anzahl von industriellen, agrarischen und mittelständischen Interessenverbänden. Sie riefen 1913 das Kartell der Schaffenden Stände ins Leben und bekundeten damit ihre Absicht, künftig enger zu kooperieren. Alle diese Zusammenschlüsse machten zunehmend, aber unterschiedlich in Form und Ton, gegen die Politik der Regierung Front, da sie ihnen als zu schwächlich nach außen und zu nachgiebig nach innen erschien. Hatten »neue« und »alte« Rechte bis dahin auf Distanz gehalten, verstärkten jetzt besonders der Alldeutsche Verband und die Deutschkonservativen ihre Kontakte. Für die Partei handelte es sich dabei nur um eine Option unter anderen; doch sie wurde wichtiger. Wenn die Rechte nach den Reichstagswahlen auch zusammenrückte, zu einem geschlossenen politischen Lager formierte sie sich nicht. Zu groß waren und blieben die Unterschiede zwischen jenen Kräften, die den Status quo verteidigten, solchen, die ihn nach rückwärts revidieren wollten, und denen, die auf einen radikalen Umbau im völkischen Sinn setzten.[11]

Bei den Wahlen zeichneten sich auch erste Ansätze einer Reformmehrheit ab. Im Zentrum gewannen bürgerliche Kräfte wieder an Boden, die aus den Umgruppierungen des Zentrums- und Gewerkschaftsstreites gestärkt hervorgegangen waren. Sie lösten die Partei schrittweise aus ihrer Bindung an die Konservativen, richteten sie stärker zur Mitte hin aus und suchten dabei eine engere Zusammenarbeit mit den Nationalliberalen, die sich ihrerseits unter dem Druck des rechten Flügels und nach heftigen innerparteilichen Auseinandersetzungen wieder deutlicher nach links abzugrenzen begannen. Zentrum und Nationalliberale unterstützten eine entschieden nationalistische, rüstungsfreundliche Politik. Beide forderten mehr Rechte für den Reichstag, nicht aber eine stärkere Demokratisierung. So blieb ihre Bereitschaft gering, die Zusammenarbeit nach links hin zu erweitern. Gegen eine Kooperation mit den Sozialdemokraten gab es ebenso großen Widerstand wie in der SPD gegen ein Zusammengehen mit den bürgerlichen Parteien. Daß sich die Linksliberalen bemühten, Brücken zu schlagen, half wenig. Eine Mitte-Links-Koalition aller Reformkräfte unter Einschluß der Sozialdemokratie war mithin zwar rein zahlenmäßig möglich, allein wegen innerer Widersprüche und des Widerstands auf beiden Seiten politisch nicht denkbar, wenngleich einige Gesetze tatsächlich mit einer solchen Mehrheit zustande kamen. Auch die sogenannte Mitte von Zentrum, Liberalen und Teilen der Sozialdemokraten, die spätere Weimarer Koalition, stellte bestenfalls eine »Koalition im Werden« (Gustav Schmidt) dar.[12]

Das Ergebnis der Reichstagswahlen und die politischen Verschiebungen, die sie auslösten, schränkten den Handlungsspielraum der Reichsleitung weiter ein. Einerseits konnte und wollte Bethmann Hollweg nicht offen gegen die Konservativen Politik machen, da sie nach wie vor über großen Einfluß im preußischen Abgeordnetenhaus, in Bürokratie und Militär sowie am Hof und beim Kaiser verfügten. Andererseits kam er aber an den Mehrheitsverhältnissen im Reichstag und den auf stärkere Mitsprache drängenden Parteien nicht vorbei. Deshalb zog sich der Kanzler auf eine »Politik der Diagonale« zurück. Sie folgte keiner mittleren Linie zwischen rechts und links, nicht einmal einer reformkonservativen, wie sie dem Reichskanzler vielleicht vorschwebte, sondern lief bei Lage der Dinge auf eine kurzatmige Politik des »Durchwurstelns und des Zeitgewinns« (Wolfgang J. Mommsen) hinaus, die weitgehend auf die Interessen der Konservativen Rücksicht nahm, ohne sich freilich auf ultrakonservative Staatsstreichvorstellungen oder die Forderungen der nationalen Opposition einzulassen.

In einer solchen Situation war die Innenpolitik nach 1912 nicht völlig, aber doch weitgehend blockiert. Am wenigsten bewegte sich in der Sozialpolitik. Der Bergarbeiterstreik von 1912 leitete eine Phase heftiger Arbeitskämpfe ein, in denen nicht nur die zunehmende Polarisierung, sondern auch die Grenzen der Organisationsmacht von Gewerkschaften wie Arbeitgeberverbänden zum Ausdruck kamen. Das ließ in Unternehmerkreisen und weit über sie hinaus die Forderung nach einem besseren »Schutz der Arbeitswilligen« wieder aufleben. Dahinter stand, in der öffentlichen Debatte von Verbänden und Parteien jeweils unterschiedlich akzentuiert, ein Bündel antigewerkschaftlicher, das Koalitionsrecht einschränkender Maßnahmen. Sie setzten sich zwar nicht durch; doch gab es vorerst auch keine Chance, das Koalitionsrecht zugunsten der Arbeiter auszugestalten oder die Sozialpolitik fortzuführen.[13]

Größere Spielräume bestanden dagegen in der Flotten- und Heeresrüstung. Sie zeigten, wie stark sich neben der Flottenbegeisterung seit der Jahrhundertwende ein bürgerlicher Militarismus entwickelt hatte, der in der öffentlichen Meinung, in Verbänden und Parteien sowie im Reichstag über starken Rückhalt verfügte und oft mit mehr Vehemenz als die Reichsleitung selbst für eine Aufrüstung eintrat. So hatte Bethmann Hollweg keine Schwierigkeiten, 1912 eine Flottennovelle und eine kleine Heeresvermehrung um 29000 Mann durchzusetzen. Ein Jahr später stimmte der Reichstag vor dem Hintergrund wachsender internationaler Spannungen und einer zunehmenden Kriegsbereitschaft im Inneren mit einer Mehrheit, die von den Konservativen bis zu den linken Liberalen reichte, der Wehrvorlage zu. Sie wollte den Rückstand in der Heeresrüstung beseitigen, den der Flottenbau hatte entstehen lassen, vergrößerte die Armee um 137000 Mann und brachte damit den stärksten Rüstungsschub in der Geschichte des Kaiserreiches, der konservative Militärs wieder um die innere Einheit und Verläßlichkeit des Heeres fürchten ließ. So bereitwillig der Reichstag die Wehrvorlage akzeptierte, so hartnäckig verweigerte er sich den Deckungsvorschlägen der Reichsleitung. Statt dessen verständigten sich Zentrum und Liberale auf eine einmalige Vermögensabgabe in Höhe von einer Milliarde Mark, den »Wehrbeitrag«, sowie eine progressive Vermögenszuwachssteuer. Sie wurde, weil das Reich damit direkt auf den Besitz zugriff, gegen massiven Widerstand der Konservativen von einer Majorität durchgesetzt, die Zentrum, Liberale und, das war neu, Sozialdemokraten umfaßte.[14]

Daß über alledem der Machtanspruch des Reichstages wuchs, ließ sich nicht übersehen. Seitdem das Zentrum entsprechende Vorstöße nicht mehr blockierte, kam eine Mehrheit bis hin zu den Sozialdemokraten zusammen, die für eine Stärkung des Parlamentes eintrat. So griff der Reichstag nach den Wahlen von 1912 die Frage der Kanzlerverantwortlichkeit wieder auf. Auch änderte er seine Geschäftsordnung und ließ künftig im Anschluß an Interpellationen Anträge zu, die es ihm ermöglichten, Vertrauens- oder Mißtrauensvoten auszusprechen. Als die Wehrvorlage diskutiert wurde, wollte außerdem die Haushaltskommission gründlicher als bisher informiert werden, und im Laufe der weiteren Beratungen forderten die Parteien Militärreformen, die in den Bereich der Kommandogewalt eingriffen. Im Zusammenhang mit der »Zabern-Affäre« im Jahre 1913 schließlich, ausgelöst durch Übergriffe von Soldaten auf Zivilisten in Elsaß-Lothringen, die von den Kommandeuren bis hinauf zum Kriegsminister und dem Kaiser gedeckt wurden und die der Reichskanzler verteidigte, sprach der Reichstag diesem allein gegen die Stimmen der Konservativen das Mißtrauen aus. Staatsrechtlich war das folgenlos, politisch nicht. Noch immer aber erhob das Parlament seinen Machtanspruch nur verhalten. So steckte die Mehrheit stets zurück, wenn die Reichsleitung entschieden auf ihrem Standpunkt beharrte: in der Verantwortlichkeitsfrage, bei den Militärreformen, letztlich auch in der »Zabern-Affäre«. Die Rechte des Parlaments nachdrücklicher auszubauen, waren die Parteien zu uneins, in sich, aber auch untereinander. Außerdem hielten sie die Gegenkräfte für zu stark.[15]

Ob sich im Kaiserreich vor 1914 die einzelnen politischen Lager wechselseitig blockierten und damit ein Zustand der Unregierbarkeit drohte, wie die einen meinen, oder ob es nach wie vor Entwicklungschancen gegeben hat, was die anderen betonen, ist nicht zu entscheiden, da der Ausbruch des Krieges die Innenpolitik grundlegend veränderte. Doch dürfte die innenpolitische Situation vor 1914 am besten gekennzeichnet sein, wenn man sie als Mischung von Reform und Blockade beschreibt. Denn gerade die halbherzigen, steckengebliebenen Reformen milderten, weil sie keine Seite zufriedenstellten, die Spannungen nicht, verschärften sie im Gegenteil und mit ihnen die Blockierungen im politischen System. Dieser weitgehende Immobilismus, die begrenzte Handlungsfähigkeit von Reichsleitung wie Reichstag und nicht zuletzt die wachsende Unzufriedenheit mit diesem Zustand scheinen die Bereitschaft gefördert zu haben, einen Krieg als Weg aus der Krise zu akzeptieren. Dazu trugen auch die zunehmenden internationalen Spannungen bei.[16]

## 2. Internationale Spannungen und Ausgleichsversuche

Die Weltpolitik stellte das Deutsche Reich vor ständig wachsende Probleme. Denn sie büßte nicht allein ihre innenpolitische und gesellschaftliche Integrationskraft ein, indem sie Konflikte um Ziele, Methoden und die Verteilung der Lasten deutscher Expansion erzeugte, sondern brachte das Kaiserreich vor allem international in eine zunehmend bedrängte Lage. Die Meinungen, wie dies zu verändern sei, gingen weit auseinander. In Kreisen der Militärs und der »neuen« Rechten wollte man das Zusammenrükken der Ententestaaten, das als »Einkreisung« des Kaiserreichs gesehen wurde, durch eine Politik hart am Rande eines Waffenganges oder gar mit Hilfe eines großen europäischen Krieges beantworten, den das Reich zu einem ihm günstigen Zeitpunkt selbst auslösen sollte. Dagegen setzten Teile der bürgerlichen Öffentlichkeit und besonders die Nationalliberalen darauf, Heer und Flotte weiter aufzurüsten, um die deutschen Interessen in Europa und Übersee durch militärischen Druck, in einer Art »trockenem Krieg« (Hans Delbrück), entschiedener und erfolgreicher als bisher zur Geltung zu bringen. Schließlich konnte das Reich mit einer Politik der Entspannung auf das Scheitern der Weltpolitik reagieren, konnte versuchen, die entstandenen Konfliktpotentiale abzubauen und auf kooperativer Grundlage, vor allem in Zusammenarbeit mit Großbritannien, seine expansiven Ziele zu verfolgen. Eine solche »Weltpolitik ohne Krieg« schwebte Kanzler und Auswärtigem Amt vor. Die Auseinandersetzungen über diese drei möglichen Wege bestimmten durch alle internationalen Spannungen und Ausgleichsversuche hindurch die deutsche Außenpolitik vor 1914.[17]

Ein Jahr nach dem Abschluß der englisch-russischen Konvention, welche die Gefahr einer Isolierung des Reiches deutlich hatte hervortreten lassen, spitzten sich die internationalen Spannungen zu. Denn die Rivalitäten und Konflikte zwischen den Mächten, die lange Zeit vornehmlich in außereuropäischen Gebieten ausgetragen worden waren, spielten sich jetzt wieder stärker in Europa ab. Dies galt vor allem für den Balkan. Die Revolution der sogenannten Jungtürken im Jahre 1908 versuchte nicht nur, das Osmanische Reich in einen Nationalstaat westlicher Prägung umzuwandeln, sondern destabilisierte auch, indem sie die nationalen und religiösen Bewegungen auf dem Balkan ermunterte, die dort ohnehin labile türkische Herrschaft. In dieser Situation annektierte Österreich-Ungarn 1908 die von ihm seit 1878 besetzte türkische Provinz Bosnien und Herzegowina. Serbien protestierte scharf und wurde dabei von Rußland unterstützt, das sich zunächst mit Österreich verständigt, dann aber wieder überworfen hatte. Die Krise zog sich in die Länge, bis das Deutsche Reich ebenso bedingungslos wie entschieden für Österreich-Ungarn eintrat und Serbien durch massiven diplomatischen Druck auf Rußland zum Einlenken zwang. So endete die Bosnische Annexionskrise mit einem Erfolg für die Mittelmächte; aber der war teuer erkauft. Das Reich hatte sich noch enger an Österreich-Ungarn und dessen Balkanpolitik gebunden, die Westmächte durch seine forsche Politik mißtrauischer gemacht und Rußland eine diplomatische Niederlage bereitet, die das Zarenreich mit Aufrüstung beantwortete. Daß die deutsche Politik in der Bosnischen Krise höchst riskant gewesen war, sah auch Bülow. Er begann deshalb noch gegen Ende seiner Amtszeit damit, die deutsche Außenpolitik auf einen vorsichtigeren Kurs umzusteuern.

Bethmann Hollweg führte diese Umorientierung weiter und konzentrierte sich wieder darauf, die Position des Reiches in Europa zu festigen. Zwar wollte auch er keineswegs auf überseeische Erwerbungen verzichten, die Weltpolitik jedoch nüchterner und mit größerem Augenmaß betreiben, sie deshalb nur von einer gesicherten europäischen Basis aus in Angriff nehmen und die bis dahin weitgespannten, höchst diffusen Expansionsziele auf wenige Regionen konzentrieren sowie klarer formulieren. Zugleich änderte sich der Stil deutscher Außenpolitik. Der neue Reichskanzler versuchte, ihr mehr Stetigkeit und Berechenbarkeit zu geben, um dadurch verlorenes Vertrauen zurückzugewinnen. Auch schwenkte er wieder mehr in die Bahnen traditioneller Kabinettsdiplomatie zurück, hoffte auf diese Weise, die Außenpolitik aus dem stark emotionalisierten Meinungsstreit herausnehmen und die wachsenden Gegenströmungen in der deutschen Öffentlichkeit neutralisieren zu können. Vor allem aber setzte Bethmann Hollweg, um das Reich aus seiner schwierigen bündnispolitischen Konstellation zu befreien, auf einen Kurs des Ausgleichs und der Entspannung gegenüber Rußland und Frankreich, vor allem aber im Verhältnis zu Großbritannien.[18]

Tatsächlich entkrampften sich die deutsch-russischen Beziehungen nach der Bosnischen Annexionskrise ein wenig, da es bei der Entrevue von Potsdam im November 1910 gelang, manche strittige Frage zwischen beiden Staaten auszuräumen. Auch das Verhältnis zu Frankreich besserte sich zeitweilig, nachdem das Reich seinem westlichen Nachbarn 1909 in einem Vertrag faktisch die politische und wirtschaftliche Vorherrschaft in Marokko überlassen hatte. Allerdings versprach nur der Ausgleich mit Großbritannien eine wirkliche politische Entlastung gegenüber Rußland und Frankreich. Deshalb wollte sich der Reichskanzler mit London in der Flottenfrage verständigen, um so den Weg für ein formelles Abkommen zu ebnen, das Deutschland im Falle eines Krieges die britische Neutralität sicherte. Ein solcher Vertrag ließ sich jedoch nicht erreichen, da einerseits die Reichsleitung unter dem Druck von Kaiser, Reichsmarineamt und öffentlicher Meinung in der Flottenfrage nur geringe Konzessionen anbieten konnte und wollte, die Regierung in London andererseits nicht bereit war, die Bindungen an Frankreich und den mühsam gefundenen Interessenausgleich mit Rußland aufs Spiel zu setzen.

Wenn es geringe Aussichten gab, die deutsch-britischen Beziehungen zu verbessern, dann zerstörte sie die zweite Marokko-Krise, die das Kaiserreich ähnlich der ersten bewußt auslöste und eskalierte. Anlaß dazu bot das militärische Vordringen Frankreichs in Marokko, das internationalen und bilateralen Vereinbarungen widersprach. Das nutzte der neue Staatssekretär des Auswärtigen Amtes, Alfred von Kiderlen-Wächter, der eine klarere, aber auch härtere außenpolitische Linie verfolgte, für eine riskante Offensive, eine »groß angelegte Politik des Bluffs« (Klaus Hildebrand). Er wollte politische und militärische Stärke demonstrieren, auf diese Weise bilaterale Verhandlungen mit Paris erzwingen und dabei die Vorherrschaft Frankreichs in Marokko um den Preis einer Abtretung des französischen Kongo anerkennen.

Dieser war als Kern eines großen mittelafrikanischen Kolonialreiches gedacht, das in ferner Zukunft einmal um Angola und den belgischen Kongo erweitert werden und dann die deutschen Besitzungen in Ost- und Südwestafrika sowie Kamerun miteinander verbinden sollte. Von alledem versprach sich der Staatssekretär sowohl einen politischen Erfolg, der bei den Reichstagswahlen von 1912 zu Buche schlagen mochte, als auch auf längere Sicht eine Entspannung in Europa, da Marokko als Streitobjekt aus der Welt geschafft wurde.

Die von langer Hand vorbereitete Marokko-Aktion, bei der das Auswärtige Amt interessierte Wirtschaftskreise ebenso ins Vertrauen zog wie die Führung des Alldeutschen Verbandes, erwies sich als kompletter Fehlschlag. Denn die Entsendung eines Kanonenbootes nach Südmarokko, der »Panthersprung nach Agadir« im Juli 1911, rückte die deutsche Operation von Anfang an ins Zwielicht, war sie doch offenbar nur auf Machtdemonstration und Faustpfänder aus, um weitergehende Ziele durchzusetzen. Da Paris auf Zeit spielte, meinte Kiderlen-Wächter, den Konflikt ausreizen und bis hart an den Rand eines großen europäischen Krieges eskalieren zu müssen. Das veranlaßte die britische Regierung, Frankreich demonstrativ beizuspringen. Eine antienglische Welle in der deutschen Öffentlichkeit und eine wachsende Kriegsbereitschaft waren die Folge. Am Ende lenkte das Kaiserreich ein, akzeptierte im Marokko-Kongo-Vertrag ein französisches Protektorat über Marokko und erhielt dafür sowie im Tausch gegen Teile Togos einen schmalen, an Kamerun grenzenden Gebietsstreifen des französischen Kongo.[19]

Die zweite Marokko-Krise bildete eine »Wasserscheide« (Wolfgang J. Mommsen) in der Außenpolitik des Kaiserreiches. Denn die von Kiderlen-Wächter wohlpräparierte und mobilisierte öffentliche Meinung machte massiv Front dagegen, daß die Reichsleitung Marokko endgültig den Franzosen überließ. Nicht allein die Agitationsverbände der »neuen« Rechten warfen ihr vor, versagt und die Interessen des Reiches nicht gewahrt zu haben. Auch Konservative, Zentrum sowie National- und Linksliberale mißbilligten die Marokko-Politik in einer erregten, von kriegerischen Tönen bestimmten Reichstagsdebatte. Zugleich wuchs die Kritik der Militärs, des Generalstabes vor allem, an der Regierung. Beides, der Druck der öffentlichen Meinung und des Reichstages sowie die wachsende Kriegsbereitschaft in Teilen des Militärs, schränkte fortab den außenpolitischen Handlungsspielraum der Reichsleitung erheblich ein, setzte sie unter Erfolgszwang.[20]

Die Chancen, auf kurze Sicht mit außenpolitischen Erfolgen aufwarten zu können, standen nach der zweiten Marokko-Krise schlechter als je zuvor. Denn diese hatte wieder einmal dazu beigetragen, den Zusammenhalt der Entente zu festigen. Es war auch deutlich geworden, daß sich gegen den Willen Großbritanniens mit diplomatischen Mitteln keine nennenswerten Erwerbungen in Übersee machen ließen. Deshalb wollten Bethmann Hollweg und Kiderlen-Wächter, obwohl der Druck auf die Reichsleitung wuchs, »Weltpolitik mit Hilfe gesteigerten Rüstungsdrucks« (Wolfgang J. Mommsen) gegen Großbritannien zu betreiben, die deutsche Expansion künftig in Absprache mit London vornehmen. Aus diesem Grund setzten sie weiterhin auf einen moderaten Imperialismus, eingebunden in eine Politik des Ausgleichs und der Entspannung. Zum Prüfstein entwickelte sich erneut die Flottenfrage. Tirpitz wollte den Ausgang der Marokko-Krise zu einer neuen Flottennovelle nutzen, die den Bau von vier Kriegsschiffen über das Jahr 1912 hinaus sicherstellte. Dabei wußte er den Kaiser auf seiner Seite. Bethmann Hollweg setzte dagegen alles daran, eine solche Vorlage zu verhindern, weil sie das Wettrüsten weiter eskaliert und eine Verständigung mit Großbritannien noch mehr erschwert hätte. Der Reichskanzler mobilisierte darum nicht nur die Marineadmiralität, sondern auch die Spitzen der Armee gegen Tirpitz, setzte auf Mannschaftsverstärkung statt auf neue Schiffe, auf Heeres- statt auf Flottenrüstung. Obendrein bemühte er sich, die deutsch-britischen Gespräche voranzubringen. So gelang es ihm, die Flottennovelle zwar zu entschärfen, nicht aber zu verhindern, und er konnte die deutsche Politik auch auf keine substantiellen Zugeständnisse an die Briten festlegen. Deshalb blieben die Unterredungen, die der englische Kriegsminister Lord Haldane Anfang 1912 in Berlin führte, ebenso ergebnislos wie die sich anschließenden Verhandlungen mit der britischen Regierung. Diese war durchaus daran interessiert, die Flottenrüstung zu begrenzen, um den finanziellen Spielraum für Sozialreformen zu erweitern. Doch erwartete London, daß Deutschland zunächst den Flottenbau deutlich drosselte, und beabsichtigte, erst dann eine, freilich auch nur eingeschränkte Neutralitätszusage abzugeben, da man Berlin nicht den Rücken für eine offensive Politik auf dem Kontinent stärken wollte. Dagegen war die deutsche Seite, auf der sich am Ende Tirpitz und Wilhelm II. durchsetzten, allenfalls bereit, nach einem bindenden Neutralitätsabkommen das Tempo der Flottenrüstung zu verringern, nicht aber die Größe der Flotte so zu begrenzen, wie die Briten dies forderten.[21]

Da Berlin und London weder bei der Rüstungsbegrenzung noch beim Neutralitätsabkommen Fortschritte erzielen konnten, ging das Wettrüsten weiter. Dennoch setzten beide Regierungen nicht auf Konfrontation, bemühten sich vielmehr, eine Verständigung in solchen Fragen herbeizuführen, die weniger strittig, aber doch so wichtig waren, daß sie helfen mochten, das vorhandene Mißtrauen schrittweise abzubauen. So wollte Bethmann Hollweg nicht zuletzt an der Seite Großbritanniens, als dessen Juniorpartner gewissermaßen, Weltpolitik treiben, und London zeigte sich durchaus bereit, Berlin in bestimmten Fragen entgegenzukommen. So gab es trotz der deutsch-englischen Flottenrivalität gewisse Chancen für einen Ausgleich, der die Blockbildung in Europa hätte auflockern können, freilich nur auf lange Sicht. In diese Richtung wiesen Vereinbarungen, die beide Staaten, nicht ohne Mühen, in den Jahren 1913 und 1914 schlossen. Sie betrafen zum einen die Zukunft der portugiesischen Kolonien in Afrika und zum anderen die Frage des Weiterbaus der Bagdadbahn, die sich bis dahin zum wichtigsten Projekt des deutschen Imperialismus entwickelt hatte. Schließlich kooperierten Berlin und London auch in der letzten großen Krise vor 1914, den beiden Balkankriegen.[22]

Daß der Balkan nach wie vor der gefährlichste europäische Krisenherd war, hatte 1908 schon die Bosnische Annexionskrise gezeigt. Seitdem war der Zerfall des Osmanischen Reiches rapide fortgeschritten und die Instabilität dieser Region gewachsen. Ermutigt durch die Erfolge Italiens, das sich 1911/12 Libyens bemächtigte, schlossen Serbien und Bulgarien, Griechenland und Montenegro unter russischer Schirmherrschaft den sogenannten Balkanbund. Damit wollten sie nicht zuletzt die Türken endgültig aus Europa hinausdrängen, und das gelang auch weitgehend im ersten Balkankrieg von 1912. Dies brachte jedoch die bisherige, ohnehin schon höchst labile Machtbalance in der Region vollends aus dem Gleichgewicht und rief sowohl Österreich-Ungarn als auch Rußland auf den Plan, die ihre Interessen gefährdet sahen. Über die Frage, ob Serbien zur Adria hin expandieren durfte oder nicht, kam es zur Konfrontation der beiden Staaten und mit ihnen der zwei Bündnissysteme, denen sie angehörten. Doch bewährte sich noch einmal das Krisenmanagement der europäischen Großmächte. Das Deutsche Reich unterstützte zwar seinen einzigen verbliebenen Bundesgenossen, wirkte zugleich aber mäßigend auf ihn ein, und ähnlich hielt es Großbritannien mit Rußland. So ließen sich auf der Londoner Botschafterkonferenz nach langen und zähen Verhandlungen, die von fortdauernden Spannungen überschattet waren, die Probleme auf dem Balkan wenigstens vorläufig lösen.

Der Balkankrieg zeigte nicht nur, daß es zunehmend schwieriger wurde, die internationalen Spannungen auf diplomatischem Wege zu bewältigen, sondern auch, wie sehr sich der Handlungsspielraum der Reichsleitung im Inneren verengte. Auf dem Höhepunkt der Balkan-Krise, im Dezember 1912, berief Wilhelm II. eine »Krisenkonferenz« (Bernd F. Schulte) ein, an der allein führende Militärs, aber keine Vertreter der Reichsleitung, nicht einmal der Reichskanzler, teilnahmen. Auf dieser Sitzung fiel keineswegs, wie behauptet wird, die Entscheidung, einen großen Krieg planmäßig vorzubereiten und ihn im Sommer 1914 auszulösen. Doch warf sie ein grelles Licht auf die Führungsprobleme an der Spitze des Kaiserreiches, die sich aus der scharfen Trennung und unzureichenden Koordination von ziviler und militärischer Gewalt ergaben. Noch bedrohlicher aber war, daß die Militärs inzwischen einen europäischen Krieg für unvermeidlich hielten und ernsthaft einen Präventivschlag erwogen, um die schwierige außen- und bündnispolitische sowie militärische Lage des Kaiserreiches zu meistern. So erhielt auch der Plan, das Heer in großem Stil aufzurüsten, durch die Besprechung konkretere Formen, verschoben sich die Prioritäten bei der Rüstung weiter zugunsten der Armee. So kam die große Wehrvorlage des Jahres 1913 zustande.[23]

Der in London ausgehandelte Balkankompromiß konnte die Konflikte in dieser Region nur für kurze Zeit beilegen. Bereits im Sommer 1913 brach der zweite Balkankrieg aus, in dem es um die Verteilung der ehemals türkischen Gebiete ging. Auch dieser Konflikt ließ sich, ähnlich dem ersten, lokalisieren. Doch bedurfte es dazu noch einmal erheblicher diplomatischer Anstrengungen, zumal sich die Balkanstaaten nur schwer beeinflussen ließen und dieses Mal auch die Unterschiede zwischen der deutschen und der österreichischen Politik schärfer hervortraten. So brachte der Friede von Bukarest zwar ein Ende des Krieges. Die Spannungen, die sich in den beiden Balkan-Kriegen aufgestaut hatten, hielten jedoch an, vor allem jene zwischen Österreich-Ungarn und Rußland, aber auch die zwischen Rußland und dem Kaiserreich. Letztere verschärften sich noch dadurch, daß Deutschland durch sein Engagement im Nahen Osten anstelle von Großbritannien immer mehr zum Hauptwidersacher des Zarenreichs in diesem Teil der Welt aufrückte. Um das Osmanische Reich zu stabilisieren, was im Hinblick auf das Bagdadbahnprojekt immer wichtiger wurde, stellte das Kaiserreich zum Beispiel militärische Fachleute unter General Liman von Sanders ab, die das türkische Heer reorganisieren sollten. Rußland sah dadurch seine Interessen in der Türkei und namentlich am Bosporus bedroht und zwang das Reich durch massiven Druck zurückzustecken. Diese »Liman-Sanders-Krise« ließ die Spannungen zwischen Deutschland und Rußland wachsen. Während sich das Zarenreich durch verstärkte Rüstung auf einen Krieg einzustellen begann, griff im Kaiserreich bis weit in die Reihen der Sozialdemokraten hinein die Überzeugung von einer immer bedrohlicheren russischen Gefahr um sich.

Alles in allem verbesserte sich die schwierige außen- und bündnispolitische Lage, in welche das Kaiserreich durch die Bülowsche Weltpolitik und die Flottenrüstung geraten war, in den Jahren nach 1908 nicht wesentlich. Zwar gingen die internationalen Krisen vorbei, ohne einen europäischen Krieg auszulösen, bewährte sich noch einmal die Eindämmungsstrategie der Großmächte. Doch war im Wechselspiel von Spannungen und Ausgleichsversuchen der Frieden nicht sicherer geworden, sondern die Gefahr eines großen Krieges gewachsen.

## 3. Der Weg in den Krieg

Bis ins Jahr 1914 war der Handlungsspielraum der Reichsleitung unter Bethmann Hollweg enger geworden. Die Abfolge internationaler Krisen sowie das Wettrüsten auf dem Land und zur See hatten die Spannungen zwischen den Großmächten verschärft und den Zusammenhalt der Bündnissysteme gefestigt. Auch war es zu einem »Verschleiß von Alternativen« (Imanuel Geiss) gekommen, die sich im europäischen Staatensystem zur diplomatischen Krisenbewältigung anboten. Nicht daß es keine zukunftsweisenden Konfliktlösungen auf kooperativer Basis gegeben hätte. Aber so etwas brauchte Zeit, damit Vertrauen entstehen konnte, erschien wenig spektakulär und geriet zudem unter den Druck nicht nur der öffentlichen Meinung, in der die Kriegsbereitschaft wuchs, sondern auch der Militärs, die auf einen Präventivkrieg drängten. Überdies hatte sich die Reichsleitung mit ihrer »Politik der Diagonale« in den wachsenden Gegensätzen zwischen den verschiedenen Lagern verfangen und dabei die Initiative weitgehend eingebüßt. In der Julikrise des Jahres 1914 verschränkten sich diese lang- und mittelfristigen Entwicklungen innerhalb wie außerhalb Deutschlands und gaben den Rahmen ab für jene Entscheidungen der zivilen und militärischen Führung, die das Kaiserreich in drei Etappen in den Krieg führten.[24]

Die erste von ihnen begann mit der Ermordung des österreichischen Thronfolgers Franz Ferdinand am 28. Juni 1914 in Sarajewo durch eine Gruppe serbischer Nationalisten. Da die Hintermänner des Attentats allgemein in Belgrad vermutet wurden, erhielt Österreich-Ungarn die Möglichkeit, entschieden gegen Serbien vorzugehen. Das war eine willkommene Gelegenheit, hatte doch Serbien in den Jahren zuvor nicht nur die separatistische südslawische Bewegung im Habsburgerreich unterstützt, sondern auch gegen den vergeblichen Widerstand der Doppelmonarchie in den beiden Balkankriegen territorial stark expandieren können. So gab es kaum jemanden an der österreichisch-ungarischen Staatsspitze, der nicht für ein militärisches Vorgehen gegen Serbien eintrat. Das versprach, nicht nur die Probleme des Vielvölkerstaates mit der südslawischen Nationalbewegung aus der Welt zu schaffen, sondern auch die Machtverhältnisse auf dem Balkan zu Lasten Rußlands zu verschieben. Beides sollte die Doppelmonarchie nach innen wie nach außen stärken, selbst auf die Gefahr hin, daß der Konflikt zu einem europäischen Krieg eskalierte. Wie offensiv das Habsburgerreich gegenüber Serbien auftreten würde, hing nicht zuletzt davon ab, wie sich sein wichtigster Verbündeter verhielt. Das Deutsche Reich hatte in den beiden Balkankriegen die Politik Österreich-Ungarns unterstützt, zugleich aber mäßigend auf sie eingewirkt und gemeinsam mit Großbritannien jeweils nach konfliktbegrenzenden Lösungen gesucht. In der Julikrise steuerte die Reichsleitung einen anderen Kurs. Sie riet Österreich-Ungarn nicht nur zu einem entschiedenen Vorgehen gegen Serbien, sondern sagte ihm dafür auch die bedingungslose Unterstützung des Kaiserreiches zu. Als Bethmann Hollweg der österreichischen Politik Anfang Juli diesen »Blankoscheck« ausstellte und damit die Krise verschärfte, wußte er, daß eine militärische Strafaktion gegen Serbien einen europäischen Krieg heraufbeschwören konnte. Doch nahm der Reichskanzler dieses hohe Risiko bewußt in Kauf.[25]

Wichtig für die Haltung der Reichsleitung war die außenpolitische Situation des Kaiserreiches, die sie als überaus kritisch beurteilte. Bedrohlich wirkte in ihren Augen das Zusammenrücken der Ententestaaten, zumal es nicht als Reaktion auf Weltpolitik und Flottenbau gesehen, sondern als gezielte »Einkreisung« gewertet wurde. Besonders groß erschien die Gefahr, die von Rußland ausging. Denn die Beziehungen zwischen beiden Staaten hatten sich nicht nur in den vergangenen Jahren laufend verschlechtert. Es stand auch, wenn der deutsch-russische Handelsvertrag 1916/17 auslief, ein Wirtschaftskrieg bevor. Rüstete das Zarenreich schließlich weiter auf wie bisher, drohte es, in zwei bis drei Jahren Deutschland militärisch überlegen zu sein. Dann stehe, meinten zumindest die Militärs, ein russischer Angriff unmittelbar bevor. Aus dieser düsteren Gegenwartsanalyse und Zukunftsprognose, die ganz dem herkömmlichen Machtdenken verhaftet war, meinte die Reichsleitung, an Österreich-Ungarn festhalten und seine Stellung auf dem Balkan sowie seine Position als Großmacht durch eine Strafaktion gegen Serbien stabilisieren zu müssen. Gewiß mochte man sich in Berlin fragen, was es denn bringen könnte, das eigene Schicksal so fest an einen Vielvölkerstaat zu binden, dessen Existenz von der zentrifugalen Kraft nationaler Bewegungen bedroht wurde. Doch war Österreich-Ungarn inzwischen der einzige sichere Verbündete, den das Reich noch hinter sich wußte. Ihn fallenzulassen hätte auch das Kaiserreich entscheidend geschwächt und kam deshalb nicht in Frage.

Die Politik der Reichsleitung in der Julikrise bestimmten aber nicht nur außen-, sondern auch innenpolitische Gesichtspunkte. Seitdem die Kritik an der Außenpolitik Bethmann Hollwegs lauter geworden und diese nicht nur von der »neuen« Rechten, sondern weit über jene hinaus unter Beschuß geraten war, hatte die Regierung einen außenpolitischen Erfolg dringend nötig. Das schloß eine Politik nach dem Vorbild der beiden Balkankriege nicht aus. Doch wäre der Versuch, Österreich-Ungarn von militärischen Schritten abzuhalten und ihm auf diplomatischem Weg Genugtuung zu verschaffen, auf den Widerspruch der meisten Parteien und einflußreicher Teile der öffentlichen Meinung gestoßen, zumal sich hier seit der deutsch-russischen Presseauseinandersetzung vom Frühjahr 1914 eine Mischung aus fatalistischer Kriegserwartung und freudiger Kriegsbejahung entwickelt hatte. Wichtiger als diese Atmosphäre aber, die eine harte Politik begünstigte, war es, daß die militärische Führung noch entschiedener als früher auf einen Präventivkrieg drängte. Sie wollte gegen das Zarenreich losschlagen, bevor die russische Aufrüstung und der Ausbau des Eisenbahnnetzes jene Voraussetzungen untergraben hätten, auf denen die deutsche Aufmarsch- und Kriegsplanung beruhte. Solchen Überlegungen standen Bethmann Hollweg und Gottlieb von Jagow, Nachfolger des verstorbenen Kiderlen-Wächter im Auswärtigen Amt, mit Skepsis gegenüber. Ihre Position war jedoch, seit die deutsche Regierung im Mai 1914 von den englisch-russischen Verhandlungen über ein Flottenabkommen erfahren hatte, schwächer und ihr eigenes Urteil über die internationalen Lage pessimistischer geworden.[26]

Die außen- und innenpolitische Konstellation des Sommers 1914 ließ Bethmann Hollweg zu einer ebenso riskanten wie komplizierten Strategie greifen, um die größtmöglichen Vorteile aus der Julikrise zu ziehen. Ging Österreich-Ungarn, von der Reichsleitung gedrängt, militärisch gegen Serbien vor, sah Bethmann Hollweg zwei denkbare Entwicklungen. Als erste Möglichkeit rechnete er damit, daß sich der österreichisch-serbische Krieg lokalisieren und politisch ausbeuten ließ. Wenn Rußland auf dem Balkan zurückwich, weil es keinen Krieg riskieren wollte und seine Verbündeten ihm wegen Serbien nicht beispringen mochten, festigte sich die Stellung der Doppelmonarchie zu Lasten des Zarenreiches, wurde die Entente geschwächt oder sogar ganz aufgebrochen, ergaben sich vielleicht neue Bündniskonstellationen und mit ihnen Expansionsmöglichkeiten in Übersee. Eine solche Rechnung ging freilich nur auf, wenn die Reichsleitung hart am Rande eines europäischen Krieges entlangmanövrierte, mithin jener Linie folgte, die Kurt Riezler, engster Berater Bethmann Hollwegs, als Strategie des »kalkulierten Risikos« entworfen hatte. Da keine Großmacht bereit sei, meinte Riezler, einen europäischen Krieg auszulösen, werde eine Politik, die ebenso geschickt wie skrupellos auf dem schmalen Grat zwischen Krieg und Frieden balanciere, gute Chancen haben, ihre Ziele durchzusetzen. Das hohe Risiko, das eine solche Politik barg, glaubte die

Reichsleitung zwar kontrollieren und so einen europäischen Krieg vermeiden zu können. Sie mußte ihn jedoch, das war die zweite Möglichkeit, mit allen seinen Konsequenzen einkalkulieren. Wenn Rußland in der Serbienfrage nicht zurückwich und sich darin von den Ententestaaten bestärkt sah, blieb dem Reich seinerseits nur die Alternative: Rückzug oder Krieg. Kam es zu dieser Entscheidung, wollte der Reichskanzler den Präventivkriegsforderungen der Militärs entgegenkommen, den scheinbar unvermeidlichen Krieg lieber jetzt als später führen. Denn im Sommer 1914 erschienen die Voraussetzungen dafür so günstig wie vielleicht nie wieder: Deutschland konnte sich der Unterstützung des Habsburgerreiches sicher sein, da es auf dem Balkan um österreichische Interessen ging. Zudem mußte ein Krieg, wenn Rußland als Angreifer dastand, in der Bevölkerung breite Zustimmung finden. Schließlich schien Deutschland, das im Rüstungswettlauf auf dem Land und zur See zurückfiel, zum damaligen Zeitpunkt noch ein militärisches Übergewicht zu besitzen.[27]

Ob man die Strategie Bethmann Hollwegs als einen »Kompromiß zwischen den verschiedenen Positionen innerhalb der engeren Führungsschicht des Deutschen Reiches« (Wolfgang J. Mommsen) interpretiert und damit ihre innenpolitischen Aspekte stärker betont oder mit dem Argument von der »tragischen Machträson« (Thomas Nipperdey) mehr deren außenpolitische Seiten in den Vordergrund rückt, die Politik der Reichsleitung zielte jedenfalls nicht darauf ab, von langer Hand geplant und ohne Alternative einen europäischen Krieg auszulösen, wie Fritz Fischer und mit ihm eine Reihe von Historikern gemeint haben. Entscheidende Verantwortung für den Ausbruch des Weltkrieges trug die deutsche Staatsführung gleichwohl. Denn das, was Bethmann Hollweg als einen »Sprung ins Dunkle« bezeichnete, war nichts weniger als ein fatales »brinkmanship«, das geradewegs auf einen diplomatischen Erfolg oder einen europäischen Krieg zusteuerte, Rußland die Entscheidung darüber zuschob und Spielräume jenseits dieser Alternative in fatalistischer Einstellung, ein Krieg werde ohnehin kommen, überhaupt nicht mehr auslotete.[28]

In der zweiten Phase der Julikrise versuchte die Reichsleitung, ihrer Strategie des »kalkulierten Risikos« zum Erfolg zu verhelfen. Lag sie mit ihrer Annahme richtig, daß es die Ententestaaten wegen Serbien zu keinem Krieg kommen lassen würden, dann mußte vor allem rasch gehandelt werden. »Ein schnelles fait accompli, und dann freundlich gegen die Entente, dann kann der Choc ausgehalten werden«, umriß Riezler die Überlegungen des Kanzlers. Außerdem galt es, alles zu vermeiden, was den Argwohn Rußlands, Frankreichs und Großbritanniens erregt, das Zusammenspiel zwischen den Mittelmächten aufgedeckt und Gegenmaßnahmen der Ententestaaten hervorgerufen hätte. Beide Voraussetzungen ließen sich jedoch schwer schaffen. Die Entscheidung Wiens, eine Konfrontation mit Serbien zu suchen, zog sich in die Länge. Erst am 23. Juli wurde in Belgrad ein Ultimatum übergeben, dessen Forderungen die serbische Regierung – wie Österreich-Ungarn annahm – nicht erfüllen konnte. Je mehr Zeit verstrich, desto schwerer fiel es der Reichsleitung, den Anschein zu erwecken, sie betrachte die Krise ausschließlich als lokalen Konflikt zwischen Österreich-Ungarn und Serbien, nehme keinen Einfluß auf seinen Verlauf und verfolge mit ihm auch keine weitergehenden Ziele.[29]

Verminderte schon das wachsende Mißtrauen gegenüber den wirklichen Absichten der deutschen Politik die Chancen einer Lokalisierung der Krise, sanken diese mit der Reaktion Serbiens auf das österreichische Ultimatum noch weiter. Denn die Regierung in Belgrad erklärte sich am 25. Juli zwar bereit, die gestellten Forderungen zu erfüllen, aber nicht bedingungslos, wie Wien verlangt hatte. Darin wußte sie Rußland hinter sich, das seinerseits mit französischer Unterstützung rechnete. In Petersburg gingen die Auffassungen auseinander, wie der Krise zu begegnen sei. Denn das Zarenreich sah sich nach wie vor sozialen, politischen und militärischen Problemen gegenüber, die es gewagt erscheinen ließen, einen Krieg zu riskieren; andererseits sprachen die stärkere Unterstützung Frankreichs und die fortschreitende militärische Aufrüstung, die Sorge auch um die eigene Position auf dem Balkan und die Kritik der Presse dafür, einen harten Kurs zu steuern. Am Ende setzte sich die Linie durch, den Frieden zwar erhalten, dafür aber nicht jeden Preis zahlen zu wollen, wobei die serbische Antwort auf das österreichische Ultimatum den Rahmen möglichen Entgegenkommens absteckte. Die französische Regierung, in der Julikrise weder einig noch voll handlungsfähig, scheint Rußland in dieser Politik aus bündnispolitischen und militärischen Gründen wenn nicht bestärkt, so doch zumindest nicht gebremst zu haben.[30]

Obwohl das Einlenken Belgrads zu einem Stimmungsumschwung zugunsten der serbischen Sache führte und, wichtiger noch, zeigte, daß Rußland nicht bereit war, dem Druck der Mittelmächte nach- und Serbien preiszugeben, hielt die Reichsleitung an ihrem Kurs fest. Sie setzte nach wie vor auf eine militärische Aktion der Doppelmonarchie gegen Serbien und glaubte noch immer, den Konflikt lokalisieren zu können. So lehnte Berlin den englischen Vorschlag ab, eine Konferenz der vier nicht unmittelbar beteiligten Staaten, Großbritannien und Deutschland, Frankreich und Italien, einzuberufen, und verhinderte damit eine Internationalisierung des Konflikts. Hatte das Foreign Office anfangs angenommen, der deutschen Regierung sei an einer gemeinsamen Krisenlösung gelegen, verstärkte sich nun der Eindruck, Berlin wolle auf eine Machtprobe zwischen den Bündnissen hinaus. Trotzdem vermied die englische Regierung eine klare Stellungnahme, teils aus diplomatischen Erwägungen, teils aus innerer Uneinigkeit. Sie trat weder definitiv auf die Seite des Zarenreiches, wie es Rußland forderte, noch stellte sie sich entschieden gegen dessen Politik. Allerdings wuchs in London das Mißtrauen gegenüber der deutschen Diplomatie, die vorgab, mäßigend auf Österreich-Ungarn einzuwirken, in Wirklichkeit aber keine entschiedenen Schritte unternahm, um die Doppelmonarchie zu Verhandlungen mit Rußland zu bewegen.[31]

In der dritten Phase geriet die Krise völlig außer Kontrolle. Als Wien die diplomatischen Beziehungen zu Serbien abbrach und ihm am 28. Juli den Krieg erklärte, die österreichisch-ungarische Armee einen Tag später Belgrad über die Donau zu beschießen begann und Rußland darauf mit einer Teilmobilmachung seiner Truppen antwortete, spitzte sich die Lage zu. Zwar versuchte der Reichskanzler noch, durch eine Reihe diplomatischer Schritte in letzter Minute eine friedliche Lösung gemeinsam mit London zu finden. So drängte er etwa die Regierung in Wien, ihre militärische Aktion zu begrenzen und sich darüber mit Rußland zu verständigen. Doch steuerte die Krise längst auf einen europäischen Krieg zu. Denn einmal war die Wiener Regierung weder gewillt noch flexibel genug, ihren Kurs zu ändern, zumal sie von der zivilen und der militärischen Führung aus Berlin widersprüchliche Nachrichten erhielt. Hinzu kam, daß sich die deutsche Regierung zunehmend auf das von ihr »kalkulierte Risiko« eines europäischen Krieges einstellte. Wohl behielt sie sich eine diplomatische Lösung vor, mehr und mehr aber in der Absicht, nach außen wie nach innen möglichst günstige Voraussetzungen für den bevorstehenden Krieg zu schaffen. Ihr ging es vor allem darum, Rußland als Aggressor, Deutschland als dessen Opfer erscheinen zu lassen. Denn allein in einen Verteidigungskrieg gegen das Zarenreich würde sich, wie Gespräche mit führenden Sozialdemokraten in den letzten Julitagen zeigten, die deutsche Nation geschlossen führen lassen. Den ohnehin nur noch sehr schmalen Spielraum für eine friedliche Beilegung des Konflikts engte am Ende die Eigendynamik der militärischen Aufmarschplanung zusätzlich ein. Immer nachhaltiger drängten die Militärs in Berlin auf eine Entscheidung, fürchteten sie doch um den Zeitvorsprung, den der Schlieffen-Plan voraussetzte. Dieser wollte die Gefahr eines Zweifrontenkrieges gegen Frankreich und Rußland dadurch vermeiden, daß die deutsche Armee unter Mißachtung der international garantierten Neutralität Belgiens zuerst im Westen angriff, die französischen Truppen rasch niederwarf und dann gegen Rußland marschierte, dessen Mobilmachung längere Zeit in Anspruch nehmen würde.[32]

Die russische Generalmobilmachung vom 30. Juli setzte jenen »Automatismus der Mobilmachungen« (Wolfgang J. Mommsen) in Gang, der in dem weiten, politisch nicht eingehegten Freiraum der Militärs ebenso angelegt war wie im komplizierten Mechanismus der Mobilisierungspläne. Nach Ansicht der militärischen Führung in Berlin durfte deshalb keine Zeit verlorengehen, wollte man nicht die gesamte Aufmarschplanung und damit den Sieg gefährden. Da auch die Reichsleitung zumindest eines ihrer Teilziele erreicht hatte, Rußland als den eigentlichen Aggressor erscheinen zu lassen, wurde am 31. Juli der Zustand drohender Kriegsgefahr verkündet, gingen Ultimaten an Rußland und Frankreich heraus, denen dann am 1. und 3. August die Kriegserklärungen folgten. Wenn die Reichsleitung geglaubt hatte, Großbritannien werde in einem solchen militärischen Konflikt neutral bleiben, war dieses Urteil wenig realistisch. Denn die Regierung in London wollte zwar aus innen- wie außenpolitischen Gründen die Serbienkrise lokalisieren, suchte aus diesem Grund auch, vielleicht nicht nachhaltig und flexibel genug, nach einer Verhandlungslösung ähnlich der in den Balkankriegen und vermied es deshalb so lange wie möglich, für Rußland und Frankreich Partei zu ergreifen. Doch war sie am Ende nicht bereit, die Entente aufs Spiel zu setzen, die sich angesichts der Erfahrungen mit Weltpolitik und Flottenbau entwickelt und dann bündnispolitisch wie militärstrategisch schrittweise gefestigt hatte. Daß die deutschen Truppen bei ihrem Vormarsch nach Westen die belgische Neutralität brachen, bot jenen, die Rußland und Frankreich im Krieg gegen Deutschland unterstützen wollten, die Gelegenheit, ihre Linie im Kabinett durchzusetzen und die öffentliche Meinung für einen Kriegseintritt zu gewinnen. Am 4. August erklärte Großbritannien dem Deutschen Reich den Krieg. Die »Urkatastrophe des 20. Jahrhunderts« (George F. Kennan) war nicht mehr abzuwenden.[33]

# VII. Das Ende des kaiserlichen Deutschland

Der Erste Weltkrieg brachte das Ende des kaiserlichen Deutschland. Denn der monarchische Staat zeigte sich den Belastungen des Krieges nicht gewachsen. Das lag erstens daran, daß sich aus dem kurzen, in herkömmlichen Bahnen verlaufenden Krieg, der gemeinhin erwartet worden war, ein vier Jahre währender militärischer Konflikt entwickelte, der nicht zuletzt in seinen gigantischen Menschen- und Materialschlachten Züge eines »totalen« Krieges annahm. Dieser stellte nicht nur ganz andere Anforderungen an die Militärs, sondern auch an die Politik, weil er zur Mobilisierung von Wirtschaft und Gesellschaft zwang. So beschleunigten sich unter dem Druck des Krieges nicht nur viele Entwicklungen der Vorkriegszeit, schoben sich alte Probleme zusammen und gewannen dadurch an Brisanz. Es tauchte auch eine Vielzahl neuer Schwierigkeiten auf. Sie zu bewältigen, und das war der zweite Grund für die Krise des monarchischen Systems, schien der Staat außerstande zu sein. Weder gelang es ihm, die Wirtschaft einigermaßen wirkungsvoll für den Krieg zu mobilisieren, noch die zunehmenden Spannungen und Konflikte in der Kriegsgesellschaft dadurch in Grenzen zu halten, daß er die Lasten einigermaßen gerecht verteilte. So machte die Kriegsbegeisterung vom August 1914 einer wachsenden Kriegsverdrossenheit und Friedenssehnsucht Platz, die am Ende in die Novemberrevolution mündete.[1]

## 1. Verlauf und Wandel des Krieges

Mehr als vier Jahre lang, vom August 1914 bis zum November 1918, bestimmte das Auf und Ab des Krieges die Geschichte des Kaiserreiches. Nicht minder stark als der Verlauf wirkte sich der Wandel des Krieges selbst aus, der bald alle bekannten Dimensionen zu sprengen begann.[2]

Auf- und Vormarsch der deutschen Armee folgten im Westen den Vorgaben des Schlieffen-Planes. Doch gelangte die große Offensive, die den Krieg rasch zugunsten des Kaiserreiches entscheiden sollte, nicht an ihr Ziel. Dafür gab es, jenseits der Frage, ob sich die Planung der Militärs überhaupt verwirklichen und der für sicher gehaltene Erfolg tatsächlich herbeiführen ließ, eine ganze Reihe von Gründen. Unerwartete Probleme, die der Marsch durch Belgien aufwarf, zählten ebenso dazu wie Kommunikationsschwierigkeiten und Planungsfehler, Führungsschwächen und Fehlentscheidungen an der Spitze des Heeres wie an der Front. Das alles führte dazu, daß der deutsche Vormarsch in der alliierten Gegenoffensive an der Marne Anfang September 1914 zum Stehen kam. Auch der sogenannte Wettlauf zum Meer Ende Oktober und Anfang November, der nicht zuletzt im Mythos der Langemarck-Schlacht fortlebte, brachte der deutschen Armee die Initiative nicht zurück. So ging der Bewegungs- in einen Stellungskrieg über, erstarrte die Front schon nach wenigen Wochen in einem System von Schützengräben, das sich von der belgischen Kanalküste bis zur Somme, von hier an der Aisne entlang nach Verdun und von dort durch die Vogesen bis zur Schweizer Grenze erstreckte.[3]

Das Scheitern des Schlieffen-Planes ließ jene beiden Hauptprobleme hervortreten, denen sich die Mittelmächte bis zum Ende des Krieges gegenübersehen sollten. Diese hatten nicht allein an mehreren Fronten gleichzeitig zu kämpfen, im Westen, im Osten und bald auch im Süden, sondern mußten obendrein ihre militärischen Operationen eng aufeinander abstimmen, wollten sie die Vorteile kurzer Transportwege nutzen. Beides erwies sich schon im Jahre 1914 als schwierig. Zwar konnte der Vorstoß des russischen Heeres, das rascher als erwartet nach Ostpreußen vorrückte, in mehreren Schlachten abgewehrt werden, darunter auch der bei Tannenberg Ende August 1914, die den Hindenburg- und Ludendorff-Mythos begründete. Trotz dieser Erfolge blieb die militärische Lage der Mittelmächte angespannt, mußte doch Österreich-Ungarn sowohl gegen Rußland als auch gegen Serbien schwere Niederlagen hinnehmen. Da die Kräfte des Kaiserreiches und seiner Verbündeten von Anfang an nicht für große Operationen im Westen und im Osten zugleich ausreichten, konnte nur an einer Front die Entscheidung gesucht werden; an welcher, war jedoch strittig. Paul von Hindenburg und Erich Ludendorff, die den Oberbefehl im Osten hatten, sowie das österreichisch-ungarische Armeeoberkommando drängten auf eine mächtige Offensive, um Rußland kriegsentscheidend zu schlagen. Dagegen wollte Erich von Falkenhayn, Chef der Obersten Heeresleitung, nur so viele

Truppen aus dem Westen abziehen, wie nötig waren, um die Lage im Osten zu stabilisieren. Er zweifelte daran, daß sich der Krieg überhaupt noch militärisch gewinnen ließ, und glaubte erst recht nicht, ihn durch einen Sieg über Rußland zugunsten der Mittelmächte entscheiden zu können.[4]

Aus militärischen und politischen Erwägungen wurde 1915 dann doch das Jahr der Ostfront. Denn die oberschlesische Industrieregion mußte gesichert, Österreich-Ungarn vor dem drohenden Zusammenbruch bewahrt und eine Landverbindung über den Balkan zur verbündeten Türkei aufgebaut werden. Auch galt es zu verhindern, daß Rumänien und Bulgarien, die bis dahin neutral geblieben waren, ins Lager der Alliierten wechselten. Die meisten dieser Ziele erreichten die Mittelmächte mit ihrer Frühjahrs- und Sommeroffensive. Sie drängte die russischen Truppen weit zurück, entlastete die Doppelmonarchie, zumal ihre ungarische Reichshälfte, hielt Rumänien neutral und ermöglichte einen siegreichen Feldzug gegen Serbien, nachdem Bulgarien sich den Mittelmächten angeschlossen hatte. Daraufhin brach die Oberste Heeresleitung die Offensive im Herbst ab. Obwohl 1915 für die Mittelmächte das erfolgreichste Jahr des ganzen Krieges war, sahen ihre Perspektiven alles andere als günstig aus. Ein Ende des Krieges lag nach wie vor in weiter Ferne, zumal sich kein Sonderfrieden mit Rußland schließen ließ. Auch gab es jetzt eine dritte Front im Süden, da sich Italien im Mai 1915 auf die Seite der Alliierten gestellt hatte.

1916 rückte der Krieg im Westen wieder ins Zentrum des militärischen Geschehens. Hier ließen die erstarrten Fronten aus der Sicht der Militärs nur zwei strategische Optionen zu: Durchbruch der feindlichen Linien oder »Abnutzung« des Gegners. Schon im Frühjahr und Herbst 1915 hatten die Alliierten die deutsche Front im Artois sowie in der Champagne zu durchbrechen versucht, ohne größeren Erfolg freilich, da der Stellungskrieg die Verteidiger begünstigte. Der deutsche Angriff auf Verdun, der im Februar 1916 begann, erfolgte nicht so sehr mit dem Ziel, die feindliche Front zu durchstoßen, sondern wollte den Gegner in einer riesigen Menschen- und Materialschlacht »verschleißen«. So sollte das französische Heer in die Zwangslage kommen, sich entweder zurückziehen oder hohe Verluste hinnehmen zu müssen. Auf diese Weise wollte Falkenhayn Frankreich entscheidend schwächen, Großbritannien zu einem vorzeitigen Angriff herausfordern und damit einer neuen deutschen Offensive den Weg ebnen. In Wirklichkeit zeigte die »Hölle von Verdun«, die auf beiden Seiten mehr als eine halbe Million Tote, Verwundete und Vermißte forderte, nicht nur die Perspektivlosigkeit der Militärs und die Ohnmacht der Politiker, sondern sie zermürbte auch nachhaltig die deutschen Truppen. Daß das Kaiserreich die »Ermattungsstrategie« noch viel weniger durchzuhalten vermochte als die Alliierten, bewies ihre Offensive an der Somme, die von Juni bis November 1916 währte und die Reihe der blutigen Menschen- und gewaltigen Materialschlachten dieses Jahres fortsetzte. Zwar verschob sie die Front nur um wenige Kilometer, brachte die deutsche Armee aber in arge Bedrängnis. Auch fiel es den Mittelmächten immer schwerer, den Mehrfrontenkrieg durchzuhalten, seit die Alliierten ihre militärischen Operationen besser abstimmten. Während die Kämpfe um Verdun und an der Somme tobten, gingen Italien im Süden und Rußland im Osten zum Angriff über. Vor allem die russische Brussilow-Offensive im Juni ließ die österreichisch-ungarische Armee in Galizien praktisch zusammenbrechen, stürzte die Doppelmonarchie erneut in eine tiefe Krise, führte Rumänien auf die Seite der Alliierten und zwang dazu, starke deutsche Verbände nach Osten zu verlegen, um die Lage dort wieder unter Kontrolle zu bringen.[5]

Obwohl in den Schlachten von 1916 keine der beiden Kriegsparteien eine Wende zu ihren Gunsten herbeiführen konnte, war unübersehbar, daß sich die Gewichte allmählich zu Lasten der Mittelmächte verschoben. Daß in dieser Situation Falkenhayn entlassen wurde und Hindenburg und Ludendorff an seine Stelle traten, war eine Folge des gesunkenen Vertrauens in die bisherige Kriegführung. Damit fiel zugleich die Entscheidung, die Kriegsanstrengungen so zu verstärken, daß doch noch ein militärischer Sieg erreicht werden könnte. Die Anhänger eines Siegfriedens jedenfalls erwarteten von Hindenburg und Ludendorff, alle Ressourcen des Kaiserreichs rücksichtslos für dieses Ziel einzusetzen.[6]

Die Radikalisierung der Kriegführung, die 1916/17 begann, zeigte sich zunächst weniger auf dem Land als zur See. Seit dem Sommer 1914 schnitt die englische Flotte das Kaiserreich von lebenswichtigen Importen aus Übersee ab, indem sie die Eingänge zur Nordsee sperrte und auf diese Weise nicht nur den Handel der Mittelmächte, sondern auch jenen der neutralen Staaten mit

Deutschland immer weiter einschränkte. Eine solche Fernblokkade, zumal sie sich auf alle Waren, keineswegs nur auf Rüstungsgüter erstreckte, verstieß zwar gegen geltendes Seekriegsrecht, erweiterte und verschärfte dadurch den Handelskrieg, war aber sehr wirksam, weil sie von der deutschen Flotte kaum durchbrochen werden konnte. Diese blieb denn auch, von einigen Vorstößen abgesehen, während des Krieges im Hafen, denn der Kaiser schreckte davor zurück, »seine« Schiffe in einer Seeschlacht mit ungewissem Ausgang aufs Spiel zu setzen. Statt dessen begann die Marine, zunächst feindliche Kriegs-, dann auch Handelsschiffe mit Unterseebooten anzugreifen. Hielten sich die U-Boote dabei an das Kriegsrecht, war ihr Einsatz weniger wirksam. Deshalb wollte die Admiralität die Gewässer um England zum Sperrgebiet erklären lassen, in dem alle Schiffe, einerlei ob feindliche oder neutrale, ohne vorherige Warnung versenkt werden konnten.

Der sogenannte uneingeschränkte U-Boot-Krieg, im Februar 1915 begonnen, führte zu scharfen Protesten der neutralen Staaten, namentlich der USA. Diese verlangten, daß sich die U-Boote an die Regeln des Seekriegsrechtes hielten, und drohten andernfalls politische Konsequenzen an bis hin zu einem Kriegseintritt auf seiten der Alliierten. Zwischen 1915 und 1917 änderte die Reichsleitung unter dem Einfluß wechselnder politischer Konstellationen wiederholt ihre Politik, schränkte den U-Boot-Krieg zunächst ein, verschärfte ihn dann wieder, wich schließlich noch einmal zurück. Erst im Januar 1917 fiel unter dem Druck von Oberster Heeresleitung und Marineführung sowie der öffentlichen Meinung und der Mehrheitsparteien des Reichstages gegen den Willen Bethmann Hollwegs endgültig die Entscheidung für den unbeschränkten U-Boot-Krieg. Dieser wurde, wobei man seine Wirksamkeit über- und mögliche Alternativen unterschätzte, in der bedrängten militärischen Lage als schlechthin kriegsentscheidend angesehen; vor allem aber sprach aus ihm die Bereitschaft, für einen Sieg alle denkbaren Risiken einzugehen, selbst einen Kriegseintritt der USA. Dieser erfolgte im April 1917, nicht allein als Folge des U-Boot-Krieges, doch letztlich von ihm herausgefordert. Obwohl die Unterstützung der Vereinigten Staaten nur langsam zum Tragen kam, neigte sich jetzt die Waage endgültig zur Seite der Alliierten. Denn den Eintritt der Vereinigten Staaten in den Krieg wog am Ende auch die Russische Revolution nicht auf, selbst wenn sie den Weg zu einem Sonderfrieden im Osten ebnete.[7]

Eine ernsthafte Suche nach Frieden begleitete den Krieg auf keiner Seite. Direkte Gespräche zwischen den kriegführenden Parteien waren undenkbar, wurden auch nicht gesucht, da die Gegensätze unüberbrückbar erschienen, die Kriegsziele immer weiter auseinanderliefen, für beide Seiten letztlich nur Sieg oder Niederlage zählte. Erst Ende 1916 sah es so aus, als sei eine Friedenschance in Sicht. Mitte Dezember erklärte Bethmann Hollweg nach langen Auseinandersetzungen mit Militärs und Verbündeten die Bereitschaft zu Friedensverhandlungen. Ihr lag die Einsicht zugrunde, den Krieg militärisch nicht gewinnen zu können, aber auch die Hoffnung, der uneingeschränkte U-Boot-Krieg und mit ihm eine weitere militärische Eskalation lasse sich noch verhindern. Dem Friedensangebot der Mittelmächte folgte wenige Tage später eine Vermittlungsofferte des amerikanischen Präsidenten Woodrow Wilson. Beide Aktionen liefen ins Leere, da weder den Alliierten noch den Mittelmächten 1916/17 ernsthaft an einem Verhandlungsfrieden lag. So signalisierte die Reichsleitung zwar Friedensbereitschaft, äußerte sich aber nicht zur strittigen Frage der Kriegsziele und machte am Ende jede Verhandlungschance zunichte, als sie den uneingeschränkten U-Boot-Krieg erklärte. Auch bei den Friedensbemühungen des Jahres 1917 spielte die Frage der Kriegsziele eine zentrale Rolle. Ein Friede auf der Grundlage des Status quo, wie ihn etwa der Vatikan anstrebte, war für die Alliierten ebensowenig akzeptabel wie für die zivile und militärische Führung des Kaiserreiches, auch wenn sich das Parlament in einer Resolution vom Sommer 1917 zu einem »Verständigungsfrieden« ohne Annexionen bekannte.[8]

Im Unterschied zu einem allgemeinen Frieden, dem ein Ausgleich von Interessen, Ansprüchen und Zielen aller kriegführenden Mächte zugrunde liegen mußte, ging es bei den Sonderfriedensversuchen darum, einzelne Staaten aus der gegnerischen Koalition herauszubrechen, um so die eigenen Siegeschancen zu verbessern. Die Friedensinitiativen von deutscher Seite richteten sich besonders auf Rußland. Lange ohne greifbare Erfolge, stiegen ihre Chancen mit der russischen Oktoberrevolution, da die Bolschewiki den Frieden nach außen suchten, um der Revolution im Inneren zum Sieg zu verhelfen. Mitte Dezember 1917 wurde ein Waffenstillstand geschlossen und anschließend über einen Friedensvertrag verhandelt. Setzte die russische Seite dabei auf einen Frieden ohne Annexionen und Kontributionen sowie auf der

Grundlage des Selbstbestimmungsrechtes der Völker, drückte die Oberste Heeresleitung nach heftigen Auseinandersetzungen innerhalb der Staatsführung mit dem Frieden von Brest-Litowsk im März 1918 einen Diktatfrieden durch, dem auch der Reichstag mehrheitlich zustimmte, obwohl er seiner Friedensresolution widersprach. Der Vertrag nutzte die Selbstbestimmungsforderung aus, um den deutschen Einflußbereich weit nach Osten auszudehnen, die Abtretung Polens und Kurlands, Litauens und großer Teile Georgiens, die Selbständigkeit der Ukraine und Finnlands sowie die Räumung von Estland und Livland durchzusetzen.[9]

Mit dem Frieden im Osten bot sich der Obersten Heeresleitung, die nach wie vor nur in den Kategorien von Sieg oder Niederlage dachte, die Möglichkeit, durch eine große Offensive im Westen noch einmal auf den militärischen Sieg zu setzen. Der Vorstoß, im März 1918 begonnen und anfangs erfolgreich, scheiterte freilich schon nach wenigen Tagen, und auch Angriffe in Flandern, an der Aisne und gegen Reims blieben stecken. Der Gegenoffensive der Alliierten konnte die deutsche Front schon nicht mehr standhalten, sie mußte vielmehr immer weiter zurückgenommen werden. Auch die Verbündeten des Reiches waren am Ende ihrer Kräfte und schieden im Herbst einer nach dem anderen aus dem Krieg aus.[10]

Nicht allein das Auf und Ab der militärischen Ereignisse von 1914 bis 1918 bestimmte die Entwicklung des Kaiserreiches im Ersten Weltkrieg. Kaum weniger nachhaltig wirkte sich auf Politik, Gesellschaft und Wirtschaft der Wandel des Krieges selbst aus. Manche der Veränderungen waren vorhersehbar und in den Jahren vor 1914 auch prognostiziert worden. Welche Eigendynamik der Krieg entwickeln, in welche Dimensionen er ausgreifen und was daraus an qualitativ Neuem erwachsen würde, hatte aber kaum jemand geahnt. So begann der Erste Weltkrieg als »europäischer Normalkrieg im Geist und Stil des 19. Jahrhunderts und wandelte sich in einen Kriegstyp, der bereits wesentliche Züge des Totalen Krieges« aufwies.[11]

Der Weltkrieg mobilisierte Massen von Menschen wie kaum ein Krieg vor ihm. So zog das deutsche Heer im August 1914 auf einen Schlag mehr als zwei Millionen Männer ein. Anfang 1915 standen bereits 4,4 Mio. unter Waffen; Mitte 1917 waren es dann über 7 Mio. Insgesamt dienten zwischen 1914 und 1918 rund 13,1 Mio. Deutsche in der Armee; das waren knapp 20% der Bevölkerung.

Dem Massenheer entsprach die millionenfache Erfahrung von Tod und Verwundung, von physischen und psychischen Schädigungen. Allein auf deutscher Seite starben rund zwei Millionen Soldaten, galten knapp eine Million als vermißt, wurden etwa 4,3 Millionen verwundet.[12]

Im Weltkrieg veränderte sich die Kriegführung, und mit dieser wandelte sich das Militär. Auch wenn der Stellungs- und Grabenkampf im Weltkrieg nur einen Teil der militärischen Operationen ausmachte, bildete sich mit ihm doch jene neue Form der Kriegführung heraus, welche den Ablauf, die Erfahrungen und das Bild des Krieges umprägte. Dazu zählte in erster Linie das System der Schützengräben, das neue Arten der Verteidigung und des Angriffs erforderte, die Bedeutung von Offensive und Defensive umkehrte, ungeheure Materialschlachten mit sich brachte und nicht zuletzt den Kriegsalltag grundlegend veränderte. Hinzu traten, angefangen beim Maschinengewehr über Giftgas und Tanks bis hin zu U-Booten und Flugzeugen, neuartige, zur Massenvernichtung geeignete Waffen. Sie begannen den Krieg zu technisieren und zu mechanisieren, Organisation und Führung militärischer Einheiten zu verändern und die Soldaten unter die Disziplin wachsender Kriegsmaschinerien zu zwingen. Über alledem entwickelte sich das Militär in Richtung auf einen »komplexen Betrieb zur möglichst effizienten ›Produktion‹ von Gewalt«: Funktionale Arbeitsteilung und fachliche Leistung wurden wichtiger; Befehlshierarchien verschoben sich nicht nur an der Front, sondern auch zwischen Front und Etappe; die Zusammenarbeit von Militär und Rüstungsindustrie nahm neue Formen an.[13]

Härter als frühere Kriege stieß der Weltkrieg an die Grenzen des Völkerrechts, übertrat dieses auch bereits. Zwar wurden noch keine ganzen Bevölkerungsgruppen gewaltsam umgesiedelt und gezielt ausgerottet, wurde noch kein systematischer Krieg gegen die Zivilbevölkerung geführt. Doch durchbrachen die Rekrutierung belgischer Zwangsarbeiter für die deutsche Kriegswirtschaft, die alliierte Seeblockade und der uneingeschränkte U-Boot-Krieg, der Einsatz von Giftgas und anderer geächteter Waffen, die Pläne zur Massenumsiedlung im Osten sowie nicht zuletzt der Völkermord an den Armeniern durch die Türken bereits jene Schranken, die das Völkerrecht der Kriegführung setzte.[14]

Nicht zuletzt führte der Weltkrieg zu einer bis dahin nicht gekannten Mobilisierung von Wirtschaft und Gesellschaft. Sie hatte viele Ursachen: die unerwartet lange Dauer des Kriegs; die Schärfe, mit der er geführt wurde; die ungeheuren Menschen- und Materialschlachten; den Wirtschaftskrieg, der die Unterscheidung zwischen Feindstaaten auf der einen und dem Eigentum ihrer Bürger auf der anderen Seite verwischte; schließlich die Seeblockade, die Kombattanten und Nichtkombattanten gleichermaßen traf. Das alles führte dazu, daß die Wirtschaft mehr auf militärische Erfordernisse ausgerichtet, die Zivilbevölkerung viel stärker in den Krieg einbezogen wurde als in früheren Kriegen.

## 2. Die Mobilisierung der Wirtschaft

Die Mobilisierung der Wirtschaft für den Krieg hatte zwei Seiten: eine güter- und eine geldwirtschaftliche. Beide mußten zusammenwirken, um das Sozialprodukt für die Kriegführung umzulenken. Denn nur wenn zum einen die Investitionen drastisch beschnitten wurden und zum anderen der private deutlich hinter den öffentlichen Verbrauch zurücktrat, standen genügend Güter zur Verfügung, welche die Armee immer schneller vernichtete. Diese doppelte Umlenkung des Sozialprodukts ließ sich auf zwei Wegen erreichen: durch finanzielle Anreize und direkte staatliche Eingriffe, welche die Friedens- allmählich in eine Kriegswirtschaft transformierten, oder durch eine Kriegsfinanzierung, die Kaufkraft bei privaten Haushalten und bei Unternehmen abschöpfte.[15]

Seit Mitte 1914 entwickelte sich in drei Etappen die Friedens- zu einer Kriegswirtschaft. Die wirtschaftliche Mobilmachung nach Kriegsbeginn, der erste Schritt, sollte vor allem sicherstellen, daß die militärischen Operationen reibungslos anliefen. Dazu wurden aufgrund älterer Regelungen und des Kriegsermächtigungsgesetzes vom 4. August 1914, das dem Bundesrat »zur Abhilfe wirtschaftlicher Schädigungen« die gesetzgebende Gewalt übertragen hatte, Aus- und Durchfuhren kriegswichtiger Produkte untersagt, Lebensmittelimporte erleichtert und Höchstpreise für bestimmte Waren festgesetzt. Weitergehende Maßnahmen unterblieben. Denn Reichsleitung und Militärs setzten auf ein rasches Ende des Krieges. Die Wirtschaft für einen langen Krieg zu mobilisieren, erschien ihnen wegen der einschneidenden ökonomischen und sozialen Folgen eines solchen Schrittes aber auch gar nicht durchführbar. Doch zeigte sich bald, daß die Maßnahmen zur wirtschaftlichen Mobilmachung zu kurz griffen. Da der Krieg länger dauerte als erwartet, der Bedarf des Heeres weit höher lag als gedacht und die alliierte Seeblockade das Kaiserreich immer mehr vom Welthandel abschnitt, stellten sich ständig wachsende Probleme ein. Sie traten als Munitions- und als Versorgungskrise in Erscheinung und zwangen dazu, die Wirtschaft stärker als bisher für die Kriegführung in Dienst zu nehmen.[16]

So begann im Herbst 1914 die zweite Phase, der Übergang zur Kriegswirtschaft. Dieser erfolgte einerseits aufgrund ökonomischer Anreize. Viele Unternehmen stellten sich auf die neue Situation ein und begannen, da Heeresaufträge lukrativ waren und andere ausblieben, für die Bedürfnisse der Armee zu produzieren. Vor größeren Investitionen scheuten jedoch die meisten wegen des hohen Risikos zurück. Auf der anderen Seite halfen direkte staatliche Eingriffe dem Transformationsprozeß nach. Doch nahm diese Intervention nur ganz allmählich zu, da zivile und militärische Stellen die wirtschaftlichen Strukturen auch mit Rücksicht auf die Nachkriegszeit nach wie vor möglichst wenig umgestalten wollten. So beschränkten sich die Maßnahmen bis 1916 auf jene beiden Bereiche, in denen es die größten Engpässe gab: die Beschaffung von Rohstoffen für die Rüstungsindustrie sowie die Versorgung der Bevölkerung mit Nahrungsmitteln.[17]

Vorausschauende Industrielle rechneten unmittelbar nach Kriegsbeginn mit erheblichen Rohstoffengpässen. Darum entstand auf Initiative von Walther Rathenau und seines Beraters Wichard von Moellendorff im preußischen Kriegsministerium die Kriegsrohstoffabteilung. Sie sollte wichtige Rohstoffe beschaffen, etwa durch Beschlagnahme, und nach kriegswirtschaftlichen Prioritäten verteilen. Da die Militärbehörden das nicht leisten konnten, wurde der Rohstoffabteilung eine Reihe von Kriegsgesellschaften unterstellt. Es handelte sich um private Unternehmen, oft Aktiengesellschaften, die unter staatlicher Aufsicht die Rohstoffverbraucher organisierten. Mit ihrer gemischtwirtschaftlichen Struktur gaben diese Gesellschaften, von denen bei Kriegsende etwa 200 existierten, das Modell für eine neuartige Form der Kooperation von Staat und Wirtschaft ab, die manche als sogenannte Gemeinwirtschaft auch nach dem Krieg fortgeführt wissen wollten. Die Kriegsgesellschaften stellten private Interessen in den Dienst der Kriegswirtschaft und arbeiteten deshalb recht effizient.

Sie bevorzugten freilich die großen gegenüber den kleinen Unternehmen und waren von staatlicher Seite anfangs schwer zu kontrollieren.[18]

Im Unterschied zu den Rohstoffen wurden Nahrungsmittel, der zweite Engpaßbereich, weit weniger effizient bewirtschaftet. Seit August 1914 stiegen die Lebensmittelpreise. Es half wenig, sie auf lokaler Ebene zu regulieren. Denn der Großhandel brachte die knappen Güter dorthin, wo sie sich am teuersten verkaufen ließen. So setzte ein Wettlauf zwischen den Kommunen ein, der die Festsetzung reichsweiter Höchstpreise erzwang. Ende 1916 bestanden solche für nicht weniger als 763 Waren. Da sie noch weiter in die Zwangswirtschaft hineinführte, war diese Politik nicht erfolgreich. Galt nämlich für eine Ware ein reichsweiter Maximalpreis, verschwand diese entweder vom regulierten Markt und konnte fortan nur noch über den Schleichhandel bezogen werden, oder die Bauern stellten sich, soweit sie konnten, auf Güter um, für die es keine Preisbindung gab. So griff der Staat seit Anfang 1915 zu Anbau- oder Weiterverarbeitungsverboten. Diese sollten sicherstellen, daß die erzeugten Nahrungsmittel zweckmäßig verwendet, Getreide zum Beispiel direkt konsumiert und nicht verfüttert wurde. Da auch hierbei größere Erfolge ausblieben, beschränkten sich die Behörden schließlich darauf, den Mangel an Nahrungsmitteln zu verwalten. So entstand schrittweise und planlos ein aufgeblähter Erfassungs-, Verteilungs- und Rationierungsapparat. Kommunalverbände, meist mehrere Städte oder Landkreise, zogen die Nahrungsmittel bei den Produzenten ein. Reichsstellen, ähnlich organisiert wie die Kriegsgesellschaften, verteilten sie zwischen Überschuß- und Bedarfsgebieten. Die Rationierung oblag wiederum den Kommunalverbänden. Sie erfolgte über Lebensmittelkarten, die zum Kauf genormter Rationen berechtigten.[19]

Nach 1916, in einer dritten Etappe, wurde die Mobilisierung der Wirtschaft für den Krieg weiter vorangetrieben. Dem diente zunächst das sogenannte Hindenburg-Programm. Es brachte einen Kurswechsel in der Rüstungspolitik. Bis 1916 hatte sich das preußische Kriegsministerium bemüht, die vorhandenen Ressourcen möglichst zweckmäßig und sparsam zu verwenden. Es sah den entscheidenden Engpaß der Rüstungsproduktion in der Sprengstoffherstellung und wollte deshalb die Munitions- und Waffenfertigung nur parallel zu jener gesteigert wissen. Das führte zu heftigen Protesten der Rüstungsindustrie. Sie warf dem Ministerium vor, zu sehr auf die Qualität der Waffen zu achten und Gewinne begrenzen zu wollen. Mit ihrer Forderung, nicht Preis-, sondern Produktionspolitik zu treiben, konnten sich die Industriellen 1916 durchsetzen. Unter der Dritten Obersten Heeresleitung wurde die Rüstung ohne Rücksicht auf die Kosten ausgeweitet.[20]

Das Hindenburg-Programm wollte die Munitionsfertigung binnen eines halben Jahres verdoppeln, die Produktion von Geschützen, Minenwerfern und Maschinengewehren teilweise sogar verdreifachen. Dieses »bis zur Utopie ehrgeizige Programm« (Hans Herzfeld) ließ sich nur verwirklichen, wenn der kriegswirtschaftliche Lenkungsapparat reorganisiert und das Instrumentarium der Wirtschaftssteuerung verfeinert wurde. Aus diesem Grund faßte man alle rüstungswirtschaftlichen Kompetenzen und Dienststellen in einer neuen Behörde zusammen, dem Kriegsamt. Es blieb, bis zum Sommer 1917 von General Groener geleitet, zwar formell Teil des Kriegsministeriums, arbeitete faktisch aber unabhängig von ihm. Das Kriegsamt bewirtschaftete weiterhin alle kriegswichtigen Rohstoffe, suchte darüber hinaus aber die Kapazitäten der Rüstungsindustrie gezielt auszuweiten und die Produktion zu effektivieren, indem es neue Anlagen subventionierte, Investitionen kontrollierte und kleinere Betriebe stillegte. Kurzfristig zeigte das Hindenburg-Programm die erhofften Wirkungen. So stieg die Produktion in den kriegswichtigen Branchen 1916 und 1917 vorübergehend noch einmal an. Auf längere Sicht überforderte das Hindenburg-Programm jedoch die deutsche Volkswirtschaft, da es Haushaltsmittel, Rohstoffe und Arbeitskräfte rücksichtslos verschwendete. Bereits im Winter 1916/17 brach das Verkehrssystem zusammen, seit Anfang 1917 stockte auch die Versorgung mit Kohle. Zum entscheidenden Produktionsengpaß entwickelte sich jedoch der Mangel an Arbeitskräften.[21]

Bald nach Kriegsbeginn wurden Arbeitskräfte immer knapper, da das Heer Soldaten, die Industrie qualifiziertes Personal benötigte. Zunächst entschieden allein die Generäle in den Armeekorpsbereichen darüber, wer zum Militär abkommandiert oder freigestellt wurde. Das führte zu erheblichen Reibungen mit den Unternehmern, die das Fehlen einheitlicher Richtlinien beklagten. Zugleich begannen sie, sich gegenseitig Facharbeiter abzuwerben, trieben dadurch die Löhne nach oben und erhöhten die Fluktuation unter den Belegschaften. Um alle diese Probleme zu lösen, entstand im Kriegsministerium die Abteilung für Zurückstellungswesen. Sie sollte die Arbeitskräfte besser verteilen helfen und die Unternehmer veranlassen, in größerem Umfang Frauen, Jugendliche und Kriegsgefangene zu beschäftigen. Bei den Industriellen stieß diese Politik auf Ablehnung, zumal die Abteilung auch für höhere Löhne sowie paritätisch besetzte Kriegsausschüsse eintrat, um den Mangel an Facharbeitern und deren starke Fluktuation in den Griff zu bekommen. Größere Unterstützung versprachen sich die Unternehmer von der Obersten Heeresleitung. Diese wollte männliche wie weibliche Arbeitskräfte durch ein Kriegsleistungsgesetz mobilisieren und dann auf das Heer bzw. die Industrie verteilen. Einer solchen »Militarisierung der Arbeitsverhältnisse« (Gunther Mai) widersetzten sich, da sie den geschlossenen Widerstand von Gewerkschaften und Sozialdemokratie fürchteten, Kriegsministerium und Reichsleitung. Sie schlugen statt dessen vor, die Freizügigkeit der Arbeiter in zivilem Rahmen einzuschränken, und fanden dafür auch die Unterstützung der Gewerkschaften.[22]

Diese Linie setzte sich am Ende durch. Da die Oberste Heeresleitung aus innenpolitischen Rücksichten darauf bestand, den Gesetzentwurf durch den Reichstag verabschieden zu lassen, gestaltete ihn die Reformmehrheit im Dezember 1916 zugunsten der Arbeiter um. Diese mußten mit dem sogenannten Hilfsdienstgesetz zwar hinnehmen, daß eine Arbeitspflicht für alle Männer bis zum sechzigsten Lebensjahr in kriegswichtigen Betrieben oder Behörden eingeführt und damit die freie Wahl des Arbeitsplatzes beschränkt wurde. Doch blieb ein Stellenwechsel möglich, wenn ein Schlichtungsausschuß zustimmte, der paritätisch mit Arbeitgebern und Arbeitnehmern besetzt war. Auch erhielten alle kriegswichtigen Betriebe mit mehr als fünfzig Beschäftigten Arbeiter- und Angestelltenausschüsse. Die Auswirkungen des Gesetzes auf die Rüstungswirtschaft blieben gering. Es verminderte zwar die Fluktuation und konzentrierte die Arbeitskräfte in den Rüstungsbetrieben; zusätzliche Arbeiter, zumal Facharbeiter, ließen sich aber nicht mobilisieren. Den Gewerkschaften kam das Gesetz weit entgegen, mußten ihnen doch die Unternehmer Parität zubilligen, die Tore zu den Großbetrieben öffnen und eine begrenzte Mitwirkung zugestehen. Diese Zugeständnisse waren von den Gewerkschaften freilich teuer erkauft, da sie sich nun noch enger an die Kriegsanstrengungen des Kaiserreichs gebunden hatten. Auch wenn bald Versuche einsetzten, das Hilfsdienstgesetz zugunsten der Industrie zu revidieren, blieb es doch als Ausgangspunkt für die weitere Entwicklung der Arbeitsbeziehungen im 20. Jahrhundert von entscheidender Bedeutung.[23]

Nicht nur für Rüstungsindustrie und Arbeitsmarkt, sondern auch in der Kriegsernährungswirtschaft brachte das Jahr 1916 eine Zäsur. Denn es fiel immer schwerer, die Bevölkerung ausreichend mit Lebensmitteln zu versorgen. Das lag zum einen an der alliierten Blockade. Sie unterband zunehmend den Import landwirtschaftlicher Erzeugnisse und verkleinerte so die verfügbare Nahrungsmittelmenge um etwa ein Fünftel. Zudem ging die deutsche Agrarproduktion im Laufe des Krieges um mehr als ein Drittel zurück: die tierische, da weniger Futtermittel eingeführt und angebaut werden konnten; die pflanzliche, weil sich sowohl die Nutzfläche als auch die Zahl der Beschäftigten verminderte, die Arbeitsproduktivität sank, Dünger und Saatgut, Pferde und Maschinen fehlten. Schließlich war das Bewirtschaftungssystem außerstande, die vorhandene Menge an Nahrungsmitteln einigermaßen gerecht zu verteilen, arbeiteten doch viele zivile und militärische Stellen neben-, aber auch gegeneinander.

Das administrative Chaos sollte ein neugeschaffenes Kriegsernährungsamt beseitigen, auf das im Mai 1916 alle Zuständigkeiten für die Nahrungsmittelbewirtschaftung übergingen. Die Erfolge des Amtes blieben indessen bescheiden. Denn die Hauptursachen für den Mangel an Lebensmitteln konnte es nicht aus der Welt schaffen. Gleichwohl wäre eine Mindestversorgung der Zivilbevölkerung möglich gewesen, hätte sich das Bewirtschaftungssystem verbessern lassen. Genau das gelang dem Kriegsernährungsamt aber nicht. Es konnte weder das Kompetenzgerangel beseitigen noch sich gegen die konkurrierenden Interessen von Landwirtschaft, Rüstungsindustrie und Militär durchsetzen. Als sogenannte Selbstversorger verteidigten die Bauern ihr höheres Ernährungsniveau und entzogen der staatlichen Zwangswirtschaft, die immer schärfer zugriff, einen ständig wachsenden Teil ihrer Produktion. Auch die Rüstungsindustrie fiel aus dem zivilen Versorgungsnetz heraus, da das Kriegsamt die Arbeiter besser verpflegt wissen wollte und die Unternehmen ihnen auf eigene Rechnung Zusatzrationen verschafften. Das Militär schließlich versorgte sich bis Kriegsende durch eigene Beschaffungsstellen.[24]

Hindenburg-Programm, Vaterländischer Hilfsdienst und zentrale Nahrungsmittelbewirtschaftung sorgten dafür, daß ein wachsender Teil des Sozialproduktes in die Kriegführung floß. Die Mobilisierung setzte aber nicht nur an der güter-, sondern auch an der geldwirtschaftlichen Seite an. So finanzierte das Kaiserreich die Mobilmachung durch Notenbankkredite, den Krieg selbst über Steuern, Anleihen und Geldschöpfung. Um die Mobilmachung finanziell abzusichern, beseitigten die sogenannten August-Gesetze alle Mechanismen, die bis dahin die Geldmenge gesteuert und einer Finanzierung von Staatsausgaben durch Geldschöpfung im Wege gestanden hatten. Zwar blieb nach außen hin das Goldwährungssystem erhalten, tatsächlich war jedoch dank einiger umständlicher, psychologisch aber bedeutsamer Hilfskonstruktionen die staatliche Geldschöpfung künftig von aller Begrenzung frei, ein System autonomen Geldes entstanden. Das Reich konnte so die Mobilmachung leicht finanzieren, indem es sich bei der Reichsbank gegen Wechsel oder Schatzanweisungen kurzfristig verschuldete. Die gesamten Kriegskosten auf diese Weise zu bestreiten war jedoch unmöglich, da dies die Geldmenge aufgebläht, zu wenig Kaufkraft abgeschöpft und das Sozialprodukt nicht nachhaltig genug zum öffentlichen Verbrauch hin umgelenkt hätte. Der Geldschöpfungs- mußten deshalb Steuer- und Anleihefinanzierung zur Seite treten.[25]

In den Haushaltsjahren 1914/15 bis 1918/19 gaben Reich (170 Mrd.) und Bundesstaaten (24 Mrd.) zusammen 194 Mrd. Mark für den Krieg aus. Nur ein kleiner Teil davon, 8,2% der Reichsausgaben bzw. 16,7% der Aufwendungen von Reich und Bundesstaaten, wurde aus Steuern finanziert. Den Ausschlag dafür gab einmal die Überlegung von Karl Helfferich, 1915/16 Staatssekretär des Reichsschatzamts, die Kosten nach einem Sieg den Gegnern aufzubürden, wie man es 1871 getan hatte. Hinzu kam, daß das deutsche Steuersystem denkbar ungeeignet war, die hohen Kriegskosten aufzubringen. Eine Steuerreform wäre aber nur um den Preis politischer Konflikte möglich gewesen, die den »Burgfrieden« gefährdet hätten. Deshalb wollte die Reichsleitung, um den Schein geordneter Finanzen zu wahren, nur den ordentlichen Haushalt und die Zinsen der Staatsschuld durch Steuern decken, nicht aber den außerordentlichen Etat, der alle Ausgaben »aus Anlaß des Krieges« enthielt. Selbst das gelang nur mit Mühe, da Zölle und Verbrauchsteuern im Krieg weniger einbrachten. Zwar wurde 1916, steuertechnisch zukunftsweisend, eine allgemeine Umsatzsteuer eingeführt. Im selben Jahr kamen eine Kriegsgewinnsteuer für Kapitalgesellschaften sowie eine Vermögenzuwachsteuer für natürliche Personen hinzu, später durch eine Einkommenzuwachsteuer ersetzt. Außerdem erhöhte das Reich eine Reihe indirekter Steuern und erhob seit 1917 eine Verbrauchsteuer auf Kohle. Von einer scharfen Besteuerung gerade der Kriegsgewinne konnte gleichwohl keine Rede sein.[26]

Zum überwiegenden Teil, zu einem weit höheren Prozentsatz etwa als in Großbritannien, wurde der Krieg deshalb durch sogenannte Kriegsanleihen finanziert. Diese sollten die kurzfristigen Notenbankkredite konsolidieren, indem sie privaten Haushalten und Unternehmen Kaufkraft entzogen. So entwickelte sich eine Abfolge von Geldschöpfung durch Zentralbankkredite und Abschöpfung durch Kriegsanleihen. Ihrer neun legte das Reich bis 1918 auf. Zusammen brachten sie nominal knapp 97 Mrd. Mark ein. Mit jeder Anleihe ging eine große Propagandaaktion einher. Sie sollte sicherstellen, daß die Anleihe vollständig gezeichnet und breit gestreut, mithin zu einer »Volksanleihe« wurde. Dies gelang in erstaunlichem Umfang, stieg doch die Zahl der Zeichnungen bis zur sechsten Anleihe im März 1917 auf gut sieben Millionen. Bei den ersten vier Kriegsanleihen übertrafen die Anleiheerlöse die jeweils aufgelaufenen kurzfristigen Notenbankkredite, so daß diese in vollem Umfang fundiert werden konnten. Seit der fünften Kriegsanleihe vom September 1916 funktionierte der Mechanismus von Geldschöpfung und Abschöpfung aber nicht mehr, da das Volumen der Anleihen immer stärker hinter dem Zuwachs an kurzfristigen Notenbankkrediten zurückblieb.[27]

Die Finanzierung durch Geldschöpfung entwickelte sich so aus einem Notbehelf zum dritten Bein der Kriegsfinanzierung. Die schwebende Schuld des Reiches in Form von Wechseln und Schatzanweisungen wuchs dadurch immer mehr. Am Ende des Krieges, im November 1918, belief sie sich auf 51,2 Mrd. Mark. Zwar hatte die Reichsbank 29,3 Mrd. davon bei der privaten Wirtschaft unterbringen können, 21,9 Mrd. Mark waren jedoch in ihrem Portefeuille geblieben, hatten die Geldmenge entsprechend vergrößert und allein dadurch ein gewaltiges Inflationspotential aufgebaut.

Durch die Art und Weise, wie die Wirtschaft für den Krieg mobilisiert wurde, bekam diese ein anderes Gesicht: das einer

Kriegswirtschaft. Zwar blieb es beim privaten Besitz an Produktionsmitteln; doch wuchs mit der öffentlichen Kontrolle von Rohstoffen und Arbeitskräften, Produktion und Absatz, Preisen und Löhnen der Einfluß des Staates auf die Wirtschaft. Außerdem veränderten sich die Märkte allein schon durch die staatlichen Eingriffe und die gigantische Nachfrage des Militärs, aber auch durch die Schaffung zusätzlicher Kaufkraft oder die Schwierigkeiten von Im- und Exporten unter den Bedingungen des Handelskrieges. Hinzu kamen die Umstrukturierungen in der Wirtschaft. So verschoben sich die Gewichte weiter von der Landwirtschaft zur Industrie und hier von den weniger kriegswichtigen Industriebranchen, den Konsumgüterindustrien zumal, zu den kriegswichtigen wie etwa der Schwerindustrie. Der Konzentrationsprozeß schritt fort, die Fluktuation der Arbeitskräfte nahm zu, und die Investitionen sanken. Von allen diesen Schwierigkeiten waren die einzelnen Unternehmen unterschiedlich betroffen, je nach Größe und Produktionspalette, geographischer Lage und eigener Flexibilität. Doch führte die Entwicklung während des Krieges alles in allem zu immer größeren Schieflagen, machte die Kriegswirtschaft zu einer »Form des volkswirtschaftlichen Selbstmordes« (Gerald D. Feldman). So vernichtete der Erste Weltkrieg wohl ein gutes Drittel des Volksvermögens, ließ allein die Industrieproduktion bis 1918 um etwa 40% sinken. Viele der nachteiligen wirtschaftlichen Folgen, die der Krieg mit sich brachte, verschleierte fürs erste die Inflation. Sie trat infolge staatlicher Preiskontrollen nicht in vollem Umfang zutage, wurde zum Teil »zurückgestaut«, ließ sich aber, wenn auch in unterschiedlichem Ausmaß, an den fallenden Wechselkursen oder den steigenden Groß- bzw. Einzelhandelspreisen ablesen. Letztere dürften während des Krieges um das Zweieinhalb- bis Dreifache gestiegen sein. Doch verdeckte die Inflation nicht nur die wirtschaftlichen Schäden, die der Krieg anrichtete; sie verhüllte auch, daß dieser Einkommen und Vermögen umverteilte und damit die Sozialstruktur veränderte.[28]

## 3. Kriegsgesellschaft

Die Gesellschaft im Krieg unterschied sich von jener vor 1914. Denn der materielle Verarmungsprozeß, der seit 1914 voranschritt, verlief ungleichmäßig und hatte daher höchst unterschiedliche soziale Folgen. Zwar betraf er alle gesellschaftlichen Schichten und Klassen, vier von ihnen aber besonders nachhaltig: Industriearbeiter, »neuen« wie »alten« Mittelstand, Bauern und Unternehmer.[29]

Die Zahl der Industriearbeiter sank zwischen 1914 und 1918 nur geringfügig. Das lag an der vergleichsweise niedrigen Einberufungsquote, an Zurückstellung und Beurlaubung, vor allem aber an der Beschäftigung von Arbeitskräften aus nichtindustriellen Sektoren, Ausländern und Kriegsgefangenen sowie Frauen. Gerade die Zahl der weiblichen Kräfte, die in der Industrie, und hier besonders in Rüstungsbetrieben, beschäftigt wurden, nahm stark zu. Denn hier schienen sich Dienstmädchen, Landarbeiterinnen und Arbeiterinnen aus Konsumgüterindustrien bessere Verdienstmöglichkeiten zu bieten. So schichtete sich die weibliche Lohnarbeit während des Krieges um, während den zivilen und militärischen Behörden eine über die Vorkriegsentwicklung hinausgehende Mobilisierung von Frauen nicht gelang. Blieb die Zahl der Industriearbeiter in etwa konstant, änderte sich ihre Verteilung auf die Produktionszweige grundlegend. 1918 zählten die »Kriegsindustrien« rund 44% mehr Beschäftigte als 1913, die »Friedensindustrien« etwa 40% weniger. Doch verschoben sich nicht allein die Relationen zwischen Branchen, sondern wegen des industriellen Raummusters auch die zwischen Industrieregionen sowie nicht zuletzt jene zwischen einzelnen Unternehmen. Die hohe Fluktuation und Mobilität der Arbeiter im Krieg hatte zur Folge, daß sich die Unterschiede von Beruf und Qualifikation weiter einebneten, der Anteil ungelernter oder gering qualifizierter Arbeitskräfte an den Belegschaften wuchs.[30]

Obwohl die Nominallöhne der Arbeiter im Laufe des Krieges auf das Zwei- bis Dreifache anstiegen, sanken infolge der Preissteigerungen ihre Reallöhne bis ins Jahr 1917. Erst von da ab wuchsen die Löhne genauso stark, vielleicht sogar etwas stärker als die Preise. Dabei gab es freilich beträchtliche Unterschiede: Einerseits ebneten sich überkommene Lohndifferenzen nach Ausbildung, Geschlecht und Alter ein, etwa weil neue Produktionsverfahren aufkamen oder niedrigbezahlte Arbeiter über Zuschläge einen höheren Inflationsausgleich erhielten. Andererseits wuchs das Lohngefälle zwischen kriegs- und weniger kriegswichtigen Branchen. Gerade in der Rüstungsindustrie gab es Facharbeitergruppen, die vom Mangel an hochqualifizierten Arbeitskräften profitierten.

Insgesamt jedoch lagen 1918 die realen Jahresverdienste für die große Mehrzahl der Arbeiter, bei noch immer beträchtlichen Abweichungen je nach Branche und Region, um ein bis zwei Fünftel unter dem Niveau von 1913. Für sie hatte sich mithin der Vorkriegstrend steigender Reallöhne umgekehrt. Lediglich ein kleiner Prozentsatz konnte das Lohnniveau der Zeit vor dem Krieg behaupten, und nur wenige vermochten es zu überschreiten.

Von der Reallohnentwicklung läßt sich nur schwer auf die Lage der Arbeiter während des Krieges schließen. Denn neben den Löhnen blieben die weiteren Einkünfte der Familie wichtig. Auch veränderte sich die Ausgabenstruktur der Arbeiterhaushalte. Ferner waren die meisten Lebensmittel rationiert, viele von ihnen gleichwohl nicht immer zu kaufen. Deshalb spielten Lebensmittelzulagen, die vor allem Rüstungsarbeiter erhielten, dann aber auch die regional ganz unterschiedlichen Möglichkeiten eigener Versorgung oder des Zugangs zum Schwarzmarkt eine immer größere Rolle. Schließlich verschärften sich die Arbeitsbedingungen. Die Arbeitszeiten wurden länger, zumal in den Rüstungsbetrieben; viele Arbeiterschutzmaßnahmen entfielen; Arbeitsunfälle und berufsbedingte Krankheiten nahmen wieder zu. So dürfte sich bei fortbestehenden Unterschieden sowie kriegsbedingten Verschiebungen zwischen den einzelnen Arbeitergruppen die Lage der Industriearbeiter während des Krieges insgesamt verschlechtert haben. Andere soziale Gruppen in der Kriegsgesellschaft befanden sich jedoch, zumal seit 1916/17, in einer noch schwierigeren, weil schwächeren Position und verfügten auch nicht über ähnlich bewährte Konfliktmechanismen wie die Arbeiter, um ihre Forderungen durchzusetzen. Das galt besonders für Angestellte und Beamte, aber auch für Teile des »alten« Mittelstands der Handwerker und Kleinhändler.

Die Angestellten mußten im Krieg erhebliche Einbußen hinnehmen, gingen doch ihre Gehälter bis ins Jahr 1916 nicht allein real, sondern sogar nominal zurück. Danach stiegen zwar die Nominalverdienste wieder auf und über den Vorkriegsstand, da den Angestellten Teuerungs- und Kinderzulagen gewährt wurden. Nach wie vor wuchsen ihre Einkommen aber langsamer als die Lebenshaltungskosten. Zugleich verringerten sich die beträchtlichen Unterschiede zwischen den Gehältern von höheren, mittleren und niederen Angestellten. Dabei entwickelten sich die Angestellteneinkommen aufs Ganze gesehen ungünstiger als die Arbeiterlöhne, zumal bis 1916, aber auch danach. So nahmen die Einkommensabstände zu den gut verdienenden Facharbeitern ab. Das hatte verschiedene Gründe: die ungünstigere Stellung der Angestellten auf dem Arbeitsmarkt und deren ungenügende Organisation, aber auch der besondere soziale Status, auf den sie pochten und der sie vor Streiks zurückschrecken ließ. Daß die Angestellten absolut wie relativ verarmten, überkommene Vorrechte und beamtenähnliche Sicherheiten einbüßten, erschütterte ihr mittelständisches Selbstbewußtsein und ließ die Furcht vor sozialem Abstieg, vor einer »Proletarisierung« wachsen.[31]

Wohl noch härter als die Angestellten belastete der Krieg die Beamten, reagierte doch die öffentliche Hand höchst unflexibel auf die Preissteigerungen. Am stärksten waren die höheren Beamten betroffen. Ihr Realeinkommen halbierte sich zwischen 1914 und 1918, so daß sie, sollte sich ihr Lebensstandard nicht drastisch verschlechtern, auf Ersparnisse zurückgreifen mußten. Da die Zuschläge, welche die öffentliche Hand seit 1917 zahlte, nicht prozentual zum Gehalt, sondern als Festbeträge gewährt wurden, stand sich die mittlere und untere Beamtenschaft etwas besser. Doch fielen auch ihre Gehälter real auf etwa 55% bzw. 70% der Vorkriegseinkommen. Das bedeutete für die meisten, daß sie ihre Familie kaum noch ernähren konnten. So verringerte der Krieg zwar den Einkommensabstand zwischen den verschiedenen Beamtengruppen, brachte den Staatsdienern insgesamt aber eine beträchtliche Kaufkrafteinbuße. Mit und neben der materiellen verschlechterte sich die soziale Position der Beamten, verfiel mit dem Ansehen des Staates im Krieg auch ihr Sozialprestige, schliff sich mit der überkommenen Sonderstellung in der Gesellschaft ihr Standesbewußtsein ein Stück weit ab.[32]

Die Wirkungen des Krieges auf den »alten« Mittelstand fielen weniger eindeutig aus. Denn auf der einen Seite gab es jene zahlreichen Handwerker, die für private Kunden produzierten oder arbeiteten. Sie litten unter dem Mangel an Rohstoffen, kämpften gegen eine Stillegung des Betriebes, und eine Einberufung gefährdete ihre Existenz und die ihrer Familien. Nicht besser ging es vielen Einzelhändlern, die zudem noch unter sinkender Kaufkraft und staatlicher Zwangswirtschaft, der Konkurrenz behördlicher und betrieblicher Verteilungssysteme sowie dem Schleichhandel zu leiden hatten. Auf der anderen Seite verdienten solche Handwerker nicht schlecht, die für das Militär arbeiteten, zumal Beschaffungsstellen und Handwerkerorganisationen die Heeresaufträge breiter zu streuen begannen und Rohstoffe zu beschaffen wußten. So waren, obwohl die eigene Lage vom »alten« Mittelstand als überaus kritisch beurteilt wurde, die Folgen des Krieges zumindest für das Handwerk recht ambivalent und von verschiedenen Faktoren abhängig.[33]

Bei den industriellen Unternehmern sah die Situation ähnlich aus, selbst wenn sie sich aufs Ganze gesehen im Krieg weit besser gestanden haben dürften als der »alte« Mittelstand. Doch gab es auch bei ihnen beträchtliche Unterschiede, abhängig nicht zuletzt davon, wie wichtig ihr Unternehmen für die Kriegswirtschaft war. So profitierten in erster Linie jene Industriellen vom Krieg, die direkt für das Militär arbeiteten, dafür aber auch das größere Risiko der Rüstungs- und der späteren Umstellung auf Friedensproduktion zu tragen hatten. Das galt für schwer- mehr als für fertigindustrielle Unternehmer, für große eher als für kleine Fabrikanten und für preußische stärker als für süddeutsche Industrielle. Sie konnten nicht nur ihre Gewinne seit 1914 weit über das Niveau der Vorkriegsjahre steigern. Ihnen kamen auch die militärisch-bürokratischen Regulierungen zugute, die den Marktmechanismus einschränkten, ferner der wachsende Einfluß der Unternehmer und ihrer Verbände im Rahmen der Kriegswirtschaftsorganisation, außerdem Konzentration und Kartellierung sowie nicht zuletzt die staatliche Nachfrage und die öffentlichen Investitionshilfen, die Kapazitäten zu erweitern und die Produktion zu modernisieren halfen.[34]

Auch die Bauern gehörten nicht in ihrer Gesamtheit zu den Gewinnern des Krieges. Sie standen zwar als Selbstversorger auf der Seite derer, die weder an Hunger noch Unterernährung litten, produzierten Waren, an denen es zunehmend mangelte, und konnten die staatlichen Preis-, Produktions- und Absatzregulierungen in beträchtlichem Umfang zugunsten des Schleichhandels unterlaufen. Trotzdem war die Lage der Landwirte keineswegs günstig, besonders jene der kleinen Bauern nicht, da sie weniger flexibel auf die Kriegssituation zu reagieren vermochten. Ihnen allen fehlten nicht nur Arbeitskräfte, zumal die Einberufungsquote auf dem Land höher lag als in der Stadt und die Abwanderung dorthin anhielt; es mangelte auch an Maschinen und Dünger, Futtermitteln und Saatgut. Obendrein griffen die Behörden immer schärfer reglementierend und kontrollierend in Produktion und Absatz ein. Sie schrieben nicht zuletzt die offiziellen Lebensmittelpreise fest, während die Preise für alles stiegen, was die Landwirte kaufen mußten. Schließlich verschoben sich, was während des Krieges freilich erst begrenzt hervortrat, die Gewichte in der Volkswirtschaft weiter zuungunsten der Landwirtschaft.[35]

Wie sich über alledem die Kriegsgesellschaft wandelte, läßt sich schwer fassen. Gewiß wuchsen die Gegensätze zwischen Arbeitern und Unternehmern, polarisierte sich wohl auch der Mittelstand. Dennoch liefen die Veränderungen nicht einfach auf eine »Verschärfung der Klassenspannungen« (Jürgen Kocka) hinaus. Daneben gab es vielmehr noch andere, nicht minder folgenreiche Verschiebungen. So verarmten große Teile des Bildungsbürgertums, hauptsächlich höhere Beamte und Freiberufler, da ihre Kaufkraft sank, viele ihre Ersparnisse aufzehren mußten oder schrittweise durch die Inflation verloren. Materiell und sozial schlechter standen sich überdies mittlere und niedere Beamte, die meisten Angestellten sowie nicht zuletzt viele Handwerker und Einzelhändler. Schließlich wurden im Krieg gesellschaftliche Konfliktlinien wichtiger, die quer zu den sozialen Schichten verliefen: zwischen »Front« und »Heimat«, zwischen Männern und Frauen, zwischen Produzenten und Konsumenten.

»Front« und »Heimat« waren nicht streng getrennte geographische und soziale Räume, sondern eng miteinander verknüpft, zumal in der wachsenden Mißstimmung über die Zustände im Heer, die Versorgung der Bevölkerung und den Krieg, je länger dieser dauerte. Für eine dichte Kommunikation sorgten Millionen und aber Millionen von Feldpostbriefen, neu einberufene und entlassene, verwundete und beurlaubte Soldaten oder Gerüchte, die sich in Windeseile auszubreiten vermochten. Dennoch handelte es sich bei »Front« und »Heimat« um zwei verschiedene Welten. Die Soldaten wurden, ob freiwillig oder unfreiwillig, aus ihrem zivilen Leben herausgerissen. Sie mußten sich in einen riesigen Militärapparat einfügen, der anderen als den gewohnten Regeln folgte. Vor allem aber sahen sich die Soldaten mit für sie völlig neuen Situationen konfrontiert. Die Soldaten erfuhren den Krieg ganz unterschiedlich: zu Beginn anders als am Ende, an umkämpften Frontabschnitten anders als an ruhigen, an der Front anders als dahinter, im Westen anders als im Osten. Auch hatten Alter, soziale Herkunft oder Vorkriegserfahrungen Einfluß darauf, wie der Krieg wahrgenommen wurde. Schließlich veränderte sich das Bild des

Krieges in der individuellen nicht weniger als in der kollektiven Erinnerung: schon vor 1918, erst recht aber danach, als das Kriegserlebnis im politischen Tageskampf umgedeutet oder, wie etwa das »Fronterlebnis«, ganz neu entworfen wurde. Es gab also nicht nur sehr verschiedene Kriegserfahrungen; diese waren auch wandel- und vor allem instrumentalisierbar. Gerade die unmittelbaren Kampferlebnisse, zumal die Erfahrung von Tod und Verwundung, verbanden jene, die an der »Front« gewesen waren, und trennten sie von denen, welche die »Heimat« nicht verlassen hatten. Letztere bildeten eine beachtliche Gruppe, wurden doch 2,4 Mio. oder 15% der Tauglichen nie eingezogen, diente jeweils nur ein Viertel bis die Hälfte von ihnen zur gleichen Zeit im Heer.[36]

Im Unterschied zur Männerwelt der »Front« mit ihren eigenen Regeln, Erfahrungen und Symbolen wurde die »Heimat« mehr und mehr zu einer Welt der Frauen. Bürgerliche Frauen erhofften sich von patriotischer Pflichterfüllung im Krieg größere Rechte. Und wenn Arbeiterfrauen auch nur begrenzt für die Arbeit in der Industrie zu mobilisieren waren, wuchsen doch deren Zahl und Anteil zumindest in der Rüstungsindustrie sowie den Militärbehörden und Kriegsgesellschaften. Damit entstanden neue Arbeitsfelder und begrenzte Aufstiegschancen, wurde die Arbeiterin verstärkt zum Objekt sozialpolitischer Bemühungen. Ihre wirkliche Lage, also Löhne und Arbeitsbedingungen, verbesserte sich dadurch aber ebensowenig, wie die Bereitschaft bei ihnen oder den Männern wuchs, in Frauenarbeit mehr als ein befristetes Aushilfsmittel zu sehen.[37]

War lediglich ein rundes Drittel der Frauen erwerbstätig und arbeitete davon nur ein kleinerer Teil direkt für die Kriegswirtschaft, änderten sich doch die Lebensverhältnisse fast aller Frauen im Krieg. So ging die Zahl der Eheschließungen und Geburten zurück. Die Einberufung der Männer lockerte die familiären Bande, führte zu Krisen in der Ehe, zu Problemen bei der Kindererziehung. Zugleich verschlechterte sich die materielle Situation der meisten Familien. Jene, deren Ernährer im Feld standen, wurden zwar unterstützt. Ende 1915 bekamen bereits 4 Mio. »Kriegerfamilien«, mehr als ein Viertel aller Familien, öffentliche Leistungen, und ihr Anteil wuchs, zumal in den größeren Städten. Die Familienunterstützung, von Anfang an niedrig bemessen, reichte aber um so weniger aus, je mehr die Preise stiegen und sich die offiziellen Lebensmittelrationen verringerten. Diese lagen seit

Sommer 1916 unter dem Existenzminimum und fielen im »Kohlrübenwinter« 1916/17 sowie im Sommer 1917 auf etwa 1 000 Kalorien pro Tag. Mit der Quantität sank die Qualität der Nahrungsmittel, mußten minderwertige Produkte wertvolle wie Fleisch, Butter oder Eier ersetzen. So hungerten immer größere Teile der Bevölkerung, wurden Selbstversorgung, Hamstern und Tauschen sowie der Schleichhandel für sie zu einer Überlebensfrage. Durch ihn gab es fast alles zu beziehen. Denn ein Drittel aller Lebensmittel, schätzt man, gelangte auf den schwarzen Markt. Das geschah freilich unter Bedingungen, die Angebot und Nachfrage nicht weniger auf den Kopf stellten als Recht und Gesetz, sowie zu Preisen, die weit über den staatlich regulierten lagen. Teile der Bevölkerung konnten deshalb von Anfang an nicht, andere im Laufe des Krieges immer weniger am Schleichhandel teilnehmen, waren vielmehr allein auf die offiziellen Rationen angewiesen. Das änderte weniger die Konsummuster, wohl aber das Niveau des Verbrauchs, das drastisch absank, Unterernährung, größere Anfälligkeit für Krankheiten und höhere Sterblichkeit nach sich zog.[38]

Die unzureichende Versorgung mit Nahrungsmitteln brachte Produzenten und Konsumenten, Stadt und Land gegeneinander auf. Einerseits wuchs die Erbitterung der städtischen Bevölkerung gegenüber den Bauern. Sie wurden nicht allein für die hohen Preise, sondern weit mehr noch für den Mangel an Lebensmitteln verantwortlich gemacht. Das Land horte Nahrungsmittel, hieß es, entziehe sie der Bewirtschaftung, um bessere Preise zu erzielen, hungere die Stadt aus. Andererseits stieß die staatliche Zwangswirtschaft zugunsten der Konsumenten mit allen ihren Ein- und Mißgriffen auf immer größeres Unverständnis und wachsenden Widerstand der Bauern, zumal sich diese durch den Krieg schon genug belastet und gegenüber den Städtern benachteiligt fühlten. Sie verwiesen auf die besseren Löhne und die gute Versorgung in der Rüstungsindustrie oder die, gemessen am Land, niedrigere Einberufungsquote.[39]

Alles in allem nahmen Spannungen und Konflikte in der Kriegsgesellschaft zu. Denn einmal verlief der Verarmungsprozeß verhältnismäßig rasch und fühlbar. Verglichen mit den Jahren vor 1914, und diese blieben der Maßstab, verschlechterten sich die Lebensumstände fast aller sozialen Schichten und Klassen. Hinzu kam, daß der Krieg die Sozialstruktur veränderte, nicht von Grund auf, aber ein Stück weit. Diese Verschiebungen, welche oft nur die langlebigen Wandlungsprozesse der Jahrzehnte vor 1914 beschleunigt fortsetzten, spitzten nicht nur einige der überkommenen gesellschaftlichen Konflikte zu, während gleichzeitig andere an Schärfe verloren, sondern ließen auch neue soziale Gegensätze aufbrechen. Wichtig war schließlich, wie die Kriegsgesellschaft diese Verschiebungen wahrnahm. Jede soziale Gruppe verstand sich selbst als diejenige, welche vom Krieg am härtesten betroffen war, und empfand deshalb die Verteilung der Lasten, was Einberufungen, Einkommen oder Versorgung betraf, als höchst ungerecht. Diese Selbsteinschätzungen verdichteten sich im schillernden Gegenbild des »Kriegsgewinnlers«. Sie ließen vor allem aber den Antisemitismus an der »Front«, etwa in Form der berüchtigten »Judenzählung« von 1916, und in der »Heimat« so scharf hervortreten, daß alle Hoffnungen der jüdischen Minderheit zerrannen, ihr Einsatz im Krieg würde von der nichtjüdischen Mehrheit mit einem Ende der Diskriminierung honoriert. Nicht zuletzt schlugen die wachsenden Spannungen in der Kriegsgesellschaft auf den Staat zurück. Er trug nach Ansicht wachsender Teile der Bevölkerung die Hauptverantwortung für die Ungerechtigkeiten, weil er entweder selbst für eine ungleiche Lastenverteilung sorgte oder diese zumindest nicht verhinderte. So büßte der monarchische Staat im Laufe des Krieges seine Autorität zunehmend ein.[40]

## 4. Der Legitimitätsverfall des monarchischen Staates

In den vier Kriegsjahren zwischen dem »Augusterlebnis« 1914 und der Novemberrevolution 1918 verschliß sich, anfangs allmählich, dann dramatisch beschleunigt, die Legitimität des Obrigkeitsstaates mit monarchischer Spitze, überparteilicher Beamtenregierung und kaiserlichem Militär. Waren im August 1914 große Teile der Nation dem Kaiser, der zivilen und militärischen Führung sowie den politischen Eliten in den Krieg gefolgt, wuchsen bald die Spannungen, begann sich der »Burgfrieden« wegen der Kriegsziel- und Friedens- sowie der Reformfrage aufzulösen, setzte ein Prozeß zunehmender Polarisierung und Radikalisierung ein. Zugleich verlor das politische System immer mehr die Loyalität der Bevölkerung, da es den militärischen, wirtschaftlichen und sozialen Problemen, die der Krieg aufwarf, nicht gewachsen war.[41]

Der Krieg veränderte die deutsche Innenpolitik. Zwar scheinen die Menschen den August 1914 unterschiedlicher erlebt zu haben, als es die verbreitete Vorstellung vom rauschhaften Aufbruch der einigen Nation in den Krieg vermuten läßt. Denn der »Geist von 1914« mit dem »Augusterlebnis« als Mittelpunkt wurde von Anfang an in Literatur und Publizistik, von Intellektuellen und Professoren stilisiert, zu den »Ideen von 1914« ausgebaut und umgedeutet. Ihnen lag, so vielfältig sie im einzelnen waren, der Gedanke zugrunde, daß die Nation erst im Krieg zu sich selbst und zu innerer Einheit gefunden und sich so das »wahre Deutschland« sowie seine eigentliche Sendung offenbart habe. Jetzt breche, hieß es, eine neue Epoche an, die nicht mehr durch die »Ideen von 1789«, sondern, diesen entgegengesetzt und nicht zuletzt kulturell überlegen, durch die »deutsche Freiheit« geprägt sein werde. So unterlegten die »Ideen von 1914« dem Krieg einen Sinn, indem sie gleich einem Ursprungsmythos dessen Anfänge beschworen. Tatsächlich war die Kriegsbegeisterung in der Bevölkerung jedoch unterschiedlich weit verbreitet und blieb situationsabhängig. Am enthusiastischsten begrüßten bildungsbürgerliche Schichten den Krieg, und hier waren auch die Bereitschaft wie der Druck am größten, sich freiwillig als Soldat zu melden. Dagegen fielen in kleinstädtisch-ländlichen Gegenden die Reaktionen verhaltener aus, traten Sorge und Niedergeschlagenheit stärker hervor. Ähnlich sah es bei den Arbeitern in den großen Städten aus, zumal dort, wo die Sozialdemokratie dominierte.[42]

Selbst wenn die Menschen den August 1914 verschieden erlebten, die allermeisten bejahten den Krieg. Auch Parteien und Verbände, protestantische wie katholische Kirche, Wissenschaft und Kunst reihten sich in die Kriegsnation ein. In ihr traten alle Gegensätze vorerst zurück. So wurde eine Politik des »Burgfriedens« möglich. Die setzte um des äußeren Erfolges willen auf die innere Einheit der Nation und bewährte sich zum ersten Mal, als der Reichstag am 4. August die »Kriegskredite« bewilligte. Daß die Sozialdemokraten ihnen trotz interner Opposition nach außen hin geschlossen zustimmten, verwundert nur auf den ersten Blick. Denn sie konnten und wollten sich in die nationale Einheitsfront einreihen, weil das Reich in ihren Augen einen berechtigten Verteidigungskrieg gegen das reaktionäre zaristische Rußland führte. In dieser Situation hatte die Nation Vorrang, überwog der Wunsch nach nationaler Integration die Ideale des Internationalismus, zumal die sozialistischen Parteien in den anderen Ländern entsprechend optierten. Auch schien die Arbeiterschaft, die inzwischen ein gutes Stück in das Kaiserreich hineingewachsen war, hinter einer solchen Entscheidung zu stehen, drängten nicht zuletzt die Gewerkschaften auf eine Politik des »Burgfriedens«. Sie wollten durch patriotische Pflichterfüllung Anerkennung finden, endgültig Teil der Nation werden. Ferner spielte die Sorge der Funktionäre eine Rolle, die Arbeiterorganisationen könnten wie zur Zeit des »Sozialistengesetzes« zerschlagen und so jahrzehntelange Mühen zunichte gemacht werden. Schließlich gab es die Hoffnung, den Krieg für eine entschlossene Reformpolitik, für Parlamentarisierung und Demokratisierung, auch für sozialpolitische Zugeständnisse nutzen zu können.[43]

Nicht allein der »Burgfrieden« änderte die innere Situation, indem er überkommene politische Frontlinien umgestaltete. Seit Beginn des Krieges schritt auch die Militarisierung des Kaiserreiches weiter voran. Mit der Erklärung des Kriegszustandes ging die vollziehende Gewalt an die Stellvertretenden Kommandierenden Generale der 24 Armeekorpsbereiche über. Als sogenannte Militärbefehlshaber erhielten sie ausgedehnte Kompetenzen, wurden für die Einschränkung von Grundrechten ebenso zuständig wie für die öffentliche Sicherheit oder die Organisation der Kriegswirtschaft, bedienten sich, um diese Aufgaben zu erfüllen, der Zivilverwaltung und eines ausgedehnten Verordnungsrechts. Die Art und Weise, wie der Kriegszustand gehandhabt wurde, führte zu andauernden Konflikten. Denn militärische und zivile Vorstellungen stießen aufeinander wie selten zuvor, und außerdem mangelte es an Einheitlichkeit, da allein der Kaiser den Befehlshabern Weisungen erteilen konnte. Um den Kriegszustand einheitlicher und zugleich wirksamer zu organisieren, entstanden zentrale Militärbehörden, von der Oberzensurstelle bis zum Kriegsamt. Davon profitierte auch der preußische Kriegsminister, zuständig für die Militärverwaltung, der seine Kompetenzen etwa als Obermilitärbefehlshaber erweiterte. In erster Linie aber wuchs die Macht der Obersten Heeresleitung, des Generalstabs des Feldheeres. Wohl konnte sie die anderen Immediatstellen, im Großen Hauptquartier vereinigt, nicht völlig beiseite schieben. Ihr oblag es jedoch, den Krieg zu führen. Gleichzeitig dehnte die Heeresleitung, da militärische und zivile Funktionen im Krieg mehr denn je ineinanderflossen, ihren Einfluß immer weiter aus, nicht zuletzt mit Hilfe eines rasch wachsenden Verwaltungsapparates. Der Wechsel von Falkenhayn zu Hindenburg und Ludendorff verstärkte diese Entwicklung, lief gar auf ein »Stück stillen Verfassungswandels« (Gunther Mai) hinaus. Denn die neue Heeresleitung nutzte ihren breiten Rückhalt in Heer und Bevölkerung, um jenes Machtvakuum auszufüllen, das der Rückzug des Kaisers von allen wichtigen Entscheidungen hatte entstehen lassen, und versuchte, Politik, Wirtschaft und Gesellschaft ganz den militärischen Interessen unterzuordnen.[44]

Anders als das Militär verlor der Reichstag nach Kriegsausbruch zunächst an Bedeutung, schaltete sich, nicht zuletzt in Erwartung eines kurzen Krieges, selbst aus. Er übertrug dem Bundesrat Teile seiner Gesetzgebungskompetenz, debattierte nicht über die großen politischen Fragen, die der Krieg aufwarf, und trat nur noch selten zusammen. Doch schaltete sich das Parlament bald wieder in den politischen Entscheidungsprozeß ein. Denn einmal mußte es periodisch den Kriegskrediten zustimmen und wurde zum anderen, je länger der Krieg dauerte, als Forum der Diskussion und Mittel der Integration wichtiger. Das Wiedererstarken des Reichstages erfolgte in Schüben, abhängig von der Lage an den Fronten und im Inneren des Reiches sowie nicht zuletzt von parteipolitischen Konstellationen. So wurde Ende 1916 der Haushalts- in den sogenannten Hauptausschuß des Reichstages umgewandelt. Er tagte regelmäßig, war klein genug, um effizient arbeiten und von der Reichsleitung in Fragen des Krieges und der Außenpolitik Rechenschaft fordern zu können. Auch die Beratungen über das Hilfsdienstgesetz sowie die Versuche »parlamentarischer Rüstungskontrolle« (Wolfram Wette) zeigten den wachsenden Einfluß des Reichstages.[45]

Der Machtzuwachs des Militärs, zumal der Obersten Heeresleitung, und die Wiederaufwertung des Parlaments erfolgten auf Kosten der zivilen Reichsleitung. Zu Kriegsbeginn verfügte Bethmann Hollweg im Inneren des Reiches über eine Machtfülle wie kaum ein Kanzler vor ihm, hatte er doch die Nation geschlossen in den Krieg führen und alle inneren Konflikte fürs erste stillstellen können. Da der »Burgfrieden« nicht zuletzt die Reichsleitung begünstigte, weil er deren Handlungsspielraum gegenüber Parlament und Öffentlichkeit erweiterte, wollte ihn der Kanzler möglichst lange erhalten, um der inneren Einheit, aber auch der eigenen Macht willen. Das wurde um so schwieriger, je länger der

Krieg währte. Denn alle Spannungen und Konflikte, die im »Geist von 1914« aufgehoben schienen, bestanden fort, ja, verschärften sich noch. Zu regelrechten Sprengsätzen des »Burgfriedens« entwickelten sich die Fragen der Kriegsziele und der inneren Reformen.[46]

Obwohl die Diskussion über Kriegsziele bis November 1916 verboten war, wurde von Parteien und Verbänden, in Eingaben und auf Versammlungen eine Vielzahl von zeit- und interessenabhängigen Kriegszielprogrammen aufgestellt, gewann der Streit über sie eine Eigendynamik und damit an politischer Brisanz. In den ebenso verworrenen wie wechselvollen Auseinandersetzungen lassen sich grob drei Richtungen ausmachen. Da gab es zuerst, am einflußreichsten, die entschiedenen Annexionisten. Sie forderten »Sicherheit« für das Reich, verstanden darunter weitausgreifende Annexionen mehr im Westen oder stärker im Osten, strebten die politische und wirtschaftliche Hegemonie auf dem Kontinent an, viele als Basis stärkerer, gegen Großbritannien gerichteter Expansion in Übersee. Zu diesen Annexionisten zählten Teile der Unternehmer, besonders Schwerindustrielle, viele Professoren und Intellektuelle, radikale Nationalisten um den Alldeutschen Verband sowie Nationalliberale, Frei- und Deutschkonservative, eine Mehrheit des Zentrums, auch wenige Linksliberale und Sozialdemokraten. Von den strammen Expansionisten setzten sich später kleinere Gruppen von Professoren, Beamten und Industriellen ab, die für weniger ausgreifende Kriegsziele eintraten. Gegen jede Annexion sprach sich die große Mehrheit der Linksliberalen, vor allem aber der Sozialdemokraten aus, da sich Gebietsforderungen mit einem Verteidigungskrieg, wie ihn das Reich zu führen vorgab und wie sie ihn unterstützten, nicht in Einklang bringen ließen.[47]

Gegenüber der Kriegszieldiskussion fand die Reichsleitung zu keiner klaren Linie. Denn Bethmann Hollweg konnte die Debatte weder durch die Zensur unterbinden, noch wollte er die Forderungen dämpfen, um nicht Zweifel an einem deutschen Sieg aufkommen zu lassen. Offiziell legte sich der Reichskanzler auf keine konkreten Kriegsziele fest, beließ es vielmehr aus innen- wie außenpolitischen Gründen bei mehrdeutigen Formulierungen, die eine Zeitlang Konsens stifteten. Welche Kriegsziele der Kanzler tatsächlich verfolgte, ist umstritten, besonders sein sogenanntes Septemberprogramm von 1914. Doch scheint für Bethmann Hollweg eine Rückkehr zum Vorkriegszustand kaum vorstellbar gewesen zu sein, während er die Lage des Reiches seit Herbst 1914 als zu aussichtslos einschätzte, um noch ausufernde Kriegsziele zu formulieren. Bis zum Sommer 1916 konnte der Reichskanzler den »Burgfrieden« durch Formelkompromisse einigermaßen aufrechterhalten. Dann verselbständigte sich die Kriegszieldiskussion vollends, begannen sich die verschiedenen Richtungen organisatorisch zu verfestigten. So faßte der Unabhängige Ausschuß für einen deutschen Frieden die »Kriegszielbewegung« zusammen, der Deutsche Nationalausschuß jene, die für begrenzte Annexionen eintraten. Nach wie vor lehnten die meisten Sozialdemokraten und Linksliberalen alle Eroberungspläne ab.[48]

Neben der Kriegsziel- mündete auch die Reformfrage in einen großen innenpolitischen Streit, der den »Burgfrieden« untergrub. Erhofften sich Sozialdemokratie und Gewerkschaften vom Krieg innere Reformen, als Preis für ihre Kriegsanstrengungen insbesondere eine Änderung des Dreiklassenwahlrechts in Preußen und eine Parlamentarisierung des Reiches, wollte die Rechte innerhalb wie außerhalb der Parlamente ihre politischen und sozialen Machtpositionen gerade mit Hilfe eines siegreichen Krieges behaupten. Diesen Gegensatz versuchte die Reichsleitung mit ihrer Politik der »Neuorientierung« zu überbrücken. Diese lief darauf hinaus, Reformen anzukündigen, im Krieg aber möglichst alles beim alten zu lassen. Das mochte anfangs ausreichen, stellte jedoch, wie die erste große Reformdebatte des Reichstages im Herbst 1916 zeigte, bald niemanden mehr zufrieden: die Linke nicht, weil sie immer weniger bereit war, einen Wechsel auf die Zukunft zu ziehen; aber auch die Rechte nicht, da sie fürchtete, Bethmann Hollweg könne noch während des Krieges mit Reformen beginnen. Als die Reichsleitung Anfang 1917 vor dem Hintergrund der kritischen Ernährungslage und der zunehmenden inneren Spannungen, der Russischen Revolution und der Spaltung der Sozialdemokratie eine Reform des Dreiklassenwahlrechts in Aussicht stellte, verhärteten sich die Positionen. Einerseits stieß der Kanzler auf wachsenden Widerstand im preußischen Herren- und Abgeordnetenhaus, im Staatsministerium und bei der Obersten Heeresleitung, beim Kaiser und dessen Umgebung. Andererseits rückten die Reformbefürworter zusammen, setzten im Reichstag einen Verfassungsausschuß durch, der darüber beriet, wie sich die Rechte des Parlaments erweitern ließen.[49]

Die wachsende Polarisierung mündete in die innenpolitische

Krise des Sommers 1917. Im Reichstag gerieten die parteipolitischen Fronten jetzt endgültig in Bewegung. War bis dahin die Reform- von der Kriegszielfrage blockiert worden, änderte sich das nun. Denn das Zentrum, das zusammen mit Konservativen und Nationalliberalen die sogenannte Kriegszielmehrheit gebildet, einen Siegfrieden und umfangreiche Annexionen gefordert hatte, näherte sich unter dem Eindruck der innen- und außenpolitischen Entwicklung den Linksliberalen und Sozialdemokraten, die auf einen Verständigungsfrieden drängten. Zugleich legte Erzberger die Fraktion auf größeres Entgegenkommen in der Wahlrechts- und Parlamentarisierungsfrage fest. Damit wurde der Weg frei für eine neue Parteienkonstellation, die vom Zentrum über die Linksliberalen bis zur Sozialdemokratie reichte, zeitweilig auch die Nationalliberalen einschloß. Die neue Mehrheit, instabil und in vielem uneins, drängte auf eine Friedensresolution des Reichstages und verlangte, auch um die Reichsleitung auf ihren Kurs festzulegen, eine Parlamentarisierung des Reiches. Dabei sah sie das größte Hindernis in Bethmann Hollweg, der zu lange zögerte, ehe er der Parlamentsmehrheit in entscheidenden Punkten entgegenkam. Ihre Vorstöße überschnitten sich deshalb mit dem Versuch konservativer Kräfte und der Obersten Heeresleitung, den Reichskanzler zu stürzen, da er ihrer Ansicht nach zu wenig auf einen Siegfrieden und zu sehr auf Reformen setzte. So bewirkten Oberste Heeresleitung und Reichstag aus unterschiedlichen Motiven, letztlich aber gemeinsam den Sturz Bethmann Hollwegs.[50]

Aus den Macht- und Richtungskämpfen vom Sommer 1917 gingen sowohl die Oberste Heeresleitung als auch Reichstag und Parlamentsmehrheit gestärkt hervor. Weniger die zivile Reichsleitung, mehr dagegen der Reichstag war von nun an der eigentliche Widerpart der Heeresleitung. Sie zog aus dem Sturz Bethmann Hollwegs freilich den größeren Nutzen. Denn der Reichstag gewann keinen Einfluß auf die Auswahl des neuen Kanzlers. Georg Michaelis war der Kandidat Hindenburgs und Ludendorffs. Obwohl sich das Machtgefälle in den folgenden Monaten noch verstärkte, kam es nicht zu einer Diktatur der Obersten Heeresleitung. Dazu blieb die Stellung der Reichsleitung zu stark, hatte auch das Parlament schon zu sehr an Einfluß gewonnen. Das zeigte sich, als die Reformmehrheit bereits im November 1917 den ihr mißliebigen Kanzler stürzen, dessen Nachfolger Georg Graf Hertling ein fertiges Programm aufzwingen und eigene Vertreter in Schlüsselstellungen des Regierungsapparats bringen konnte. So verschob sich das konstitutionelle System weiter in Richtung auf ein parlamentarisches.[51]

Der »Burgfrieden«, durch Kriegsziel- und Reformdiskussion ausgehöhlt, war zwar im Sommer 1917 noch nicht endgültig beendet. Doch nahmen mit den wachsenden Spannungen im Inneren des Reiches die politische Polarisierung und Radikalisierung im letzten Kriegsjahr weiter zu, verlor nicht zuletzt der kriegführende Staat noch mehr an Legitimität. Das ließ schon die Spaltung der Sozialdemokratie erkennen, mit der sich ein Teil der Arbeiterbewegung vom »Burgfrieden« lossagte. Ideologische, programmatische und politische Gegensätze hatten bereits in der Vorkriegssozialdemokratie bestanden. Der Krieg verschärfte, veränderte sie auch. So gab es von Anfang an eine innerparteiliche Opposition, welche die Politik des »Burgfriedens« nicht mittrug. Sie umfaßte einerseits die radikale Linke um Rosa Luxemburg und Karl Liebknecht, andererseits eine gemäßigtere Gruppe um den Parteivorsitzenden Hugo Haase. Die Kriegszieldiskussion vertiefte die Gegensätze zwischen ihr und der Parteimehrheit. Sah diese den Krieg weiterhin als Verteidigungskrieg an, galt er der Minderheit als imperialistischer Krieg, die Politik des »Burgfriedens« als Irrweg. Wie mit der Opposition umzugehen sei, darüber war sich die Mehrheit uneinig. Während ihr rechter, nationaler und reformistischer Flügel auf Trennung drängte, hielten die starke Mitte und der linke Flügel an der Parteieinheit fest. 1916, die Opposition war inzwischen gewachsen und verweigerte offen die Zustimmung zu den Kriegskrediten, ließen sich die Gegensätze nicht länger überbrücken. So spaltete sich mit der Sozialdemokratischen Arbeitsgemeinschaft zuerst ein Teil der Fraktion ab. Der heftige Streit um die sozialdemokratischen Vereine und Zeitungen verhärtete dann die Positionen und führte im April 1917 zur Gründung der Unabhängigen Sozialdemokratischen Partei Deutschlands, in der sich Vertreter der linken Parteimitte ebenso zusammenfanden wie pazifistisch eingestellte Revisionisten oder radikale Linke um die Spartakus-Gruppe. Die Kluft, die damit auch organisatorisch zwischen Unabhängigen und Mehrheitssozialdemokraten aufgebrochen war, vertiefte sich in den Auseinandersetzungen der Jahre 1917/1918.[52]

Nicht nur innerhalb, sondern auch außerhalb der Arbeiterbewegung nahm im letzten Jahr des Krieges die Polarisierung zu. So entstand im Herbst 1917 die Deutsche Vaterlandspartei, eine breite und radikale außerparlamentarische Bewegung der Rechten, die über 800000 Mitglieder gewinnen konnte. Sie trat für ultraannexionistische Kriegsziele ein und machte sowohl gegen einen Verständigungsfrieden als auch gegen innere Reformen Front. Als Gegengründung entstand Ende des Jahres der Volksbund für Freiheit und Vaterland, in dem sich der linke Flügel des Zentrums, Fortschrittsliberale und rechte Sozialdemokraten sowie die großen Gewerkschaftsverbände eine wenn auch schwächere Plattform für ihre Politik der Verständigung und Reformen schufen.[53]

Daß über die politische Polarisierung und Radikalisierung hinaus immer größere Teile der Bevölkerung dem Staat ihre Loyalität zu entziehen begannen, zeigten bereits die Hungerunruhen und Teuerungskrawalle vom Herbst 1915. Getragen zumal von Frauen und Jugendlichen, richteten sie sich gegen unzureichende Lebensmittelversorgung, ungerechte Güterverteilung und zunehmende Schwarzmarktgeschäfte. Wenig später, 1916, streikten die ersten Arbeiter, verlangten höhere Zulagen und mehr zu essen. Die Arbeitsniederlegungen, durchweg noch wirtschaftlich motiviert, konzentrierten sich in der Rüstungsindustrie, wo die Belegschaften stark zusammengewürfelt, die Bindungen an Betrieb und Gewerkschaften eher schwach waren. Seit dem Ausbruch der Russischen Revolution wuchs allenthalben die Stimmung gegen den Krieg. Jetzt politisierte sich die Protestbewegung, griffen die Streiks auf das ganze Reichsgebiet aus. Ihren Höhepunkt erreichten sie im Januar 1918. Mehr als eine Million Menschen legten die Arbeit nieder, die meisten Rüstungsbetriebe standen still. Doch war die Streikwelle, die durch massive Repression von Polizei und Militär, durch Einberufung von Streikführern, aber auch durch mäßigendes Einwirken von Gewerkschaften und Mehrheitssozialdemokratie noch einmal beigelegt wurde, nur der spektakuläre Ausbruch einer insgesamt wachsenden Protestneigung. Sie zeigte sich bei Frauen stärker als bei Männern, in den Städten eher als auf dem Land, in der Arbeiterschaft, gerade der unorganisierten, mehr als in Mittelstand oder Bildungsbürgertum. Auch im Heer wuchs die Kriegsmüdigkeit, nahmen mit den hohen Verlusten seit Frühjahr 1918 Gehorsamsverweigerungen und Desertionen zu, wurde der »verdeckte Militärstreik« (Wilhelm Deist) eine Massenerscheinung. So entzogen sich allein in den letzten Kriegsmonaten

750000 bis eine Million Mann auf die eine oder andere Weise dem Einsatz an der Front. Die Armee begann zu zerfallen.[54]

Bis Ende September 1918 weigerte sich die Oberste Heeresleitung, die Konsequenzen aus der gescheiterten deutschen Frühjahrsoffensive und den Erfolgen der Alliierten, dem Ausscheiden der deutschen Bündnispartner und der Auflösung des Heeres zu ziehen. Dann vollzog sie plötzlich eine Kehrtwende, verlangte von der Reichsleitung, sofort ein Waffenstillstands- und Friedensangebot an den amerikanischen Präsidenten Wilson zu richten. Die Forderung wirkte wie ein Schock. Zwar wußte man um die schlechte militärische Lage; ihr ganzes Ausmaß hatten die Militärs jedoch verschleiert. Der Notenwechsel, der dem deutschen Waffenstillstandsgesuch folgte und sich bis Anfang November hinzog, zeigte, daß die zivile und militärische Führung vergeblich auf die »14 Punkte« Wilsons und eine mäßigende Rolle des amerikanischen Präsidenten hofften. Während die Oberste Heeresleitung die Kontakte abbrechen und den Kampf mit allen Kräften fortsetzen wollte, erzwang die Reichsleitung den Rücktritt Ludendorffs und führte die Verhandlungen weiter. Da Wilson nicht nur dem deutschen Friedenswillen mißtraute, sondern auch unter wachsenden Druck seiner Verbündeten geriet, verlangte er von Note zu Note größere Vorleistungen, verknüpfte die Friedens- mit der Verfassungsfrage und forderte schließlich, das Kaiserreich solle bedingungslos kapitulieren und sein politisches System ändern.[55]

Die Parlamentarisierung des Reiches hatte seit dem Vorstoß der Reformparteien im Herbst 1917 kaum Fortschritte gemacht. Denn die Oberste Heeresleitung blockierte nicht nur alle Friedensinitiativen, sondern auch jede innere Reform. Der Kanzler, eingespannt zwischen militärischer Führung und Reichstag, zögerte, und die Mehrheitsparteien waren sich nicht einig genug, weitergehende Verfassungsreformen durchzusetzen. Erst im September 1918 machten sie, koordiniert durch den Interfraktionellen Ausschuß, gegen den Kanzler Front, verlangten einen Regierungswechsel, wollten dabei führende Abgeordnete stärker berücksichtigt wissen und drängten schließlich sogar auf eine Parlamentarisierung. Ihr Vorstoß überschnitt sich mit jenem der Heeresleitung. Sie forderte Ende September nicht nur einen Waffenstillstand, sondern auch eine neue Regierung, wollte an ihr die Parteien der Reichstagsmehrheit beteiligt wissen. Diese, nicht die militärische Führung, sollten die Verantwortung für Niederlage und Friedensschluß tragen. Die Initiativen von Mehrheitsparteien und Oberster Heeresleitung sowie der Druck Wilsons zusammen hatten unvorhergesehene Wirkungen. So entschieden die Parteien nach dem Rücktritt Hertlings allein über die Besetzung der Reichsämter und beanspruchten auch, den neuen Reichskanzler zu bestimmen. Nur weil sie keinen geeigneten Kandidaten aus den eigenen Reihen präsentieren konnten, fiel die Entscheidung auf Prinz Max von Baden. Viel Spielraum ließ man dem neuen Kanzler nicht. Denn die Führer der Mehrheitsparteien traten als Staatssekretäre ohne Portefeuille in die Regierung ein und dominierten das engere, sogenannte Kriegskabinett. Die Oktoberreformen schrieben diese Machtverschiebung fest. Mit großer Mehrheit änderte das Parlament die Reichsverfassung von 1871. Aus dem Kaiserreich wurde eine parlamentarische Monarchie. Damit benötigten Reichskanzler wie Staatssekretäre das Vertrauen des Reichstages, und Abgeordnete, die in die Regierung eintraten, behielten ihr Mandat. Die Verantwortlichkeit des Kanzlers wurde ausgedehnt, erstreckte sich jetzt auch auf politisch wichtige Entscheidungen des Kaisers im Rahmen der Kommandogewalt, Personalentscheidungen eingeschlossen. Parallel dazu begannen in Preußen die Beratungen zur Einführung des gleichen Wahlrechts. Wesentliche Forderungen der Mehrheitsparteien waren damit erfüllt.

Die Oktoberreformen verhinderten die Revolution nicht. Denn einmal hielten sie, weil unter Zeitdruck improvisiert, vieles in der Schwebe, etwa die genaue Abgrenzung der kaiserlichen Kommandogewalt, die Frage der Nominierung von Kanzler und Staatssekretären oder die Stellung des Bundesrates. Auch ließ sich schwer absehen, ob die Parlamentarisierung sich tatsächlich durchsetzen, der Kaiser sie akzeptieren, das Militär der Reichsleitung folgen würde. Wie wenig sicher das war, zeigte die Reise des Kaisers ins Große Hauptquartier nach Spa, mit der er sich dem Einfluß der zivilen Gewalt entzog, oder der Flottenvorstoß in die Nordsee, dem die Reichsleitung nicht zugestimmt hatte. Vor allem aber kamen die Oktoberreformen zu spät, brachten keinen wirklichen Neuanfang, schon gar nicht im Bewußtsein der Bevölkerung, und konnten so den Legitimitätsverfall des monarchischen Systems nicht aufhalten. Dieser hatte sich, als die militärische Niederlage bekannt geworden war, dramatisch beschleunigt, zumal der Waffenstillstand bis zum 11. November auf sich warten ließ und der Kaiser immer mehr als Haupthindernis eines baldigen Friedens erschien. So wollte die revolutionäre Bewegung, die sich, von der Flottenrebellion in Kiel ausgehend, Anfang November rasch ausbreitete, vor allem eines: den Krieg beenden und die alten Gewalten entmachten. Nirgendwo stieß die Revolution auf Widerstand. Das Kaiserreich war am Ende.

# Abkürzungen

| | |
|---|---|
| AfS | Archiv für Sozialgeschichte |
| AH | Agricultural History |
| AHR | American Historical Review |
| APUZ | Aus Politik und Zeitgeschichte |
| CEH | Central European History |
| EHR | Economic History Review |
| FA | Finanz-Archiv |
| GG | Geschichte und Gesellschaft |
| GH | German History |
| GSR | German Studies Review |
| GWU | Geschichte in Wissenschaft und Unterricht |
| HJ | Historical Journal |
| HJb | Historisches Jahrbuch |
| HM | History & Memory |
| HZ | Historische Zeitschrift |
| IASL | Internationales Archiv für Sozialgeschichte der deutschen Literatur |
| JCH | Journal of Contemporary History |
| JEEH | Journal of European Economic History |
| JEH | Journal of Economic History |
| JMH | Journal of Modern History |
| JSH | Journal of Social History |
| JWG | Jahrbuch für Wirtschaftsgeschichte |
| MGM | Militärgeschichtliche Mitteilungen |
| NPL | Neue Politische Literatur |
| PP | Past & Present |
| SM | Scripta Mercaturae |
| TAJB | Tel Aviver Jahrbuch für Geschichte |
| VfZG | Vierteljahrshefte für Zeitgeschichte |
| VSWG | Vierteljahrshefte für Sozial- und Wirtschaftsgeschichte |
| ZGO | Zeitschrift für die Geschichte des Oberrheins |
| ZRGG | Zeitschrift für Religions- und Geistesgeschichte |

# Anmerkungen

## *Einleitung*

1 Zum folgenden E. Fehrenbach, *Die Reichsgründung in der deutschen Geschichtsschreibung*, in: *Reichsgründung 1870/71*, Hg. T. Schieder/E. Deuerlein, Stuttgart 1970, 259-90; *Deutsche Historiker*, Hg. H.-U. Wehler, 9 Bde., Göttingen 1971-1982.

2 W. Hardtwig, *Von Preußens Aufgabe in Deutschland zu Deutschlands Aufgabe in der Welt*, in: ders., *Geschichtskultur u. Wissenschaft*, München 1990, 103-60; D. Langewiesche, *Reich, Nation u. Staat in der jüngeren deutschen Geschichte*, in: *HZ* 254. 1992, 341-81; E. Fehrenbach, *Wandlungen des deutschen Kaisergedankens 1871-1918*, München 1969, 14ff.

3 R. vom Bruch, *Wissenschaft, Politik u. öffentliche Meinung*, Husum 1980, 364ff.; L. Schorn-Schütte, *Karl Lamprecht*, Göttingen 1984; *Deutsche Geschichtswissenschaft um 1900*, Hg. N. Hammerstein, Stuttgart 1988.

4 B. Faulenbach, *Ideologie des deutschen Weges*, München 1980; W. Jäger, *Historische Forschung u. politische Kultur in Deutschland*, Göttingen 1984.

5 W. Schulze, *Deutsche Geschichtswissenschaft nach 1945*, München 1989, 31ff.; W. Oberkrome, *Volksgeschichte*, Göttingen 1993.

6 Schulze, *Das Bismarck-Problem in der Geschichtsschreibung nach 1945*, Hg. L. Gall, Köln 1971; Fischer-Kontroverse: Anm. VI/28.

7 G. G. Iggers, *Geschichtswissenschaft im 20. Jahrhundert*, Göttingen 1993, 54ff.

8 Überblicke: *Modern Germany Reconsidered, 1870-1945*, Hg. G. Martel, London 1992; R. Moeller, *The Kaiserreich Recast?* in: *JSH* 17. 1984, 655-83; J. Retallack, *Social History with a Vengeance?* in: *GSR* 7. 1984, 423-50; R. Flechter, *Recent Developments in West German Historiography*, in: ebd., 451-80. T. Nipperdey, *Wehlers »Kaiserreich«*, in: ders., *Gesellschaft, Kultur, Theorie*, Göttingen 1976, 360-89; *Another Germany*, Hg. J. Remak/J. Dukes, Boulder 1988; D. Blackbourn, *Populists and Patricians*, London 1987; G. Eley, *From Unification to Nazism*, Boston 1986; R. J. Evans, *Rethinking German History*, London 1987; D. Blackbourn/G. Eley, *Mythen deutscher Geschichtsschreibung*, Frankfurt 1980; dies., *The Peculiarities of German History*, Oxford 1984; *Deutscher Sonderweg – Mythos oder Realität?* München 1982; H. Grebing, *Der »deutsche Sonderweg« in Europa 1806-1945*, Stuttgart 1986.

9 G. A. Ritter, *Die deutschen Parteien 1830-1914*, Göttingen 1985, 89f.

## *I. Die Anfänge des kaiserlichen Deutschland*

1 Überblicke: T. Nipperdey, *Deutsche Geschichte 1866-1918*, 2 Bde., München (1990/1992) $^{3}$1993/$^{2}$1993; H.-U. Wehler, *Das Deutsche Kaiserreich 1871-1918*, Göttingen (1973) $^{7}$1994; W. J. Mommsen, *Das Ringen um den nationalen Staat*, Frankfurt 1993; V. R. Berghahn, *Imperial Germany, 1871-1914*, Providence 1994; D. Hertz-Eichenrode, *Deutsche Geschichte 1871-1890*, Stuttgart 1992; J. Dülffer, *Deutschland als Kaiserreich*, in: *Deutsche Geschichte*, Hg. M. Vogt, ebd. 1987, 469-567; *Ploetz. Das deutsche Kaiserreich*, Hg. D. Langewiesche, Freiburg 1984; M. Stürmer, *Das ruhelose Reich*, Berlin 1983.

2 »Innere« u. »äußere« Reichsgründung: D. Langewiesche, *»Revolution von oben?«* in: *Revolution u. Krieg*, Hg. ders., Paderborn 1989, 117-33. Überblicke: T. Nipperdey, *Deutsche Geschichte 1800-1866*, München (1983) $^{6}$1993; J. J. Sheehan, *Der Ausklang des alten Reiches*, Berlin 1994; H. Lutz, *Zwischen Habsburg u. Preußen*, ebd. 1985; W. Siemann, *Vom Staatenbund zum Nationalstaat*, München 1995; H.-U. Wehler, *Deutsche Gesellschaftsgeschichte*, II, ebd. $^{2}$1989. Forschungsstand: E. Fehrenbach, *Verfassungsstaat u. Nationsbildung 1815-1871*, ebd. 1992; A. Doering-Manteuffel, *Die deutsche Frage u. das europäische Staatensystem 1815-1871*, ebd. 1993; D. Langewiesche, *Europa zwischen Restauration u. Revolution*, ebd. (1985) $^{3}$1993.

3 R. Tilly, *Verkehrs- u. Nachrichtenwesen, Handel, Geld-, Kredit- u. Versicherungswesen 1850-1914*, in: *Handbuch der deutschen Wirtschafts- u. Sozialgeschichte*, Hg. H. Aubin/W. Zorn, II, Stuttgart 1976, 563-96. *Railways and the Economic Development of Western Europe 1830-1914*, Hg. P. O'Brian, London 1983. W. Schivelbusch, *Geschichte der Eisenbahnreise*, Frankfurt 1979; *Reisekultur*, Hg. H. Bausinger u. a., München 1991.

4 H.-W. Hahn, *Geschichte des Deutschen Zollvereins*, Göttingen 1984; *Wirtschaftliche u. politische Integration in Europa im 19. u. 20. Jahrhundert*, Hg. H. Berding, ebd. 1984; R. H. Tilly, *Vom Zollverein zum Industriestaat*, München 1990, 39 ff. W. Zorn, *Wirtschaftlich-soziale Bewegung u. Verflechtung*, Stuttgart 1992; H.-P. Ullmann, *Der Frankfurter Kapitalmarkt um 1800*, in: VSWG 77. 1990, 75-92.

5 Ders., *Staatsverwaltung an der Wende vom 18. zum 19. Jahrhundert*, in: *Wendemarken in der deutschen Verfassungsgeschichte*, Berlin 1993, 123-38. J. Kocka, *Arbeitsverhältnisse u. Arbeiterexistenzen*, Bonn 1990, 11 ff.

6 *Handbuch der deutschen Bildungsgeschichte*, III, Hg. K.-E. Jeismann/P. Lundgreen, München 1987. Nipperdey, *Geschichte 1800-1866*,

533 ff.; Siemann, *Staatenbund*, 213 ff. W. Hochreiter, *Vom Musentempel zum Lernort*, Darmstadt 1994.

7 Einführungen: B. Estel, *Grundaspekte der Nation*, in: *Das Prinzip Nation in modernen Gesellschaften*, Hg. ders./T. Mayer, Opladen 1994, 13-81; A.D. Smith, *The Nation*, in: *Millenium* 20. 1991, 353-68; P. Alter, *Nationalismus*, Frankfurt 1985; *Nationalismus*, Hg. H.A. Winkler, Königstein ²1985; T. Schieder, *Nationalismus u. Nationalstaat*, Hg. O. Dann/H.-U. Wehler, Göttingen 1991. Überblicke: H. Schulze, *Staat u. Nation in der europäischen Geschichte*, München 1994; O. Dann, *Nation u. Nationalismus in Deutschland*, ebd. 1993. Forschungsstand: D. Langewiesche, *Nation, Nationalismus, Nationalstaat*, in: *NPL* 40. 1995, 190-236. Ders., *Reich*.

8 Überblicke: Schulze, *Staat*, 209 ff.; ders., *Der Weg zum Nationalstaat*, München 1985, 70 ff. *Nation-Building in Central Europe*, Hg. ders., Leamington Spa 1987. *Vereinswesen u. bürgerliche Gesellschaft in Deutschland*, Hg. O. Dann, ebd. 1984; C. Hauser, *Anfänge bürgerlicher Organisation*, Göttingen 1990; *Bürgerliche Feste*, Hg. M. Hettling/P. Nolte, ebd. 1993; *Öffentliche Festkultur*, Hg. D. Düding u. a., Reinbek 1988. H. Best, *Die Männer von Bildung u. Besitz*, Düsseldorf 1990.

9 Überblick: W. Siemann, *Die deutsche Revolution von 1848/49*, Frankfurt 1985. Forschungsstand: D. Langewiesche, *Die deutsche Revolution von 1848/49 u. die vorrevolutionäre Gesellschaft*, in: *AfS* 21. 1981, 458-98; 31. 1991, 331-443. Staatsform: ders., *Republik, konstitutionelle Monarchie u. »Soziale Frage«*, in: *Die deutsche Revolution von 1848/49*, Hg. ders., Darmstadt 1983, 341-61 (Zitate: 354, 356).

10 Überblicke: Anm. I/1 u. 2. W. Siemann, *Gesellschaft im Aufbruch*, Frankfurt 1990. Forschungsstand: L. Gall, *Europa auf dem Weg in die Moderne 1850-1890*, München ²1989. Nationale Organisationen: A. Biefang, *Politisches Bürgertum in Deutschland 1857-1868*, Düsseldorf 1994.

11 Österreich: D. Langewiesche, *Deutschland u. Österreich*, in: *GWU* 42. 1991, 754-66. Verfassungskonflikt: H. Schulze, *Preußen von 1850 bis 1871*, in: *Handbuch der Preußischen Geschichte*, III, Hg. O. Büsch, Berlin 1992, 324 ff. Bismarck: L. Gall, *Bismarck*, Berlin (1980) ⁶1983, TB 1993 (Zitat: 253); O. Pflanze, *Bismarck and the Development of Germany*, 3 Bde., Princeton 1990; E. Engelberg, *Bismarck*, 2 Bde., Berlin 1985/1990; F. Stern, *Gold u. Eisen*, Frankfurt 1978.

12 T.S. Hamerow, *The Social Foundations of German Unification 1858-1871*, 2 Bde., Princeton 1969/1972; H. Böhme, *Deutschlands Weg zur Großmacht*, Köln (1966) ³1974; *Probleme der Reichsgründungszeit 1848-1879*, Hg. ders., Köln ²1973.

13 W. Carr, *The Origins of the Wars of German Unification*, London

1991; E. Kolb, *Umbrüche deutscher Geschichte*, München 1993; ders., *Der Weg aus dem Krieg*, ebd. 1989; *La guerre de 1870/71 et ses conséquences*, Hg. P. Levillain/R. Riemenschneider, Bonn 1990. A. Meyer, *Der Zollverein u. die deutsche Politik Bismarcks*, Frankfurt ²1987; R. Wilhelm, *Das Verhältnis der süddeutschen Staaten zum Norddeutschen Bund (1867-1870)*, Husum 1978. *Reichsgründung; Das kaiserliche Deutschland*, Hg. M. Stürmer, Düsseldorf (1970) ³1977; *Die großpreußisch-militaristische Reichsgründung 1871*, Hg. H. Bartel/E. Engelberg, Berlin 1971.

14 *Europa u. die Reichsgründung*, Hg. E. Kolb, München 1980; *Europa vor dem Krieg von 1870*, Hg. ders., ebd. 1987. Forschungsstand: Doering-Manteuffel.

15 K. Hildebrand, *Großbritannien u. die deutsche Reichsgründung*, in: *Europa u. die Reichsgründung*, 9-62.

16 D. Beyrau, *Der deutsche Komplex: Rußland zur Zeit der Reichsgründung*, in: ebd., 63-108; ders., *Russische Orientpolitik u. die Entstehung des deutschen Kaiserreiches 1866-1870/71*, Wiesbaden 1974.

17 H. Rumpler, *Österreich-Ungarn u. die Gründung des Deutschen Reiches*, in: *Europa und die Reichsgründung*, 139-67; H. Lutz, *Österreich-Ungarn u. die Gründung des Deutschen Reiches*, Frankfurt 1979.

18 W. Radewahn, *Europäische Fragen u. Konfliktzonen im Kalkül der französischen Außenpolitik vor dem Krieg von 1870*, in: *Europa vor dem Krieg*, 33-64 (Zitate: 35, 63); E. Fehrenbach, *Preußen-Deutschland als Faktor der französischen Außenpolitik in der Reichsgründungszeit*, in: *Europa u. die Reichsgründung*, 109-38. Elsaß-Lothringen: Kolb, *Weg*, 113 ff.

19 T. Schieder, *Das Deutsche Kaiserreich von 1871 als Nationalstaat*, Göttingen ²1992.

20 *Katholizismus u. Reichsgründung*, Hg. W. Real, Paderborn 1988.

21 H.-G. Aschoff, *Welfische Bewegung u. politischer Katholizismus 1866-1918*, Düsseldorf 1987; F. Hartmannsgruber, *Die Bayerische Patriotenpartei 1868-1887*, München 1986. D. Groh/P. Brandt, »*Vaterlandslose Gesellen*«, ebd. 1992.

22 H. Hiery, *Reichstagswahlen im Reichsland*, Düsseldorf 1986; F. Roth, *La Lorraine annexée*, Nancy 1976.

23 L. Blatt, *Die rechtliche Behandlung der dänischen Minderheit in Schleswig-Holstein von 1866 bis 1914*, Husum 1980.

24 W. W. Hagen, *Germans, Poles and Jews*, Chicago 1980; L. Trzeciakowski, *The Kulturkampf in Prussian Poland*, New York 1990; R. Blanke, *Prussian Poland in the German Empire (1871-1900)*, ebd. 1981; B. Balzer, *Die preußische Polenpolitik 1894-1908 u. die Haltung der deutschen konservativen u. liberalen Parteien*, Frankfurt 1990; R. Jaworski, *Handel u. Gewerbe im Nationalitätenkampf*, Göttingen

1986; C. Kleßmann, *Polnische Bergarbeiter im Ruhrgebiet 1870-1945*, ebd. 1978.

25 J. Kocka, *Probleme der politischen Integration der Deutschen*, in: *Die Rolle der Nation in der deutschen Geschichte u. Gegenwart*, Hg. O. Büsch/J. J. Sheehan, Berlin 1985, 118-36.

26 H. A. Winkler, *Vom linken zum rechten Nationalismus*, in: ders., *Liberalismus u. Antiliberalismus*, Göttingen 1979, 36-51.

27 G. L. Mosse, *Die Nationalisierung der Massen*, Frankfurt 1993. H. Hattenhauer, *Deutsche Nationalsymbole*, München [2]1990; *Nationale Mythen u. Symbole in der zweiten Hälfte des 19. Jahrhunderts*, Hg. J. Link/ders., Stuttgart 1991; *Historische Mythologie der Deutschen*, Hg. W. Wülfing u. a., München 1991. Fehrenbach, *Wandlungen*. F. Schellack, *Nationalfeiertage in Deutschland*, Frankfurt 1990. Anm. I/8. *Der politische Totenkult*, Hg. R. Koselleck/M. Jeismann, München 1994; M. Lurz, *Kriegerdenkmäler in Deutschland*, II/III, Heidelberg 1985/1986. T. Nipperdey, *Nationalidee u. Nationaldenkmal in Deutschland im 19. Jahrhundert*, in: ders., *Gesellschaft*, 133-73; W. Hardtwig, *Bürgertum, Staatssymbolik u. Staatsbewußtsein im Deutschen Kaiserreich 1871-1914*, in: ders., *Nationalismus u. Bürgerkultur in Deutschland 1500-1914*, Göttingen 1994, 191-218; C. Tacke, *Denkmal im sozialen Raum*, ebd. 1995. *Nation u. Emotion*, Hg. E. François u. a., ebd. 1995.

28 Grundlegend zum folgenden Nipperdey, *Geschichte 1866-1918*, II, 85 ff.

29 K. E. Pollmann, *Parlamentarismus im Norddeutschen Bund 1867-1870*, Düsseldorf 1985. E. R. Huber, *Deutsche Verfassungsgeschichte seit 1789*, III-V, Stuttgart (1963-1978) [3]1988/ND [2]1982/ND 1992; H. Boldt, *Deutsche Verfassungsgeschichte*, II, München 1990. M. Stolleis, *Geschichte des öffentlichen Rechts in Deutschland*, II, ebd. 1992.

30 E. Schremmer, *Steuern u. Staatsfinanzen während der Industrialisierung Europas*, Berlin 1994; *Währung u. Wirtschaft in Deutschland 1876-1975*, Hg. Deutsche Bundesbank, Frankfurt 1976; F. Terhalle, *Geschichte der deutschen öffentlichen Finanzwirtschaft vom Beginn des 19. Jahrhunderts bis zum Schlusse des Zweiten Weltkriegs*, in: *Handbuch der Finanzwissenschaft*, Hg. W. Gerloff/F. Neumark, I, Tübingen [2]1952, 273-326; W. Gerloff, *Die Finanz- u. Zollpolitik des Deutschen Reiches*, Jena 1913.

31 K. E. Born, *Preußen u. Deutschland im Kaiserreich*, Tübingen 1967; *Zur Problematik »Preußen u. das Reich«*, Hg. O. Hauser, Köln 1984; *Preußen, Europa u. das Reich*, Hg. ders., ebd. 1987; W. J. Mommsen, *Preußisches Staatsbewußtsein u. deutsche Reichsidee*, in: ders., *Der autoritäre Nationalstaat*, Frankfurt [2]1992, 66-85.

32 K. v. Zwehl, *Zum Verhältnis von Regierung u. Reichstag im Kaiserreich (1871-1918)*, in: *Regierung, Bürokratie u. Parlament in Preußen u.*

*Deutschland von 1848 bis zur Gegenwart*, Hg. G. A. Ritter, Düsseldorf 1983, 90-116.

33 M. Rauh, *Föderalismus u. Parlamentarismus im Wilhelminischen Reich*, ebd. 1973.

34 H. Boldt, *Deutscher Konstitutionalismus u. Kaiserreich*, in: *Bismarck u. seine Zeit*, Hg. J. Kunisch, Berlin 1992, 83-101; E. R. Huber, *Die Bismarcksche Reichsverfassung im Zusammenhang der deutschen Verfassungsgeschichte*, in: *Reichsgründung*, 164-96; E.-W. Böckenförde, *Der Verfassungstyp der deutschen konstitutionellen Monarchie im 19. Jahrhundert*, in: *Moderne deutsche Verfassungsgeschichte (1815-1918)*, Hg. ders., Königstein [2]1981, 146-70; W. J. Mommsen, *Die Verfassung des Deutschen Reiches von 1871 als dilatorischer Herrschaftskompromiß*, in: ders., *Nationalstaat*, 39-65.

35 *Deutsche Verwaltungsgeschichte*, Hg. K. G. A. Jeserich u. a., III, Stuttgart 1984; H. Heffter, *Die deutsche Selbstverwaltung im 19. Jahrhundert*, ebd. [2]1969; W. Krabbe, *Die deutsche Stadt im 19. u. 20. Jahrhundert*, Göttingen 1989. T. Süle, *Preußische Bürokratietradition*, ebd. 1988; R. Jessen, *Polizei im Industrierevier*, ebd. 1991.

36 Anm. II/5. T. Ormond, *Richterwürde u. Regierungstreue*, Frankfurt 1994. D. Blasius, *Geschichte der politischen Kriminalität in Deutschland 1800-1980*, Frankfurt 1983. Forschungsstand: E. Holthöfer, *Deutsche Justizgeschichte des 19. Jahrhunderts*, in: *Jus Commune* 17. 1990, 223-91.

37 M. Geyer, *Die Geschichte des deutschen Militärs von 1860 bis 1945*, in: *Die moderne deutsche Geschichte in der internationalen Forschung 1945-1975*, Hg. H.-U. Wehler, Göttingen 1978, 256-86. Ders., *Deutsche Rüstungspolitik 1860-1980*, Frankfurt 1984. *Deutsche Militärgeschichte*, Hg. Militärgeschichtliches Forschungsamt, II/III, München 1983; B. F. Schulte, *Die deutsche Armee 1900-1914*, Düsseldorf 1977; M. Messerschmidt, *Militär u. Politik in der Bismarckzeit u. im wilhelminischen Deutschland*, Darmstadt 1975. W. Deist, *Militär, Staat u. Gesellschaft*, München 1991. H. Ostertag, *Bildung, Ausbildung u. Erziehung des Offizierskorps im deutschen Kaiserreich 1871 bis 1918*, Frankfurt 1990; H. H. Herwig, *Das Elitekorps des Kaisers*, Hamburg 1977. V. R. Berghahn, *Militarismus*, ebd. 1986; *The Militarization of the Western World*, Hg. J. R. Gillis, New Brunswick 1989. *Parlamentarische u. öffentliche Kontrolle von Rüstung in Deutschland 1700-1970*, Hg. J. Dülffer, Düsseldorf 1992. H. John, *Das Reserveoffizierskorps im Deutschen Kaiserreich 1890-1914*, Frankfurt 1981; U. Frevert, *Ehrenmänner*, München 1991, TB 1995; S. Förster, *Der doppelte Militarismus*, Stuttgart 1985; T. Rohkrämer, *Der Militarismus der »kleinen Leute«*, München 1990. R. P. Chickering, *Imperial Germany and a World without War*, Princeton 1975.

38 K. Rohe, *Wahlen u. Wählertraditionen in Deutschland*, Frankfurt 1992; M. R. Lepsius, *Parteiensystem u. Sozialstruktur*, in: ders., *Demokratie in Deutschland*, Göttingen 1993, 25-50. Anm. III/56. Überblick: Ritter, *Parteien*; *Deutsche Parteien vor 1918*, Hg. ders., Köln 1973; *Lexikon zur Parteiengeschichte*, Hg. D. Fricke u. a., 4 Bde., ebd. 1983-86.

39 K.-E. Lönne, *Politischer Katholizismus im 19. u. 20. Jahrhundert*, Frankfurt 1986; *Die Minderheit als Mitte*, Hg. W. Becker, Paderborn 1986; M. L. Anderson, *Piety and Politics*, in: *JMH* 63. 1991, 681-716. M. Klöckner, *Das katholische Milieu*, in: ZRGG 44. 1992, 241-62. J. Sperber, *Popular Catholicism in Nineteenth-Century Germany*, Princeton 1984; W. Loth, *Soziale Bewegungen im Katholizismus des Kaiserreichs*, in: *GG* 17. 1991, 279-310. J. Schauff, *Das Wahlverhalten der deutschen Katholiken im Kaiserreich u. in der Weimarer Republik* (1928), Mainz 1975. Anm. III/59 u. V/30.

40 D. Lehnert, *Sozialdemokratie zwischen Protestbewegung u. Regierungspartei*, Frankfurt 1983; H. Grebing, *Arbeiterbewegung*, München 1985; S. Miller/H. Potthoff, *Kleine Geschichte der SPD*, Bonn (1974) [7]1991; G. A. Ritter, *Staat, Arbeiterschaft u. Arbeiterbewegung in Deutschland*, Bonn 1980; *Der Aufstieg der deutschen Arbeiterbewegung*, Hg. ders., München 1990.

41 D. Langewiesche, *Liberalismus in Deutschland*, Frankfurt 1988; J. J. Sheehan, *Deutscher Liberalismus*, München 1983; *Liberalismus im 19. Jahrhundert*, Hg. D. Langewiesche, Göttingen 1988; *In Search of a Liberal Germany*, Hg. K. H. Jarausch/L. E. Jones, New York 1990.

42 W. Ribhegge, *Konservative Politik in Deutschland*, Darmstadt 1989; *Between Reform, Reaction and Resistance*, Hg. L. E. Jones/J. M. Retallack, Providence 1993. J. M. Retallack, *Notables of the Right*, Boston 1988; F. Aandahl, *The Rise of German Free Conservatism*, Ann Arbor 1980.

43 Ritter, *Parteien*, 29 ff.

44 Daten: *Sozialgeschichtliches Arbeitsbuch I*, Hg. W. Fischer u. a., München 1982, 52 f.; W. G. Hoffmann, *Das Wachstum der deutschen Wirtschaft seit der Mitte des 19. Jahrhunderts*, Berlin 1965. Überblick: Wehler, *Gesellschaftsgeschichte*; *Handbuch* Aubin/Zorn; Tilly, *Zollverein*; H. Kiesewetter, *Industrielle Revolution in Deutschland 1815-1914*, Frankfurt 1991; F.-W. Henning, *Die Industrialisierung in Deutschland 1800 bis 1914*, Paderborn (1973) [8]1993. K. E. Born, *Wirtschafts- u. Sozialgeschichte des Deutschen Kaiserreichs (1867/71-1914)*, Stuttgart 1985. D. S. Landes, *Der entfesselte Prometheus*, München 1983; *Handbuch der europäischen Wirtschafts- u. Sozialgeschichte*, Hg. W. Fischer u. a., V, Stuttgart 1985; C. Buchheim, *Industrielle Revolutionen*, München 1994.

45 W. Achilles, *Deutsche Agrargeschichte im Zeitalter der Reformen u. der Industrialisierung*, Paderborn 1993; C. Dipper, *Landwirtschaft im Wandel*, in: *NPL* 38. 1993, 29-42; ders., *Die Bauernbefreiung in Deutschland*, in: *GWU* 43. 1992, 16-31; *Landwirtschaft u. industrielle Entwicklung*, Hg. T. Pierenkemper, Stuttgart 1989. F.-W. Henning, *Landwirtschaft u. ländliche Gesellschaft in Deutschland 1750-1986*, Paderborn ²1985.

46 M. Rolfes, *Landwirtschaft 1850-1914*, in: *Handbuch* Aubin/Zorn, 495-526.

47 *Deutsche Bankengeschichte*, II, Frankfurt 1982; R.H. Tilly, *Kapital, Staat u. sozialer Protest in der deutschen Industrialisierung*, Göttingen 1980.

48 Überblick: W. Fischer, *Bergbau, Industrie u. Handwerk 1850-1914*, in: *Handbuch* Aubin/Zorn, 527-62 (Daten: 533). Forschungsstand: T. Pierenkemper, *Gewerbe u. Industrie im 19. u. 20. Jahrhundert*, München 1994. Handwerk: F. Lenger, *Sozialgeschichte der deutschen Handwerker seit 1800*, Frankfurt 1988; *Prekäre Selbständigkeit*, Hg. U. Wengenroth, Stuttgart 1989. Industrialisierung: K. Borchardt, *Die Industrielle Revolution in Deutschland 1750-1914*, in: *Europäische Wirtschaftsgeschichte*, Hg. C.M. Cipolla/ders., IV, Stuttgart 1977, TB 1985, 135-202; Wehler, *Gesellschaftsgeschichte*, 54ff., 589ff.; R. Tilly, *Germany*, in: *Patterns of European Industrialisation*, Hg. R. Sylla/G. Toniolo, London 1991, 175-96.

49 S. Pollard, *Peaceful Conquest*, Oxford 1981; *Region u. Industrialisierung*, Hg. ders., Göttingen 1980; *Industrialisierung u. Raum*, Hg. R. Fremdling u.a., Stuttgart 1979; *Gewerbe- u. Industrielandschaften vom Spätmittelalter bis ins 20. Jahrhundert*, Hg. H. Pohl, Stuttgart 1986; H. Kiesewetter, *Industrialisierung u. Landwirtschaft*, Köln 1988, 741ff.

50 R. Fremdling, *Modernisierung u. Wachstum der Schwerindustrie in Deutschland*, in: *GG* 5. 1979, 201-27.

51 K. Borchardt, *Wirtschaftliches Wachstum u. Wechsellagen 1800-1914*, in: *Handbuch* Aubin/Zorn, 198-275; R. Spree, *Die Wachstumszyklen der deutschen Wirtschaft von 1840 bis 1880*, Berlin 1977.

52 *Sozialgeschichtliches Arbeitsbuch II*, Hg. G. Hohorst u.a., München 1975, 42ff.

53 H. Reif, *Der Adel in der modernen Sozialgeschichte*, in: *Sozialgeschichte in Deutschland*, Hg. W. Schieder/V. Sellin, IV, Göttingen 1987, 34-60; *Europäischer Adel 1750-1950*, Hg. H.-U. Wehler, ebd. 1990; *Hof u. Hofgesellschaft in den deutschen Staaten im 19. u. beginnenden 20. Jahrhundert*, Hg. K. Möckl, Boppard 1990. A.J. Mayer, *Adelsmacht u. Bürgertum*, München 1984.

54 *Peasants and Lords in Modern Germany*, Hg. R.G. Moeller, Boston

1986; *The German Peasantry*, Hg. R.J. Evans/W.R. Lee, London 1986. Kocka, *Arbeitsverhältnisse*, 147ff.

55 *Bürgertum im 19. Jahrhundert*, Hg. ders., 3 Bde., München 1988, ND Göttingen 1995; *Bürger u. Bürgerlichkeit im 19. Jahrhundert*, Hg. ders., ebd. 1987; *The German Bourgeoisie*, Hg. D. Blackbourn/R.J. Evans, London 1991; U. Haltern, *Die Gesellschaft der Bürger*, in: *GG* 19. 1993, 100-34. L. Gall, *Bürgertum in Deutschland*, Berlin 1989; T. Mergel, *Zwischen Klasse u. Konfession*, Göttingen 1994. Bildungsbürgertum: U. Engelhardt, *»Bildungsbürgertum«*, Stuttgart 1986; *Bildungsbürgertum in Deutschland*, Hg. W. Conze u.a., 4 Bde., ebd. 1985-1992; H. Henning, *Die deutsche Beamtenschaft im 19. Jahrhundert*, ebd. 1984; O. Janz, *Bürger besonderer Art*, Berlin 1994. Wirtschaftsbürgertum: D. Schumann, *Bayerns Unternehmer in Gesellschaft u. Staat 1834-1914*, Göttingen 1992; T. Pierenkemper, *Die westfälischen Schwerindustriellen 1852-1913*, ebd. 1979; H. Berghoff/R. Möller, *Unternehmer in Deutschland u. England 1870-1914*, in: *HZ* 256. 1993, 353-86.

56 H.-U. Wehler, *Die Geburtsstunde des deutschen Kleinbürgertums*, in: *Bürger in der Gesellschaft der Neuzeit*, Hg. H.-J. Puhle, Göttingen 1991, 199-209; H.-G. Haupt, *Kleine u. große Bürger in Deutschland u. Frankreich am Ende des 19. Jahrhunderts*, in: *Bürgertum*, II, 252-75; Lenger, *Sozialgeschichte*. J. Kocka, *Die Angestellten in der deutschen Geschichte 1850-1980*, Göttingen 1981; ders., *Unternehmensverwaltung u. Angestelltenschaft am Beispiel Siemens 1847-1914*, Stuttgart 1969.

57 K. Tenfelde, *Die Geschichte der Arbeiter zwischen Strukturgeschichte u. Alltagsgeschichte*, in: *Sozialgeschichte*, IV, 81-107; *Arbeiter u. Arbeiterbewegung im Vergleich*, Hg. ders., München 1986. J. Kocka, *Lohnarbeit u. Klassenbildung*, Bonn 1983; ders., *Arbeitsverhältnisse*; ders., *Traditionsbindung u. Klassenbildung*, in: *HZ* 243. 1986, 333-76. J. Ehmer, *Soziale Traditionen in Zeiten des Wandels*, Frankfurt 1994.

58 H.-U. Wehler, *Wie »bürgerlich« war das Deutsche Kaiserreich?* in: ders., *Aus der Geschichte lernen?* München 1988, 191-217.

## *II. Barrieren gegen eine Liberalisierung*

1 Anm. I/1 u. 11. W. Bußmann, *Das Zeitalter Bismarcks*, in: *Handbuch der deutschen Geschichte*, Hg. L. Just u.a., Bd. 3/2, (Konstanz 1956) Frankfurt [4]1968.

2 Langewiesche, *Liberalismus*, 164ff.

3 M. Stürmer, *Regierung u. Reichstag im Bismarckstaat 1871-1880*, Düsseldorf 1974; H. Oncken, *Rudolf von Bennigsen*, II, Stuttgart 1910; W. Grohs, *Die Liberale Reichspartei, 1871-1874*, Frankfurt 1990;

*Deutscher Liberalismus im Zeitalter Bismarcks*, II, Hg. P. Wentzcke, Bonn 1926.

4 Pollmann, 433 ff. Anm. V/7. M.-L. Weber, *Ludwig Bamberger*, Düsseldorf 1987, 138 ff.; K. E. Born, *Der Ausbau der Reichsinstitutionen u. das Notenbankproblem*, in: *Bismarck*, 257-79.

5 *Entstehung u. Quellen der Strafprozeßordnung von 1877*, Hg. W. Schubert/J. Regge, Frankfurt 1989; E. Naujoks, *Die parlamentarische Entstehung des Reichspressegesetzes in der Bismarckzeit*, Düsseldorf 1975; W. Schubert, *Die deutsche Gerichtsverfassung (1869-1877)*, Frankfurt 1981; M. F. John, *Politics and Law in Late Nineteenth-Century Germany*, Oxford 1989; A. Laufs, *Eduard Lasker*, Göttingen 1984; J. F. Harris, *A Study in the Theory and Practice of German Liberalism*, Lanham 1984.

6 *Verwaltungsgeschichte*; R. Morsey, *Die oberste Reichsverwaltung unter Bismarck 1867-1890*, Münster 1957.

7 Heffter; W. Rüfner, *Preußen*, in: *Verwaltungsgeschichte*, 678-714.

8 Überblick: Huber, *Verfassungsgeschichte*, IV, 635 ff.; Lönne, 151 ff. Forschungsstand: Gall, *Europa*, 140 ff. D. Blackbourn, *Progress and Piety*, in: ders., *Populists*, 143-67; M. L. Anderson, *The Kulturkampf and the Course of German History*, in: *CEH* 19. 1986, 82-115; Mergel, 211 ff.

9 L. Gall, *Die partei- u. sozialgeschichtliche Problematik des badischen Kulturkampfes*, in: *ZGO* 113. 1965, 151-96; J. Becker, *Liberaler Staat u. Kirche in der Ära von Reichsgründung u. Kulturkampf*, Mainz 1973.

10 Gall, *Bismarck*, 469 ff.; Pflanze, *Bismarck*, II, 179 ff.

11 Morsey, 287 ff.

12 Pollmann, 241 ff.; M. Stürmer, *Militärkonflikt u. Bismarckstaat*, in: *Gesellschaft, Parlament u. Regierung*, Hg. G. A. Ritter, Düsseldorf 1974, 225-48.

13 Langewiesche, *Liberalismus*, 164 ff.; Gall, *Bismarck*, 459 ff.; Pflanze, *Bismarck*, II, 207 ff.

14 Borchardt, *Wachstum*, 262 ff.; Spree, *Wachstumszyklen*, 352 ff.; V. Hentschel, *Prosperität u. Krise in der württembergischen Wirtschaft 1871-1879*, in: *VSWG* 63. 1976, 339-89.

15 H. Mottek, *Die Gründerkrise*, in: *JWG* I/1966, 51-128.

16 K. W. Hardach, *Die Bedeutung wirtschaftlicher Faktoren bei der Wiedereinführung der Eisen- u. Getreidezölle in Deutschland 1879*, Berlin 1967, 73 ff.

17 H. Rosenberg, *Große Depression u. Bismarckzeit*, ebd. 1967. Kritik: R. Spree, *Lange Wellen wirtschaftlicher Entwicklung in der Neuzeit*, Stuttgart 1991; V. Hentschel, *Wirtschaft u. Wirtschaftspolitik im wilhelminischen Deutschland*, ebd. 1978, 205 ff.; G. Eley, *Hans Rosenberg and the Great Depression of 1873-96*, in: ders., *Unification*, 23-41.

18 H.-P. Ullmann, *Interessenverbände in Deutschland*, Frankfurt 1988; I.N. Lambi, *Free Trade and Protection in Germany 1868-1879*, Wiesbaden 1963; Böhme, 341 ff.
19 W. Pyta, *Landwirtschaftliche Interessenpolitik im Deutschen Kaiserreich*, Stuttgart 1991.
20 Böhme; D. Stegmann, *Die Erben Bismarcks*, Köln 1970; O. Pflanze, *»Sammlungspolitik« 1875-1886*, in: *Innenpolitische Probleme des Bismarck-Reiches*, Hg. ders., München 1983, 155-94.
21 Sheehan, *Liberalismus*, 145 ff.; Langewiesche, *Liberalismus*, 128 ff.
22 G.A. Ritter, *Wahlgeschichtliches Arbeitsbuch*, München 1980, 38 f.
23 I.S. Lorenz, *Eugen Richter*, Husum 1981; Oncken; *Liberalismus*.
24 Wahlergebnisse: Ritter, *Arbeitsbuch*, 38 f. Zentrum: M.L. Anderson, *Windthorst*, Düsseldorf 1988. Deutschkonservative: Retallack, *Notables*; H. Booms, *Die deutschkonservative Partei*, Düsseldorf 1954.
25 Gall, *Europa*, 74 ff., 122 ff.
26 Gerloff, 51 ff. (Daten: 98 f.).
27 Pflanze, *Bismarck*, II, 322 ff.; Gall, *Bismarck*, 526 ff.; F. Herre, *Kaiser Wilhelm I.*, Köln 1980.
28 Gall, *Bismarck*, 526 ff.; Pflanze, *Bismarck*, II, 281 ff.; Böhme, 421 ff.
29 H.-E. Matthes, *Die Spaltung der Nationalliberalen Partei u. die Entwicklung des Linksliberalismus 1878-1893*, Diss. Kiel 1953, 49 ff.
30 L. Machtan, *Streiks u. Aussperrungen im Deutschen Kaiserreich*, Berlin 1984. W. Schieder, *Bismarck u. der Sozialismus*, in: *Bismarck*, 173-89.
31 P. Steinbach, *Die Zähmung des politischen Massenmarktes*, II, Passau 1990, 417 ff.; Stürmer, *Regierung*, 231 ff.
32 W. Pack, *Das parlamentarische Ringen um das Sozialistengesetz Bismarcks 1878-1890*, Düsseldorf 1961.
33 Lambi, *Free Trade*, 163 ff.
34 Matthes, 102 ff.; Anderson, *Windthorst*, 226 ff.; J.v. Kruedener, *The Franckenstein Paradox in the Intergovernmental Fiscal Relations of Imperial Germany*, in: *Wealth and Taxation in Central Europe*, Hg. P.-C. Witt, Leamington Spa 1987, 111-23.
35 Gall, *Bismarck*, 576 ff.; Langewiesche, *Liberalismus*, 174 ff. (Zitat: 175).
36 M.L. Anderson/K.D. Barkin, *The Myth of the Puttkamer Purge and the Reality of the Kulturkampf*, in: *JMH* 54. 1982, 647-86; Sheehan, *Liberalismus*, 224 ff.; Matthes, 120 ff.
37 K.D. Barkin, *1878-1879. The Second Founding of the Reich*, in: *GSR* 10. 1987, 219-36.
38 Überblicke: K. Hildebrand, *Das vergangene Reich*, Stuttgart 1995; W.J. Mommsen, *Großmachtstellung u. Weltpolitik*, Frankfurt 1993; Nipperdey, *Geschichte 1866-1918*, II, 426 ff.; Dülffer, *Deutschland*; T. Schieder, *Europa im Zeitalter der Nationalstaaten u. europäische*

*Weltpolitik bis zum I. Weltkrieg*, in: *Handbuch der europäischen Geschichte*, Hg. ders., VI, Stuttgart 1973, 1-196. Forschungsstand: K. Hildebrand, *Deutsche Außenpolitik 1871-1918*, München 1989.

39 A. Hillgruber, *Bismarcks Außenpolitik*, Freiburg ²1981, 129ff.; H. Wolter, *Bismarcks Außenpolitik 1871-1881*, Berlin 1983.

40 U. Lappenküper, *Die Mission Radowitz*, Göttingen 1990; A. Hillgruber, *Die »Krieg-in-Sicht«-Krise 1875*, in: ders., *Deutsche Großmacht- u. Weltpolitik im 19. u. 20. Jahrhundert*, Düsseldorf 1977, 35-52; K.-A. Hampe, *Neues zum Kissinger Diktat Bismarcks von 1877*, in: *HJb* 108. 1988, 204-12.

41 *Bismarcks Außenpolitik u. der Berliner Kongreß*, Hg. K. O. Frhr. von Aretin, Wiesbaden 1978; *Der Berliner Kongreß von 1878*, Hg. R. Melville/H.-J. Schröder, ebd. 1982; B. Waller, *Bismarck at the Crossroads*, London 1974.

42 K. Hildebrand, *»System der Aushilfen?«* in: *Bismarck*, 121-39.

43 *Imperialismus*, Hg. H.-U. Wehler (1970), TB Königstein ⁴1979; W. J. Mommsen, *Imperialismustheorien*, Göttingen (1977) ³1987. Ders., *Das Zeitalter des Imperialismus*, Frankfurt (1969) ¹⁹1993; W. Reinhard, *Geschichte der europäischen Expansion*, III/IV, Stuttgart 1988/1990; H.-U. Wehler, *Bismarck u. der Imperialismus* (1969), TB Frankfurt ⁵1984.

44 H. Fenske, *Ungeduldige Zuschauer*, in: *Imperialistische Kontinuität u. nationale Ungeduld im 19. Jahrhundert*, Hg. W. Reinhard, Frankfurt 1991, 87-140. K. J. Bade, *Friedrich Fabri u. der Imperialismus der Bismarckzeit*, Freiburg 1975; *Imperialismus u. Kolonialmission*, Hg. ders., Wiesbaden ²1984; ders., *Die »Zweite Reichsgründung« in Übersee*, in: *Die Herausforderung des europäischen Staatensystems*, Hg. A. M. Birke/G. Heydemann, Göttingen 1989, 183-215.

45 E. Bendikat, *Organisierte Kolonialbewegung in der Bismarck-Ära*, Brazzaville 1984.

46 Gall, *Bismarck*, 619ff. H. Pogge von Strandmann, *Domestic Origins of Germany's Colonial Expansion under Bismarck*, in: *PP* 42. 1969, 140-59. Wehler, *Bismarck*.

47 Kongo-Konferenz: *Bismarck, Europe and Africa*, Hg. S. Förster u. a., Oxford 1988. Überblick über die einzelnen Kolonien: H. Gründer, *Geschichte der deutschen Kolonien*, Paderborn ²1991.

48 H.-U. Wehler, *Bismarcks späte Rußlandpolitik*, in: ders., *Krisenherde des Kaiserreichs 1871-1918*, Göttingen ²1979, 166-83; H. Müller-Link, *Industrialisierung u. Außenpolitik*, ebd. 1977.

49 Hillgruber, *Außenpolitik*, 187ff.; K. Canis, *Bismarck u. Waldersee*, Berlin 1980.

50 *Zur Geschichte u. Problematik des deutsch-russischen Rückversicherungsvertrages von 1887*, Hg. H. Hallmann, Darmstadt 1968.

51 P. M. Kennedy, *The Rise of the Anglo-German Antagonism 1860-1914*, London 1980, 184ff.
52 Zum folgenden Pflanze, *Bismarck*, III, 31ff.; Gall, *Bismarck*, 597ff.; Engelberg, *Bismarck*, II, 379ff.
53 Anderson, *Windthorst*, 278ff.; Gerloff, 183ff. Vgl. V/1.
54 J. Curtius, *Bismarcks Plan eines Deutschen Volkswirtschaftsrates*, Heidelberg 1919; M. Stürmer, *Staatsstreichgedanken im Bismarckstaat*, in: *HZ* 209. 1969, 566-617.
55 D. S. White, *The Splintered Party*, Cambridge/Mass. 1976, 84ff.; H. Herzfeld, *Johannes von Miquel*, II, Detmold 1938, 11ff.; Sheehan, *Liberalismus*, 241ff.; G. Seeber, *Zwischen Bebel u. Bismarck*, Berlin 1965.
56 Anm. II/8; Anderson, *Windthorst*, 277ff.
57 K. J. Bade, *»Kulturkampf« auf dem Arbeitsmarkt*, in: *Innenpolitische Probleme*, 121-42; H. Neubach, *Die Ausweisungen von Polen u. Juden aus Preußen 1885/86*, Wiesbaden 1967; Geyer, *Rüstungspolitik*, 45ff.; E. Bendikat, *Wahlkämpfe in Europa 1884 bis 1889*, Wiesbaden 1988, 290ff.
58 Retallack, *Notables*, 36ff.; H. Heffter, *Die Kreuzzeitungspartei u. die Kartellpolitik Bismarcks*, Leipzig 1927; Herzfeld, *Miquel*, 93ff.
59 J. A. Nichols, *The Year of the Three Kaisers*, Urbana 1987. J. C. G. Röhl, *Wilhelm II.*, I, München 1993; L. Cecil, *Wilhelm II*, Chapel Hill 1989. Anm. IV/9.
60 *1889*, Hg. K. Ditt/D. Kift, Hagen 1989. Anm. IV/3. *Bismarcks Sturz*, Hg. G. Seeber, Berlin 1977.
61 J. C. G. Röhl, *Staatsstreichplan oder Staatsstreichbereitschaft?* in: *HZ* 203. 1966, 610-24.
62 O. Pflanze, *Bismarcks Herrschaftstechnik als Problem der gegenwärtigen Historiographie*, in: *HZ* 234. 1982, 561-99. *Der Bonapartismus*, Hg. K. Hammer/P. C. Hartmann, München 1977; L. Gall, *Bismarck u. der Bonapartismus*, in: *HZ* 223. 1976, 618-37; H.-U. Wehler, *Bonapartismus oder Charismatische Herrschaft?* in: ders., *Die Gegenwart als Geschichte*, München 1995, 72-83.

## *III. Industrielle Dynamik und gesellschaftliche Bewegung*

1 Überblick: Anm. I/44. W. Fischer, *Deutschland 1850-1914*, in: *Handbuch* Fischer, V, 357-442 (Daten: 393). *Sozialgeschichtliches Arbeitsbuch* II. K. D. Barkin, *The Controversy over German Industrialization 1890 to 1902*, Chicago 1970; zuletzt H. Harnisch, *Agrarstaat oder Industriestaat*, in: *Ostelbische Agrargesellschaft im Kaiserreich u. in der Weimarer Republik*, Hg. H. Reif, Berlin 1994, 33-50.

2 Borchardt, *Wachstum* (Daten: 204ff.); H. Kaelble, *Der Mythos von der rapiden Industrialisierung in Deutschland*, in: *GG* 9. 1983, 106-18.

3 R. Spree, *Wachstumstrends u. Konjunkturzyklen in der deutschen Wirtschaft von 1820 bis 1913*, Göttingen 1978; M. Grabas, *Konjunktur u. Wachstum in Deutschland von 1895 bis 1914*, Berlin 1992. R. Metz, *Wachstum u. lange Wellen*, in: *NPL* 38. 1993, 43-72.

4 Anm. I/49. H. Kaelble/R. Hohls, *Der Wandel der regionalen Disparitäten in der Erwerbsstruktur Deutschlands 1895-1970*, in: J. Bergmann u.a., *Regionen im historischen Vergleich*, Opladen 1989, 288-413. O. Schwarzer, *Die räumliche Ordnung der Wirtschaft in Deutschland um 1910*, Stuttgart 1990.

5 Fischer, *Deutschland*, 394.

6 Überblicke: Anm. I/48. Forschungsstand: ebd. Heimgewerbe: G.A. Ritter/K. Tenfelde, *Arbeiter im Deutschen Kaiserreich*, Bonn 1992, 232ff. Handwerk: Anm. I/48.

7 Fischer, *Bergbau*. K.-P. Ellerbrock, *Geschichte der deutschen Nahrungs- u. Genußmittelindustrie 1750-1914*, Stuttgart 1993, 239ff. W. Feldenkirchen, *Die Eisen- u. Stahlindustrie des Ruhrgebiets 1879-1914*, Wiesbaden 1982; U. Wengenroth, *Unternehmensstrategien u. technischer Fortschritt*, Göttingen 1986; U. Burghardt, *Die Mechanisierung des Ruhrbergbaus 1890-1930*, München 1995.

8 W. Wetzel, *Naturwissenschaften u. chemische Industrie in Deutschland*, Stuttgart 1991; W. Wimmer, *»Wir haben fast immer was Neues«*, Berlin 1994; G. Plumpe, *Die I.G. Farbenindustrie AG*, Berlin 1990. T.P. Hughes, *Networks of Power*, Baltimore 1983; R. Sandgruber, *Strom der Zeit*, Linz 1992; W. Zängl, *Deutschlands Strom*, Frankfurt 1989; W. Schivelbusch, *Lichtblicke*, München 1983. J. Radkau, *Technik in Deutschland*, Frankfurt 1989; W. König/W. Weber, *Netzwerke, Stahl u. Strom 1840 bis 1914*, Berlin 1990.

9 Fischer, *Bergbau*, 534ff.

10 Ebd., 533; W. Sombart, *Der moderne Kapitalismus*, III/2 (1927), ND München 1987, 835ff.

11 R. Tilly, *Großunternehmen: Schlüssel zur Wirtschafts- u. Sozialgeschichte der Industrieländer?* in: *GG* 19. 1993, 530-48. *Recht u. Entwicklung der Großunternehmen im 19. u. frühen 20. Jahrhundert*, Hg. N. Horn/J. Kocka, Göttingen 1979; J. Kocka, *Unternehmer in der Industrialisierung*, ebd. 1975. H. Homburg, *Anfänge des Taylorsystems in Deutschland vor dem Ersten Weltkrieg*, in: *GG* 4. 1978, 170-94. T. Welskopp, *Betriebliche Sozialpolitik im 19. u. frühen 20. Jahrhundert*, in: *AfS* 34. 1994, 333-74.

12 *Die Konzentration in der Wirtschaft*, Hg. H. Arndt, 3 Bde., Berlin $^{2}$1971; R. Tilly, *Mergers, External Growth and Finance in the Development of Large-Scale Enterprise in Germany, 1880-1913*, in: *JEH* 42.

1982, 629-58. *Kartelle u. Kartellgesetzgebung in Praxis u. Rechtsprechung vom 19. Jahrhundert bis zur Gegenwart*, Hg. H. Pohl, Stuttgart 1985.

13 Hoffmann, *Wachstum*, 395 ff. (Daten: 399 f., 417, 420 f.). D. Ziegler, *Kommerzielle oder militärische Interessen, Partikularismus oder Raumplanung?* in: *Wirtschaftliche Integration u. Wandel von Raumstrukturen im 19. u. 20. Jahrhundert*, Hg. J. Wysocki, Berlin 1994, 39-63. *The Development of Large Technical Systems*, Hg. R. Mayntz/T. P. Hughes, Frankfurt 1988.

14 *Durchbruch zum modernen Massenkonsum*, Hg. H. J. Teuteberg, Münster 1987. R. Gellately, *The Politics of Economic Despair*, London 1974; S. Gerlach, *Das Warenhaus in Deutschland*, Stuttgart 1988; H. Homburg, *Warenhausunternehmen u. ihre Gründer in Frankreich u. Deutschland*, in: *JWG* I/1992, 183-219.

15 *Europäische Bankengeschichte*, Hg. H. Pohl, Frankfurt 1993; *Währung*; L. Gall u. a., *Die Deutsche Bank 1870-1995*, München 1995. V. Wellhöner, *Großbanken u. Großindustrie im Kaiserreich*, Göttingen 1989; R. H. Tilly, *An Overview on the Role of Large German Banks up to 1914*, in: *Finance and Financiers in European History, 1880-1960*, Hg. Y. Cassis, Cambridge 1992, 93-112; *Financing Industrialization*, 2 Bde., Aldershot 1992.

16 Anm. I/45. J. A. Perkins, *The Agricultural Revolution in Germany 1850-1914*, in: *JEEH* 10. 1981, 71-118.

17 D. Blackbourn, *Peasants and Politics, 1871-1914*, in: ders., *Populists*, 114-39. H. J. Teuteberg/G. Wiegelmann, *Der Wandel der Nahrungsgewohnheiten unter dem Einfluß der Industrialisierung*, Göttingen 1972; dies., *Unsere tägliche Kost*, Münster [2]1986; *Haushalt u. Verbrauch in historischer Perspektive*, Hg. T. Pierenkemper, St. Katharinen 1987.

18 K. Heß, *Junker u. bürgerliche Großgrundbesitzer im Kaiserreich*, Stuttgart 1990; R. G. Moeller, *German Peasants and Agrarian Politics, 1914-1924*, Chapel Hill 1986.

19 W. Zapf, Die *Wohlfahrtsentwicklung in Deutschland seit der Mitte des 19. Jahrhunderts*, in: *Sozialgeschichte der Bundesrepublik Deutschland*, Hg. W. Conze/M. R. Lepsius, Stuttgart 1983, 46-65. R. Spree, *Soziale Ungleichheit vor Krankheit u. Tod*, Göttingen 1981. H. Kaelble, *Industrialisierung u. soziale Ungleichheit*, ebd. 1983. Ritter/Tenfelde, 148 ff.

20 Überblick: Nipperdey, *Geschichte 1866-1918*, I, 9 ff., 209 ff., 291 ff., 396 ff.; Ritter/Tenfelde, 111 ff.; *Sozialgeschichtliche Probleme in der Zeit der Hochindustrialisierung (1870-1914)*, Hg. H. Pohl, Paderborn 1979.

21 P. Marschalk, *Bevölkerungsgeschichte Deutschlands im 19. u. 20. Jahrhundert*, Frankfurt 1984 (Daten: 141 ff.); W. Köllmann, *Bevölkerung*

*in der industriellen Revolution*, Göttingen 1974; J. Woycke, *Birth Control in Germany, 1871-1933*, London 1988.

22 *Deutsche im Ausland – Fremde in Deutschland*, Hg. K. J. Bade, München (1992) ³1993; *Auswanderer – Wanderarbeiter – Gastarbeiter*, Hg. ders., 2 Bde., Ostfildern ²1984. Ders., *German Transatlantic Emigration in the Nineteenth and Twentieth Centuries*, in: *European Expansion and Migration*, Hg. P. C. Emmer/M. Mörner, New York 1992, 121-55; P. Marschalk, *Deutsche Überseewanderung im 19. Jahrhundert*, Stuttgart 1973. U. Herbert, *Geschichte der Ausländerbeschäftigung in Deutschland 1880 bis 1980*, Bonn 1986. W. Köllmann, *Industrialisierung, Binnenwanderung u. »Soziale Frage«*, in: ders., *Bevölkerung*, 106-24 (Daten: 117); S. Bleek, *Mobilität u. Seßhaftigkeit in deutschen Großstädten während der Urbanisierung*, in: *GG* 15. 1989, 5-33.

23 Überblick: Krabbe; J. Reulecke, *Geschichte der Urbanisierung in Deutschland*, Frankfurt 1985 (Daten: 202f.); *Urbanisierung im 19. u. 20. Jahrhundert*, Hg. H. J. Teuteberg, Köln 1983. Forschungsstand: *Moderne Stadtgeschichtsforschung in Europa, USA u. Japan*, Hg. C. Engli/H. Matzerath, Stuttgart 1989; C. Zimmermann, *Urbanisierung – Stadtgeschichte – Stadtentwicklung*, in: *NPL* 38. 1993, 7-28; F. Lenger, *Urbanisierungs- u. Stadtgeschichte; Neuzeitliche Stadt- u. Urbanisierungsgeschichte als Sozialgeschichte*, in: *AfS* 26. 1986, 429-79; 30. 1990, 376-422.

24 S. Fisch, *Stadtplanung im 19. Jahrhundert*, München 1988. S. Bleek, *Quartierbildung in der Urbanisierung*, ebd. 1991; *Soziale Räume in der Urbanisierung*, Hg. W. Hardtwig/K. Tenfelde, ebd. 1990; *Innerstädtische Differenzierung u. Prozesse im 19. u. 20. Jahrhundert*, Hg. H. Heineberg, Köln 1987; H. J. Teuteberg, *Homo habitans*, Münster 1985. *Kommunale Leistungsverwaltung u. Stadtentwicklung vom Vormärz bis zur Weimarer Republik*, Hg. H. H. Blotevogel, Köln 1990; *Kommunale Unternehmen*, Hg. H. Pohl, Stuttgart 1987; P. Münch, *Stadthygiene im 19. u. 20. Jahrhundert*, Göttingen 1993; C. Zimmermann, *Von der Wohnungsfrage zur Wohnungspolitik*, ebd. 1991.

25 Anm. I/55. D. L. Augustine, *Patricians and Parvenus*, Oxford 1994. H. Berghoff, *Aristokratisierung des Bürgertums?* in: *VSWG* 81. 1994, 178-204; K. Kaudelka-Hanisch, *Preußische Kommerzienräte in der Provinz Westfalen u. im Regierungsbezirk Düsseldorf (1810-1918)*, Dortmund 1993. H. Kaelble, *Sozialstruktur u. Lebensweisen deutscher Unternehmer*, in: *SM* 24. 1990, 132-78; ders., *Französisches u. deutsches Bürgertum 1870-1914*, in: *Bürgertum*, I, 79-106.

26 Anm. I/55. J. Kocka, *Bildungsbürgertum – Gesellschaftliche Formation oder Historikerkonstrukt?* in: *Bildungsbürgertum im 19. Jahrhundert* IV, Hg. ders., Stuttgart 1989, 9-20; *Bürgerliche Berufe*, Hg. H. Siegrist, Göttingen 1988; C. Huerkamp, *Der Aufstieg der Ärzte im*

*19. Jahrhundert*, Göttingen 1985; zuletzt auch K. H. Jarausch, *The Unfree Professions, 1900-1950*, New York 1990; *German Professions 1880-1950*, Hg. Cocks/ders., ebd. 1990; C. E. McClelland, *The German Experience of Professionalization*, Cambridge 1991.

27 S. Volkov, *Die Juden in Deutschland 1780-1918*, München 1994; dies., *Die Erfindung einer Tradition*, in: *HZ* 253. 1991, 603-28; T. Maurer, *Die Entwicklung der jüdischen Minderheit in Deutschland (1780-1933)*, Tübingen 1992.

28 Anm. I/56. A. v. Saldern, *The Old Mittelstand 1890-1939*, in: *CEH* 25. 1992, 27-51; H. A. Winkler, *Zwischen Marx u. Monopolen*, Frankfurt 1991; D. Blackbourn, *Between Resignation and Volatility*, in: ders., *Populists*, 84-113. T. Pierenkemper, *Arbeitsmarkt u. Angestellte im Deutschen Kaiserreich 1880-1913*, Stuttgart 1987.

29 J. Kocka, *Obrigkeitsstaat u. Bürgerlichkeit*, in: *Deutschlands Weg in die Moderne*, Hg. W. Hardtwig/H.-H. Brandt, München 1993, 107-21; *Arbeiter u. Bürger im 19. Jahrhundert*, Hg. J. Kocka, ebd. 1986; A. Thompson, *Decorations, the State and Bourgeois Society in Imperial Germany*, in: *PP* 144. 1994, 171-204.

30 Anm. I/57. Ritter/Tenfelde; J. Mooser, *Arbeiterleben in Deutschland*, Frankfurt 1984; J. J. Kulczycki, *The Foreign Workers and the German Labor Movement*, Oxford 1994. Forschungsstand: Ritter/Tenfelde.

31 Ebd. T. Welskopp, *Arbeit u. Macht im Hüttenwerk*, Bonn 1994; A. Lüdtke, *Eigen-Sinn*, Hamburg 1993. L. Abrams, *Workers' Culture in Imperial Germany*, London 1992.

32 A. Lees, *Cities Percieved*, Manchester 1985; K. Bergmann, *Agrarromantik u. Großstadtfeindschaft*, Meisenheim 1970. Blackbourn, *Peasants*; *Idylle oder Aufbruch?* Hg. W. Jacobeit u. a., Berlin 1990.

33 Anm. I/53. F. L. Carsten, *Geschichte der preußischen Junker*, Frankfurt 1988; H. Henning, *Die unentschiedene Konkurrenz*, Stuttgart 1994. Ders., *Beamtenschaft*; Süle. *Das Diplomatische Korps 1871-1934*, Hg. K. Schwabe, Boppard 1985; L. Cecil, *The German Diplomatic Service, 1871-1914*, Princeton 1976.

34 Anm. I/54. W. Kaschuba, *Lebenswelt u. Kultur der unterbürgerlichen Schichten im 19. u. 20. Jahrhundert*, München 1990; *Agrargesellschaft*.

35 Ritter/Tenfelde, 219ff.

36 Klassen- u. Schichtenbegriff: ebd., 113ff. Mobilität: H. Kaelble, *Soziale Mobilität u. Chancengleichheit im 19. u. 20. Jahrhundert*, Göttingen 1983; P. Lundgreen u. a., *Bildungschancen u. soziale Mobilität in der städtischen Gesellschaft des 19. Jahrhunderts*, ebd. 1988. T. Nipperdey, *War die wilhelminische Gesellschaft eine Untertanen-Gesellschaft?* in: ders., *Nachdenken über die deutsche Geschichte*, München 1990, 208-24; K. Barkin, *Germany and England: Economic Inequality*, in: *TAJB* 16. 1987, 200-11.

37 Überblick: R. Sieder, *Sozialgeschichte der Familie*, Frankfurt 1987. Forschungsstand: T. K. Hareven, *The History of the Family and the Complexity of Social Change*, in: *AHR* 96. 1991, 95-124. *Historische Familienforschung*, Hg. M. Mitterauer/R. Sieder, Frankfurt 1982; *Familie zwischen Tradition u. Moderne*, Hg. N. Bulst u. a., Göttingen 1981; *The German Family*, Hg. R. J. Evans/W. R. Lee, London 1981. W. H. Hubbard, *Familiengeschichte*, München 1983. J. Ehmer, *Heiratsverhalten, Sozialstruktur, ökonomischer Wandel*, Göttingen 1991.

38 H. Rosenbaum, *Formen der Familie*, Frankfurt 1982, 47ff.

39 Ritter/Tenfelde, 537ff.

40 Rosenbaum, 255ff.; Nipperdey, *Geschichte 1866-1918*, I, 47ff.; G.-F. Budde, *Auf dem Weg ins Bürgerleben*, Göttingen 1994.

41 Überblick: U. Frevert, *»Mann u. Weib, u. Weib u. Mann«*, München 1995; dies., *Frauen-Geschichte*, Frankfurt 1986. Forschungsstand: S. Paletschek, *Das Dilemma von Gleichheit u. Differenz*, in: *AfS* 33. 1993, 548-85. *German Women in the Nineteenth Century*, Hg. J. Fout, New York 1984; *Bürgerinnen u. Bürger*, Hg. U. Frevert, Göttingen 1988.

42 *Geschlechterhierarchie u. Arbeitsteilung*, Hg. K. Hausen, Göttingen 1993. Hoffmann, *Wachstum* (Daten: 16f., 209f.); W. Müller u. a., *Strukturwandel der Frauenarbeit 1880-1980*, Frankfurt 1983; Ritter/Tenfelde, 163ff., 205ff. D. Wierling, *Mädchen für alles*, Bonn 1987. R. Stockmann, *Gewerbliche Frauenarbeit in Deutschland 1875-1980*, in: *GG* 11. 1985, 447-75; Pierenkemper, *Angestellte*, 194ff.; C. E. Adams, *Women Clerks in Wilhelmine Germany*, Cambridge 1988. *Die Frau in der deutschen Wirtschaft*, Hg. Pohl, Stuttgart 1985; H.-G. Haupt, *Männliche u. weibliche Berufskarrieren im deutschen Bürgertum in der zweiten Hälfte des 19. Jahrhunderts*, in: *GG* 18. 1992, 143-60.

43 Überblick: U. Gerhard, *Unerhört*, Reinbek 1990. H.-U. Bussemer, *Frauenemanzipation u. Bildungsbürgertum*, Weinheim 1985; I. Stoehr, *Emanzipation zum Staat?* Pfaffenweiler 1990; B. Greven-Aschoff, *Die bürgerliche Frauenbewegung in Deutschland 1894-1933*, Göttingen 1981; *»Heraus mit dem Wahlrecht«*, Hg. C. Wickert, Pfaffenweiler 1990; B. Kerchner, *Beruf u. Geschlecht*, Göttingen 1992. U. Baumann, *Protestantismus u. Frauenemanzipation in Deutschland 1850 bis 1920*, Frankfurt 1992; R. Chickering, *»Casting their gaze more broadly«*, in: *PP* 118. 1988, 156-85. R. J. Evans, *Sozialdemokratie u. Frauenemanzipation im Deutschen Kaiserreich*, Berlin 1979; H. Niggemann, *Emanzipation zwischen Sozialismus u. Feminismus*, Wuppertal 1981. A. T. Allen, *Feminism and Motherhood in Germany 1800-1914*, New Brunswick 1991.

44 J. C. Albisetti, *Schooling German Girls and Women*, Princeton 1988;

M. Kraul, *Höhere Mädchenschulen*, in: *Handbuch der deutschen Bildungsgeschichte*, IV, Hg. C. Berg, München 1991, 279-303. L. Mertens, *Vernachlässigte Töchter der Alma Mater*, Berlin 1991.

45 K. Tenfelde, *Demographische Aspekte des Generationenkonflikts seit dem Ende des 19. Jahrhunderts*, in: *Jugendprotest u. Generationenkonflikt in Europa im 20. Jahrhundert*, Hg. D. Dowe, Bonn 1986, 15-27.

46 J. Ehmer, *Sozialgeschichte des Alters*, Frankfurt 1990; C. Conrad, *Vom Greis zum Rentner*, Göttingen 1994.

47 M. Mitterauer, *Sozialgeschichte der Jugend*, Frankfurt 1986; H.-E. Tenorth, *Jugend u. Generationen im historischen Prozeß*, in: *IASL* 13. 1988, 107-39. A. Gestrich, *Traditionelle Jugendkultur u. Industrialisierung*, Göttingen 1986. Ritter/Tenfelde, 645 ff.; D. S. Linton, *»Who has the youth, has the future«*, Cambridge 1991; M. Gräser, *Der blokkierte Wohlfahrtsstaat*, Göttingen 1995. Jugendbewegung: V/3.

48 *»Mit uns zieht die neue Zeit«*, Hg. T. Koebner u. a., Frankfurt 1985 (Zitate: 10f.).

49 H. Jaeger, *Generationen in der Geschichte*, in: *GG* 3. 1977, 429-52; M. Doerry, *Übergangsmenschen*, 2 Bde., Weinheim 1986; D. Peukert, *Die Weimarer Republik*, Frankfurt 1987, 25 ff.

50 *Society and Politics in Wilhelmine Germany*, Hg. R. J. Evans u. a., London 1978; W. Mock, *»Manipulation von oben« oder Selbstorganisation der Basis?* in: *HZ* 232. 1981, 358-75; D. Blackbourn, *The Politics of Demagogy in Imperial Germany*, in: ders., *Populists*, 217-45.

51 K. Tenfelde u. a., *Geschichte der deutschen Gewerkschaften von den Anfängen bis 1945*, Köln 1987; K. Schönhoven, *Die deutschen Gewerkschaften*, Frankfurt 1987; *Solidarität u. Menschenwürde*, Hg. E. Matthias/ders., Bonn 1984; ders., *Expansion u. Konzentration*, Stuttgart 1980; *Aufstieg. Streik*, Hg. K. Tenfelde/H. Volkmann, München 1981; M. Schäfer, *Streiks – Arbeitskämpfe – Konfliktregulierung*, in: *AfS* 34. 1994, 411-28; F. Boll, *Arbeitskämpfe u. Gewerkschaften in Deutschland, England u. Frankreich*, Bonn 1992.

52 Ullmann, *Interessenverbände*. H. Kaelble, *Industrielle Interessenpolitik in der wilhelminischen Gesellschaft*, Berlin 1967; H.-P. Ullmann, *Der Bund der Industriellen*, Göttingen 1976.

53 Ders., *Unternehmerschaft, Arbeitgeberverbände u. Streikbewegung*, in: *Streik*, 194-208.

54 H.-J. Puhle, *Agrarische Interessenpolitik u. preußischer Konservatismus im wilhelminischen Reich (1893-1914)*, Bonn [2]1975; G. Vascik, *Agrarian Conservatism in Wilhelmine Germany*, in: *Reform*, 229-60. A. Hochberger, *Der Bayerische Bauernbund 1893-1918*, München 1991.

55 H.-P. Ullmann, *Organisierte Interessen im Deutschen Kaiserreich*, in: *Innere Staatsbildung u. gesellschaftliche Modernisierung in Österreich*

*u. Deutschland 1867/71 bis 1914*, Hg. H. Rumpler, Wien 1991, 91-106.

56 Überblick: Anm. I/38; *Elections, Mass Politics and Social Change in Modern Germany*, Hg. L. E. Jones/J. Retallack, Cambridge 1992; *Politik u. Milieu*, Hg. H. Best, St. Katharinen 1989. Forschungsstand: T. Kühne, *Wahlrecht–Wahlverhalten–Wahlkultur*, in: *AfS* 33. 1993, 481-547. Daten: Ritter, *Arbeitsbuch*; T. Kühne, *Handbuch der Wahlen zum preußischen Abgeordnetenhaus 1867-1918*, Düsseldorf 1994. Reich: Steinbach, *Zähmung*; Bendikat, *Wahlkämpfe*; S. Suval, *Electoral Politics in Wilhelmine Germany*, Chapel Hill 1985; J. Bertram, *Die Wahlen zum Deutschen Reichstag vom Jahre 1912*, Düsseldorf 1964. Preußen: T. Kühne, *Dreiklassenwahlrecht u. Wahlkultur in Preußen 1867-1914*, Düsseldorf 1994.

57 Anm. I/38. Nipperdey, *Geschichte 1866-1918*, II, 514ff.; ders., *Die Organisation der deutschen Parteien vor 1918*, Düsseldorf 1961.

58 Anm. I/40.

59 Anm. I/39. W. Loth, *Katholiken im Kaiserreich*, Düsseldorf 1984; D. Blackbourn, *Class, Religion and Local Politics in Wilhelmine Germany*, New Haven 1980; R. Kiefer, *Karl Bachem 1858-1945*, Mainz 1989. M. Schneider, *Die christlichen Gewerkschaften 1894-1933*, Bonn 1982; H. Heitzer, *Der Volksverein für das katholische Deutschland im Kaiserreich 1890-1918*, Mainz 1979.

60 Anm. I/41. *Liberalismus u. imperialistischer Staat*, Hg. K. Holl/ G. List, Göttingen 1975; W. J. Mommsen, *Max Weber u. die deutsche Politik 1890-1920*, Tübingen ²1974; P. Theiner, *Sozialer Liberalismus u. deutsche Weltpolitik*, Baden-Baden 1983; D. Düding, *Der Nationalsoziale Verein 1896-1903*, München 1972. *Stadt u. Bürgertum im 19. Jahrhundert*, Hg. L. Gall, ebd. 1990; *Liberalismus u. Region*, Hg. ders./D. Langewiesche, ebd. 1995.

61 Anm. I/42 u. III/54. G. Eley, *Anti-Semitism, Agrarian Mobilization and the Conservative Party*, in: *Reform*, 187-227; D. Stegmann, *Konservatismus u. nationale Verbände im Kaiserreich*, in: *GG* 10. 1984, 409-20.

62 K. Koszyk, *Deutsche Presse im 19. Jahrhundert*, Berlin 1966; H.-D. Fischer, *Handbuch der politischen Presse in Deutschland 1480-1980*, Düsseldorf 1981; *Kommunikationskontrolle des 15. bis 20. Jahrhunderts*, Hg. ders., München 1982. J. Requate, *Journalismus als Beruf*, Göttingen 1995.

63 Anm. III/27. H. Berding, *Moderner Antisemitismus in Deutschland*, Frankfurt 1988; J. Katz, *Vom Vorurteil zur Vernichtung*, München 1989; S. Volkov, *Jüdisches Leben u. Antisemitismus im 19. u. 20. Jahrhundert*, ebd. 1990. R. Rürup, *Emanzipation u. Antisemitismus*, Frankfurt 1987.

64 R. S. Levy, *The Downfall of the Anti-Semitic Political Parties in Imperial Germany*, New Haven 1975.
65 Berding, 110ff.; N. Hammerstein, *Antisemitismus u. deutsche Universitäten 1871-1933*, Frankfurt 1995; N. Kampe, *Studenten u. »Judenfrage« im Deutschen Kaiserreich*, Göttingen 1988.
66 Anm. I/7 u. 27; III/43 u. 68. Rohkrämer, *Militarismus*.
67 Langewiesche, *Reich*, 370ff.; ders., *Nationalismus im 19. u. 20. Jahrhundert*, Bonn 1994; M. Jeismann, *Das Vaterland der Feinde*, Stuttgart 1992; P. R. Anderson, *The Background of Anti-English Feeling in Germany, 1890-1902*, Washington 1939.
68 R. Chickering, *We Men Who Feel Most German*, Boston 1984; G. Eley, *Reshaping the German Right*, New Haven 1980; M. S. Coetzee, *The German Army League*, New York 1990. *Nationalist and Racialist Movements in Britain and Germany before 1914*, Hg. P. Kennedy/A. Nicholls, London ²1986.

## IV. Reaktionen des Obrigkeitsstaates

1 Anm. I/1.
2 P. Leibenguth, *Modernisierungskrisis des Kaiserreichs an der Schwelle zum wilhelminischen Imperialismus*, Diss. Köln 1975; J. C. G. Röhl, *Deutschland ohne Bismarck*, Tübingen 1969; J. A. Nichols, *Germany after Bismarck*, Cambridge/Mass. 1958.
3 Vgl. V/1. H.-J. v. Berlepsch, *»Neuer Kurs« im Kaiserreich?* Bonn 1987; L. Buck-Heilig, *Die Gewerbeaufsicht*, Opladen 1989; M. Karl, *Fabrikinspektoren in Preußen*, ebd. 1993.
4 R. Weitowitz, *Deutsche Politik u. Handelspolitik unter Reichskanzler Leo von Caprivi 1890-1894*, Düsseldorf 1978.
5 Anm. II/7. Herzfeld, *Miquel*, 203ff.; Schremmer, 150ff.
6 Röhl, *Deutschland*, 83ff.; Leibenguth, 225ff.
7 Geyer, *Rüstungspolitik*, 45ff.; Loth, *Katholiken*, 38ff.
8 Anm. III/54.
9 W. J. Mommsen, *Kaiser Wilhelm II and German Politics*, in: *JCH* 25. 1990, 289-316; G. Eley, *The View from the Throne*, in: *HJ* 28. 1985, 469-85. Huber, *Verfassungsgeschichte*, IV, 329ff.; *Der Ort Kaiser Wilhelms II. in der deutschen Geschichte*, Hg. J. C. G. Röhl, München 1991; ders., *Kaiser, Hof u. Staat*, ebd. ²1988; *Kaiser Wilhelm II*, Hg. ders./N. Sombart, London 1982. *Philipp Eulenburgs politische Korrespondenz*, Hg. ders., 3 Bde., Boppard 1976-83. I. V. Hull, *The Entourage of Kaiser Wilhelm II 1888-1918*, Cambridge 1982.
10 M. Hank, *Kanzler ohne Amt*, München 1977, 271ff.; E. Zechlin, *Staatsstreichpläne Bismarcks u. Wilhelms II.*, Stuttgart 1929.

11 Röhl, *Deutschland*, 112ff.; E.-T.P.W. Wilke, *Political Decadence in Imperial Germany*, Urbana 1976; J.D. Fraley, *Government by Procrastination*, in: *CEH* 7. 1974, 159-83.
12 Herzfeld, *Miquel*, 375ff.; Blackbourn, *Class*, 141ff.; D. Georges, *1810/11-1933: Handwerk u. Interessenpolitik*, Frankfurt 1993.
13 K.E. Born, *Staat u. Sozialpolitik seit Bismarcks Sturz*, Wiesbaden 1957, 112ff.; P. Mast, *Künstlerische u. wissenschaftliche Freiheit im Deutschen Reich 1890-1901*, Rheinfelden ²1986.
14 E. Kehr, *Schlachtflottenbau u. Parteipolitik 1894-1901*, Berlin 1930, ND 1965; Stegmann, *Erben Bismarcks*; V.R. Berghahn, *Der Tirpitz-Plan*, Düsseldorf 1971, 90ff. Eley, *Unification*, 9ff., 110ff.
15 Röhl, *Deutschland*, 184ff.
16 K.A. Lerman, *The Chancellor as Courtier*, Cambridge 1990; G. Fesser, *Reichskanzler Bernhard Fürst von Bülow*, Berlin 1991.
17 Berghahn, *Tirpitz-Plan*; H.H. Herwig, *»Luxury« Fleet*, London ²1980; I.N. Lambi, *The Navy and German Power Politics, 1862-1914*, Boston 1984; *Rüstung im Zeichen der wilhelminischen Weltpolitik*, Hg. V.R. Berghahn/W. Deist, Düsseldorf 1988.
18 V.R. Berghahn, *Zu den Zielen des deutschen Flottenbaus unter Wilhelm II.*, in: *HZ* 210. 1970, 34-100; M. Salewski, *Tirpitz*, Göttingen 1979; M. Epkenhans, *Die wilhelminische Flottenrüstung 1908-1914*, München 1991, 1ff.
19 W. Deist, *Flottenpolitik u. Flottenpropaganda*, Stuttgart 1976. Eley, *Reshaping*. Epkenhans; E. Böhm, *Überseehandel u. Flottenbau*, Düsseldorf 1972.
20 Loth, *Katholiken*, 61ff.; Gerloff, 344ff.; P.-C. Witt, *Reichsfinanzen u. Rüstungspolitik 1898-1914*, in: *Marine u. Marinepolitik im kaiserlichen Deutschland 1871-1914*, Hg. H. Schottelius/W. Deist, Düsseldorf 1972, 146-77.
21 Herzfeld, *Miquel*, 519ff.; D. Stegmann, *Wirtschaft u. Politik nach Bismarcks Sturz*, in: *Deutschland in der Weltpolitik des 19. u. 20. Jahrhunderts*, Hg. I. Geiss/B.-J. Wendt, Düsseldorf 1973, 161-84.
22 G. Bonham, *Ideology and Interests in the German State*, New York 1991; Ullmann, *Bund*, 175ff.; H. Horn, *Der Kampf um den Bau des Mittellandkanals*, Köln 1964.
23 D.M. Bleyberg, *Government and Legislative Process in Wilhelmine Germany*, Diss. Univ. of East Anglia 1979; P.-C. Witt, *Die Finanzpolitik des Deutschen Reiches von 1903 bis 1913*, Lübeck 1970, 63ff.; Hentschel, *Wirtschaft*, 193ff. Anm. V/6.
24 Loth, *Katholiken*, 61ff.
25 Anm. II/38 u. 43. G. Schmidt, *Der europäische Imperialismus*, München 1985; G. Schöllgen, *Das Zeitalter des Imperialismus*, ebd. ²1991; I. Geiss, *Der lange Weg in die Katastrophe*, ebd. 1990.

26 R. Lahme, *Deutsche Außenpolitik 1890-1894*, Göttingen 1990; N. Rich, *Friedrich von Holstein*, 2 Bde., Cambridge 1965.
27 Kennedy, *Rise*, 205 ff.
28 G.F. Kennan, *Die schicksalhafte Allianz*, Köln 1990.
29 Lahme, 385 ff.
30 U. Ratenhof, *Die Chinapolitik des Deutschen Reiches 1871 bis 1945*, Boppard 1987; P.M. Kennedy, *The Samoan Tangle*, Dublin 1974; H. Rosenbach, *Das Deutsche Reich, Großbritannien u. der Transvaal (1896-1902)*, Göttingen 1993; G. Schöllgen, *Imperialismus u. Gleichgewicht*, München 1984.
31 Anm. II/43. W.J. Mommsen, *Triebkräfte u. Zielsetzungen des deutschen Imperialismus vor 1914*, in: ders., *Nationalstaat*, 182-213.
32 P. Winzen, *Bülows Weltmachtkonzept*, Boppard 1977.
33 Anm. III/59, 60 u. 61.
34 F. Schinzinger, *Die Kolonien u. das Deutsche Reich*, Wiesbaden 1984; Tilly, *Zollverein*, 104 ff., 200 ff.
35 Schmidt, *Imperialismus*, 80 ff.
36 H. Mejcher, *Die Bagdadbahn als Instrument deutschen wirtschaftlichen Einflusses im Osmanischen Reich*, in: *GG* 1. 1975, 447-81.
37 J. Dülffer, *Regeln gegen den Krieg?* Berlin 1981; Winzen.
38 M. Behnen, *Rüstung – Bündnis – Sicherheit*, Tübingen 1985, 45 ff.
39 B. Vogel, *Deutsche Rußlandpolitik*, Düsseldorf 1973.
40 H. Raulff, *Zwischen Machtpolitik u. Imperialismus*, ebd. 1976.
41 Hildebrand, *Reich*, 236 ff.
42 Dülffer, *Regeln*; Berghahn, *Tirpitz-Plan*, 419 ff.; ders., *Rüstung u. Machtpolitik*, Düsseldorf 1973.
43 Lerman; T. Eschenburg, *Das Kaiserreich am Scheideweg*, Berlin 1929.
44 Rauh, *Föderalismus*, 245 ff.
45 Vgl. V/1. Born, *Staat*, 166 ff.; K. Saul, *Staat, Industrie u. Arbeiterbewegung*, Düsseldorf 1974, 13 ff.; U. Ratz, *Sozialreform u. Arbeiterschaft*, Berlin 1980.
46 Witt, *Finanzpolitik*, 80 ff. (Daten: 380, 386); *Rüstung*, 339 ff. (Daten: 347); Gerloff, 334 ff. C. Wischermann, *Die Erbschaftsteuer im Kaiserreich u. in der Weimarer Republik*, in: *Steuern, Abgaben u. Dienste vom Mittelalter bis zur Gegenwart*, Hg. E. Schremmer, Stuttgart 1994, 171-96. J.M. Hobson, *The Military-Extraction Gap and the Wary Titan*, in: *JEEH* 22. 1993, 461-506.
47 Rauh, *Föderalismus*, 253 ff.
48 Loth, *Katholiken*, 81 ff. K. Epstein, *Matthias Erzberger u. das Dilemma der deutschen Demokratie*, Berlin $^{2}$1976. Anm. II/47.
49 T. Cole, *Kaiser versus Chancellor: The Crisis of Bülow's Chancellorship 1905-6*, in: *Society*, 40-70. Saul, 115 ff.

50 G.D. Crothers, *The German Elections of 1907*, New York 1941.
51 Retallack, *Notables*, 131 ff.; Langewiesche, *Liberalismus*, 211 ff.
52 W. Schiefel, *Bernhard Dernburg 1865-1937*, Zürich 1975, 30 ff.; Berghahn, *Tirpitz-Plan*, 556 ff.
53 Loth, *Katholiken*, 131 ff.
54 W. Schüßler, *Die Daily-Telegraph-Affaire*, Göttingen 1952; F. Hiller v. Gaertringen, *Fürst Bülows Denkwürdigkeiten*, Tübingen 1956; T.F. Cole, *The Daily Telegraph Affair and its Aftermath*, in: *Kaiser Wilhelm II*, 249-68. H. Rogge, *Holstein u. Harden*, München 1959, 75 ff.
55 D. Grosser, *Vom monarchischen Konstitutionalismus zur parlamentarischen Demokratie*, Den Haag 1970.
56 Witt, *Finanzpolitik*, 199 ff.
57 Loth, *Katholiken*, 166 ff.
58 S. Mielke, *Der Hansa-Bund für Gewerbe, Handel u. Industrie 1909-1914*, Göttingen 1976. G.S. Vascik, *The German Peasant League and the Limits of Rural Liberalism in Wilhelmian Germany*, in: *CEH* 24. 1991, 147-75.
59 D. Langewiesche, *Das Deutsche Kaiserreich – Bemerkungen zur Diskussion über Parlamentarisierung u. Demokratisierung Deutschlands*, in: *AfS* 19. 1979, 628-42. Rauh, *Föderalismus*; ders., *Die Parlamentarisierung des Deutschen Reiches*, Düsseldorf 1977.

## *V. Das Heraufziehen der Moderne*

1 D.J.K. Peukert, *Max Webers Diagnose der Moderne*, Göttingen 1989; *Zivilisation u. Barbarei*, Hg. F. Bajohr, Hamburg 1991. *Jahrhundertwende*, Hg. A. Nitschke u. a., 2 Bde., Reinbek 1990; *Europa um 1900*, Hg. F. Klein u. a., Berlin 1989.
2 H. Jaeger, *Geschichte der Wirtschaftsordnung in Deutschland*, Frankfurt 1988; W.R. Lee, *Economic Development and the State in Nineteenth-Century Germany*, in: *EHR* 41. 1988, 346-67; *The State and Social Change in Germany 1880-1980*, Hg. ders./E. Rosenhaft, New York 1990; D. Baudis/H. Nussbaum, *Wirtschaft u. Staat in Deutschland vom Ende des 19. Jahrhunderts bis 1918/19*, Berlin 1978. *Organisierter Kapitalismus*, Hg. H.A. Winkler, Göttingen 1974; J. Kocka, *Organisierter Kapitalismus im Kaiserreich?* in: *HZ* 230. 1980, 613-31; Hentschel, *Wirtschaft*.
3 Anm. I/35. B. Wunder, *Geschichte der Bürokratie in Deutschland*, Frankfurt 1986, 69 ff.; R. Jessen, *Polizei, Wohlfahrt u. die Anfänge des modernen Sozialstaats in Preußen während des Kaiserreichs*, in: *GG* 20. 1994, 157-80.

4 Anm. I/30. P.-C. Witt, *Finanzpolitik u. sozialer Wandel*, in: *Sozialgeschichte Heute*, Hg. H.-U. Wehler, Göttingen 1974, 565-74 (Zahlen: 568 f.); S. Andic/J. Veverka, *The Growth of Government Expenditure in Germany since the Unification*, in: *FA* 23. 1963/64, 169-278 (Zahlen: 246); N. Leineweber, *Das säkulare Wachstum der Staatsausgaben*, Göttingen 1988. J. Bolenz, *Wachstum u. Strukturwandel der kommunalen Ausgaben in Deutschland 1849-1913*, Diss. Freiburg 1965. G. Ambrosius, *Der Staat als Unternehmer*, Göttingen 1984.

5 *Geld u. Währung vom 16. Jahrhundert bis zur Gegenwart*, Hg. E. Schremmer, Stuttgart 1993; *Währung*; M. Seeger, *Die Politik der Reichsbank 1876 bis 1914 im Lichte der Spielregeln der Goldwährung*, Berlin 1968; B. Eichengreen, *Golden Fetters*, Oxford 1991.

6 *Die Auswirkungen von Zöllen u. anderen Handelshemmnissen auf Wirtschaft u. Gesellschaft vom Mittelalter bis zur Gegenwart*, Hg. H. Pohl, Stuttgart 1987. R. G. Moeller, *Peasants and Tariffs in the Kaiserreich*, in: *AH* 55. 1981, 370-84; S. B. Webb, *Agricultural Protectionism in Wilhelmine Germany*, in: *JEH* 62. 1982, 309-26; ders., *Tariffs, Cartels, Technology and the Growth in the German Steel Industry 1879-1914*, in: ebd. 40. 1980, 309-29; D. Blackbourn, *Mittelstandspolitik im Deutschen Kaiserreich*, in: *Deutschland u. Europa in der Neuzeit*, Hg. R. Melville u. a., Stuttgart 1988, 555-73; F. Blaich, *Kartell- u. Monopolpolitik im Kaiserlichen Deutschland*, Düsseldorf 1973.

7 G. A. Ritter, *Der Sozialstaat*, München ²1991 (»Sozialstaat«: ebd., 10 ff.). D. Langewiesche, *»Staat« u. »Kommune«*, in: *HZ* 248. 1989, 621-35. Anm. III/23; IV/3. C. Sachße/F. Tennstedt, *Geschichte der Armenfürsorge in Deutschland*, I/II, Stuttgart 1980/1988; *Stadt u. Gesundheit*, Hg. J. Reulecke/A. Gräfin zu Castell Rüdenhausen, ebd. 1991; B. Witzler, *Großstadt u. Hygiene*, ebd. 1995. C. Sachße, *Mütterlichkeit als Beruf*, Frankfurt 1986; S. Koven/S. Michel, *Womanly Duties*, in: *AHR* 95. 1990, 1076-1108.

8 G. A. Ritter, *Sozialversicherung in Deutschland u. England*, München 1983. C. Dipper, *Sozialreform*, in: *AfS* 32. 1992, 323-51; *»Weder Kommunismus noch Kapitalismus«*, Hg. R. vom Bruch, München 1985.

9 V. Hentschel, *Geschichte der deutschen Sozialpolitik 1880-1980*, Frankfurt 1983; F. Tennstedt, *Sozialgeschichte der Sozialpolitik in Deutschland*, Göttingen 1981. U. Frevert, *Krankheit als politisches Problem*, ebd. 1984; E. Wickenhagen, *Geschichte der gewerblichen Unfallversicherung*, München 1980; J. Boyer, *Unfallversicherung u. Unternehmer im Bergbau*, ebd. 1995.

10 K. Rother, *Die Reichsversicherungsordnung 1911*, Aachen 1994. *Staatliche Umverteilungspolitik in historischer Perspektive*, Hg. F. Blaich, Berlin 1980. Pierenkemper, *Arbeitsmarkt*. A. Faust, *Arbeitsmarktpolitik im Kaiserreich*, ebd. 1986; K. C. Führer, *Arbeitslosigkeit u. die*

*Entstehung der Arbeitslosenversicherung in Deutschland 1902-1927*, Berlin 1990.

11 A. Andersen, *Arbeiterschutz in Deutschland im 19. u. frühen 20. Jahrhundert*, in: *AfS* 31. 1991, 61-84.

12 Ritter/Tenfelde, 390ff.; P. Ullmann, *Tarifverträge u. Tarifpolitik in Deutschland bis 1914*, Frankfurt 1977.

13 L. Gall, *Zu Ausbildung u. Charakter des Interventionsstaats*, in: *HZ* 227. 1978, 552-70; C. Sachße, *Der Wohlfahrtsstaat in historischer u. vergleichender Perspektive*, in: *GG* 16. 1990, 479-90.

14 Überblicke: Nipperdey, *Geschichte 1866-1918*, I, 531ff.; *Handbuch Bildungsgeschichte*, IV; *Bildung, Staat, Gesellschaft im 19. Jahrhundert*, Hg. K.-E. Jeismann, Stuttgart 1989; P. Lundgreen, *Sozialgeschichte der deutschen Schule im Überblick*, I, Göttingen 1980. Forschungsstand: R. Bölling, *Schwerpunkte u. Ergebnisse der Historischen Bildungsforschung im letzten Jahrzehnt*, in: *AfS* 34. 1994, 269-99.

15 M. Lamberti, *State, Society and the Elementary School in Imperial Germany*, New York 1989; F.-M. Kuhlemann, *Niedere Schulen*, in: *Handbuch Bildungsgeschichte*, IV, 179-227.

16 Ebd., 193ff.

17 H. Titze, *Lehrerbildung u. Professionalisierung*, in: *Handbuch Bildungsgeschichte*, IV, 345-70; R. Bölling, *Sozialgeschichte der deutschen Lehrer*, Göttingen 1983.

18 F. Meyer, *Schule der Untertanen*, Hamburg 1976.

19 J.C. Albisetti, *Secondary School Reform in Imperial Germany*, Princeton 1983; ders./P. Lundgreen, *Höhere Knabenschulen*, in: *Handbuch Bildungsgeschichte*, IV, 228-78; M. Kraul, *Das deutsche Gymnasium 1780-1980*, Frankfurt 1984.

20 *Datenhandbuch zur deutschen Bildungsgeschichte*, II/1: D.K. Müller/B. Zymek, *Sozialgeschichte u. Statistik des Schulsystems in den Staaten des Deutschen Reiches 1800-1945*, Göttingen 1987, 35ff., 144ff.

21 Albisetti, *Reform*, 59ff.

22 Albisetti/Lundgreen, 274; *Datenhandbuch*, II/1, 170.

23 C.E. McClelland, *State, Society and University in Germany 1700-1914*, Cambridge 1980; K.H. Jarausch, *Universität u. Hochschule*, in: *Handbuch Bildungsgeschichte*, IV, 313-45; R. vom Bruch, *Bildungssystem, Universitäten, Wissenschaften, Gelehrte*, in: *AfS* 29. 1989, 439-81. H. Titze, *Der Akademikerzyklus*, Göttingen 1990; *Datenhandbuch*, I/1: H. Titze, *Hochschulstudium in Preußen u. Deutschland 1820-1944*, Göttingen 1987 (Daten: 27ff., 76ff.); I/2: ders., *Wachstum u. Differenzierung der deutschen Universitäten 1830-1945*, ebd. 1995.

24 McClelland, *State*, 307f.; *Wissenschaftsgeschichte u. Wissenschaftspolitik*, Hg. B. vom Brocke, Hildesheim 1991.

25 M. Schmeiser, *Akademischer Hasard*, Stuttgart 1994; A. Busch, *Geschichte des Privatdozenten*, ebd. 1959 (Daten: 77). F. K. Ringer, *Die Gelehrten* (1969), München 1983; ders., *A Sociography of German Academics, 1863-1938*, in: *CEH* 25. 1992, 251-80; M. Baumgarten, *Lehrstuhlentwicklung–Berufungswandel–Universitätssystem*, Diss. Gießen 1993; vom Bruch, *Wissenschaft; Gelehrtenpolitik u. politische Kultur in Deutschland 1830-1930*, Hg. G. Schmidt/J. Rüsen, Bochum 1986; F. Lenger, *Werner Sombart*, München 1994.

26 Titze, *Akademikerzyklus*, 110ff.; *Datenhandbuch*, I/1, 228ff. K. H. Jarausch, *Students, Society and Politics in Imperial Germany*, Princeton 1982; ders., *Deutsche Studenten 1800-1970*, Frankfurt 1984. Anm. III/65. H.-H. Brandt, *Studentische Korporationen u. politisch-sozialer Wandel – Modernisierung u. Antimodernismus*, in: *Deutschlands Weg*, 122-43.

27 D. Langewiesche, *Die Universität als Vordenker?* in: *Saeculum* 45. 1994, 316-31. R. Vierhaus/B. vom Brocke, *Forschung im Spannungsfeld von Politik u. Gesellschaft*, Stuttgart 1990; G. A. Ritter, *Großforschung u. Staat in Deutschland*, München 1992; *Formen außerstaatlicher Wissenschaftsförderung im 19. u. 20. Jahrhundert*, Hg. R. vom Bruch/R. A. Müller, Stuttgart 1990.

28 Dazu im einzelnen Nipperdey, *Geschichte 1866-1918*, I, 602ff. P. Schiera, *Laboratorium der bürgerlichen Welt*, Frankfurt 1992.

29 *Geschichtswissenschaft. Geisteswissenschaften zwischen Kaiserreich u. Republik*, Hg. K. W. Nörr u. a., Stuttgart 1994. D. Krüger, *Nationalökonomen im wilhelminischen Deutschland*, Göttingen 1983; Lenger, *Sombart*; D. Käsler, *Max Weber*, Frankfurt 1995; A. Germer, *Wissenschaft u. Leben*, Göttingen 1994. A. Kelly, *The Descent of Darwin*, Chapel Hill 1981. P. Weindling, *Health, Race and German Politics between National Unification and Nazism 1870-1945*, Cambridge 1989; H.-W. Schmuhl, *Rassenhygiene, Nationalsozialismus, Euthanasie*, Göttingen 1987.

30 W. Schieder, *Religion in der Sozialgeschichte*, in: *Sozialgeschichte*, III, 9-31; *Religion u. Gesellschaft im 19. Jahrhundert*, Hg. ders., Stuttgart 1993. W. K. Blessing, *Staat u. Kirche in der Gesellschaft*, Göttingen 1982, 207ff.; L. Hölscher, *Säkularisierungsprozesse im deutschen Protestantismus des 19. Jahrhunderts*, in: *Bürger in der Gesellschaft*, 238-58. Zum folgenden Nipperdey, *Geschichte 1866-1918*, I, 428ff.; K. Nowak, *Geschichte des Christentums in Deutschland*, München 1995, 147ff.; G. Besier, *Religion, Nation, Kultur*, Neukirchen-Vluyn 1992, 62ff. *Deutscher Katholizismus im Umbruch der Moderne*, Hg. W. Loth, Stuttgart 1991; I. Götz v. Olenhusen, *Klerus u. abweichendes Verhalten*, Göttingen 1994; D. Blackbourn, *Marpingen*, Oxford 1993.

31 Hölscher, *Säkularisierungsprozesse*; ders., *Weltgericht oder Revolu-*

*tion*, Stuttgart 1989; G. Hübinger, *Kulturprotestantismus u. Politik*, Tübingen 1994.

32 Nipperdey, *Geschichte 1866-1918*, I, 507 ff.

33 E. R. Tannenbaum, *1900*, Frankfurt 1978; F. Stern, *Kulturpessimismus als politische Gefahr* (1963), München 1986; *Das wilhelminische Bildungsbürgertum*, Hg. K. Vondung, Göttingen 1976; C. Hepp, *Avantgarde*, München 1987; R. vom Bruch, *Kaiser u. Bürger*, in: *Bürgertum, Adel u. Monarchie*, Hg. A. M. Birke u. a., München 1989, 119-46.

34 Überblicke: Nipperdey, *Geschichte 1866-1918*, I, 692 ff.; W. J. Mommsen, *Bürgerliche Kultur u. künstlerische Avantgarde*, Frankfurt 1994; *Kunstverwaltung, Bau- u. Denkmal-Politik im Kaiserreich*, Hg. E. Mai/S. Waetzoldt, Berlin 1981; *Kunstpolitik u. Kunstförderung im Kaiserreich*, Hg. E. Mai u. a., ebd. 1982; *Ideengeschichte u. Kunstwissenschaft*, Hg. ders. u. a., ebd. 1983; *Sammler, Stifter u. Museen*, Hg. ders. u. a., Köln 1993.

35 D. Bartmann, *Anton von Werner*, ebd. 1985; M. Makela, *The Munich Secession*, Princeton 1990; N. Teeuwisse, *Vom Salon zur Secession*, Berlin 1986; P. Paret, *Die Berliner Secession*, ebd. 1981; *Deutscher Expressionismus 1905-1920*, Hg. P. Vogt, München 1981. R. Lenman, *Die Kunst, die Macht u. das Geld*, Frankfurt 1994; H. Ludwig, *Kunst, Geld u. Politik um 1900 in München*, Berlin 1986. C. E. Schorske, *Wien*, Frankfurt 1982.

36 P. Jelavich, *Munich and the Theatrical Modernism*, Cambridge/ Mass. 1985; ders., *Berlin Cabaret*, ebd. 1993; G. D. Stark, *The Censorship of Literary Naturalism, 1885-1895: Prussia and Saxony*, in: *CEH* 18. 1985, 326-43.

37 T. Nipperdey, *Wie das Bürgertum die Moderne fand*, Berlin 1988; Mommsen, *Kultur*, 108 ff. E. J. Hobsbawm, *Das imperiale Zeitalter 1875-1914*, Frankfurt 1989, 275 ff. G. D. Stark, *Cinema, Society and the State*, in: *Essays on Culture and Society in Modern Germany*, Hg. ders./B. K. Lackner, Arlington 1982, 122-66; D. A. Welch, *Cinema and Society in Imperial Germany 1905-1918*, in: *GH* 8. 1990, 28-45.

38 G. Kratzsch, *Kunstwart u. Dürerbund*, Göttingen 1969.

39 *Antimodernismus u. Reform*, Hg. E. Klueting, Darmstadt 1991; C. Applegate, *A Nation of Provincials*, Berkeley 1990; A. Confino, *The Nation as a Local Metaphor*, in: *HM* 1. 1993, 42-86. W. Speitkamp, *Die Verwaltung der Geschichte*, Habil. Gießen 1994, 18 ff.; A. Knaut, *Zurück zur Natur!* Bonn 1994.

40 W. R. Krabbe, *Gesellschaftsveränderung durch Lebensreform*, Göttingen 1974.

41 G. Kluchert, *Die deutsche Jugendbewegung*, in: *NPL* 33. 1988, 25-51. *»Mit uns zieht...«*; R. Wohl, *The Generation of 1914*, Cambridge/ Mass. 1979.

42 *Kultur u. Kulturwissenschaften um 1900*, Hg. R. vom Bruch u. a., Stuttgart 1989; G. Bollenbeck, *Bildung u. Kultur*, Frankfurt 1994.

## *VI. Von der Krise in den Krieg*

1 W. J. Mommsen, *Die latente Krise des Deutschen Reiches 1909-1914*, in: *Handbuch der Deutschen Geschichte*, Hg. L. Just u. a., Bd. IV/1a, Frankfurt 1973, 1-120; F. Fischer, *Krieg der Illusionen*, Düsseldorf (1969) $^{2}$1987, TB Kronberg 1987.
2 W. J. Mommsen, *Die latente Krise des Wilhelminischen Reiches*, in: ders., *Nationalstaat*, 287-315.
3 K. Jarausch, *The Enigmatic Chancellor*, New Haven 1973; ders., *Revising German History: Bethmann Hollweg Revisited*, in: *CEH* 21. 1988, 224-43.
4 Retallack, *Notables*, 179 ff.; ders., *The Road to Philippi*, in: *Reform*, 261-98.
5 Loth, *Katholiken*, 154 ff., 181 ff.; Lönne, *Katholizismus*, 182 ff. Anm. V/30.
6 Anm. III/60. B. Heckart, *From Bassermann to Bebel*, New Haven 1974; J. Thiel, *Die Großblockpolitik der Nationalliberalen Partei Badens 1905 bis 1916*, Stuttgart 1976.
7 Anm. I/40. D. Groh, *Negative Integration u. revolutionärer Attentismus*, Frankfurt $^{2}$1975. F. L. Carsten, *August Bebel u. die Organisation der Massen*, Berlin 1991. I. Gilcher-Holtey, *Das Mandat des Intellektuellen*, ebd. 1986. J. P. Nettl, *Rosa Luxemburg*, Köln 1967; R. Abraham, *Rosa Luxemburg*, Oxford 1989. F. L. Carsten, *Eduard Bernstein*, München 1993.
8 H.-U. Wehler, *Das »Reichsland« Elsaß-Lothringen von 1870 bis 1918*, in: ders., *Krisenherde*, 23-69.
9 R. Kroboth, *Die Finanzpolitik des Deutschen Reiches während der Kanzlerschaft Bethmann Hollwegs u. die Geld- u. Kapitalmarktverhältnisse (1909-1913/14)*, Frankfurt 1986; Born, *Staat*, 212 ff.; Saul, 283 ff.
10 Bertram.
11 Anm. III/68. M. Peters, *Der Alldeutsche Verband am Vorabend des Ersten Weltkrieges (1908-1914)*, Frankfurt 1992; Stegmann, *Erben Bismarcks*, 257 ff.
12 Loth, *Katholiken*, 199 ff.; G. Schmidt, *Parlamentarisierung oder »Präventive Konterrevolution«?* in: *Gesellschaft*, 225-48; ders., *Innenpolitische Blockbildungen am Vorabend des Ersten Weltkrieges*, in: *APUZ* B 20/1972, 3-32.
13 Saul, 314 ff. Schönhoven, *Gewerkschaften*, 85 ff.; Ullmann, *Bund*, 227 ff.

14 Förster, *Militarismus*, 208 ff.; Kroboth.
15 Rauh, *Parlamentarisierung*, 147 ff.; D. Schoenbaum, *Zabern 1913*, London 1982.
16 Loth, *Katholiken*, 226 ff.
17 Anm. II/38 u. 43; IV/25. A. Bucholz, *Hans Delbrück and the German Military Establishment*, Iowa City 1985. *Flucht in den Krieg?* Hg. G. Schöllgen, Darmstadt 1991. R. vom Bruch, *Weltpolitik als Kulturmission*, Paderborn 1982.
18 Jarausch, *Chancellor*, 108 ff.
19 E. Oncken, *Panthersprung nach Agadir*, Düsseldorf 1981.
20 W. J. Mommsen, *Außenpolitik u. öffentliche Meinung im Wilhelminischen Deutschland 1897-1914*, in: ders., *Nationalstaat*, 358-79. *Bereit zum Krieg*, Hg. J. Dülffer/K. Holl, Göttingen 1986. K. Wernecke, *Der Wille zur Weltgeltung*, Düsseldorf 1970. Förster, *Militarismus*, 211 ff.
21 Epkenhans, 313 ff.
22 Schöllgen, *Imperialismus u. Gleichgewicht*, 329 ff.
23 B. F. Schulte, *Zu der Krisenkonferenz vom 8. Dezember 1912*, in: *HJb* 102. 1982, 183-97. J. C. G. Röhl, *Der militärpolitische Entscheidungsprozeß in Deutschland am Vorabend des Ersten Weltkrieges*, in: ders., *Kaiser*, 175-202. W. J. Mommsen, *Der Topos vom unvermeidlichen Krieg*, in: ders., *Nationalstaat*, 380-406.
24 Überblicke: Anm. II/38 u. 43; IV/25. Hildebrand, *Reich*, 302 ff.; Mommsen, *Großmachtstellung*, 293 ff.; Nipperdey, *Geschichte 1866-1918*, II, 683 ff.; V. Berghahn, *Germany and the Approach of War in 1914*, London ²1993. *Flucht*. *The Coming of the First World War*, Hg. R. J. W. Evans/H. Pogge von Strandmann, Oxford ²1991; J. Joll, *Die Ursprünge des Ersten Weltkrieges*, München 1988.
25 S. R. Williamson, *Austria-Hungary and the Origins of the First World War*, London 1991, 190 ff.
26 Anm. VI/20. Mommsen, *Topos*; F. T. Epstein, *Der Komplex »Die russische Gefahr« u. sein Einfluß auf die deutsch-russischen Beziehungen im 19. Jahrhundert*, in: *Deutschland in der Weltpolitik*, 143-59.
27 A. Hillgruber, *Riezlers Theorie des kalkulierten Risikos u. Bethmann Hollwegs politische Konzeption in der Julikrise 1914*, in: *HZ* 202. 1966, 333-51; W. C. Thompson, *In the Eye of the Storm*, Iowa City 1980, 60 ff. N. Fergerson, *Germany and the Origins of the First World War*, in: *HJ* 35. 1992, 725-52.
28 Fischer, *Krieg*; ders., *Griff nach der Weltmacht*, Düsseldorf (1961) ⁴1971, TB Kronberg 1984. Fischer-Kontroverse: *Erster Weltkrieg*, Hg. W. Schieder, Köln 1969; *The Origins of the First World War*, Hg. H. W. Koch, London ²1984; Jäger, *Forschung*, 132 ff.; Hildebrand, *Außenpolitik*, 79 ff.; J. W. Langdon, *July 1914*, New York 1991.
29 *Kurt Riezler*, Hg. K. D. Erdmann, Göttingen 1972 (Zitat: 185). B. Sö-

semann, *Die Tagebücher Kurt Riezlers*, in: *HZ* 236. 1983, 327-69; K. D. Erdmann, *Zur Echtheit der Tagebücher Kurt Riezlers*, in: ebd., 371-402.

30 D. W. Spring, *Russia and the Coming of War*, in: *Coming*, 57-86; D. C. B. Lieven, *Russia and the Origins of the First World War*, London 1983. J. F. V. Keiger, *France and the Origins of the First World War*, ebd. 1983.

31 V. Ullrich, *Das deutsche Kalkül in der Julikrise 1914 u. die Frage der englischen Neutralität*, in: *GWU* 34. 1983, 79-97.

32 A. Bucholz, *Moltke, Schlieffen and Prussian War Planning*, New York 1991; *Military Strategy and the Origins of the First World War*, Hg. S. E. Miller, Princeton 1985; *The War Plans of the Great Powers*, Hg. P. M. Kennedy, London 1979.

33 M. Brock, *Britain Enters War*, in: *Coming*, 125-144.

## *VII. Das Ende des kaiserlichen Deutschland*

1 Überblicke: *Der Erste Weltkrieg*, Hg. W. Michalka, München 1994; G. Mai, *Das Ende des Kaiserreichs*, ebd. [2]1993; H. Herzfeld, *Der Erste Weltkrieg*, ebd. (1968) [7]1985; P. Graf Kielmansegg, *Deutschland u. der Erste Weltkrieg*, Stuttgart [2]1980; F. Klein u. a., *Deutschland im Ersten Weltkrieg*, 3 Bde., Berlin (1966-1969) [3]1971/[2]1970; G. Ritter, *Staatskunst u. Kriegshandwerk*, III/IV, München 1964/68. M. Ferro, *Der Große Krieg 1914-1918*, Frankfurt 1988; J. M. Winter, *The Experience of World War I*, London 1988.

2 G. Krumeich, *Kriegsgeschichte im Wandel*, in: *»Keiner fühlt sich hier mehr als Mensch ...«*, Hg. G. Hirschfeld u. a., Essen 1993, 11-24.

3 B. Hüppauf, *Schlachtenmythen u. die Konstruktion des »Neuen Menschen«*, in: ebd., 43-84.

4 H. Afflerbach, *Falkenhayn*, München 1994.

5 Ebd., 351 ff.; G. Werth, *Verdun*, Bergisch Gladbach 1979; J. Keegan, *Das Antlitz des Krieges*, Frankfurt 1991.

6 M. Kitchen, *The Silent Dictatorship*, London 1976; R. Parkinson, *Tormented Warrior*, ebd. 1978.

7 T. Oppelland, *Reichstag u. Außenpolitik im Ersten Weltkrieg*, Düsseldorf 1995.

8 W. Steglich, *Die Friedenspolitik der Mittelmächte 1917/18*, I, Wiesbaden 1964; W. Ribhegge, *Frieden für Europa*, Essen 1988.

9 L. L. Farrar, *Divide and Conquer*, New York 1978; W. E. Winterhager, *Mission für den Frieden*, Stuttgart 1984.

10 W. Deist, *Der militärische Zusammenbruch des Kaiserreichs*, in: *Das Unrechtsregime*, Hg. U. Büttner, I, Hamburg 1986, 101-29.

11 G. Krumeich, *Bilder vom Krieg vor 1914*, in: *Die letzten Tage der Menschheit*, Hg. R. Rother, Berlin 1994, 37-46. T. Schieder, *Staatensystem als Vormacht der Welt 1848-1918*, Frankfurt 1977, 331 ff. (Zitat: 336).

12 R. Bessel, *Germany after the First World War*, Oxford 1993 (Angaben: 4 ff.); R. W. Whalen, *Bitter Wounds*, Ithaca 1984 (Angaben: 40); B. Ulrich, *»... als wenn nichts geschehen wäre«*, in: *»Keiner«*, 115-29.

13 T. Ashworth, *Trench Warfare 1914-1918*, Basingstoke 1980. Geyer, *Rüstungspolitik*, 97 ff. (Zitat: 99).

14 A. Kramer, *»Greueltaten«. Zum Problem der deutschen Kriegsverbrechen in Belgien u. Frankreich 1914*, in: *»Keiner«*, 85-114.

15 Überblick: G. Hardach, *Der Erste Weltkrieg 1914-1918*, München 1973. G. D. Feldman, *The Great Disorder*, Oxford 1993, 25 ff.; ders., *Vom Weltkrieg zur Weltwirtschaftskrise*, Göttingen 1984. Forschungsstand: G. Ambrosius, *Staat u. Wirtschaft im 20. Jahrhundert*, München 1990, 70 ff. Anm. V/2. Umlenkung: H. Jecht, *Kriegsfinanzen*, Jena 1938, 36 ff.

16 L. Burchardt, *Friedenswirtschaft u. Kriegsvorsorge*, Boppard 1968.

17 J. Kocka, *Kriegssozialismus?* in: *Berlin u. seine Wirtschaft*, Hg. Industrie- u. Handelskammer Berlin, Berlin 1987, 155-76.

18 W. Michalka, *Kriegsrohstoffbewirtschaftung, Walther Rathenau u. die »kommende Wirtschaft«*, in: *Weltkrieg*, 485-505. K. Wiegmann, *Textilindustrie u. Staat in Westfalen, 1914-1933*, Stuttgart 1993. F. Zunkel, *Der Kampf um die Wirtschaftsordnung in Deutschland*, Düsseldorf 1974; H. G. Ehlert, *Die wirtschaftliche Zentralbehörde des Deutschen Reiches 1914 bis 1919*, Wiesbaden 1982.

19 A. Offer, *The First World War*, Oxford 1989; A. Roerkohl, *Hungerblockade u. Heimatfront*, Stuttgart 1991; A. Skalweit, *Deutsche Kriegsernährungswirtschaft*, ebd. 1927. Anm. VII/24.

20 G. D. Feldman, *Armee, Industrie u. Arbeiterschaft in Deutschland 1914 bis 1918* (1964), Berlin 1985; R. B. Armeson, *Total Warfare and Compulsary Labor*, Den Haag 1964.

21 Mai, *Ende*, 105 ff.

22 Feldman, *Armee*, 68 ff., 169 ff.; U. Ratz, *Zwischen Arbeitsgemeinschaft u. Koalition*, München 1994.

23 Feldman, *Armee*; G. Mai, *Kriegswirtschaft u. Arbeiterbewegung in Württemberg 1914-1918*, Stuttgart 1983, 165 ff.

24 Moeller, *Peasants*, 43 ff.; J. Flemming, *Landwirtschaftliche Interessen u. Demokratie*, Bonn 1978, 76 ff.; M. Schumacher, *Land u. Politik*, Düsseldorf 1978, 33 ff.

25 Anm. I/30. Überblick: M. Zeidler, *Die deutsche Kriegsfinanzierung 1914 bis 1918 u. ihre Folgen*, in: *Weltkrieg*, 415-33. R. Zilch, *Die Reichsbank u. die finanzielle Kriegsvorbereitung 1907-1914*, Berlin 1987. K. Roesler, *Die Finanzpolitik des Deutschen Reiches im Ersten*

*Weltkrieg*, ebd. 1967; C.-L. Holtfrerich, *Die deutsche Inflation 1914-1923*, ebd. 1980, 97ff.

26 T. Balderston, *War Finance and Inflation in Britain and Germany, 1914-1918*, in: *EHR* 42. 1989, 222-44 (Daten: 225, 229); J. G. Williamson, *Karl Helfferich 1872-1923*, Princeton 1971; C.-L. Holtfrerich, *The Modernisation of the Tax System in the First World War and the Great Inflation, 1914-1923*, in: *Wealth*, 125-35.

27 Balderston; Roesler, 206ff.

28 Feldman, *Disorder*, 52ff.; ders., *Iron and Steel in the German Inflation 1916-1923*, Princeton 1977.

29 Überblicke: J. Kocka, *Klassengesellschaft im Krieg 1914-1918*, Göttingen $^{2}$1974, TB Frankfurt 1988; W. J. Mommsen, *Die sozialen Auswirkungen des Ersten Weltkrieges auf die deutsche Gesellschaft*, in: ders., *Nationalstaat*, 441-62; V. Ullrich, *Zur inneren Revolutionierung der wilhelminischen Gesellschaft*, in: *Weltkrieg*, 603-21.

30 *Arbeiterschaft in Deutschland 1914-1918*, Hg. G. Mai, Düsseldorf 1985; V. Ullrich, *Kriegsalltag u. deutsche Arbeiterschaft 1914-1918*, in: *GWU* 43. 1992, 220-30; Herbert, 82ff.

31 Kocka, *Angestellte*, 142ff.

32 A. Kunz, *Civil Servants and the Politics of Inflation in Germany*, Berlin 1986, 29ff.; als Beispiel Lenger, *Sombart*, 257ff.

33 Kocka, *Klassengesellschaft*, 33ff.

34 L. Herbst, *Der Krieg u. die Unternehmensstrategie deutscher Industrie-Konzerne in der Zwischenkriegszeit*, in: *Die deutschen Eliten u. der Weg in den Zweiten Weltkrieg*, Hg. M. Broszat/K. Schwabe, München 1989, 72-134.

35 Anm. VII/19 u. 24.

36 M. Eksteins, *Tanz über Gräbern*, Reinbek 1990; *Frontalltag im Ersten Weltkrieg*, Hg. B. Ulrich/B. Ziemann, Frankfurt 1994; *Kriegsalltag*, Hg. P. Knoch, Stuttgart 1989; E. J. Leed, *No Man's Land*, Cambridge 1979. R. Koselleck, *Der Einfluß der beiden Weltkriege auf das soziale Bewußtsein*, in: *Der Krieg des kleinen Mannes*, Hg. W. Wette, München 1992, 324-43.

37 Anm. III/43. U. Daniel, *Arbeiterfrauen in der Kriegsgesellschaft*, Göttingen 1989; *Behind the Lines*, Hg. M. R. Higonnet, New Haven 1987. A. Gestrich, *Jugend u. Krieg*, in: *Das andere wahrnehmen*, Hg. M. Kintzinger, Köln 1991, 633-52.

38 *The Upheavel of War*, Hg. R. Wall/J. Winter, Cambridge 1988. Anm. VII/19. G. Mai, *»Wenn der Mensch Hunger hat, hört Alles auf«*, in: *Die Weimarer Republik als Wohlfahrtsstaat*, Hg. W. Abelshauser, Stuttgart 1987, 33-62.

39 R. G. Moeller, *Dimensions of Social Conflict in the Great War*, in: *CEH* 14. 1981, 142-68.

40 K.-P. Müller, *Politik u. Gesellschaft im Krieg*, Stuttgart 1988. Anm. VII/45; III/63. C. Picht, *Zwischen Vaterland u. Volk*, in: *Weltkrieg*, 736-55; E. Zechlin, *Die deutsche Politik u. die Juden im Ersten Weltkrieg*, Göttingen 1969; *Deutsches Judentum in Krieg u. Revolution*, Hg. W. E. Mosse, Tübingen 1971.

41 Überblicke: Anm. VII/1. Huber, *Verfassungsgeschichte*, V.

42 *Kriegsbegeisterung u. mentale Kriegsvorbereitung*, Hg. M. van der Linden u. G. Mergner, Berlin 1991; *Les Sociétés européennes et la guerre de 1914-1918*, Hg. J.-J. Becker/S. Audoin-Rouzeau, Nanterre 1990; B. Ulrich, *Die Desillusionierung der Kriegsfreiwilligen von 1914*, in: *Krieg des kleinen Mannes*, 110-26; T. Rohkrämer, *August 1914 – Kriegsmentalität u. ihre Voraussetzungen*, in: *Weltkrieg*, 759-77. *Der Geist von 1914*, Hg. W. Greive, Loccum 1990; R. Rürup, *Der »Geist von 1914« in Deutschland*, in: *Ansichten vom Krieg*, Hg. B. Hüppauf, Königstein 1984, 1-30; R. N. Stromberg, *Redemption by War*, Lawrence 1982.

43 Kirchen: *Bereit zum Krieg*; H. Missalla, *»Gott mit uns«*, München 1968; K. Hammer, *Deutsche Kriegstheologie (1870-1918)*, ebd. 1971; H.-J. Scheidgen, *Deutsche Bischöfe im Ersten Weltkrieg*, Köln 1991. Wissenschaft u. Kultur: Mommsen, *Kultur*, 111 ff. Arbeiterbewegung: Brandt/Groh, 158 ff.; W. Kruse, *Krieg u. nationale Integration*, Essen 1993; H.-G. Husung, *Arbeiterschaft u. Arbeiterbewegung im Ersten Weltkrieg*, in: *Arbeiter u. Arbeiterbewegung*, 611-64. S. Miller, *Burgfrieden u. Klassenkampf*, Düsseldorf 1974; J. Bieber, *Gewerkschaften in Krieg u. Revolution*, 2 Bde., Hamburg 1981; *Die Gewerkschaften in Weltkrieg u. Revolution*, Hg. K. Schönhoven, Köln 1985. Anm. III/51.

44 *Militär u. Innenpolitik im Weltkrieg 1914-1918*, Hg. W. Deist, 2 Bde., Düsseldorf 1970. K.-H. Janßen, *Der Kanzler u. der General*, Göttingen 1967. Anm. VII/4 u. 6.

45 Anm. IV/59; VI/12. R. Schiffers, *Der Hauptausschuß des Deutschen Reichstags 1915-1918*, Düsseldorf 1979; ders. u. a, dass., 4 Bde., ebd. 1981-83; W. Wette, *Reichstag u. »Kriegsgewinnlerei« (1916-1918)*, in: *MGM* 36. 1984, 31-56.

46 Anm. VI/3; VII/4, 6 u. 44.

47 Fischer, *Griff*; F. Boll, *Frieden ohne Revolution?* Bonn 1980. G.-H. Soutou, *L'Or et le Sang*, Paris 1989.

48 W. J. Mommsen, *Die Regierung Bethmann Hollweg u. die öffentliche Meinung 1914-1917*, in: *VfZG* 17. 1969, 117-59.

49 R. Patemann, *Der Kampf um die preußische Wahlrechtsreform im Ersten Weltkrieg*, Düsseldorf 1964.

50 Loth, *Katholiken*, 278 ff.; *Der Interfraktionelle Ausschuß*. Bearb. E. Mathias/R. Morsey, 2 Bde., Düsseldorf 1959; U. Bermbach, *Vorformen parlamentarischer Kabinettsbildung in Deutschland*, Opladen 1967.

51 B. Thoß, *Nationale Rechte, militärische Führung u. Diktaturfrage in Deutschland 1913-1923*, in: *MGM* 42. 1987, 27-76.

52 C. E. Schorske, *Die große Spaltung* (1955), Berlin 1981. H. Krause, *USPD*, Frankfurt 1975; D. W. Morgan, *The Socialist Left and the German Revolution*, Ithaca 1975.

53 D. Stegmann, *Vom Neokonservatismus zum Proto-Faschismus*, in: *Deutscher Konservatismus im 19. u. 20. Jahrhundert*, Hg. ders. u. a., Bonn 1983, 199-230.

54 Ullrich, *Kriegsalltag*, 606 ff.; Daniel, 233 ff.; W. Deist, *Verdeckter Militärstreik im Kriegsjahr 1918?* in: *Krieg des kleinen Mannes*, 146-67.

55 U. Kluge, *Die deutsche Revolution 1918/19*, Frankfurt 1985. E. Kolb, *Die Weimarer Republik*, München (1984) ³1993; H. A. Winkler, *Weimar 1918-1933*, ebd. ²1995; H. Mommsen, *Die verspielte Freiheit*, Berlin 1989.

# Auswahlbibliographie

Genannt sind vornehmlich neuere, breiter angelegte Studien, über die sich ältere Arbeiten leicht erschließen lassen. Ausführlichere Literaturangaben, zumal Aufsätze, Beiträge zu Sammelwerken und Forschungsberichte, enthalten die Anmerkungen.

## *1. Gesamtdarstellungen, Aufsatzsammlungen*


Berghahn, V. R., *Imperial Germany, 1871-1914*, Providence 1994.
Blackbourn, D., *Populists and Patricians*, London 1987.
Ders./G. Eley, *The Peculiarities of German History*, Oxford 1984.
Eley, G., *From Unification to Nazism*, Boston 1986.
*Der Erste Weltkrieg*, Hg. W. Michalka, München 1994.
Evans, R. J., *Rethinking German History*, London 1987.
Fehrenbach, E., *Verfassungsstaat u. Nationsbildung 1815-1871*, München 1992.
Gall, L., *Europa auf dem Weg in die Moderne*, München ²1989.
Hobsbawm, E. J., *Das imperiale Zeitalter*, Frankfurt 1989, TB 1995.
Mai, G., *Das Ende des Kaiserreichs*, München ²1993.
Mommsen, W. J., *Der autoritäre Nationalstaat*, Frankfurt ²1990.
Ders., *Das Ringen um den nationalen Staat*, Frankfurt 1993.
Nipperdey, T., *Deutsche Geschichte 1800-1866*, München (1983) ⁶1993.
Ders., *Deutsche Geschichte 1866-1918*, 2 Bde., München (1990/1992) ³1993/²1993.
Siemann, W., *Vom Staatenbund zum Nationalstaat*, München 1995.
Wehler, H.-U., *Das Deutsche Kaiserreich 1871-1918*, Göttingen (1973) ⁷1994.
Ders., *Deutsche Gesellschaftsgeschichte*, II, München ²1989.
Ders., *Krisenherde des Kaiserreichs 1871-1918*, Göttingen ²1979.


## *2. Politik*


Alter, P., *Nationalismus*, Frankfurt 1985.
Anderson, M. L., *Windthorst*, Düsseldorf 1988.
Berding, H., *Moderner Antisemitismus in Deutschland*, Frankfurt 1988.
Berghahn, V. R., *Der Tirpitz-Plan*, Düsseldorf 1971.
Berlepsch, H.-J. v., *»Neuer Kurs« im Kaiserreich?* Bonn 1987.

*Between Reform, Reaction and Resistance*, Hg. L. E. Jones/J. M. Retallack, Providence 1993.
*Bismarck u. seine Zeit*, Hg. J. Kunisch, Berlin 1992.
Blackbourn, D., *Class, Religion and Local Politics in Wilhelmine Germany*, New Haven 1980.
Boldt, H., *Deutsche Verfassungsgeschichte*, II, München 1990.
Cecil, L., *Wilhelm II*, Chapel Hill 1989.
*Deutsche Verwaltungsgeschichte*, Hg. K. G. A. Jeserich u. a., III, Stuttgart 1984.
*Elections, Mass Politics and Social Change in Modern Germany*, Hg. L. E. Jones/J. Retallack, Cambridge 1992.
Epkenhans, M., *Die wilhelminische Flottenrüstung 1908-1914*, München 1991.
Fehrenbach, E., *Wandlungen des deutschen Kaisergedankens 1871-1918*, München 1969.
Fischer, F., *Griff nach der Weltmacht*, Düsseldorf (1961) $^{4}$1971, TB 1984.
Ders., *Krieg der Illusionen*, Düsseldorf (1969) $^{2}$1970, TB 1987.
*Flucht in den Krieg?* Hg. G. Schöllgen, Darmstadt 1991.
Förster, S., *Der doppelte Militarismus*, Stuttgart 1985.
Gall, L., *Bismarck*, Frankfurt (1980) $^{6}$1983, TB 1993.
Geiss, I., *Der lange Weg in die Katastrophe*, München 1990.
Geyer, M., *Deutsche Rüstungspolitik 1860-1980*, Frankfurt 1984.
Grebing, H., *Arbeiterbewegung*, München 1985.
Groh, D./P. Brandt, *»Vaterlandslose Gesellen«*, München 1992.
Gründer, H., *Geschichte der deutschen Kolonien*, Paderborn $^{2}$1991.
Heckart, B., *From Bassermann to Bebel*, New Haven 1974.
Hentschel, V., *Geschichte der deutschen Sozialpolitik 1880-1980*, Frankfurt 1983.
Hildebrand, K., *Deutsche Außenpolitik 1871-1918*, München 1989.
Ders., *Das vergangene Reich*, Stuttgart 1995.
Huber, E. R., *Deutsche Verfassungsgeschichte seit 1789*, III-V, Stuttgart (1963-1978) $^{3}$1988, ND $^{2}$1982, ND 1992.
*Innenpolitische Probleme des Bismarck-Reiches*, Hg. O. Pflanze, München 1983.
*In Search of a Liberal Germany*, Hg. K. H. Jarausch/L. E. Jones, New York 1990.
Jäger, W., *Historische Forschung u. politische Kultur in Deutschland*, Göttingen 1984.
Jarausch, K., *The Enigmatic Chancellor*, New Haven 1973.
Jeismann, M., *Das Vaterland der Feinde*, Stuttgart 1992.
Jessen, R., *Polizei im Industrierevier*, Göttingen 1991.
John, M. F., *Politics and Law in Late Nineteenth-Century Germany*, Oxford 1989.

Kluge, U., *Die deutsche Revolution 1918/19*, Frankfurt 1985.
Krabbe, W., *Die deutsche Stadt im 19. u. 20. Jahrhundert*, Göttingen 1989.
Kroboth, R., *Die Finanzpolitik des Deutschen Reiches während der Kanzlerschaft Bethmann Hollwegs u. die Geld- u. Kapitalmarktverhältnisse (1909-1913/14)*, Frankfurt 1986.
Kruse, W., *Krieg u. nationale Integration*, Essen 1993.
Kühne, T., *Dreiklassenwahlrecht u. Wahlkultur in Preußen 1867-1914*, Düsseldorf 1994.
Langewiesche, D., *Liberalismus in Deutschland*, Frankfurt 1988.
Langdon, J. W., *July 1914*, New York 1991.
Lehnert, D., *Sozialdemokratie zwischen Protestbewegung u. Regierungspartei*, Frankfurt 1983.
Leibenguth, P., *Modernisierungskrisis des Kaiserreichs an der Schwelle zum wilhelminischen Imperialismus*, Diss. Köln 1975.
Lerman, K. A., *The Chancellor as Courtier*, Cambridge 1990.
Lönne, K.-E., *Politischer Katholizismus im 19. u. 20. Jahrhundert*, Frankfurt 1986.
Loth, W., *Katholiken im Kaiserreich*, Düsseldorf 1984.
Mommsen, W. J., *Großmachtstellung u. Weltpolitik*, Frankfurt 1993.
Ders., *Imperialismustheorien*, Göttingen (1977) ³1987.
Müller, K.-P., *Politik u. Gesellschaft im Krieg*, Stuttgart 1988.
Ormond, T., *Richterwürde u. Regierungstreue*, Frankfurt 1994.
*Der Ort Kaiser Wilhelms II. in der deutschen Geschichte*, Hg. J. C. G. Röhl, München 1991.
Pflanze, O., *Bismarck and the Development of Germany*, 3 Bde., Princeton 1990.
Rauh, M., *Föderalismus u. Parlamentarismus im Wilhelminischen Reich*, Düsseldorf 1973.
Ders., *Die Parlamentarisierung des Deutschen Reiches*, Düsseldorf 1977.
Retallack, J. M., *Notables of the Right*, Boston 1988.
Ribhegge, W., *Konservative Politik in Deutschland*, Darmstadt 1989.
Ritter, G. A., *Die deutschen Parteien 1830-1914*, Göttingen 1985.
Ders., *Der Sozialstaat*, München ²1991.
Ders., *Wahlgeschichtliches Arbeitsbuch*, München 1980.
Röhl, J. C. G., *Deutschland ohne Bismarck*, Tübingen 1969.
Ders., *Wilhelm II.*, I, München 1993.
Roesler, K., *Die Finanzpolitik des Deutschen Reiches im Ersten Weltkrieg*, Berlin 1967.
Rohe, K., *Wahlen u. Wählertraditionen in Deutschland*, Frankfurt 1992.
Sachße, C./F. Tennstedt, *Geschichte der Armenfürsorge in Deutschland*, 2 Bde., Stuttgart 1980/1988.
Schieder, T., *Das Deutsche Kaiserreich von 1871 als Nationalstaat*, Göttingen ²1992.

Schmidt, G., *Der europäische Imperialismus*, München 1985.
Schöllgen, G., *Das Zeitalter des Imperialismus*, München [2]1991.
Schulze, H., *Staat u. Nation in der europäischen Geschichte*, München 1994.
Sheehan, J. J., *Deutscher Liberalismus*, München 1983.
Stegmann, D., *Die Erben Bismarcks*, Köln 1970.
Stürmer, M., *Regierung u. Reichstag im Bismarckstaat 1871-1880*, Düsseldorf 1974.
Süle, T., *Preußische Bürokratietradition*, Göttingen 1988.
Wehler, H.-U., *Bismarck u. der Imperialismus*, (Köln 1969) TB Frankfurt [5]1984.
Wilke, E.-T. P. W., *Political Decadence in Imperial Germany*, Urbana 1976.
Witt, P.-C., *Die Finanzpolitik des Deutschen Reiches von 1903 bis 1913*, Lübeck 1970.
Wunder, B., *Geschichte der Bürokratie in Deutschland*, Frankfurt 1986.

## *3. Wirtschaft*

Achilles, W., *Deutsche Agrargeschichte im Zeitalter der Reformen u. der Industrialisierung*, Paderborn 1993.
Ambrosius, G., *Der Staat als Unternehmer*, Göttingen 1984.
Ders., *Staat u. Wirtschaft im 20. Jahrhundert*, München 1990.
*Deutsche Bankengeschichte*, II, Frankfurt 1982.
Born, K. E., *Wirtschafts- u. Sozialgeschichte des Deutschen Kaiserreichs (1867/71-1914)*, Stuttgart 1985.
Ellerbrock, K.-P., *Geschichte der deutschen Nahrungs- u. Genußmittelindustrie 1750-1914*, Stuttgart 1993.
Faust, A., *Arbeitsmarktpolitik im Kaiserreich*, Berlin 1986.
Feldenkirchen, W., *Die Eisen- u. Stahlindustrie des Ruhrgebiets 1879-1914*, Wiesbaden 1982.
Feldman, G., *Armee, Industrie u. Arbeiterschaft in Deutschland 1914 bis 1918* (1964), Berlin 1985.
Ders., *The Great Disorder*, Oxford 1993.
Gall, L. u. a., *Die Deutsche Bank 1870-1995*, München 1995.
Gerlach, S., *Das Warenhaus in Deutschland*, Stuttgart 1988.
*Gewerbe- u. Industrielandschaften vom Spätmittelalter bis ins 20. Jahrhundert*, Hg. H. Pohl, Stuttgart 1986.
Grabas, M., *Konjunktur u. Wachstum in Deutschland von 1895 bis 1914*, Berlin 1992.
*Handbuch der deutschen Wirtschafts- u. Sozialgeschichte*, Hg. H. Aubin/W. Zorn, II, Stuttgart 1976.

*Handbuch der europäischen Wirtschafts- und Sozialgeschichte*, Hg. W. Fischer u. a., V, Stuttgart 1985.
Hardach, G., *Der Erste Weltkrieg 1914-1918*, München 1973.
Henning, F.-W., *Die Industrialisierung in Deutschland 1800-1914*, Paderborn (1974) [8]1993.
Ders., *Landwirtschaft u. ländliche Gesellschaft in Deutschland 1750-1986*, Paderborn (1978) [2]1985.
Hentschel, V., *Wirtschaft u. Wirtschaftspolitik im wilhelminischen Deutschland*, Stuttgart 1978.
Heß, K., *Junker u. bürgerliche Großgrundbesitzer im Kaiserreich*, Stuttgart 1990.
Hoffmann, W. G., *Das Wachstum der deutschen Wirtschaft seit der Mitte des 19. Jahrhunderts*, Berlin 1965.
Jäger, H., *Geschichte der Wirtschaftsordnung in Deutschland*, Frankfurt 1988.
*Kartelle u. Kartellgesetzgebung in Praxis u. Rechtsprechung vom 19. Jahrhundert bis zur Gegenwart*, Hg. H. Pohl, Stuttgart 1985.
Kiesewetter, H., *Industrielle Revolution in Deutschland 1815-1914*, Frankfurt 1991.
Moeller, R. G., *German Peasants and Agrarian Politics, 1914-1924*, Chapel Hill 1986.
Pierenkemper, T., *Arbeitsmarkt u. Angestellte im Deutschen Kaiserreich 1880-1913*, Stuttgart 1987.
Ders., *Gewerbe u. Industrie im 19. u. 20. Jahrhundert*, München 1994.
Radkau, J., *Technik in Deutschland*, Frankfurt 1989.
*Region u. Industrialisierung*, Hg. S. Pollard, Göttingen 1980.
Rosenberg, H., *Große Depression u. Bismarckzeit*, Berlin 1967.
Saul, K., *Staat, Industrie u. Arbeiterbewegung im Kaiserreich*, Düsseldorf 1974.
Schönhoven, K., *Die deutschen Gewerkschaften*, Frankfurt 1987.
Spree, R., *Lange Wellen wirtschaftlicher Entwicklung in der Neuzeit*, Stuttgart 1991.
Tilly, R. H., *Vom Zollverein zum Industriestaat*, München 1990.
Ullmann, H.-P., *Interessenverbände in Deutschland*, Frankfurt 1988.
Ullmann, P., *Tarifverträge u. Tarifpolitik in Deutschland bis 1914*, Frankfurt 1977.
Wellhöner, V., *Großbanken u. Großindustrie im Kaiserreich*, Göttingen 1989.
Wetzel, W., *Naturwissenschaften u. chemische Industrie in Deutschland*, Stuttgart 1991.
Wiegmann, K., *Textilindustrie u. Staat in Westfalen, 1914-1933*, Stuttgart 1993.

## *4. Gesellschaft*


Augustine, D. L., *Patricians and Parvenus*, Oxford 1994.
*Bereit zum Krieg?* Hg. J. Dülffer/K. Holl, Göttingen 1986.
*Bildungsbürgertum in Deutschland*, Hg. W. Conze u. a., 4 Bde., Stuttgart 1985-1992.
*Bürger u. Bürgerlichkeit im 19. Jahrhundert*, Hg. J. Kocka, Göttingen 1987.
*Bürgerinnen u. Bürger*, Hg. U. Frevert, Göttingen 1988.
*Bürgerliche Berufe*, Hg. H. Siegrist, Göttingen 1988.
*Bürgertum im 19. Jahrhundert*, Hg. J. Kocka, 3 Bde., München 1988, ND Göttingen 1995.
Budde, G.-F., *Auf dem Weg ins Bürgerleben*, Göttingen 1994.
Daniel, U., *Arbeiterfrauen in der Kriegsgesellschaft*, Göttingen 1989.
*Deutsche im Ausland – Fremde in Deutschland*, Hg. K. J. Bade, München (1992) $^3$1993.
Ehmer, J., *Sozialgeschichte des Alters*, Frankfurt 1990.
*Europäischer Adel 1750-1950*, Hg. H.-U. Wehler, Göttingen 1990.
Frevert, U., *Frauen-Geschichte*, Frankfurt 1986.
*Frontalltag im Ersten Weltkrieg*, Hg. B. Ulrich/B. Ziemann, Frankfurt 1994.
Gerhard, U., *Unerhört*, Reinbek 1990.
*The German Bourgeoisie*, Hg. D. Blackbourn/R. J. Evans, London 1991.
*The German Peasantry*, Hg. R. J. Evans/W. R. Lee, London 1986.
*Geschlechterhierarchie u. Arbeitsteilung*, Hg. K. Hausen, Göttingen 1993.
Henning, H., *Die deutsche Beamtenschaft im 19. Jahrhundert*, Stuttgart 1984.
Ders., *Die unentschiedene Konkurrenz*, Stuttgart 1994.
Herbert, U., *Geschichte der Ausländerbeschäftigung in Deutschland 1880 bis 1980*, Bonn 1986.
*Hof u. Hofgesellschaft in den deutschen Staaten im 19. u. beginnenden 20. Jahrhundert*, Hg. K. Möckl, Boppard 1990.
Janz, O., *Bürger besonderer Art*, Berlin 1994.
Kaelble, H., *Soziale Mobilität u. Chancengleichheit im 19. u. 20. Jahrhundert*, Göttingen 1983.
Kaschuba, W., *Lebenswelt u. Kultur der unterbürgerlichen Schichten im 19. u. 20. Jahrhundert*, München 1990.
*»Keiner fühlt sich hier mehr als Mensch ...«*, Hg. G. Hirschfeld u. a., Essen 1993.
Kocka, J., *Die Angestellten in der deutschen Geschichte 1850-1980*, Göttingen 1981.

Ders., *Arbeitsverhältnisse u. Arbeiterexistenzen*, Bonn 1990.
Ders., *Klassengesellschaft im Krieg 1914-1918*, Göttingen ²1974, TB Frankfurt 1988.
Ders., *Unternehmer in der Industrialisierung*, Göttingen 1975.
*Der Krieg des kleinen Mannes*, Hg. W. Wette, München 1992.
Lenger, F., *Sozialgeschichte der deutschen Handwerker seit 1800*, Frankfurt 1988.
Marschalk, P., *Bevölkerungsgeschichte Deutschlands im 19. u. 20. Jahrhundert*, Frankfurt 1984.
Maurer, T., *Die Entwicklung der jüdischen Minderheit in Deutschland (1780-1933)*, Tübingen 1992.
Mergel, T., *Zwischen Klasse u. Konfession*, Göttingen 1994.
Mitterauer, M., *Sozialgeschichte der Jugend*, Frankfurt 1986.
Mooser, J., *Arbeiterleben in Deutschland*, Frankfurt 1984.
*Ostelbische Agrargesellschaft im Kaiserreich u. in der Weimarer Republik*, Hg. H. Reif, Berlin 1994.
*Peasants and Lords in Modern Germany*, Hg. R. G. Moeller, Boston 1986.
Pierenkemper, T., *Die westfälischen Schwerindustriellen 1852-1913*, Göttingen 1979.
Requate, J., *Journalismus als Beruf*, Göttingen 1995.
Reulecke, J., *Geschichte der Urbanisierung in Deutschland*, Frankfurt 1985.
Ritter, G. A./K. Tenfelde, *Arbeiter im Deutschen Kaiserreich*, Bonn 1992.
Roerkohl, A., *Hungerblockade u. Heimatfront*, Stuttgart 1991.
Rohkrämer, T., *Der Militarismus der »kleinen Leute«*, München 1990.
Rosenbaum, H., *Formen der Familie*, Frankfurt 1982.
Schumann, D., *Bayerns Unternehmer in Gesellschaft u. Staat 1834-1914*, Göttingen 1992.
Sieder, R., *Sozialgeschichte der Familie*, Frankfurt 1987.
*Sozialgeschichte in Deutschland*, Hg. W. Schieder/V. Sellin, 4 Bde., Göttingen 1987.
*Sozialgeschichtliches Arbeitsbuch II*, Hg. G. Hohorst u. a., München ²1978.
Spree, R., *Soziale Ungleichheit vor Krankheit und Tod*, Göttingen 1981.
Tennstedt, F., *Sozialgeschichte der Sozialpolitik in Deutschland*, Göttingen 1981.
Volkov, S., *Die Juden in Deutschland 1780-1918*, München 1994.
Winkler, H. A., *Zwischen Marx u. Monopolen*, Frankfurt 1991.
Wohl, R., *The Generation of 1914*, Cambridge/Mass. 1979.

## *5. Kultur*

Besier, G., *Religion, Nation, Kultur*, Neukirchen-Vluyn 1992.
Blackbourn, D., *Marpingen*, Oxford 1993.
Bollenbeck, G., *Bildung u. Kultur*, Frankfurt 1994.
*Deutsche Geschichtswissenschaft um 1900*, Hg. N. Hammerstein, Stuttgart 1988.
Eksteins, M., *Tanz über Gräbern*, Reinbek 1990.
*Formen außerstaatlicher Wissenschaftsförderung im 19. u. 20. Jahrhundert*, Hg. R. vom Bruch/R. A. Müller, Stuttgart 1990.
*Geisteswissenschaften zwischen Kaiserreich u. Republik*, Hg. K. W. Nörr u. a., Stuttgart 1994.
Germer, A., *Wissenschaft u. Leben*, Göttingen 1994.
Hammerstein, N., *Antisemitismus u. deutsche Universitäten 1871-1933*, Frankfurt 1995.
*Handbuch der deutschen Bildungsgeschichte*, III, Hg. K.-E. Jeismann/P. Lundgreen, München 1987; IV, Hg. C. Berg, München 1991.
Hepp, C., *Avantgarde*, München 1987.
Hübinger, G., *Kulturprotestantismus u. Politik*, Tübingen 1994.
*Ideengeschichte u. Kunstwissenschaft*, Hg. E. Mai u. a., Berlin 1983.
*Jahrhundertwende*, Hg. A. Nitschke u. a., 2 Bde., Reinbek 1990.
Jarausch, K. H., *Deutsche Studenten 1800-1970*, Frankfurt 1984.
Kampe, N., *Studenten u. »Judenfrage« im Deutschen Kaiserreich*, Göttingen 1988.
Kelly, A., *The Descent of Darwin*, Chapel Hill 1981.
Knaut, A., *Zurück zur Natur!* Bonn 1994.
Krüger, D., *Nationalökonomen im wilhelminischen Deutschland*, Göttingen 1983.
*Kultur u. Kulturwissenschaft um 1900*, Hg. R. vom Bruch u. a., Stuttgart 1989.
*Kunstpolitik u. Kunstförderung im Kaiserreich*, Hg. E. Mai u. a., Berlin 1982.
*Kunstverwaltung, Bau- u. Denkmal-Politik im Kaiserreich*, Hg. E. Mai/S. Waetzoldt, Berlin 1981.
Lamberti, M. L., *State, Society and Elementary School in Imperial Germany*, New York 1989.
Lenger, F., *Werner Sombart*, München 1994.
Lenman, R., *Die Kunst, die Macht u. das Geld*, Frankfurt 1994.
Lundgreen, P., *Sozialgeschichte der deutschen Schule im Überblick*, I, Göttingen 1980.
McClelland, C. E., *State, Society and University in Germany 1700-1914*, Cambridge 1980.

*»Mit uns zieht die neue Zeit«*, Hg. T. Koebner u. a., Frankfurt 1985.
Mommsen, W. J., *Bürgerliche Kultur u. künstlerische Avantgarde*, Frankfurt 1994.
Nowak, K., *Geschichte des Christentums in Deutschland*, München 1995.
Paret, P., *Die Berliner Secession*, Berlin 1981.
*Religion u. Gesellschaft im 19. Jahrhundert*, Hg. W. Schieder, Stuttgart 1993.
Ritter, G. A., *Großforschung u. Staat in Deutschland*, München 1992.
*Sammler, Stifter u. Museen*, Hg. E. Mai u. a., Köln 1993.
Schiera, P., *Laboratorium der bürgerlichen Welt*, Frankfurt 1992.
Stern, F., *Kulturpessimismus als politische Gefahr* (1963), München 1986.
Tannenbaum, E. R., *1900*, Frankfurt 1978.
Titze, H., *Der Akademikerzyklus*, Göttingen 1990.
Vierhaus, R./B. vom Brocke, *Forschung im Spannungsfeld von Politik u. Gesellschaft*, Stuttgart 1990.
vom Bruch, R., *Wissenschaft, Politik u. Öffentliche Meinung*, Husum 1980.
Weindling, P., *Health, Race and German Politics between National Unification and Nazism 1870-1945*, Cambridge 1989.

## Neue Historische Bibliothek in der edition suhrkamp

*Hans-Ulrich Wehlers fast aus dem Nichts entstandene ›Neue Historische Bibliothek‹ ist (...) nicht nur ein forschungsinternes, sondern auch ein kulturelles Ereignis.*
Frankfurter Allgemeine Zeitung

Abelshauser, Werner: Wirtschaftsgeschichte der Bundesrepublik Deutschland 1945-1980. NHB. es 1241
Alter, Peter: Nationalismus. NHB. es 1250
Berding, Helmut: Moderner Antisemitismus in Deutschland. NHB. es 1257
Berghahn, Volker: Unternehmer und Politik in der Bundesrepublik. NHB. es 1265
Bernecker, Walther L.: Sozialgeschichte Spaniens im 19. und 20. Jahrhundert. NHB. es 1540
Botzenhart, Manfred: Reform, Restauration, Krise. Deutschland 1789-1847. NHB. es 1252
Burkhardt, Johannes: Der Dreißigjährige Krieg 1618-1648. NHB. es 1542
Carsten, Francis L.: Geschichte der preußischen Junker. NHB. es 1273
Dippel, Horst: Die Amerikanische Revolution 1763-1787. NHB. es 1263
Dipper, Christof: Deutschland 1648-1789. NHB. es 1253
Frevert, Ute: Frauen-Geschichte. Zwischen bürgerlicher Verbesserung und Neuer Weiblichkeit. NHB. es 1284
Geiss, Imanuel: Geschichte des Rassismus. NHB. es 1530
Geyer, Michael: Deutsche Rüstungspolitik 1860-1980. NHB. es 1246
Grimm, Dieter: Deutsche Verfassungsgeschichte 1776-1866. NHB. es 1271
Hentschel, Volker: Geschichte der deutschen Sozialpolitik 1880-1980. Soziale Sicherung und kollektives Arbeitsrecht. NHB. es 1247
Herbst, Ludolf: Das nationalsozialistische Deutschland. 1933-1945. Die Entfesselung der Gewalt: Rassismus und Krieg. NHB. es 1285
Hildermeier, Manfred: Die Russische Revolution. 1905-1921. NHB. es 1534
Holl, Karl: Pazifismus in Deutschland. NHB. es 1533
Jaeger, Hans: Geschichte der Wirtschaftsordnung in Deutschland. NHB. es 1529
Jarausch, Konrad H.: Deutsche Studenten 1800-1970. NHB. es 1258

314/1/12.96

## Neue Historische Bibliothek in der edition suhrkamp

Jasper, Gotthard: Die gescheiterte Zähmung. Wege zur Machtergreifung Hitlers 1930-1934. NHB. es 1270

Kiesewetter, Hubert: Industrielle Revolution in Deutschland 1815-1914. NHB. es 1539

Kluge, Ulrich: Die deutsche Revolution 1918/1919. Staat, Politik und Gesellschaft zwischen Weltkrieg und Kapp-Putsch. NHB. es 1262

Kluxen, Kurt: Geschichte und Problematik des Parlamentarismus. NHB. es 1243

Kraul, Margret: Das deutsche Gymnasium 1780-1980. NHB. es 1251

Langewiesche, Dieter: Deutscher Liberalismus. NHB. es 1286

Lehnert, Detlef: Sozialdemokratie zwischen Protestbewegung und Regierungspartei 1848-1983. NHB. es 1248

Lenger, Friedrich: Sozialgeschichte der deutschen Handwerker seit 1800. NHB. es 1532

Lönne, Karl-Egon: Politischer Katholizismus im 19. und 20. Jahrhundert. NHB. es 1264

Marschalck, Peter: Bevölkerungsgeschichte Deutschlands im 19. und 20. Jahrhundert. NHB. es 1244

Mitterauer, Michael: Sozialgeschichte der Jugend. NHB. es 1278

Möller, Horst: Vernunft und Kritik. Deutsche Aufklärung im 17. und 18. Jahrhundert. NHB. es 1269

Pankoke, Eckart: Die Arbeitsfrage. Arbeitsmoral, Beschäftigungskrisen und Wohlfahrtspolitik im Industriezeitalter. NHB. es 1538

Peukert, Detlev J.K.: Die Weimarer Republik. NHB. es 1282

Radkau, Joachim: Technik in Deutschland. Vom 18. Jahrhundert bis zur Gegenwart. NHB. es 1536

Reulecke, Jürgen: Geschichte der Urbanisierung in Deutschland. NHB. es 1249

Rohe, Karl: Wahlen und Wählertraditionen in Deutschland. Kulturelle Grundlagen deutscher Parteien und Parteiensysteme im 19. und 20. Jahrhundert. NHB. es 1544

Schönhoven, Klaus: Die deutschen Gewerkschaften. NHB. es 1287

Schröder, Hans-Christoph: Die Revolutionen Englands im 17. Jahrhundert. NHB. es 1279

Schulze, Winfried: Deutsche Geschichte im 16. Jahrhundert. NHB. es 1268

Sieder, Reinhard: Sozialgeschichte der Familie. NHB. es 1276

Siemann, Wolfram: Die deutsche Revolution von 1848/49. NHB. es 1266

314/2/12.96

## Neue Historische Bibliothek in der edition suhrkamp

Siemann, Wolfram: Gesellschaft im Aufbruch. Deutschland 1849-1871. NHB. es 1537

Staritz, Dietrich: Geschichte der DDR 1949-1989. NHB. es 1260

Thränhardt, Dietrich: Geschichte der Bundesrepublik Deutschland. 1949-1989. NHB. es 1267

Ullmann, Hans-Peter: Interessenverbände in Deutschland. NHB. es 1283

– Zwischen den Zeiten. Das Deutsche Kaiserreich 1871-1918. NHB. es 1546

Wehler, Hans-Ulrich: Grundzüge der amerikanischen Außenpolitik 1750-1900. Von den englischen Küstenkolonien zur amerikanischen Weltmacht. NHB. es 1254

Wirz, Albert: Sklaverei und kapitalistisches Weltsystem. NHB. es 1256

Wunder, Bernd: Geschichte der Bürokratie in Deutschland. NHB. es 1281

Ziebura, Gilbert: Weltwirtschaft und Weltpolitik 1922/24-1931. Zwischen Rekonstruktion und Zusammenbruch. NHB. es 1261

Registerband. NHB. es 1280

314/3/12.96

## Geschichte
## in der edition suhrkamp

Aus der Zeit der Verzweiflung. Zur Genese und Aktualität des Hexenbildes. Beiträge von Gabriele Becker, Silvia Bovenschen, Helmut Brackert, Sigrid Brauner, Ines Brenner, Gisela Morgenthal, Klaus Schneller, Angelika Tümmler. es 840

Bernecker, Walther L.: Kleine Geschichte Haitis. es 1994

Beyme, Klaus von: Hauptstadtsuche. es 1709

Brackert, Helmut: Bauernkrieg und Literatur. es 782

BRD–ade! Vierzig Jahre in Rück-Ansichten. Herausgegeben von Ottheim Rammstedt und Gert Schmidt. es 1773

Calic, Marie-Janine: Der Krieg in Bosnien-Hercegovina. es 1943

Eisner, Freya: Kurt Eisner: Die Politik des libertären Sozialismus. es 422

Eisner, Kurt: Sozialismus als Aktion. Ausgewählte Aufsätze und Reden. Herausgegeben von Freya Eisner. es 773

– Weder Sozialismus noch Kapitalismus. Herausgegeben von Freya Eisner. es 1982

Europa im Krieg. Die Debatte über den Krieg im ehemaligen Jugoslawien. es 1809

Evans, Richard J.: Im Schatten Hitlers? Historikerstreit und Vergangenheitsbewältigung in der Bundesrepublik. Aus dem Englischen von Jürgen Blasius. es 1637

Farge, Arlette / Michel Foucault: Familiäre Konflikte: Die »Lettres de cachet«. Aus dem Französischen von Albert Gier und Chris Paschold. es 1520

Farouk-Sluglett, Marion / Peter Sluglett: Irak seit 1958: Von der Revolution zur Diktatur. Aus dem Englischen von Gisela Bock. es 1661

Folgen der Französischen Revolution. Herausgegeben von Henning Krauß. es 1579

Goytisolo, Juan: Notizen aus Sarajewo. Reportagen. Aus dem Spanischen von Meralde Meyer-Minnemann. Mit zahlreichen Abbildungen. es 1899

Guilhaumou, Jacques: Sprache und Politik in der Französischen Revolution. Aus dem Französischen von Katharina Menke. Mit einem Vorwort von Brigitte Schlieben-Lange und Rolf Reichardt. es 1519

Hennig, Eike: Bürgerliche Gesellschaft und Faschismus in Deutschland. Ein Forschungsbericht. es 875

– Thesen zur deutschen Sozial- und Wirtschaftsgeschichte 1933 bis 1938. es 662

Herbst, Ludolf: Das nationalsozialistische Deutschland. 1933-1945. Die Entfesselung der Gewalt: Rassismus und Krieg. es 1285

312/1/12.96

## Geschichte in der edition suhrkamp

Die Hexen der Neuzeit. Studien zur Sozialgeschichte eines kulturellen Deutungsmusters. Herausgegeben von Claudia Honegger. es 743

Rumänien. Geschichte, Wirtschaft, Politik 1944-1990. Aus dem Ungarischen von Anna Bak. es 1673

Jarusch, Konrad H.: Die eilige Einheit. Ein historischer Versuch. es 1877

Judentum im deutschen Sprachraum. Herausgegeben von Karl E. Grözinger. es 1613

Ketzer, Zauberer, Hexen. Die Anfänge der europäischen Hexenverfolgungen. Herausgegeben von Andreas Blauert. es 1577

Kritisches Wörterbuch der Französischen Revolution. 5 Bände. Herausgegeben von François Furet und Mona Ozouf. es 1522

Leroi-Gourhan, André: Die Religionen der Vorgeschichte. Paläolithikum. Aus dem Französischen von Michael Bischoff. es 1073

Meier, Christian: Die Ohnmacht des allmächtigen Diktators Caesar. Drei biographische Skizzen. es 1038

Meuschel, Sigrid: Legitimation und Parteiherrschaft in der DDR. es 1688

Negt, Oskar / Alexander Kluge: Geschichte und Eigensinn. Gewalt des Zusammenhangs. 3 Bände. Mit zahlreichen Abbildungen. es 1700

Scherrer, Jutta: Gegenüber dem Weißen Haus. Moskauer Tagebuch Herbst 1993. es 1903

Schrift und Materie der Geschichte. Vorschläge zur systematischen Aneignung historischer Prozesse. Herausgegeben von Claudia Honegger. es 814

Silj, Alessandro: Verbrechen, Politik, Demokratie in Italien 1943-1996. Aus dem Italienischen von Ulrich Hausmann. es 1911

Soboul, Albert: Französische Revolution und Volksbewegung: die Sansculotten. Die Sektionen von Paris im Jahre II. Bearbeitet und herausgegeben von Walter Markov. Die Übersetzung aus dem Französischen besorgte Claus Werner. es 960

Der Spanische Bürgerkrieg. Eine Bestandsaufnahme fünfzig Jahre danach. Manuel Tunñón de Lara, Julio Aróstegui, Ángel Viñas, Gabriel Cardona, Joseph M. Bricall. es 1401

Staritz, Dietrich: Geschichte der DDR 1949-1989. NHB. es 1260

Thompson, Edward P.: Die Entstehung der englischen Arbeiterklasse. 2 Bde. Aus dem Englischen von Lotte Eidenbenz, Mathias Eidenbenz, Christoph Groffy, Thomas Lindenberger, Gabriele Mischkowski, Ray Mary Rosdale. es 1170

312/2/12.96

## Geschichte
## in der edition suhrkamp

Trotzki, Leo: Denkzettel. Politische Erfahrungen im Zeitalter der permanenten Revolution. Herausgegeben von Isaac Deutscher, George Novack und Helmut Dahmer. Übersetzungen aus dem Englischen von Harry Maòr. es 896

Ullmann, Hans-Peter: Zwischen den Zeiten. Das Deutsche Kaiserreich 1871-1918. es 1546

Veyne, Paul: Foucault: Die Revolutionierung der Geschichte. Aus dem Französischen von Gustav Roßler. es 1702

Von deutscher Republik 1775-1795. Texte radikaler Demokraten. Herausgegeben von Jost Hermand. es 793

Vossler, Otto: Die Revolution von 1848 in Deutschland. es 210

Wahrnehmungsformen und Protestverhalten. Studien zur Lage der Unterschichten im 18. und 19. Jahrhundert. Mit Beiträgen von Edward P. Thompson, Rainer Wirtz, Pierre Caspard, Josef Ehmer, Detlev Puls, Patrick Fridenson, Douglas A. Reid, W. R. Lambert, Gareth Stedman Jones. Herausgegeben von Detlev Puls. es 948

Der Zusammenbruch der DDR. Herausgegeben von Hans Joas und Martin Kohli. es 1777

312/3/12.96

## Soziologie, Ethnologie, Anthropologie in der edition suhrkamp

Adorno, Theodor W.: Gesellschaftstheorie und Kulturkritik. es 772
– Kritik. Kleine Schriften zur Gesellschaft. Herausgegeben von Rolf Tiedemann. es 469
Anthropologie nach dem Tode des Menschen. Herausgegeben von Dietmar Kamper und Christoph Wulf. es 1906
Armut im Wohlstand. Herausgegeben von Diether Döring, Walter Hanesch und Ernst-Ulrich Huster. es 1595
Authentizität und Betrug in der Ethnologie. Herausgegeben von Hans Peter Duerr. es 1409
Baumann, Zygmunt: Soziologisch denken. Aus dem Englischen von Christian Rochow. es 1984
Beck, Ulrich: Die Erfindung des Politischen. es 1780
– Gegengifte. Die organisierte Unverantwortlichkeit. es 1468
– Risikogesellschaft. Auf dem Weg in eine andere Moderne. es 1365 und es 3326
– Die Suche nach der sozialen Wirklichkeit. es 1961
Beck, Ulrich / Anthony Giddens / Scott Lasch: Reflexive Modernisierung. es 1705
Die bedrängte Toleranz. Herausgegeben von Wilhelm Heitmeyer und Rainer Dollase. es 1979
Beiträge zur Soziologie der Gewerkschaften. Mit Beiträgen von Joachim Bergmann, Walther Müller-Jentsch, Wolfgang Streeck, Johann Schneider, Rainer Erd, Rainer Deppe, Richard Herding, Dietrich Hoß, Wilke Thomssen, Eva Brumlop, Wolf Rosenbaum, Hermann Kotthoff, Otto Jacobi, Charles Sabel, Günther Degen, Günter Bechtle, Stefan Heiner. es 905
Böhme, Gernot: Anthropologie in pragmatischer Hinsicht. Darmstädter Vorlesungen. es 1301
Bourdieu, Pierre: Praktische Vernunft. Zur Theorie des Handelns. Aus dem Französischen von Hella Beister. es 1985
– Rede und Antwort. Aus dem Französischen von Bernd Schwibs. es 1547
– Soziologische Fragen. Aus dem Französischen von Hella Beister und Bernd Schwibs. es 1872
– »Die Wirklichkeit ist relational«. Ein Lesebuch. Herausgegeben von Bernd Schwibs. es 1842
Bovenschen, Silvia: Die imaginierte Weiblichkeit. Exemplarische Untersuchungen zu kulturgeschichtlichen und literarischen Präsentationsformen des Weiblichen. es 921

305/1/12.96

## Soziologie, Ethnologie, Anthropologie
## in der edition suhrkamp

BRD – ade! Vierzig Jahre in Rück-Ansichten. Herausgegeben von Otthein Rammstedt und Gert Schmidt. es 1773

Bronner, Stephen: Augenblicke der Entscheidung. Aus dem Amerikanischen von Petra Willim. es 1981

Brunkhorst, Hauke: Der Intellektuelle im Land der Mandarine. es 1403

Bürgergesellschaft, Recht und Demokratie. Herausgegeben von Bert van den Brink und Willem van Reijen. es 1912

Bundesrepublik Deutschland: Eine zerrissene Gesellschaft und die Suche nach Zusammenhalt. 2 Bände. Band 1: Was treibt die Gesellschaft auseinander? Band 2: Was hält die Gesellschaft zusammen? Herausgegeben von Wilhelm Heitmeyer. es 2004

Dekonstruktiver Feminismus. Literaturwissenschaft in Amerika. Herausgegeben von Barbara Vinken. es 1678

Die wilde Seele. Aufsätze zur Ethnopsychoanalyse Georges Devereux'. Herausgegeben von Hans Peter Duerr. es 1235

Doehlemann, Martin: Absteiger. Die Kunst des Verlierens. es 1955

Doi, Takeo: Amae - Freiheit in Geborgenheit. Zur Struktur japanischer Psyche. Mit einem Vorwort von Elmar Holenstein. Aus dem Amerikanischen von Helga Herborth. es 1128

Dröge, Franz/Thomas Krämer-Badoni: Die Kneipe. Zur Soziologie einer Kulturform oder »Zwei Halbe auf mich!«. es 1380

Duerr, Hans Peter: Frühstück im Grünen. Essays und Interviews. es 1959

– Satyricon. Essays und Interviews. es 1346

– Traumzeit. Über die Grenze zwischen Wildnis und Zivilisation. es 1345

Düttmann, Alexander García: Zwischen den Kulturen. Spannungen im Kampf um Anerkennung. es 1978

Norbert Elias über sich selbst. Ein biographisches Interview mit Norbert Elias von A. J. Heerma van Voss und A. van Stolk. Norbert Elias: »Notizen zum Lebenslauf«. es 1590 und es 3329

Engler, Wolfgang: Die ungewollte Moderne. Essays. es 1925

– Die zivilisatorische Lücke. Versuche über den Staatssozialismus. es 1772

Esser, Josef: Nachruf auf den Standort Deutschland. es 1926

Favret-Saada, Jeanne: Die Wörter, der Zauber, der Tod. Der Hexenglaube im Hainland von Westfrankreich. Aus dem Französischen übersetzt von Eva Moldenhauer. es 981

305/2/12.96

## Soziologie, Ethnologie, Anthropologie in der edition suhrkamp

Fletcher, George P.: Notwehr als Verbrechen. Der U-Bahn-Fall Goetz. Aus dem Amerikanischen von Cornelius Nestler-Tremel. Mit einem Nachwort von Klaus Lüderssen. es 1648

Spiele der Wahrheit. Michel Foucaults Denken. Herausgegeben von François Ewald und Bernhard Waldenfels. Übersetzt von Hans-Dieter Gondek. es 1640

Fuchs, Peter: Westöstlicher Divan. Zweischneidige Beobachtungen. es 1953

Gemeinschaften. Positionen zu einer Philosophie des Politischen. Herausgegeben von Joseph Vogl. es 1881

Gerhardt, Uta: Patientenkarrieren. Eine medizinsoziologische Studie. es1325

Das Gewalt-Dilemma. Gesellschaftliche Reaktionen auf fremdenfeindliche Gewalt, Rechtsextremismus und ethnisch-kulturelle Konflikte. Herausgegeben von Wilhem Heitmeyer. es 1905

Giddens, Anthony: Jenseits von Links und Rechts. Die Zukunft radikaler Demokratie. es 2002

Goffman, Erving: Asyle. Über die soziale Situation psychiatrischer Patienten und anderer Insassen. Aus dem Amerikanischen von Nils Lindquist. es 678

Gross, Peter: Die Multioptionsgesellschaft. es 1917

Habermas, Jürgen: Legitimationsprobleme im Spätkapitalismus. es 623

Häußermann, Hartmut/Walter Siebel: Die Zukünfte der Städte. es 1432

– Dienstleistungsgesellschaften. es 1964

»Hauptsache, ich habe meine Arbeit«. Mit Beiträgen von Henri Bents, Hans-Hermann Braune, Birgit Geissler, Dierk Juelich, Enno Neumann, Mechthild Oechsle und Rainer Zoll. Herausgegeben von Rainer Zoll. es 1228

Hijiya-Kirschnereit, Irmela: Das Ende der Exotik. Essays zur japanischen Kultur und Gesellschaft der Gegenwart. es 1466

Jahoda, Marie / Paul F. Lazarsfeld / Hans Zeisel: Die Arbeitslosen von Marienthal. Ein soziographischer Versuch über die Wirkungen langandauernder Arbeitslosigkeit. Mit einem Anhang zur Geschichte der Soziographie. es 769

Jenseits der Utopie - Theoriekritik der Gegenwart. Herausgegeben von Stefan Müller-Doohm. es 1662

Kinderwelten. Herausgegeben von Christa Berg. es 1624

305/3/12.96

## Soziologie, Ethnologie, Anthropologie in der edition suhrkamp

Kindheit als Fiktion. Von Heinz Hengst, Michael Köhler, Barbara Riedmüller, Manfred Max Wambach. es 1081

Kleinspehn, Thomas: Warum sind wir so unersättlich? Über den Bedeutungswandel des Essens. es 1410

Kößler, Reinhart / Henning Melber: Chancen internationaler Zivilgesellschaft. es 1797

Kritische Theorie und Kultur. Herausgegeben von R. Erd, D. Hoß, O. Jacobi und P. Noller. es 1557

Kultur und Konflikt. Herausgegeben von Jan Assmann und Dietrich Harth. es 1612

Lautmann, Rüdiger: Der Zwang zur Tugend. Die gesellschaftliche Kontrolle der Sexualitäten. es 1189

Lefèbvre, Henri: Einführung in die Modernität. Zwölf Präludien. Aus dem Französischen übersetzt von Bernd Schwibs. es 831

Leggewie, Claus: Kultur im Konflikt. Multikulturalismus, Rechtsradikalismus und Demokratietheorie. es 1960

Lévi-Strauss, Claude: Das Ende des Totemismus. Aus dem Französischen übersetzt von Hans Naumann. es 128

– Mythos und Bedeutung. Fünf Radiovorträge. Gespräche mit Claude Lévi-Strauss. Herausgegeben von Adelbert Reif. es 3323

Lohn: Liebe. Zum Wert der Frauenarbeit. Herausgegeben von Alice Schwarzer. es 1225

Marcus, Steven: Umkehrung der Moral. Sexualität und Pornographie im viktorianischen England. Aus dem Amerikanischen übersetzt von Angela Praesent und Ann Anders. es 903

Maruyama, Masao: Denken in Japan. Eingeleitet und aus dem Japanischen übertragen von Wolfgang Schamoni und Wolfgang Seifert. es 1398

Der Mensch als Risiko. Zur Logik von Prävention und Früherkennung. Herausgegeben von Manfred Max Wambach. Übersetzungen aus dem Französischen und Italienischen von Christa Schulz. es 1153

Mythos Metropole. Herausgegeben von Gotthard Fuchs, Bernhard Moltmann und Walter Prigge. es 1912

Nakane, Chie: Die Struktur der japanischen Gesellschaft. Aus dem Englischen von Jobst-Mathias Spannagel und Heide Günther-Spannagel. es 1204

Obsessionen. Kollektive Gewißheiten im wissenschaftlichen Zeitalter. Herausgegeben von Michael Jeismann. es 1902

305/4/12.96

## Soziologie, Ethnologie, Anthropologie in der edition suhrkamp

Radkau, Joachim: Technik in Deutschland. Vom 18. Jahrhundert bis zur Gegenwart. NHB. es 1536

Rationale Beziehungen? Geschlechterverhältnis im Rationalisierungsprozeß. Herausgegeben von Dagmar Reese, Evi Rosenhaft, Carola Sachse und Tilla Siegel. es 1802

Rechtsalltag von Frauen. Herausgegeben von Ute Gerhard und Jutta Limbach. es 1423

Riskante Freiheiten. Zur Individualisierung von Lebensformen in der Moderne. Herausgegeben von Ulrich Beck und Elisabeth Beck-Gernsheim. es 1816

Schmid, Wilhelm: Was geht uns Deutschland an? Ein Essay. es 1882

Segbers, Klaus: Der sowjetische Systemwandel. es 1561

– Transformationen in Rußland. es 1883

Sieferle, Rolf Peter: Die Krise der menschlichen Natur. Zur Geschichte eines Konzeptes. es1567

Sohn-Rethel, Alfred: Soziologische Theorie der Erkenntnis. Mit einem Vorwort von Jochen Hörisch. es 1218

Sozialhilfe: Zeit der Armut. Herausgegeben von Stephan Leibfried, Lutz Leisering u.a. es 1923

Steffen, Katharina: Übergangsrituale einer automobilen Gesellschaft. es 1609

Vobruba, Georg: Jenseits der sozialen Fragen. es 1699

Vor der Jahrtausendwende: Berichte zur Lage der Zukunft. 2 Bände. Herausgegeben von Peter Sloterdijk. es 1550

Was hält die moderne Gesellschaft zusammen? Herausgegeben von Erwin Teufel. es 1977

Die Wiederkehr des Körpers. Herausgegeben von Dietmar Kamper und Christoph Wulf. es 1132

Zoll, Rainer: Alltagssolidarität und Individualismus. Kommunikative Alltagskultur. es 1776

– Der Doppelcharakter der Gewerkschaften. Zur Aktualität der Marxschen Gewerkschaftstheorie. es 816

Die Zukunft der Aufklärung. Herausgegeben von Jörn Rüsen, Eberhard Lämmert und Peter Glotz. es 1479

Der Zusammenbruch der DDR. Herausgegeben von Hans Joas und Martin Kohli. es 1777

305/5/12.96